就業規則モデル条文

上手なつくり方、運用の仕方

【第4版】

中山慈夫 ※著 Shigeo Nakayama

経団連出版

第4版はしがき

本書第3版の出版後6年を経過した。その間，さまざまな労働関係法の見直しが行なわれ，特に平成30年6月に成立した働き方改革関連法により労働基準法，労働安全衛生法やパート労働法などが改正され，個別的労働関係に関する法規制は大きく変更された。

本書もこれに対応して第5章の労働時間，時間外・休日労働，第6章の年次有給休暇，第9章の労働安全衛生，第12章のパート・有期契約の部分を大幅に修正・補筆した。また最近の改正民法（身元保証，退職関係）や立法化されたマタハラ，パワハラ関係，実務で関心の高い私傷病休職や副業問題などについても関連箇所でふれ，あるいはコメントを付したため，紙数もふえた。一方で，育児介護休業法関係は相次ぐ改正にともない，厚生労働省により詳細な解説およびモデル条文が発表されている（「育児・介護休業法に関する規則の規定例」）ので，本書では育児・介護休業規程関係の全般は割愛した（ただし，同法の労働時間関係は第5章で扱っている）。

なお，本年5月の改元により令和となったが，改元前からの執筆であったため，文中では本年以降については西暦表示をした部分もある。

また，法令用語および判決の表記は一般の慣例によった。

労働関係法の規制は，これにかかわる労使にとって，わかりやすい内容であるべきところ，実際にはますますわかりにくくなり，遵守に相当な手間を要することになっている。第4版が，現在の労働関係法の規制内容の理解と遵守，実務の運用に少しでも役立てば幸いである。

令和元年6月

中山　慈夫

初版はしがき

　就業規則は企業の人事制度および従業員の待遇に関する基本文書である。特に正社員の労働条件は主に就業規則により決定されているのが実際であり，企業の人事労務担当者にとって就業規則の条文を理解することはきわめて重要である。しかし就業規則の法的なルールや条文の根拠，意味は意外と正確に理解されていない場合があり，誤解にもとづく解釈がなされていることもある。しかも労働関係の立法・改正が相次ぎ，行政通達も多数に及んでおり，それに対応した就業規則の条文整備も求められている。就業規則の条文が整備されていないため，職場でトラブルが発生したときにはじめてその不備が明らかになるという例もある。

　そこで本書は，企業実務の立場から，まず就業規則の作成手続きと効力に関するルールを解説し，次に必要不可欠と思われるモデル条文例を掲げて，その意味と現在の労働法令上の根拠を示し，あわせて職場でよくトラブルが生じる問題について判例を基本とした実務運用をまとめたものである。

　内容構成は，就業規則を新規に作成する場合，あるいは既存の就業規則条文を見直す場合にも役立つように，「基本的な考え方」を述べて各条文の解釈と実務での必要性について記述するとともに，「検討を要する実例」も掲げて条文作成の重要性を指摘するようにした。また条文の運用上実務で問題となりやすい事項について「チェックポイント」と「問題点」を設け，職場で適切な就業規則の運用ができるよう配慮した。したがって第1章から通読されてもよいし，あるいは必要な事項を随時参照いただいてもよい。本書が企業の労働法実務にかかわるみなさまに活用していただければ幸いである。

　本書は日経連労働法研究会編「改訂変革期の就業規則」（平成12年3月）を参考にした実務書として企画され，同書の貴重な成果をふまえているが，第1章に「就業規則のルール」として就業規則の総論を加え，第2章以下の各論についても労働関係法令の進展をふまえて内容を一新したところが多い。また労働時間の章はすでに刊行している拙稿（「労働時間・休日・休暇・休業」，大内伸哉ほか著「望ましい就業規則」）を下地にした。関係者各位に改めて御礼を申し上げる次第である。

最後に私の個人的な事情で本書の刊行が大幅に遅れたこともあり，日本経団連出版の金井功氏，高橋清乃氏には編集，校正について大変お世話になった。厚く御礼申し上げる。

　平成19年10月

中山　慈夫

第2版はしがき

　平成19年10月に初版を出版したが，その後，労働契約法，改正パートタイム労働法，改正労働基準法および改正育児介護休業法などの重要な法律が施行されたことから，第2版ではこれらの内容を盛り込むとともに，読者から要望のあった非正社員（主に有期契約者）に関する就業規則のモデル条文と解説（第12章）を新たに加え，その他初版の解説部分を中心に見直した。日本経団連出版の高橋清乃氏には行き届いた校正をしていただき心より感謝申し上げる。

　初版は就業規則条文の実務書として多くのみなさまにご利用いただいた。第2版も同様に実務で活用していただければ幸いである。

　平成22年7月

中山　慈夫

第3版はしがき

　本書第2版を出版後，平成24年から25年にかけて高年齢者雇用安定法の改正，労働契約法の改正など，実務上も重要事項についての改正法が相次ぎ施行されたことから，第3章（人事）第5節に「定年退職者に対する高年齢者雇用確保措置」を加えたほか，第12章を「有期契約社員・無期転換社員」と改めたうえで第3節として「有期契約の無期契約への転換制度」を設けて，それぞれ規定例と実務解説を加筆した。

　それとともに，読者からご指摘をいただいた諸点を含め，現時点の労働関係法令にもとづき本書全般について必要な加除修正を行なった。そのなかで最近問題となるパワハラなど新たな規定例を加えつつ，実務上の指針を示すことで足りる事項については下級審裁判例・参考文献関係（行政通達関係は除く）の引用を相当数省略した。

　労働法令の改正が相次ぎ，個別的労働紛争も増加し多様化しているなかで，従業員および裁判所・行政機関等から企業に対して，基本的かつ重要な労働条件を定める就業規則条文の整備と適切な運用が求められていると実感することが多い。最新法令をふまえた就業規則のモデル条文と解釈・運用の実務書として本書を活用していただければ幸いである。

　　平成25年6月

　　　　　　　　　　　　　　　　　　　　　　　中山　　慈夫

目　次

対応

装幀…竹内雄二

就業規則のルール

就業規則の意味と本書の構成

●就業規則の意味

　企業の人事・労務担当者にとって，就業規則とはどんな意味があるのか。

　就業規則とは，労働者の労働条件などについて使用者が作成する書面であるが実務上，次の2つの意味がある。

- 労働基準法の遵守（就業規則作成義務）

- 労働条件の設定，変更

　一つは労働基準法上の就業規則である。すなわち使用者は労基法で定める手続きと内容を満たした就業規則を作成・周知しなければならない（労基法89条，90条，106条）。これは刑罰をもって使用者に義務づけられているので，労基法を守るという企業のコンプライアンス（法令遵守）としての意味をもち，監督機関である労働基準監督署の取り締まりの対象となる（労基法97条以下，120条1号）。二つ目は労働契約法で定める労働条件としての就業規則である。これは就業規則で定める合理的な労働条件が使用者と労働者の労働契約の内容になるということであり，企業内の使用者と労働者との間の労働条件に関する権利義務関係を定めるという意味をもつ（労契法7条）。就業規則の変更にともない労働条件を変更した場合も同様である（労契法10条）。

　実務上はいずれの意味においても重要であるが，職場でトラブルが発生した場合，このどちらの問題なのか，あるいは両者が問題となるケースなのかを認識して対応することが肝要である。

　第1章では，こうした2つの意味の就業規則のルールを解説した。

●就業規則で何を定めるか

　上記のとおり，就業規則には労基法遵守と職場の労働条件を定めるという2つの意味があるので，就業規則に定めるべき具体的な事項としては，労基法上の必要的記載事項とそれ以外で職場の労働条件として必要とされる事項ということになる。この点から第2章〜第11章では，各論として就業規則で定めるべき事項を掲げた。具体的には総則，人事，服務規律，労働時間，休暇・休業，賃金，退職金，安全衛生・災害補償，表彰・懲戒，教育・研修，

福利厚生，職務発明の各事項であり，その内容は正社員を想定したものである。一方で近時，非正社員が増加しているので，第12章において非正社員の就業規則の各事項を掲げた。

　なお本書では就業規則本体の定めを「規定」とし，就業規則と別に定める規則を「規程」として区別した。

●**規定事項の配列**

　上記各事項の配列は法定されていないので，企業によりさまざまであり，統一されているわけではない。特に「服務規律」を「人事」より先にする例もあれば，あるいは「服務規律」のうちの出退勤などの事項を切り離して「勤務」とする例もある。本書では，わかりやすいという意味から，「総則」以降はまず「労働者の地位の得喪変更に関する人事事項」（採用から退職まで），次に「在職中の就労に関する事項」（服務，労働時間，休暇・休業），続いて「就労の対価たる賃金関係」（賃金，賞与，退職金），最後に「就労関係以外の事項」（安全衛生・災害補償，表彰・懲戒，教育・研修，福利厚生）という考え方で配列した。

●**基本的考え方と具体的規定例**

　本書では上記各事項ごとに，「基本的な考え方」と規定すべき事項を述べたうえ，必要となるモデル条文と実務上望ましくない規定例（検討を要する規定例）があればそれも掲げ，各規定例のもとになる法令および規定例についても指摘した。次に就業規則の規定事項に関する実務上の「チェックポイント」と「問題点」を掲げ，規定の解釈・運用上で注意すべき事項および実務で生じうるトラブルや取り扱い上で問題となる事項にふれた。規定の解説とともに，これらチェックポイントおよび問題点により就業規則の運用に誤りなきを期し，またトラブル処理においても参考にしていただきたい。

　そして各事項それぞれについて各章末に一括して参考条文を掲げたので，これらを通じて，就業規則を作成する場合だけでなく，見直す場合にも利用できるよう努めた。なお規定例や参考条文は，どの企業でも一般的に通用する範囲を原則としたので，各企業の特殊性により修正・追加などをしていただきたい。また企業ごとに内容が異なる退職年金については本書ではふれないこととした。

労働基準法上の
就業規則作成義務

1 作成義務と作成手順

●就業規則は必ずつくらなければならないか

　就業規則の作成が義務づけられているのは，常時10人以上の労働者を使用する事業場であり，使用者は事業場ごとに就業規則を作成しなければならない（労基法89条）。同条には「事業場」との記載はないが，従業員代表者の意見聴取手続きが事業場単位で定められている（労基法90条）ことなどから，就業規則作成義務は使用者たる企業（個人事業主や株式会社などの法人）単位ではなく事業場単位で考えるとされている。したがって常時10人以上の労働者を使用する事業場を複数もつ企業は事業場ごとに就業規則を作成しなければならない。

「常時10人以上」かどうかは，使用者と労働契約を結んでいる労働者の数が基準となる。つまり事業場の正社員の数で決まるものではなく，その事業場で実際に働いている通常人員で決まる。たとえば正社員が少なくても，臨時工やパートタイマーを含めて常時10人以上が働いていれば，就業規則作成義務がある。これに対して派遣労働者は，派遣先の企業では人数に含まれない。雇用主は派遣元なので，派遣元の事業場の労働者としてカウントされるからである。また一時的に10人未満になることがあっても常態として10人以上が働いていれば「常時10人以上」にあたる。ここでいう常態とは，年間を通じてほとんどが10人以上の労働者が働いている場合と考えられる。

　一方，労働者が常時10人未満の事業場では，就業規則作成義務はない。しかし実務上，正社員の労働条件を個別労働契約書で定めることは少ない。正社員と個別労働契約書で労働条件を定めない場合は第2節で述べる労働条件

を定めるという意味で就業規則を作成することが望ましい。

●**事業場単位とは**

　事業場とは，主として場所的な要素により決定されるもので，名称や経営主体にかかわらず，一定の場所において相関連する組織として継続的に行なわれる事業を意味している。一般には工場，支店，事業所，店舗などが事業場の単位だが，出張所，支所などで規模が著しく小さく，ひとつの事業としての独立性の認められないものは，直近上位の組織と一括して一事業所として取り扱われる（昭22.9.13発基17号，昭23.3.31基発551号，昭33.2.13基発90号，昭63.3.14基発150号，平11.3.31基発168号）。

●**作成・周知までの流れ**

　次の手順で就業規則を作成する。

　①必要的記載事項を含む就業規則を書面により作成（89条）

　②過半数組合または過半数代表者からの意見聴取（90条）

　③上記②の意見書を添付して所轄の労働基準監督署長へ届出（89条）

　④事業場に掲示または備え付けるなどの方法による周知手続き（106条1項）

2　記載事項

　就業規則の記載事項には，絶対的必要記載事項，相対的必要記載事項，任意的記載事項の3種類がある。このうち絶対的必要記載事項と相対的必要記載事項については，労基法89条で使用者に就業規則化が義務づけられており，各事項は採用の際の労働条件明示事項とほぼ対応したものとなっている（15条，同法規則5条）。

$$記載事項 \left\lbrace \begin{array}{l} 必要的記載事項 \left\lbrace \begin{array}{l} 絶対的必要記載事項 \\ 相対的必要記載事項 \end{array} \right. \\ 任意的記載事項 \end{array} \right.$$

●**絶対的必要記載事項（89条1号〜3号）**

　絶対的必要記載事項とは，必ず就業規則で定めなければならない事項であり，以下の3つがある。

- 始業・終業時刻，休憩，休日，休暇，交替制の場合の就業時転換に関する事項（1号）
- 賃金の決定，計算および支払い方法，賃金の締切および支払いの時期ならびに昇給に関する事項（2号）
- 退職に関する事項（解雇事由を含む。3号）

●相対的必要記載事項（89条3号の2〜10号）

　相対的必要記載事項とは，使用者が制度を設けている場合には必ず記載しなければならない事項であり，以下の8つがある。

- 退職手当に関する事項（3号の2。退職金請求権は毎月の賃金と異なり，労働契約上当然に発生するものではないから，相対的必要記載事項となっている）
- 臨時の賃金・最低賃金額等に関する事項（4号）
- 労働者の負担となる食費，作業用品，社宅費等に関する事項（5号）
- 安全衛生に関する事項（6号）
- 職業訓練に関する事項（7号）
- 災害補償および業務外の傷病扶助に関する事項（8号）
- 表彰・制裁に関する事項（9号。懲戒処分規定などが代表的なもの）
- 事業場の労働者のすべてに適用される定めに関する事項（10号。たとえば正社員のみの事業場における試用期間，休職，配転・出向などの人事異動，服務規律，福利厚生等に関する定め）

●任意的記載事項

　これは，労基法上義務づけられていない事項で，就業規則化するか否かは使用者に委ねられている。任意的記載事項でも実務上，就業規則に定めるべき事項は，たとえば用語の定義，適用範囲や採用手続き等の規定などである（本書2章，3章参照）。

　これに対し職場の作業マニュアル，制服・服装，社員証の取り扱い，会社施設管理関係などで就業規則の必要的記載事項でないものは内規として定めてもよい。

●一部を別規則とする扱い

　以前は賃金，退職手当，安全衛生，災害補償，業務外の傷病扶助について

のみ別規程とすることができるとされていた（旧労基法89条2項）。この制限は平成10年の改正労働基準法で廃止され，いまではどのような事項でも別規程とすることが可能となった。

　しかし就業規則は使用者のためのみならず，労働者のためにも作成されるものであるから，任意に別規則とすると就業規則の全体的統一的把握がむずかしくなり，労働者にとっても全体を理解しえないことになる。一方で，賃金や育児・介護休業など詳細な規定を就業規則本体で定めるとかえって複雑で大部なものとなり検索もしにくいという難点がある。

　そこで就業規則の必要的記載事項に関しては，［例］のように就業規則の本体に委任規定を設け，その委任規定にもとづき細則を別規程とすべきである。このような委任規定を設ければ，就業規則の統一的把握ができるとともに，整理され検索しやすいものとなるので，実務では多く用いられている。

［例］　従業員は会社に申し出て育児休業，短時間勤務等の適用を受けることができる。

　　2　育児・介護休業，短時間勤務等に関する対象者，手続き等必要な事項は別に定める育児・介護休業規程による。

　このように就業規則の必要的記載事項について別規則としても，就業規則は一事業場にひとつという建て前から，就業規則本体と別規程の両者を合わせたものがひとつの就業規則とされ，労働基準監督署長への届出の対象となる。

3　労働者側代表者の選任方法

　使用者は，就業規則の内容を作成した後，当該事業場に労働者の過半数で組織する労働組合がある場合においてはその労働組合から，もし過半数組合がない場合には労働者の過半数を代表する者から意見を聴かなければならない（労基法90条1項）。

　なお，使用者は過半数代表者が労基法に規定する協定等に関する事務を円滑に遂行することができるよう必要な配慮を行なわなければならないとされている（労基法規則6条の2第4項）。

●労働者の過半数の計算方法

労働者の過半数を組織する労働組合または労働者の過半数を代表する者にいう「労働者の過半数」とは，その事業場に働くすべての労働者数の過半数を意味している。したがって正社員のみならず，パートタイマー・臨時工，出向社員なども労働者に含まれる。

実務では，部長，課長などの管理監督者を除外する例を見受けるが，管理監督者も過半数計算の母数に算入される。これは，意見聴取の趣旨が事業場で働くすべての労働者の過半数の意思を問う点にあり，導入される制度に直接関係する労働者のみの意思を問うものではないという考え方からである。ただし管理監督者は過半数の基礎となる労働者の範囲に含まれるが，次に述べるように，過半数の労働者により選ばれる代表者（過半数代表者）には原則としてなれないことに留意すべきである。

●過半数代表者の適格性

労働者の過半数を組織する労働組合がない場合には，過半数代表者を選出することになるが，代表者は就業規則の内容について，労働者の任意かつ自由な意向を反映させる役割を担うものであるから，使用者に対して自主性を有する立場になければならない。したがって原則として管理監督者（労基法41条2号）でないことを要する（同法規則6条の2第1項1号。例外は同項2号）。

●過半数代表者の選出方法と任期

❶選出方法

過半数代表者の選出方法については，選出目的を明らかにして労働者の投票・挙手などの手続きにより選出された者であって，使用者の意向にもとづき選出されたものでないことが必要である（労基法規則6条の2第1項2号）。

選出方法については，事業場の労働者の意向を反映させることのできる民主的な手続きであれば，労働者の話し合い，持ち回り決議でもよい（平11.3.31基発169号）。この意味で，過半数代表者を使用者が指名したり，従業員の信任を得ていない特定範囲の労働者の互選により選出することは許されない。また社内の親睦団体の役員が信任手続きを経ず自動的に過半数代表者になる取り扱いは認められない（36協定について，トーコロ事件・最判平13.6.22労働判例808号11頁参照）。

もっとも理想的なものは，労働者の秘密投票による直接選挙であるが，上記のとおり挙手や回覧の方法でもよい。実務では規模の大きい事業場において職場ごとに代表者を選出し，各職場の代表者の間で過半数代表者を決定する間接選挙方式をとっている例もあるが，これも許容されていると解すべきであろう（下記「ガイドライン例」参照）。いずれの方法にせよ，企業において過半数代表者の選出方法について制度化しておくことが望ましい。

　なお派遣会社の場合は，派遣社員が一堂に会する機会はないので，投票か回覧などの方法にならざるをえないが，この点については次の通達がある。

【派遣労働者の場合の選出方法】（昭61.6.6基発333号）

　派遣元の使用者は，当該派遣元の事業場に労働者の過半数で組織する労働組合がある場合にはその労働組合と協定をし，過半数で組織する労働組合がない場合には，労働者の過半数を代表する者と協定をすることになる。この場合の労働者とは，当該派遣元の事業場のすべての労働者であり，派遣中の労働者とそれ以外の労働者との両者を含むものであること。

　なお，派遣中の労働者が異なる派遣先に派遣されているため意見交換の機会が少ない場合があるが，その場合には代表者選任のための投票等にあわせて就業規則案に対する意見を提出させ，これを代表者が集約する等により派遣労働者の意思が反映されることが望ましいこと。

❷任　期

　過半数代表者というのは，就業規則の意見聴取の場合だけでなく，いわゆる３６協定などの労使協定の労働者側当事者にもなる。労基法は過半数代表者の任期というものを予定していない。実際に過半数労働組合がある企業では，組合自体が当事者なので問題はないが，過半数組合のない企業では就業規則の作成，変更のたびに過半数代表者を選任しなければならないことになる。しかし従業員の多い企業では，そのつど選任を行なうことは実務上，困難なことが多いので，１～２年程度の期間であれば事前に，予定されている就業規則変更事項を掲げて過半数代表者を選任し，その事項に関してはその代表者を過半数代表者とする取り扱いは認められるべきである。この点については，企業内で任期も含めて次のような定めをおいて行なっている例がある。

【過半数代表者の選出手続きに関するガイドライン例】

第1条（目的）　このガイドラインは，会社の各事業場における従業員の過半数を代表する者（以下「過半数代表者」という）の選出手続き等についてその指針を定めることを目的とする。

第2条（過半数代表者に関する事項）　過半数代表者は，その所属する事業場に関する次の事項を遂行する。

1　労働基準法（以下「労基法」という）第24条第1項ただし書きに定める協定（賃金控除協定）の締結

2　労基法第32条の3に定める協定（フレックスタイム協定）の締結

3　労基法第32条の4第1項に定める協定（1年単位の変形労働時間制に関する協定）の締結

4　労基法第34条第2項ただし書に定める協定（休憩時間の一斉付与原則の適用除外に関する協定）の締結

5　労基法第36条第1項に定める協定（時間外休日労働協定）の締結

6　労基法第38条の3第1項に定める協定（専門業務型裁量労働制に関する協定）の締結

7　労基法第39条第5項に定める協定（計画年休協定）の締結

8　労基法第90条に定める意見聴取（就業規則の作成および変更の際における意見聴取）の相手方として行なう書面による意見の提出

9　その他労働関係法令において過半数代表者の責務として規定されている事項

2　前項各号に定める事項を遂行するにあたって，過半数代表者は，次条第1項の従業員を通して，それが各事業場における従業員の意見を広く反映したものとなるよう，努めるものとする。

第3条（過半数代表者の選出手続き等）　過半数代表者は，その所属する事業場ごとに別表に定める各部署を単位として選出された従業員（従業員数100人以上の構成単位にあっては2人の従業員を，100人未満の構成単位にあっては1人の従業員をそれぞれ選出する）のなかからその互選により，これを選出する。

2　過半数代表者および前項の従業員（以下，両者を合わせて「過半数代表

者等」という）の選出は，投票その他の民主的手続きによって，これを行なう。

3　過半数代表者等は，労基法第41条第２号に規定する「監督若しくは管理の地位にある者」以外の者から，これを選出するものとする。

4　従業員は，過半数代表者等であること，もしくは過半数代表者等になろうとしたこと，または過半数代表者等として正当な行為をしたことを理由として不利益な取り扱いを受けることはない。

第４条（過半数代表者の任期）　過半数代表者の任期は２年とする。ただし任期中においても，改めて過半数代表者を選任する必要が生じた場合を除く。

別表（略）

❸不利益取り扱いの禁止

使用者は，労働者が過半数代表者であること，あるいは過半数代表者となろうとしたこと，または過半数代表者として正当な行為をしたことを理由として不利益な取り扱いをすることは許されない（労基法規則６条の２第３項）。

4　意見聴取手続き

労基法90条は就業規則の作成について過半数組合または過半数代表者の意見を聴かなければならないと定めている。

●意見聴取とは

意見聴取とは，諮問つまり意見を求めてその見解を参考にするという意味である。したがって労基法では積極的な協議あるいは同意まで要求しているものではない。

そのため過半数組合や代表者の意見が就業規則に反対であっても，その旨の意見を記載した書面を就業規則届出の際に添付すれば足りる。ただ実務上は，反対意見が出されればその理由を検討し，就業規則に反映させるか，労働者側に使用者の考え方を十分説明し理解を得るという対応が望ましい。

意見聴取については，労働者側代表者に就業規則を検討する時間的余裕を与えて行なう必要がある。

●意見聴取の相手方

意見聴取の相手方は，その事業場の従業員の過半数を組織する労働組合か，それがない場合には事業場で選出された過半数代表者である。労働組合の場合は，労働組合の代表者（たとえば委員長）であり，その事業場の支部，分会などが独立した労働組合で本部から権限を委ねられている場合は，その支部，分会の代表者である。また事業場に労働組合が複数あっても，意見聴取の相手方は過半数を組織する労働組合である。

●非正社員の就業規則と意見聴取手続き

企業では，ひとつの事業場内にパートタイマー・有期契約労働者など，正社員とは基本的に労働条件の異なる労働者を雇用している場合が多い。このような労働者は，正社員の就業規則では労働条件を律せないため，パートタイマー・有期契約労働者などを対象とした就業規則を作成しなければならない。そこでたとえばパートタイマー就業規則を作成する場合の意見聴取の相手方は，その適用対象となるパートタイマーだけでよいかという問題がある。

労基法上は，パートタイマーや有期契約労働者などの非正社員に関する就業規則であっても，正社員のそれと同様，事業場全体の従業員の過半数組合あるいは代表者に対して意見聴取すれば足りるので，その代表者は正社員でもかまわない。ただしパート・有期労働法（「短時間労働者及び有期雇用労働者の雇用管理の改善等に関する法律」2020年4月施行）7条1項で，「事業主は，短時間労働者に係る事項について就業規則を作成し，又は変更しようとするときは，当該事業所において雇用する短時間労働者の過半数を代表すると認められるものの意見を聴くように努めるものとする」とされており，有期雇用労働者の就業規則の作成または変更についても準用されている（7条2項）ので，実務上配慮すべきである。

5 届出手続き，周知手続き

●届出手続き

届出は，就業規則に過半数労働組合または過半数代表者の意見を記載した

【書式例】

就業規則（変更）届

　　　　　　　　　　　　　　　　　　　　　年　　月　　日

○○労働基準監督署長殿

　今回，別添のとおり当社の就業規則を制定（変更）いたしましたの
で，従業員代表の意見書を添付のうえお届けいたします。

事業場の所在地

事業場の名称
使用者職氏名　_____

意　見　書

年　　月　　日

<u>株式会社○○○○</u>
代表取締役
　<u>　　　　　　　　</u>殿

　　　年　　月　　日付をもって意見を求められた就業規則案について，
下記のとおり意見を提出いたします。

記

従業員代表　　　　　印

書面を添付して，その事業場を管轄する労働基準監督署長宛にしなければならない（書式例参照。労基法89条1項，90条2項，同法規則49条1項）。届出の就業規則は書面でなく一定の要件を備えた電子媒体（フロッピーディスク等）でもよいが（平25.4.4基発0404第1号），届出の際に添付する労働組合または過半数代表者の意見書は書面でなければならず，かつ代表する者の署名または記名押印を要する（労基法規則49条2項）。

　届出は上記の方法のほか厚生労働省の電子申請・届出システムを利用してパソコンから電子ファイルにより行なう方法もある。この場合は，事前に電子証明書により認証を受けて所定の手続きを行なう。届出に添付する意見書も電子ファイルとし，①申請用プログラムで労働者側代表者の電子署名を付す，あるいは②押印のある意見書をスキャナー等で電子化したものを添付することになる。電子証明書の取得方法と手続きについては厚生労働省のホームページ（電子申請・届出システム）を参照。

●本社一括届出

　複数の事業場を有する企業では，企業全体で統一的に同一の就業規則を定めることがあるが，このような場合，本社で各事業場の就業規則を一括して本社を管轄する労働基準監督署長に届け出ることもできる。ただし各事業場での労働者側代表者の意見を省略できるわけではないので，あくまで便宜的なものである。

　その要領は下記のとおりである（平15.2.15基発0215001号）。

- 本社の所轄労基署長に対する届出の際には，本社を含め事業場の数に対応した必要部数の就業規則を提出すること
- 各事業場の名称，所在地および所轄労基署長名ならびに労基法（以下「法」という）89条各号に定める事項について当該企業の本社で作成された就業規則と各事業場の就業規則が同一内容のものである旨が附記されていること
- 法90条2項に定める書面（労働者側代表者の意見書）については，その正本が各事業場ごとの就業規則に添付されていること

　なお，この本社一括届出も上記の厚生労働省の電子申請・届出システムを利用して行なうことができる。

周知は，使用者が就業規則を常時各作業場の見やすい場所に掲示し，または備え付け，あるいは就業規則自体を交付することのいずれかの方法によって行なわなければならない（労基法106条1項）。この点については，さらに「磁気テープ，磁気ディスクその他これらに準ずる物に記録し，かつ，各作業場に労働者が当該記録の内容を常時確認できる機器を設置する」方法でもよく（同法規則52条の2），たとえば社内のイントラネットなどを利用して周知する方法などである。

掲示あるいは備え付けるべき「各作業場」とは，事業場内において密接な関連のもとに作業の行なわれている個々の現場のことで，主として建物別によって判定すべきものとされている（昭23.4.5基発535号）。

✓ チェックポイント

●意見書の提出がない場合の届出

使用者が意見聴取の機会を与えても，労働者側代表者が意見書を出さないとき，あるいは意見書に署名または記名押印しないようなときには，使用者が意見を聴いたことを客観的に証明できれば，意見書の添付がなくとも所轄の労基署長への就業規則の届出は受理される（昭23.5.11基発735号，昭23.10.30基発1575号）。このため意見書が提出されない場合，使用者は書面で意見書提出を催告し，それでも提出されない場合は，その事情を記載した書面と催告書などを添付して届出をすることになる。

6　変更手続き，変更届出

●変更手続き

就業規則の変更手続きは，就業規則の作成手続きと同様である（労基法89条1項）。実務においては往々にして，就業規則を作成したまま，その後の労働条件変更にもかかわらず変更手続きをとっていない例がある。それでは労基法に違反するので，就業規則の見直しと適切な変更手続きを行なうよう留意すべきである。

なお法令またはその事業場の労働協約に違反する就業規則をそのまま放置した場合，行政官庁（労働基準監督署長）は就業規則の変更命令を出せることになっている（労基法92条）。

●変更の届出

　就業規則を変更した場合は，変更に関する過半数代表者の意見書を添付して，所轄の労働基準監督署長へ届け出る。

第2節

労働条件としての就業規則

1 就業規則の効力要件

　労基法上の就業規則作成義務は使用者に罰則をもって強制している公法上の義務であるが，さらに実際に作成された就業規則は使用者と労働者間の労働条件に関する権利義務を発生させる点で実務上重要な意味をもつ。本来，労働条件は使用者と労働者の個別合意（労働契約）により設定・変更されるというのが原則である（労契法6条，8条）。しかし労働者の労働条件を集団的，画一的に定める就業規則にも労働条件設定の効力が認められる。この点については判例上，就業規則の規定内容が合理的なものであるかぎり，それが具体的な労働契約の内容になるとされていた（電電公社帯広局事件・最判昭61.3.13労働判例470号6頁，日立製作所武蔵工場事件・最判平3.11.28労働判例594号7頁）。

　その後，労働契約法（平成20年3月施行）7条，10条において，就業規則で定める労働条件は，①合理的であること，②労働者に周知されていること，の2つの要件（効力要件）により労働契約の内容になることが明記された。

　②の周知手続きは，労基法106条1項に定める周知手続きをとることが望ましい。しかし，同条項に従わなくとも，回覧や説明会など何らかの方法で事業場の労働者が就業規則の内容を知り，または知ることのできる状態におかれていれば，周知性を満たし，就業規則の効力要件を具備すると考えるべきである（東京高判平12.8.23判例時報1730号152頁など）。

2 効力発生時期

就業規則の定めが労働契約の内容として効力を発生する時期については，

就業規則の作成手続きの関係で問題となる。

　労基法の就業規則の作成手続きは上記のとおり，就業規則の作成→労働者側代表者の意見聴取→労働基準監督署長への届出→労働者への周知手続きという過程を経るので，一般にはこうした手続きの完了により就業規則の効力が生じることになる。

●意見聴取・届出手続きを欠く場合

　意見聴取手続きあるいは届出手続きを欠けば，労基法90条，89条に違反するものとして罰則の対象となる（労基法120条）。しかし意見聴取手続きや届出手続きは行政監督上の取締規定と解されるので，それらを欠いても合理性と周知性を備えた就業規則であれば，有効と考える（労契法7条，10条）。

●施行期日との関係

　就業規則では施行期日を定めるが，効力は施行日より生じる。実務では手続きなどの関係で施行日をバックデートにする例もあるが，遡及適用によりすでに発生した労働者の権利を事後に不利益に変更することはできない（朝日火災海上保険事件・最判平8.3.26労働判例691号16頁）。北海道国際航空事件（最判平15.12.18労働判例866号14頁）は賃金規程改正により賃金減額の施行日をバックデートにした事案であり，遡及的な減額は許されないとした。

3　労働条件の設定・変更の留意点

　就業規則の定める合理的な労働条件が労働契約の内容になるが，これは労働条件設定のひとつの方法である。労働条件設定の方法は複数あり，その優劣が法律で定められている。労働条件の変更についても同様である。したがって企業が就業規則により労働者の労働条件を設定し，変更する場合には，それぞれの優劣関係を把握し，誤りのない労働条件設定・変更のやり方を理解しておかなければ，実務において不測の事態になりかねない。こうした労働条件の設定・変更について整理すると，次のとおりになる。

●労働条件設定の4つのルール

❶最低基準としての労働基準法

　労基法は罰則をともなう強行法規であり，これに反する労働条件の設定は

無効である。そして労基法は，そこで定める最低基準（労働条件）に達しない労働条件を定める個別労働契約部分は無効となり，労基法の定める基準が労働契約の内容になると定めている（13条，強行的直律効）。

❷個別労働契約（個別合意）

これは使用者と労働者が個別の合意で労働条件を定めるものであり（労契法6条），口頭でもよいが通常は労働契約書の締結により行なわれる。

❸就業規則

就業規則で定める労働条件が合理的なものであり，周知されていれば労働契約の内容となる（労契法7条）。

就業規則の労働条件に達しない上記「個別労働契約」部分は無効となり，就業規則の定める基準（労働条件）が労働契約内容となる（労契法12条，強行的直律効・補完的効力）。これは就業規則の最低基準効とも呼ばれる。ただし就業規則の労働条件を上回る有利な個別労働契約部分は有効である（労契法7条但書）。

たとえば就業規則に転勤規定があっても，使用者が特定の労働者との間で職場限定（転勤させない）合意をしていれば，その合意は労働者に有利なものとして就業規則に優先するため，転勤を命ずることはできない。

❹労働協約

労働協約とは，使用者と労働組合がおのおの署名または記名押印により作成した合意文書（労組法14条）であり，組合員の労働条件などを定めたものである。労働協約の適用対象者は組合員に限られる。ただし同一事業場に常時使用される同種労働者の4分の3以上が組合員であるときは，組合員以外の同種労働者に労働協約が拡張適用される（労組法17条，一般的拘束力）。

そして労働協約に定める具体的な労働条件は各組合員の労働契約の内容となる。労働協約に定める労働条件に違反する個別労働契約部分は無効となり，労働協約の定める労働条件が労働契約内容となる（労組法16条，規範的効力）。

また就業規則で定める労働条件は労働協約に反してはならないので（労基法92条1項），労働協約に違反する就業規則の労働条件部分は無効となり，労働協約の定める労働条件が労働契約の内容となる（労契法13条）。

以上の労基法，個別労働契約，就業規則，労働協約についての優劣関係をまとめたものが以下の図である。このうち，実務で特に留意すべきは，就業規則と労働協約の関係である。労働条件を就業規則によって変更する場合，それ以前に締結した労働協約に抵触していないかを必ずチェックする必要がある。もし抵触していれば，変更した就業規則の労働条件は組合員に対して効力をもたず，労働協約の労働条件が優先してしまうからである。

【優劣関係】

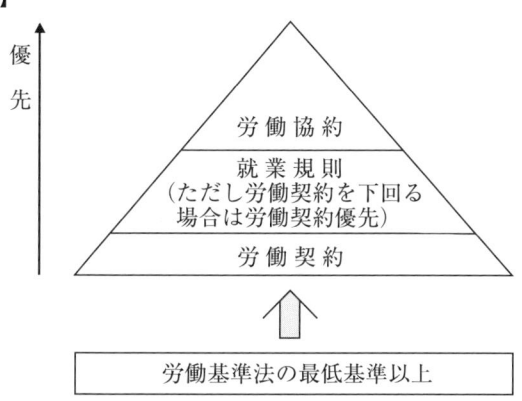

●労働条件設定の具体的手法

　企業における実際の労働条件設定方法は次のとおりである。

①使用者と労働者による個別合意（労基法を遵守した個別労働契約）

②使用者による就業規則の作成

③使用者と労働組合による労働協約の締結（書面合意）

　正社員の典型例でみると，正社員は②の就業規則が基本である。さらに労働組合があり，かつその組合と労働協約を締結している場合には，組合員については③によるが，職場の労働条件の画一的統一的要請から，実際には②と③の労働条件は同じ内容とせざるをえないことになる。したがって③の労働協約を締結する場合は，それに合わせて就業規則を変更することになり，逆に②の就業規則の労働条件を変更できない事情がある場合には，その内容と異なる労働協約を使用者は締結しないという対応をとらざるをえない。

　非正社員（パートタイマー，契約社員，嘱託など）については，②の就業規

則と①の個別労働契約が基本となるが，有期雇用契約とする場合が多いので，具体的な労働条件（雇用期間，賃金，労働時間，就業場所など）は①で決めるのが通常であり，有期雇用契約の期間満了後に更新するときは，改めて①の個別労働契約を締結することになる。

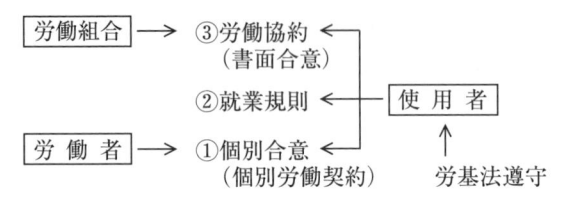

●労働条件変更のルール

企業においていったん定めた労働条件を変更する場合には，それがどのような方法なら可能か，労働条件の設定方法ごとに検討を要する。

たとえば労働条件設定が労働協約によりなされている場合は，その労働条件を就業規則により変更することはできない。その変更は新たな労働協約の締結により行なうことになる。この場合，組合員にとって不利益な変更も原則として効力を生ずる。

また労働協約の変更が，労使いずれかの事情により，新たな労働協約を締結する方法で行なえない場合には，使用者は労働協約を失効させた後に就業規則により労働条件を変更することになる。これをまとめると次のとおりである。

❶労働条件が労働協約で設定されている場合の変更方法

労働協約を新たに締結する。この場合は組合員に対して不利益変更も原則有効となる（朝日火災海上保険（石堂）事件・最判平9.3.27労働判例713号27頁）。

新たな労働協約を締結できない場合は，現在の労働協約の期間満了，または期間の定めがない場合には90日前解約（労組法15条3項，4項）により労働協約を失効させた後，就業規則で労働条件を変更する。

> 労働協約 →労働協約の締結（集団的な変更合意。不利益変更も原則有効）
> →労働協約を失効させた後，就業規則による労働条件の変更。

❷労働条件が就業規則で設定されている場合の変更方法

有利変更の場合は，合意にもとづき個別労働契約を変更する，就業規則を

変更する，労働協約を締結するの3パターンがある。一方，不利益変更については，就業規則を変更する（労契法10条），新たな労働協約を締結するの2パターンがある。

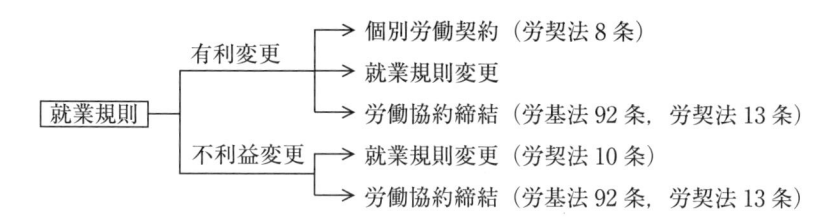

❸労働条件が個別労働契約により設定されている場合の変更方法

有利変更の場合は，個別労働契約を変更する，あるいは就業規則を変更する，労働協約を変更するの3パターンがある。一方，不利益変更についても同様に3パターンある。ただし，就業規則により不利益変更する場合，個別労働契約において「就業規則の変更によっては変更されない労働条件として合意していた部分」については就業規則により不利益変更はできない（労契法10条但書）。

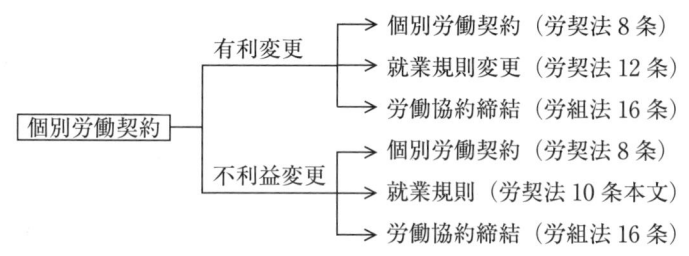

●労働組合がある企業における正社員の労働条件変更

正社員の労働条件は就業規則で定まり，その変更も就業規則により行なうのが基本である。労働組合のある企業で組合員の労働条件を労働協約により定めている場合には，新たな労働協約で労働条件を変更することになる。ただし組合員については当該労働協約の定めによるが，労働協約だけでは原則，非組合員に効力が及ばないので，正社員全体を対象とする就業規則も労働協約に合わせて変更することになる。

しかし新たな労働協約が労使いずれかの事情により締結されないときに

は，使用者は現在の労働協約を失効させて就業規則の変更により新たな労働条件を設定する。その場合，就業規則の変更が労働者に不利益となるときは，就業規則変更に合理性があり，周知されていれば変更の効力が生ずることになる（労契法10条）。

組合員
[労働協約] → 労働協約失効 → 新たな労働協約締結

非組合員
[就業規則] → 就業規則の変更（不利益変更は変更に合理性がある場合のみ）

✳ 問題点

●就業規則による労働条件の不利益変更は許されるか

　就業規則の効力要件（合理性と周知手続き）は，不利益変更の場合も同様である。ただし，労働者に不利益を与えるため，合理性の判断は厳格になされる。労働契約法10条では，不利益変更の場合の合理性判断は，①労働者の受ける不利益の程度，②労働条件変更の必要性，③変更後の就業規則の内容の相当性，④労働組合等との交渉の状況，⑤その他の就業規則の変更にかかる事情を総合考慮して行なうと定めている。

　これまでの判例は，新たな就業規則の作成または変更によって労働者の既得の権利を奪い，労働者に不利益な労働条件を一方的に課することは原則としてできないが，その就業規則条項が合理的なものであれば不利益変更は許される，つまり労働契約の内容になって労働者を拘束するというルールをとっていた（秋北バス事件・最判昭43.12.25判例時報542号14頁など）。特に賃金，退職金など労働者にとって重要な権利，労働条件に関し実質的な不利益を及ぼす就業規則の作成または変更については，当該条項がそのような不利益を労働者に法的に受忍させることを許容できるだけの高度の必要性にもとづいた合理的な内容であることを要するとしてきた。労契法10条は，この判例のルールに沿って立法化されたものである。

　実務上は，上記のような総合判断では事前に合理性の有無を予測することが困難であるという問題がある。特に賃金などで大きな不利益を生ずる就業規則の変更については慎重な検討を要する。

第 2 章

総 則

🔲 基本的な考え方

　一般に総則では，①就業規則の目的，②法令・労働協約との関係，③従業員の定義・適用範囲，④従業員の遵守義務（心得），⑤用語の定義，⑥別規程の明示，⑦附則などを設けることが多い（別規程や附則は就業規則の末尾におかれることが多いが便宜上，ここで述べる）。さらに企業においては経営環境や経営方針，事業内容などの変化により労働条件も変更されるものであるから，⑧労働条件の変更についても定めておくべきである。

● 目　的

[例1]　この就業規則は，会社の従業員の服務規律および就業に関する事項を定めたものである。

[例2]　この就業規則は，円滑な業務の運営と従業員の待遇の向上を目的として，労働基準法89条にもとづき，採用，労働条件，服務規律その他必要な事項を定めたものである。

　就業規則の目的は，事業場の労働者が遵守すべき服務規律および労働時間，賃金等の労働条件その他必要なルールを定めるところにある。具体的には上記のような規定例が一般的である。企業理念や使命を記載する例もある。

[例3]　この就業規則は，会社と社員が相互の愛情・信頼にもとづいて協力し，社業の繁栄と社員生活の安定向上に努め，進んで日本の発展に寄与し，社業の社会的使命を果たすため，制定したものである。

　上記［例3］は企業の社会的使命を重視する姿勢を表わすものである。これは，従業員に企業活動の目的や社会的意義を知らしめる意味で有用だが，就業規則はあくまで従業員の労働条件を定めることが目的であり，企業理念や使命は従業員のみならず，企業にかかわるステークホルダー（利害関係者）全体に向けて表明されるべきものだから，企業理念，行動基準，社会的責任（CSR）などは別途定めるのがよいし，そのなかで従業員の服務や行動規範にかかわる部分が必要であれば，総則ではなく服務規律の章において抜き書きするか引用すべきであろう（たとえば外資系企業では行動基準の定めを服務規律の規定に引用する例がある）。

　したがって［例1］のように就業規則の目的を端的に記載するか，さらに就業規則の趣旨と根拠を加えた［例2］が適切である。

［例４］　この規則に定めのない事項については，労働基準法その他の法令による。

［例５］　就業に関することは労働基準法その他の法令の定めによるところの
　　　　　ほか，この規則の定めるところによる。

　労基法その他の労働関係の法令（男女雇用機会均等法，育児介護休業法など）
の多くは強行法規であり，就業規則はそれら法令を補充する関係にあるとみ
れば［例５］のような記載例を妥当とする見解もある。しかし就業規則は法
令の基準を満たしていることを当然の前提として（労基法92条），職場の具体
的な労働条件を労働者にわかりやすく定めたものであるという見地からすれ
ば，就業規則の定めによるという［例４］のほうがよいと思われる。なお，
法令には努力義務や訓示規定もあるので，法令との関係を就業規則で定めな
いほうがよいという見解もあるが，努力義務や訓示規定を就業規則で否定は
できないので，［例４］のように法令との関係も定めておくべきである。

［例６］　法令または労働協約の就業に関する定めのなかで，この規則に定め
　　　　　のない事項およびこの規則と抵触する事項については，その法令また
　　　　　は労働協約による。

［例７］　就業に関することは，法令または労働協約の定めるもののほか，こ
　　　　　の規則の定めるところによる。

　就業規則は法令または労働協約に反してはならない（労基法92条）。［例６］
［例７］は多数の従業員を組織する労働組合のある企業において用いられる例
であり，就業規則は補充的な位置づけとなっている。事業場の過半数を超え
る労働者を組織する労働組合がある場合，労働条件は就業規則ではなく，労
使間で合意した労働協約で定めることを基本とする労使関係が確立している
ことが多いので，そうした労使関係を明らかにする意図があると思われる。

●**従業員の定義と適用範囲**

　現在，雇用形態の多様化が進み，企業では期間の定めのない従業員（正社
員）だけでなく，専門職の年俸社員，有期契約社員，パートタイマーなどに
複線化している。また有期従業員のなかでも処遇の異なるパートタイマー，
嘱託などに分かれる例が多い。

　労基法上，常時10人以上の労働者のいる各事業場について使用者に就業規

則の作成義務があるが，その義務とは，正社員やパートタイマーなど雇用形態が異なる場合には，それぞれの種類の労働者に適用される就業規則が作成されなければならないという意味である。

　実務で問題となるのは，正社員就業規則のみを作成し，パートタイマー，有期契約労働者など非正社員の就業規則をつくっていない場合である。これは，労基法上は同法89条の就業規則作成義務違反の問題になるが，それにとどまらず，実務では正社員就業規則が非正社員にも適用ないし準用されるのではないかという問題も出てくるので，従業員の定義と適用範囲を明確にしておく必要がある。

　この点が明確にされず，たとえば採用時60歳を超えている高齢者従業員について，正社員と異なるので正社員就業規則（退職金規定）の適用はないと使用者側が主張した事案について，就業規則は適用対象を正社員と高齢者に分けて規定しておらず，規定の内容も従業員全般に及ぶものとなっていたのであり，高齢者およびパートタイム従業員にも就業規則が適用されることを前提とした規定があったことから，高齢者にも適用されるとしたものがある（大興設備開発事件・大阪高判平9.10.30労働判例729号61頁）。

　さらに，平成25年4月1日施行の労契法18条により有期労働契約が無期転換される制度が導入されたこと，平成30年6月にパート労働法が改正され，パート・有期契約の非正規労働者に対する規制が強化されたこと（パート・有期労働法）からも正社員との区別は明確にしておくべきである。

　そこで正社員の就業規則を作成する場合には，パートタイマーなどの非正社員との関係で，大別して2つの規定の仕方がある。一つは，［例8］［例9］のように正社員に適用される就業規則を非正社員にも原則として適用し，例外として適用されない部分だけを掲げる方法である。これは規定の簡略化という利点はあるが，正社員と非正社員の適用条項を区別する必要があり，この点が曖昧だと適用範囲をめぐって争いとなるおそれもある。特に適用されない部分を明記しない［例9］のような定め方は避けるべきである。

　また，［例8］のように定めても，非正社員の賃金や労働時間などの基本的な労働条件は，個別契約で定めることになるが，正社員就業規則だけではこの点が明らかではないので，［例8］も望ましいものではない。なお，無

期転換者については12章参照。

［例8］

　　第○条　この規則で定める従業員とは，次の者をいう。

　　⑴　社員　第○条（採用）の手続きにより雇入れられる者

　　⑵　パートタイマー　社員より労働時間が短時間で，1年以下の期間
　　　を定めて雇入れられる者

　　⑶　嘱託　1年の期間を定めて雇入れられる者

　　⑷　無期転換者　パートタイマーまたは嘱託が，労働契約法第18条に
　　　より無期労働契約に転換した者

　　第○条　この規則は前条の規定による従業員に適用する。

　　　　ただし，パートタイマー，嘱託，無期転換者については，服務規律
　　　（第○章），安全衛生（第○章），災害補償（第○章），表彰・制裁（第○
　　　章）を除く部分は適用しない。

検討を要する実例

［例9］　この規則は第○条に定める手続きにより採用される従業員に適用
　　　し，それ以外のパートタイマー，嘱託などについては特別の定めがな
　　　いかぎりこの規則を準用する。

　二つ目は，［例10］のようにパートタイマーなど正社員と処遇の異なる労
働者については原則として別規則化するやり方である。これは上記で指摘し
た難点がないうえ，今後，雇用形態の多様化により新たな雇用形態が追加さ
れることも考えられるので，この規定の仕方が望ましいと考える。この場合
は正社員就業規則に委任規定をおいて非正社員に関する就業規則は別に定め
ることを明らかにすることになる。

［例10］　この規則は従業員に適用する。ただし，執行役員に選任された者の
　　　適用範囲は別に定める。

　　　　この規則でいう従業員とは第○章（採用）に定める手続きを経て採
　　　用され，期間の定めのない労働契約を締結した者をいい，試用期間中
　　　の者を含む。従業員以外の会社で雇用される契約社員，パートタイ
　　　マー，嘱託，労働契約法第18条により無期労働契約に転換した者など
　　　の就業に関する事項についてはこの規則を適用せず，別に定める。

執行役員は労働契約の場合と委任契約の場合があり，実例では前者が多い。労働契約の場合は［例10］の１項ただし書のような定めをおくべきである。執行役員は正社員の昇進ポストとみることもできるが，選任された場合は通常，一般正社員と基本的に異なる処遇をするからである。

●就業規則の遵守義務

［例11］　従業員は，この規則を遵守し，誠実にその義務を履行しなければならない。

［例12］　従業員はこの規則を守り，誠実に職務に専念しなければならない。

　総則では［例11］や［例12］のような遵守義務（心得）を定める例がある。［例12］は労働者の基本的な義務である職務専念義務を強調するものであるが，服務規律の章で定めれば足りるので［例11］のような定めが適当であろう。

●用語の定義

　用語の定義については，上記従業員の定義のほか，［例13］のように管理職制などを定める例があるが，定義規定をおかない例もある。

［例13］　この規則における用語の定義は次のとおりとする。

　　　　　部門長　その従業員の所属する部門の職制上の最高責任者（局長，室長，支社長，支店長等）をいう

　　　　　所属長　その従業員の所属する部門の直属の管理者（部長等）をいう

　管理職制組織は使用者の権限で定めるものであり，権限分配関係も事情により変更されることがあるので，［例13］でも正確な定義というわけではない。特に組織の再編やフラット化などにより組織全体の変更，呼称の変更もありうるので，総則でこのような定義をおかなくても足りるし，必要であれば内規で定めをおけば不都合はないと考えられる。

［例14］　この規則における年度，月度，週は次のとおりとする。

　　　　　年度　４月１日から翌年３月31日まで

　　　　　月度　当月１日から当月末日まで

　　　　　週　　日曜日から土曜日まで

　この例も同様で，特に通常の意味と異なる定義をするのであれば必要であろうが，そうでなければなくとも足りる。むしろ必要に応じて各論のなかで，たとえば労働時間の章や賃金規程などに定義するほうがわかりやすい。

［例15］　本章で１週間とは月曜日から日曜日までをいう。

　上記［例15］は，労働時間の章で定義している例である。これは，通常，１週間は日曜日から土曜日までと解されているので（昭63.1.1基発１号），これと異なる定めをしたものである。

●**労働条件の変更規定**

　就業規則で定めた労働条件は，法令の改廃・変更や事業経営上の事情等により変更する必要が生ずることはいうまでもない。労基法には就業規則の変更手続きが定められているが，労働条件としての就業規則を変更する権限を使用者が有することを明確に定めておくべきである。なお，就業規則の不利益変更には合理性要件があるので留意すべきである（労契法10条。１章２節参照）。

［例16］　この規則に定める労働条件等については，法令の制定・改廃または経営上の必要性により変更することがある。

●**別規程の明示，附則**

　就業規則と一体となる別規程をまとめて明示する。別規程は附則あるいは就業規則の別紙に列挙する例もある。別規程が多い企業では，就業規則に列挙しないで，その代わりに就業規則とともに別規程本体もまとめた一冊の規則集として一覧できるようにしていることもある。それでもよい。

　附則では，就業規則の施行期日，改正条項の施行期日を記載する。［例17］のように改正ごとに新たな附則を追加して記載するのが一般的である。その場合，附則には改正となった条文も記載することにより適用関係を明確にすることが望ましい。

　特定の労働条件について経過措置がある場合は，この点も定める。就業規則の制定・変更は所定の手続きを経て労働者に周知されたときから効力が発生するので，施行期日は周知手続きとの関係を考えておくべきである（１章２節参照）。

［例17］

　　　附則　この規則は○○年○月○日から施行する。

　　　附則　第○○条，第○○条を改正し，○○年○月○日から施行する。

　　　附則　第○条を削除し，第○条を新設し，△△年△月△日から施行する。

　　　　　　ただし，第○条の削除にかかわらず，○○年○月○日までは改正前の例による。

第1条（目的）　この就業規則（以下「規則」という）は，会社の従業員の服務規律および就業に関する事項を定めたものである。

2　この規則に定めのない事項については，労働基準法その他の法令による。

第2条（適用範囲・定義）　この規則は従業員に適用する。ただし，執行役員に選任された者の適用範囲は別に定める。

2　この規則でいう従業員とは第○章（採用）に定める手続きを経て採用され，期間の定めのない労働契約を締結した者をいい，試用期間中の者を含む。従業員以外の会社で雇用される契約社員，パートタイマー，嘱託，労働契約法第18条により無期労働契約に転換した者などの就業に関する事項についてはこの規則を適用せず，別に定める。

第3条（遵守事項）　従業員は，この規則を遵守し，誠実にその義務を履行しなければならない。

第4条（労働条件の変更）　この規則に定める労働条件等については，法令の制定・改廃または経営上の必要性により変更することがある。

附　　則

1　この規則の付属規程として次の規程を設ける。

　　出向規程，フレックスタイム制規程，育児・介護休業規程，賃金規程，退職金規程，旅費規程，安全衛生規程，災害補償規程，○○○○規程

2　この規則は，○○年○月○日より施行する。

附　　則

　　○○年○月○日一部改正（第○条，第○条），同日施行。

注：附則は就業規則の末尾におくことが多い

第1節

採　　用

基本的な考え方

　採用についての定めは任意的記載事項であるから，就業規則によらずに募集要項や内規等で定めることもできるが，実際にはほとんどの就業規則で定められている。これには，次のような意味がある。

①公正な採用手続きを行なう企業の姿勢を内外に示す

②それにより企業イメージ，従業員モラールの向上をはかる

③複数の雇用形態における採用手続きの違いを定めて，当該就業規則適用対象者を明確にする

④採用内定が一般に労働契約締結（入社日が就労開始日）と考えられるので，内定後の提出書類を明示する

　採用手続きに関しては，大別すると［例1］のように採用基準（応募資格，選考方法等），選考時提出書類，採用時提出書類などを定める例と，［例2］のように簡単な条文だけを定める例がある。上記①および②に関しては公表されない就業規則に記載するよりも，企業のホームページや採用関係情報誌などのほうが効果的である。また近時は採用内定に至るまで，数次の選考で内々定を出し，かつその間の種々の試験も工夫されているので，選考時提出書類に関しても就業規則で定める必要はないと思われる。

　そこで，上記③の意味で必要と考えれば［例2］でも足りるが，④の意味も加えた［例3］がよい。

［例1］

　　第○条　会社に就職を希望する者のうち，選考試験に合格し，所定の手続きを経た者を従業員として採用する。

　　第○条　選考にあたっては，次の書類を提出しなければならない。

⑴　履歴書

　　⑵　卒業証明書または成績証明書

　　⑶　写真（3ヵ月以内のもの）

　　⑷　その他会社が指定する書類

　第○条　従業員として採用された者は，所定の期間内に次の書類を提出しなければならない。

　　⑴　住民票記載事項証明書

　　⑵　入社誓約書

　　⑶　身元保証書

　　⑷　その他会社が指定する書類

［例2］　会社は，採用基準にもとづき，入社希望者のなかから選考試験に合格した者を従業員として採用する。

［例3］　会社は，入社希望者のなかから，選考試験に合格し所定の手続きを経た者を従業員として採用する。従業員として新たに採用された者は，次の各号に掲げる書類を提出し，後日，記載事項に変更があったときは，遅滞なくその旨を届け出なければならない。

　　⑴　住民票記載事項証明書

　　⑵　マイナンバーに関する書類

　　⑶　入社誓約書

　　⑷　身元保証書

　　⑸　その他会社が指定する書類

　以上のほか，採用内定通知により労働契約の締結と取り扱う場合は，法律関係を明確にする意味から［例4］のような規定例もある。しかし実務では，［例4］のような規定を設けず，内定者から内定取消し事由（［例4］の3項）などを記載した誓約書を徴求するのが一般的である。

［例4］　会社は第○条にもとづき採用を決定した者に対して，原則として書面により採用内定通知を行なう。

　　2　前項により採用内定通知を受けた者は，その通知を受けたときから本規則の適用を受ける。ただし，会社から業務を命じられた場合を除き，就労と関係ない規定についてはこの限りではない。

3　会社は第1項により採用内定通知を受けた者が入社日までの間に，次の各号のいずれかに該当した場合は，採用内定を取り消す。

　　(1)　履歴書その他の申告事項が事実と相違し従業員として不適格と判断されたとき

　　(2)　心身の故障により勤務に堪えられないと認められるとき

　　(3)　新規学卒者において卒業できなかったとき

　　(4)　会社の経営上やむをえない必要性があるとき

　　(5)　その他前各号に準ずる雇用関係を維持しがたい事由があるとき

　　4　会社は採用内定を行なう際，内定者に対して法令に定める労働条件の明示を行なう。ただし，明示の際，確定できない労働条件については入社日までに明示する。

　［例4］の4項は労基法15条1項，同法規則5条に定める労働条件明示義務を記載したものである。採用内定時に明示事項が確定していないのが実際であり，遅くとも入社日までに明示する旨の定めである。このような取り扱いでも労基法に違反しないと考える。

　なお，明示事項のうち，書面の交付により明示すべき事項は以下のとおりである（労基法規則5条3項）。明示方法は書面交付が原則であるが，労働者本人が希望すれば書面交付に代えてファクシミリあるいは書面化できる電子メール等の電気通信の方法でもよい（2019年4月施行の改正労基法規則5条4項）。

- 労働契約の期間に関する事項
- 有期労働契約の場合の更新の基準に関する事項
- 就業の場所および従事すべき業務
- 始業・終業時刻，所定労働時間を超える残業の有無，休憩，休日，休暇，交替制勤務の就業時転換に関する事項
- 賃金の決定，計算および支払い方法，賃金の締め切りおよび支払い時期に関する事項
- 退職に関する事項（解雇の事由を含む）

　採用内定については「問題点」参照。

✳ 問題点

●プライバシー保護

❶戸籍・住民票の取り扱い

採用にあたり本籍などが記載された戸籍謄本・抄本，住民票の提出は就職差別のおそれがあり，その必要性もないので，住所と世帯主が記載される「住民票記載事項の証明書」の提出により処理するものとされている（平11.3.31基発168号）。そして家族手当の支給や扶養家族等の確認が必要となった時点で，本人に使用目的を告知して住民票や戸籍謄本・抄本の提出を求めるべきだとしている（昭50.2.17基発83号，婦発40号）。

❷職業安定法

募集にあたり業務目的の達成に必要な範囲内に限り労働者の個人情報を収集できるが，不合理な差別につながる人種，社会的身分，出生地，思想，信条などの情報は原則として収集できない。健康診断についても同様の見地から行政の指導がなされている。また個人情報の適正な管理を行なわなければならない（5条の4，平11.11.17労働省告示141号の指針第四）。

❸マイナンバーの提出規定

給与所得の源泉徴収票作成や社会保険関係の届出事務等については，マイナンバーの利用が必要であり，事業者はマイナンバー法（「行政手続における特定の個人を識別するための番号の利用等に関する法律」）にもとづき従業員や扶養家族のマイナンバー（個人番号）や本人確認資料の提供を求めることができる（14条，16条）。この旨を就業規則に入れるかどうかであるが，採用時の提出書類の規定に特に入れなくとも，「その他会社が指定する資料」という包括規定にもとづき提出を求めれば足りるとも考えられる。厚生労働省のモデル就業規則（平成30年1月版）でもマイナンバーについての具体的規定はない。一方で，マイナンバーは住民票等とともに個人情報であり，マイナンバーの個人番号カード，通知カードおよび本人確認書類または個人番号記載の住民票が必要となるが，従業員がマイナンバーの提出を拒んだ場合は，書類の提出先の機関の指示に従うことになるため（民間事業者における取扱いに関する質問Q4-2-6：内閣府番号制度担当室http://www.cao.go.jp/bangouseido/faq/faq4.html），円滑な提出を求める趣旨から，就業規則に具体的な提出義

務をおくことが望ましいであろう。この点から［例3］では2号にマイナンバーの提出規定を入れている。

●採用内定と内定取り消し

❶採用内定とは

採用手続きに関して内定の法的性格を理解しておくことは実務上，重要である。採用内定とは，採用に際して入社前に使用者が行なう内定行為（内定通知）のことである。企業が採用予定者を確実に確保するために行なうものだが，入社日前に企業の事情で採用内定の取り消しがなされるケースもあり，このような場合にどのような法律関係になるのかが問題とされる。

❷採用内定の法律的性格

採用内定行為は，学卒者の新規採用について行なわれる場合が多い。新規学卒者の採用手続きは一般に，企業の求人からはじまり，就職希望者の応募・選考・採用内定，そして入社（勤務）という手順を踏む。

このうち採用内定が法的にどのような意味をもつかは，採用手続きの実態にもよるが，民間企業の場合には一般に，採用内定通知段階で解約権留保付の労働契約が成立したと考えるのが判例実務の取り扱いである（大日本印刷事件・最判昭54.7.20労働判例323号19頁，電電公社近畿電通局事件・最判昭55.5.30労働判例342号16頁）。

【採用内定までの法律関係】

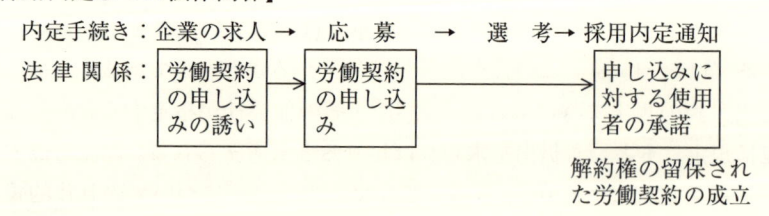

❸内定取り消し

使用者による内定取り消しは，内定者から徴求した誓約書等で記載された内定取り消し事由が基本となるので，誓約書等には［例4］の3項のような事由をおいて明確にしておくことが望ましい。そして内定取り消しは解雇であるから，労契法16条により客観的に合理性があり，社会通念上相当なものでなければならない。合理的な解約事由として認められるためには，その事由

が使用者にとって内定当時に知ることができず，また知ることが期待できないような事実であること，さらにその事由が入社後の勤務を不適当とするものでなければならない（前掲大日本印刷事件，電電公社近畿電通局事件の各判決）。

　通常は，労働者側で卒業できず留年した場合や，健康上の理由で勤務に適さなくなったことなどが多い。一方，中途採用のケースで使用者側の経営悪化による内定取り消しについては，整理解雇の４要素を考慮して合理性を判断するとしたものがある（インフォミックス事件・東京地判平9.10.31労働判例726号37頁）。

　内定取り消しについては，労基法20条の解雇予告（30日前）の適用を肯定する考え方もあるが，14日以内の試用の者に適用がない（労基法21条４号）こととのバランスから考えて適用はないと解すべきである。なお，新規学卒者に対する内定取り消し，内定期間延長をしようとするときは，あらかじめ所轄の公共職業安定所長または学校長など，関係施設の長にその旨を通知するものとされている（職業安定法施行規則35条）。また，内定取り消しが２年度以上連続したり，同一年度内に10人以上となるなど一定の要件にあたる場合には，厚生労働大臣による企業名公表制度がある（同規則17条の４，平21.1.19厚生労働省告示５号）。

●**採用内定期間中の研修**

　内定者の研修については，参加が任意であり，参加を義務づけておらず，それに出席しないことについて何らの不利益も定められていないときは労働時間とはならないので，賃金支払い義務は負わない。たとえば，大学在学中の場合，内定者に対して研修への参加の協力を申し入れるときに，学業を優先して欠席することも可能であり，欠席した場合も不利益は生じないことにしていれば，内定者に対する研修の時間は労働時間には該当せず，賃金を支払う必要はないと考えられる。

●**身元保証人の法的責任と留意点**

❶身元保証とは

　身元保証とは，使用者と保証人との間で，労働者の行為により生じた使用者の損害を保証人が賠償する旨を定める契約である。したがって身元保証は，労働者が横領等で会社に損害を与えた場合，本人に支払い能力がなかっ

たりした場合を考慮して，あらかじめ損害の保証義務を定めるものである。これにより，労働者が会社に損害を与えた場合，身元保証人に損害賠償請求をすることができる。

ただし実務上，身元保証の意味は会社の損害の補填とともに，従業員の不正を抑制しようとする点にあると考えておくべきである。損害の補填については「身元保証に関する法律」で，身元保証人の責任の範囲が制限，縮小されており，実際の裁判例でも，企業側の管理体制上の問題も考慮されるため，身元保証人の責任が認められるのは実損害の1～3割程度が多いからである。

身元保証契約に関しては「身元保証に関する法律」で次の定めがある（2条，3条）。

- 期間：定めのない場合は3年，定めのある場合は最長5年
- 更新：自動更新規定は無効となることがある。したがって更新時には改めて身元保証契約を締結するのが無難である
- 雇主の身元保証人に対する通知義務：従業員について不当・不正行為があったとき，または任務・任地の変更があったときに通知義務が生じる

通知義務は，身元保証人に解約権行使の機会を与える目的で義務づけられるもので，いずれも保証人の責任問題が生じるか，責任が重くなることが予想される場合を指している。

なお通知義務を怠っても保証人の責任が消滅するわけではないが，保証人の責任の範囲については考慮される。

❷実務上の留意点

身元保証に関する留意点は次のとおりである。

- 身元保証人を複数とすること
- 身元保証人の意思確認をすること。このためあわせて印鑑証明書を徴求しておくべきである
- 身元保証人の年齢，収入，資産等について特に問題がないこと。実際には親族等によることが多い
- 従業員に不適切・不正行為があった場合，または職務内容や場所の変更があった場合の通知義務を励行すること
- 身元保証期間満了時に，改めて更新契約を書面で行なうこと

‐不正行為等の発生しない企業内管理体制を整えること

そして上記のうち，企業内管理体制の整備以外の各項目は，実務的に実行することは必ずしも容易ではないから，不正を抑制する効果を主として考え，採用時にのみ身元保証人を徴求する取り扱いにするのも割り切った方法のひとつである。また不適切または不正行為があった場合，なお引き続き雇用するに際して，改めて身元保証人を求めることも有効な方法である。

❸身元保証と民法の個人根保証との関係

改正民法（2020年4月施行）により，個人根保証（不特定の債務を主たる債務とする保証契約で保証人が法人でないもの）については，保証の極度額を定めなければ効力を生じないとされた（465条の2第2項）ので，身元保証がこれにあたるかという問題がある。改正民法の国会審議＊では，身元保証契約の性質には，当事者の合意内容により，従業員の帰責事由（故意・過失）にもとづく損害賠償債務を保証する保証契約の場合と従業員の帰責事由の有無にかかわらず使用者に生じた損害を補塡する損害担保契約の場合とがあり，保証債務の場合は，保証人が個人であるから，個人根保証にあたるとされている。この点については今後議論される問題であるが，この考え方によれば，保証契約の性質を有する場合には，改正民法が施行される2020年4月1日以降に締結ないし更新する身元保証契約については，保証の上限となる極度額を定めないと無効になる。一方，損害担保契約の性質を有する場合には極度額の定めを要しないということになる（次頁の書式例参照）。実務上，極度額の明示は控えたいということであれば，損害担保契約の内容にしておくことになる。

＊第193回国会，平成29年4月25日参議院法務委員会（第9号）において，政府委員（小川秀樹）により，身元保証契約には保証契約と損害担保契約の2つの類型があるとしたうえで，「保証契約の性質を有するものについては，身元保証人が個人であるときはその身元保証契約は個人根保証契約の性質を有し，改正法案に新設された個人根保証契約に関する各規定が適用されます。したがいまして，このような身元保証契約については極度額の定めがなければ効力を生じないということになりますので，仮に使用者に金銭を支払ったとしても，無効な契約にもとづいて支払ったものとして不当利得返還請求が可能であると解されるところでございます」と説明されている

【書式例】

○○○○株式会社
代表取締役　○○○○　殿

身元保証書

〔極度額を 1000 万円とした保証契約の例〕

　今般，貴社に採用されました○○○○の身元は私どもが保証（極度額1000 万円）いたします。同人において誓約条項に背き，故意または過失により貴社に損失をかけた場合，私ども保証人において連帯責任をもって損害を賠償し，貴社に一切迷惑を及ぼしません。

　以上のとおり身元保証をいたします。

　ただし，本契約の期間は締結の日より 5 ヵ年とし，期間満了の際，改めて 5 ヵ年の更新契約をするものといたします。

〔損害担保契約の例〕

　今般，貴社に採用されました○○○○の身元は私どもが保証いたします。同人において，貴社に損害をかけた場合，帰責事由の有無にかかわらず，私どもが貴社に生じた損害について担保し塡補いたします。

　以上のとおり身元保証いたします。

　ただし，本契約の期間は締結の日より 5 ヵ年とし，期間満了の際，改めて 5 ヵ年の更新契約をするものといたします。

　　　○○年○○月○○日

　　　　現住所
　　　　本人との関係
　　　　身元保証人　　　　　　　　　印

　　　　現住所
　　　　本人との関係
　　　　身元保証人　　　　　　　　　印

注：身元保証人の印鑑証明書添付

試用期間

🖐 基本的な考え方

　試用期間を設けるかどうかは企業の自由であるが，設ける場合にはあらかじめ就業規則で制度化しなければならない。その期間は適格性判定のためのテスト期間であり，従業員を不安定な地位におくからである。

　ほとんどの就業規則は次のような試用期間の定めをおいている。

[例1]　新たに採用した従業員については6ヵ月間を試用期間とする。

　　2　試用期間中，従業員として適格でないと認められたときは本採用をしない。

　　3　試用期間満了後，本採用とし，勤続年数は試用開始日から算定する。

[例2]　選考試験に合格した者を試用社員として雇用し，勤務成績，能力等において適格と認められる者を社員に採用する。ただし，会社が特に認めた場合はこれによらないことがある。

　　2　試用期間は6ヵ月とする。ただし，社員としての適格性判定のために必要と認める場合は3ヵ月を限度として試用期間を延長する。

　　3　試用期間中に社員として不適格と認めた者は解雇する。

　　4　試用社員から引き続き社員として採用された者の試用期間は勤続年数に通算する。

　試用期間というのは，新入社員に対する教育・研修の目的もあるが，従業員としての適格性を判定するためのテスト期間として設定され，不適格な従業員を解雇する制度である。[例1]のように「本採用をしない」あるいは「本採用を拒否する」という表現を用いることもあるが，法的には使用者による解雇を意味している。入社前の採用選考や内定行為が面接や書類による

事前の適格性チェックであるのに対し，試用制度は企業内で実際に勤務をさせながらその適格性を試すもので，いわばOJTによる実質チェックの制度といえる。そして試用期間後，引き続き雇用される場合は，一般に退職金の算定などについて試用期間も勤続年数に通算する取り扱いである。[例2]は2項に試用期間の延長規定を設けるものである。実務でも試用期間を延長することがあるので，この規定はおくべきである。

✳ 問題点

●試用期間の長さ

　試用期間は，一般に3ヵ月あるいは6ヵ月が多いが，数ヵ月の新入社員研修後に心身の故障が判明する例もあるので，6ヵ月とするのが望ましいと考える。試用期間の長さについて具体的な法規制はないが，試用期間は従業員にとってのテスト期間であり，従業員の地位を不安定にするので，合理性のともなわない長期間の試用は公序良俗に反して無効（民法90条）とされる場合がある。ブラザー工業事件（名古屋地判昭59.3.23労働判例439号64頁）では，見習い期間（2ヵ月）とその後の試用期間（1年）がある事案で，試用期間を無効とした。試用期間を1年とする例は，学校の教員のような場合はあるが，これは1年単位でカリキュラムが組まれるため，適格性評価期間として合理性があると考える。

●試用期間の延長

　上記［例2］の2項のように就業規則に延長規定をおく例がある。前述のように試用期間は合理的な長さとすべきであるから，使用者が試用期間を任意に延長することはできない。試用期間の延長が認められる事由としては，

- 試用期間中に不適格と判定したが，今後の改善努力によっては採用の可能性を与えたいような場合
- 試用期間中，適格性に疑問が生じ，適否判定のためにはさらにテスト期間を必要とする相当な事情がある場合

などに限定されると考えるべきである。また延長期間も，上記の各事情に応じて必要な期間を設定することになるが，再度のテスト期間なので，相応な上限を定めておくべきであり，ここでは3ヵ月以内とした。

実務上は，試用の延長期間と延長の理由を本人に説明したうえで，試用期間延長の通知書を交付あるいは本人から同意書を徴求しておくことが望ましい。また就業規則に延長規定をおいていない場合でも，上記の各理由で延長することは本人にとっても有利なことと考えられるから，本人同意にもとづいて延長できると解すべきである。

●試用期間後の本採用拒否（取り消し）

　使用者は，試用期間中に労働者の適格性を判定し試用期間後，引き続き雇用する（本採用する）か本採用拒否とするかを決定する。このような適格性判断が使用者の裁量で自由にできるかどうかが問題となる。

　この点については，一般に試用期間中といえども使用者と試用社員との間に労働契約が成立しているが，従業員の適格性判定期間であることから，使用者に通常の解雇と比べて広い解約権が与えられているにすぎないと考えられている（三菱樹脂事件・最判昭48.12.12労働判例189号16頁）。したがって試用期間の法的性格は，このような解約権が留保された労働契約であると解されている。そこで実務上，本採用拒否と呼ばれているのは，法的には使用者に留保された解約権の行使のことであり，解雇の一形態なのである。

　そこで本採用拒否（解雇）が有効であるためには，解雇権留保の趣旨目的に照らして客観的合理性と相当性が必要とされる（労契法16条）。すなわち採用決定後における調査結果あるいは試用期間中の勤務状態等により，使用者において当初知ることができず，また知ることが期待できないような事実が判明し，かつその事実により今後の雇用継続が不適当と判断されることが必要である（上記三菱樹脂事件最高裁判決）。そのポイントは次のとおりである。

- 採用選考や内定段階で通常知りうる事実は，原則として本採用拒否理由にならない
- 拒否理由の内容は事実に合致したものでなければならない
- 拒否理由は将来の雇用継続上，大きな支障となるものでなければならない

　前述のように，試用というのは実際に勤務させて本採用の適否を判断するものであるから，勤務成績・勤務態度不良あるいは経歴詐称などが本採用拒否理由の中心的な事項となる。

●本採用拒否の留意点

たとえば無断欠勤や怠慢行為，上司に対する暴言や協調性の欠如などを理由とする場合には，その程度にもよるが，原則としていったん，試用労働者に注意を促して改善の機会を与えるべきである。そのうえでなお同種行為を反復し，あるいは改善されない場合に，本採用拒否を行なうかどうかを検討すべきである。試用期間はテスト期間であるとともに，新入社員の教育・研修期間の意味もあるから，使用者の教育指導によって勤務態度の是正をはかることも必要であって，これをまったく放置したまま本採用拒否を行なうことは，相当性に欠けることになるからである。

また14日を超える試用期間の途中あるいは満了時に即時本採用拒否をする場合には，30日分の予告手当を支払わなければならない。前述のように本採用拒否は解雇の一種であり，労基法でも14日を超えて雇用される試用者を解雇する場合には，30日前の解雇予告かそれに代わる解雇予告手当が必要とされている（労基法20条，21条）。

●中途採用者の試用期間

現在は企業規模の大小を問わず中途採用が一般化しつつあるので，すでに適格性判定を要しない特別な事情（たとえば以前に同一企業での勤務経験を有するケース）がある場合を除けば，試用期間を設けておくべきである。この場合は個別労働契約で定めるか，就業規則の試用期間制度を適用することになる。特にヘッドハンティングなどにより熟練あるいは高度の技能や経験に着目して高給で採用し，特定の役職に就ける場合には，技能・経験を実際に備えた労働者か否かを判断するために試用期間を利用すべきである。そして試用勤務の結果，当初予定した技能・経験のレベルに達しない場合には，本採用拒否が認められやすいといえる。ただしその場合でも，当初予定した技能・経験のレベルがどの程度のものか明らかでないと問題が生じるので，中途採用時に企業の求める技能・経験の具体的内容を職務記述書などにより書面で明らかにしておくことが肝要である。

中途採用者の適格性を判断する方法としては，試用期間制度以外に有期雇用契約を用いることがある。判例では，1年の常勤講師の有期雇用契約について「使用者が労働者を新規に採用するに当たり，その雇用契約に期間を設

けた場合において，その設けた趣旨・目的が労働者の適性を評価・判断するためのものであるときは，右期間の満了により右雇用契約が当然に終了する旨の明確な合意が当事者間に成立しているなどの特段の事情が認められる場合を除き，右期間は契約の存続期間ではなく，試用期間であると解するのが相当である」（神戸弘陵学園事件・最判平2.6.5労働判例564号7頁）とされている。この判旨に疑問はあるが，実務上は中途採用者の適格性を判断するための有期雇用契約においては，期間満了により契約が当然終了すること，および正社員とする場合には改めて選考手続きを行なう旨を定めておくべきである。

　なお，職業安定法（5条の3，規則4条の2第6項，平11労働省告示141号の指針第3，1(3)ニ）では，労働条件明示につき，有期労働契約が試用期間としての性質をもつ場合，試用期間となる有期労働契約期間中の労働条件を明示しなければならない。また，試用期間と本採用がひとつの労働契約であっても，試用期間中の労働条件が本採用後の労働条件と異なる場合は，試用期間中と本採用後のそれぞれの労働条件を明示しなければならないとされている。

第3節

異　動
出張，配転，出向・転籍，昇進・降格

基本的な考え方

　異動は，出張や配置転換，昇進・降格（降職）など企業内におけるものと，出向や転籍などの企業間で行なわれるものに大別される。異動は労働者の不利益をともなうことも多いので，就業規則に明確な定めをおき，これにもとづき行なう必要がある。

　異動について規定する項目としては，次のようなものがある。

　①異動の種類と異動命令の定め

　②異動の発令，赴任手続き

　③業務引き継ぎ

1　　出張，配転

基本的な考え方

　出張とは，一時的あるいは臨時的に勤務場所を変更することをいう。出張は短期間（通常は数日から数ヵ月）なので労働者の不利益の度合いも少なく，一般の業務命令の範囲と扱うこともできるが，出張内容はさまざまなので就業規則に定めておくべきである。

［例１］　業務上の必要がある場合は，従業員に出張を命ずることがある。

　これに対し配転（配置転換）とは，同一企業内において労働者の職種または勤務場所を相当長期間（通常は１年以上）にわたって変更することであり，同一職場内の職種変更を配置転換，住所の移動をともなう勤務場所の変更を転勤と呼ぶことがある。

［例２］　会社は業務上の必要により配転を命ずることがある。

[例3] 会社は業務上の必要により配転を命ずることがある。従業員は正当な理由がなければこれを拒むことができない。

　就業規則の定めは，上記のようなもので足りる。[例3]は，「正当な理由がなければこれを拒むことができない」と定めるので「正当な理由」とは何かが問題となる。正当な理由について具体的に定めている場合はその定めによるが，特に定めていない場合には，配転命令が濫用になる事情（下記「問題点」参照）を指すと考えられることから，[例2]との違いはないであろう。

[例4] 業務の都合により本人の能力，経験，知識，意向などを考慮し，配転を命ずることがある。

　上記[例4]は配転の考慮事項を掲げたものである。人選基準は合理的な理由にもとづかなければならないが，長期雇用を前提とする正社員については定期的にローテーション配転を行なう例もあり，判例上，使用者に幅広い配転権が認められている。そのリーディングケースである東亜ペイント事件の最高裁判決（最判昭61.7.14労働判例477号6頁）では，「使用者は業務上の必要に応じ，その裁量により労働者の勤務場所を決定することができる」とし，業務上の必要性については，「当該転勤先への異動が余人をもっては容易に替え難いといった高度の必要性に限定することは相当でなく，労働力の適正配置，業務能率の増進，労働者の能力開発，勤務意欲の高揚，業務運営の円滑化など企業の合理的運営に寄与する点が認められる限りは，業務上の必要性の存在を肯定すべきである」としているので，就業規則に[例4]のような考慮事項を掲げる必要はないであろう。

✱ 問題点
●職種限定，職場限定合意の存否

　就業規則に配転規定があっても，使用者と配転対象者との間で職種限定あるいは職場限定の合意がある場合は，労働者にとって就業規則よりも有利な労働条件の合意（労働契約）が優先するため（43頁参照），使用者に配転権がないと解釈されている。実際には，上記合意が書面でなされていない場合に争いとなり，黙示の合意があったか否かが争点になる。

　たとえば工場の現地採用のパートタイマーや病院の勤務医などは特に定め

がなければ職場限定，職種限定の合意があると考えられるであろう。したがって特に非正社員に対しても配転を行なう場合には，その社員に適用される就業規則に配転条項を定めるとともに，採用時に配転に応じる旨の承諾書を徴求しておくべきである。

●配転命令濫用の判断基準

配転命令は業務命令の一種であり，濫用にわたれば無効となる。濫用判断は個別事案ごとに具体的になされるが，配転については判例により次の判断基準が示され実務で定着している（前掲東亜ペイント事件最高裁判決）。

配転が濫用になるのは，次の3つのいずれかに該当する場合である。

①配転について，業務上の必要性がない場合

②配転が不当な動機・目的でなされた場合

③配転が通常甘受すべき程度を著しく超える不利益を与える場合

実務上よく問題となるのは③であり，特に転勤による育児・介護の支障である。共働きの女性従業員の転勤により幼児の保育が困難になることから，配転が通常甘受すべき程度を著しく超える不利益になるとして争われた事案で，配転を有効としたケンウッド事件（最判平12.1.28判例時報1705号162頁）などからみても，単なる育児の支障は濫用とされないと思われる。一方，病気の子や介護の支障については，転勤により要介護者を含む家族の生活が維持できないような場合は濫用にあたるとされている（北海道コカ・コーラボトリング事件・札幌地決平9.7.23労働判例723号62頁。長女躁うつ病の疑い，次女精神運動発達遅延状況等）。

育児介護休業法26条は，転勤について，事業主は「子の養育又は家族の介護を行うことが困難となることとなる労働者がいるときは，当該労働者の子の養育又は家族の介護の状況に配慮しなければならない」と定めている。しかし同条は，対象とする育児や介護の内容（子の年齢，育児の程度，介護の程度等）について限定がないことから，上記配転権濫用の判断枠組みを加重するものではないと考える。

ただこの点については，共働き夫婦の夫が東京から大阪へ配転され，2人の子（いずれも3歳以下でアトピー性皮膚炎）の育児上の不利益により配転が濫用と判断された事案で，育児の負担の程度やそれを回避する方策について

少なくとも労働者が配転を拒む態度を示しているときは，真摯に対応することを求めているのであり，使用者がすでに配転を所与のものとして押しつけるごとき態度を一貫してとっているような場合は，育児介護休業法26条の趣旨に反し配転が濫用になることがあると判示している（明治図書出版事件・東京地決平14.12.27労働判例861号69頁）。

したがって育児・介護にかかわる従業員の配転については，その支障の有無・程度を事前に検討しておくべきである。

2 在籍出向・転籍

▐ 基本的な考え方

出向とは，使用者との労働契約を維持したまま，他の使用者（出向先）の指揮命令下でその業務に従事することをいう。これを在籍出向といい，出向労働者は出向元においては休職となることが多い。これに対し，転籍とは，使用者との労働契約を完全に終了し，新たに他の使用者に採用される場合，または労働契約における使用者の地位の譲渡の場合である。これは転籍あるいは移籍と呼んで在籍出向と区別する必要がある。

在籍出向は労働契約存続中の人事異動であるから，就業規則に定めをおかねばならない。一方，転籍はもとの使用者からすれば労働契約の終了あるいは労働契約上の地位の譲渡なので，転籍を就業規則で定めても転籍を命じられるものではなく，対象労働者の個別同意を要する。ここでは在籍出向について説明する。

［例1］　会社は業務上の必要により関係会社へ出向を命ずることがある。

［例2］　会社は業務上の必要により出向を命ずることがある。出向については別に定める出向規程による。

上記［例1］は，配転規定と同様な定めであるが，出向先での労働者の地位，賃金その他の労働条件について何ら定めがないので，個別の出向ごとにそれらの労働条件を定めることになる。［例2］は別に出向規程を設けて，労働者の地位や出向中の労働条件をあらかじめ定めるものである（出向規程は章末の「参考条文」参照）。

出向規程として定める事項としては，①出向先の範囲，②出向の際の手続き，③出向期間，④出向中の労働条件（労基法39条7項の年5日の年休付与義務者が出向元か出向先かの定めも含む。6章1節2の「問題点」参照），⑤復帰の際の手続きと復帰後の労働条件などである。

　出向については，上記の事項を定めた出向規程をあらかじめ定めておくことが望ましく，出向が頻繁に行なわれる大企業では規程化しているところが多い。一方，出向例が少なく，人員規模の小さい企業ではあらかじめ出向先の範囲や労働条件等を定めることは困難であり，規程をつくることは無理なので［例1］のような定め方になるだろう。ただし実際に出向を命じる場合には，出向命令の濫用（労契法14条）に留意すべきである（「問題点」参照）。

✳ 問題点
● 業務命令により出向を命じられるか

　出向は，使用者が実質上交替する人事異動であり，労働者の予期に反し大きな不利益を与えることも多いので，労働者の同意が要件となる。この点については，民法625条が「使用者は，労働者の承諾を得なければ，その権利を第三者に譲り渡すことができない」と定めており，出向にもあてはまる。そしてこの労働者の同意は，具体的な出向命令に際しての労働者の個別同意に限定されるものではなく，出向について事前に労働者の包括的同意がある場合（同一企業グループ会社間の出向に関する入社時の包括的同意の例），あるいはこれに代わる，出向を命じる旨の規定が就業規則もしくは労働協約にあれば，出向命令権の根拠になると考える。ただし就業規則については，上記［例1］だけで足りるかという問題がある。出向命令権の要件を明確に示した裁判所の指導的な判例はない。

　出向規程の代わりに労働協約で上記と同様，出向労働者の利益に配慮した詳細な規定を設けている事案で，出向命令権を認めたものがある（新日本製鐵（日鐵運輸第2）事件・最判平15.4.18労働判例847号15頁）ので，出向については あらかじめ出向規程を設けて労働者の不利益緩和に配慮した定めを設けておくべきである。ただそのような規程がなくとも上記［例1］のような定めがあれば出向命令権を認め，出向による不利益の内容・程度等によりその

濫用の有無を判断すべきだと考える。

●出向命令の濫用

出向命令も権利の濫用となることがあるので注意を要する（労契法14条）。

濫用とならないポイントとしては，前掲新日本製鐵（日鐵運輸第2）事件最高裁判決などから，①業務上の必要性，②人選基準の合理性，③手続きの相当性（発令手続きや就業規則，労働協約で定める出向手続きの履行），④出向による著しい不利益がないことがあげられる。

●偽装出向

職業安定法44条は労働者供給事業を禁止しているが，同条に違反する出向を偽装出向と呼ぶことがある。もともと企業間の在籍出向は労働者供給にあたるが，同条に違反しないのは労働者供給を「業として」（事業として）行なうものではないからである。在籍出向は通常，①労働者を離職させず関係会社で雇用を確保する，②経営指導，技術指導の実施，③職業能力開発の一環として行なう，④企業グループ内の人事交流の一環として行なう等の目的を有しており，企業において出向が形式的に繰り返されても，社会通念上「業として」行なわれていると認められないからである（厚生労働省「労働者派遣事業関係業務取扱要領」第1，1⑷）。

偽装出向として禁止される典型例は営利を目的とする場合である。たとえば出向という名目でも，出向先が出向元に対して出向にかかる実費（人件費，一般管理費等）を超えて出向に対する対価（報酬や利益）を与えるものであれば，職業安定法44条の労働者供給事業に該当し，同法違反となる。偽装出向で行政から指導される例もあるので十分留意する必要がある。

●役員出向の法律関係

出向先で役員（取締役，監査役など）となる役員出向の場合は，出向先との関係は会社法上の株主総会の選任手続きを経て委任関係となる（会社法329条，330条）。役員出向はあくまで出向元の出向権により従業員たる地位を前提に出向先の役員に選任され，かつ出向対象者が出向元で退職や解雇となったときは，当事者間の特段の合意がないかぎり，本人が出向先の役員を辞任するか，解任される点に特殊性がある。

役員出向の場合，出向に際して本人の個別同意を要するかという問題があ

る。取締役となれば，会社法上の責任（忠実義務，利益相反取引等）が課されるので個別同意を要するという見解もあるが，役員出向といっても，業務命令として出向先の役員に就任するのであって，出向先に赴き出向先会社の取締役等役員に就任する義務があると解すべきことから，個別同意は不要と考える。

●出向社員と就業規則の適用

就業規則の適用関係については，出向元と出向先間で出向協定を結び，そこで定めることになるが，あわせて出向元の出向規程でも明確に定めておくべきである。一般には，出向者は出向先において労務の提供を行なうので，労働時間などの就業関係は出向先の就業規則を適用し，懲戒解雇や退職などの労働契約の終了は本来の雇主である出向元の就業規則を適用する（章末の出向規程参照）。

●海外勤務についての規定

海外勤務については，出向規程と同じく別規程で定めるべきである。勤務先の国内事情も異なり，賃金も為替変動などがあるので，別規程では基本的な事項を定め，ケースごとの取り扱いは内規により運用することになる。

3　昇進・降格（降職）

🗨 基本的な考え方

法律上の定義はないが，一般に昇進（昇職ともいう）は部長，課長，係長など職務分掌上の職位の上昇を指し，昇格とは資格等級などの格付けの上昇のことである。昇進・昇格は，通常は勤続年数，経験，能力，業績評価等を考慮して決定される。多くは職位や資格制度（たとえば職能資格等級制度や職務等級制度，役割等級制度）のもとで昇進規程，賃金規程を別に作成し，昇進・昇格が合理的な基準により公平に行なわれるようにしている。一方，降格は職位や資格等級などの格付けの引き下げを意味する。職位の引き下げを降職と呼ぶこともある。［例1］は降格規定である。

降格のうち，職位の変更についてはだれをどのような職務に就けるかというまさに使用者の人事権行使によるものであり，前述の配転の一場面ともい

えるが，資格等級の格付けの引き下げは，賃金上の不利益と直結するので［例１］のような規定を設けておくべきである。一方，昇進について昇進規程により運用している場合は［例２］のような規定を設けることになる。

　資格等級などの格付けについても人事権の行使といえるが，賃金制度と直接結びついているものであり，賃金規程における昇給・昇格，降給・降格のなかで格付け変更についてもルールを定め，それにもとづき公正に運用することが必要である（７章３節参照）。

［例１］　会社は従業員に勤務成績不良など職務不適格の事由がある場合，役職罷免，職位および資格等級の引き下げなどの降格を命ずることがある。

［例２］　会社は従業員の昇進については別に定める昇進規程にもとづき行なう。

☑ チェックポイント
●昇進に関する転勤経験要件の制約

　昇進については男女雇用機会均等法（７条，規則２条）に制約があり，転勤経験を要件（選考基準）とする場合は，労務遂行上あるいは雇用管理上特に必要な場合など合理的理由がなければならないとされている。ここでは転勤経験要件にあたるか否か，あたる場合は合理的理由があるかどうかという２点が問題となる。これらの点については，指針（平18.10.11厚生労働省告示614号）で次のように定められているので留意すべきである。

【転勤経験要件を選考基準としていると認められる例】
- 一定の役職への昇進にあたり，転勤経験がある者のみを対象とすること
- 複数ある昇進基準のなかに，転勤経験要件が含まれていること
- 転勤の経験がある者については，一定の役職への昇進の選考において平均的な評価がなされている場合に昇進の対象とするが，転勤の経験がない者については，特に優秀という評価がなされている場合にのみその対象とすること
- 転勤の経験がある者についてのみ，昇進のための試験を全部または一部免除すること

　一方，合理的な理由の有無については，個別具体的な事案ごとに総合的に

判断すべきであるが，合理的な理由がない場合としては，たとえば次のようなものが考えられる。

【合理的な理由がないと認められる例】

- 広域にわたり展開する支店，支社がある企業において，本社の課長に昇進するにあたって，異なる地域の支店，支社での勤務経験が本社の課長の業務遂行に特に必要とは認められず，かつ転居をともなう転勤を含む人事ローテーションが特に必要とは認められない場合に，転居をともなう転勤の経験があることを要件とする場合
- 特定の支店の管理職としての職務を遂行するうえで，異なる支店での経験が特に必要とは認められない場合に，当該支店の管理職への昇進に際し，異なる支店での勤務経験を要件とする場合

●降格の留意点

降格には，人事権の行使としての降格と懲戒処分としての降格の2つがある。前者の降格とは，上記のとおり職位および資格等級上の格付けの一方あるいは双方を引き下げることを意味する。上記［例1］は人事権の行使としての降格の根拠となる規定であり，必ず定めておくべきである。

実務では，労働者に不利益を与える降格のトラブルが多いので，留意点を整理すると次のとおりである。

❶禁止規定に反する降格

次の禁止規定等に反する降格は無効となる。

- 労基法3条：国籍，信条，社会的身分を理由とする差別禁止
- 男女雇用機会均等法6条：昇進，降格につき性別を理由とする差別禁止
- 労組法7条1号，3号：組合員を理由とする不利益取り扱い，支配介入の不当労働行為禁止

また労働契約の同一性を超える降格はできない。たとえば懲戒処分としての降職について，学校教諭（無期契約，月給制）から非常勤講師（1年契約，時給制）への降格は無効とされた（倉田学園事件・高松地判平元.5.25労働判例555号81頁）。

❷実務上のチェックポイント

懲戒処分としての降格か，人事権の行使としての降格かを明確に区別し，

懲戒処分としての降格であれば、就業規則の懲戒規定にもとづいて行なうことになる（10章参照）。ここで述べるのは人事権の行使としての降格である。

　労働契約上、特に職位や資格等級を引き下げない特約がある場合は、降格はできない。たとえば採用時等による特約で営業本部長の職務を限定して雇用した者は、異なる職務への降格は本人の同意がなければできない。したがって特約した職務について不適格な事由が明らかな場合は、同意を得て降格とするか、そうでなければ解雇を検討せざるをえないことになる。

　次に、人事権の行使として降格ができる場合でも、それが濫用になれば無効となる。裁判例では「人事権の行使は、労働者の同意とは直接かかわらず、基本的に使用者の経営上の裁量判断に属し、社会通念上著しく妥当性を欠き、権利の濫用に当たると認められない限り違法とはならないと解せられるが、使用者に委ねられた裁量判断を逸脱しているか否かを判断するにあたっては、使用者側における業務上・組織上の必要性の有無及びその程度、能力・適性の欠如等の労働者側における帰責性の有無及びその程度等の諸事情を総合考慮すべきである」とされている（上州屋事件・東京地判平11.10.29労働判例774号12頁）。

　このうち、「能力・適性の欠如等の労働者側における帰責性の有無及びその程度」については、特に成果・業績評価、人事考課が重要なポイントになる。この点については、たとえば過去5年間の人事評価にもとづき職能資格等級4級（監督職）から3級（一般職）への降格が肯定された例がある（マナック事件・広島高判平13.5.23労働判例811号21頁）。

❸減給の制限（労基法91条）との関係

　この点については、392頁参照。

第4節

休職(復職)

◤ 基本的な考え方

● 休職とは

　休職とは，労働者を職務に従事させることが不能または不適当な事由が生じた場合に，労働契約を維持したまま，使用者がその労働者に対し一定期間労働義務を免除，あるいは労働を禁止する制度である。民間企業では採用に際しての労働条件明示義務に「休職に関する事項」（労基法15条，同法規則5条1項11号）があるだけで，労基法上，就業規則の必要的記載事項にはなっていない。休職制度を設けるかどうかは任意であるが，労働者の権利義務にかかわる事項であるから，設ける場合には就業規則で定めておかなければならない。

　休職制度は，一般に正社員を対象としたものである。これは休職制度の目的が長期雇用を前提とした人材をなるべく企業内にとどめて復職後も活用しようというところにあるからである。ただし，試用期間中の者は，正社員としての適格性判定期間であるから，休職の対象者から除外しておくべきである。就業規則では，①休職の種類・事由，②休職期間，③休職中の取り扱い，④復職時の取り扱い，⑤復職しないまま休職期間満了となったときの取り扱いなどを定める。

● 休職の種類・事由

　実務における主な休職の種類は，下記のとおりである。このうち私傷病休職，事故休職（私事休職），起訴・逮捕・勾留休職，留学休職，組合専従休職，公職就任休職は労働者側の事情によるものであり，出向休職，待命休職は使用者側の事情によるものである。

【私傷病休職】業務外の傷病により長期間就労できない場合で，一定期間の

私傷病による連続欠勤を休職の要件とする例が多い

【事故休職】（私事休職）私傷病以外の自己都合による場合で，本人からの申請にもとづき許可制とするものとそうでないものがある。下記の［例1］では許可制としているが，たとえば「私事により欠勤が連続して1ヵ月以上に達したとき」に休職とするような規定例は，私事の内容にかかわらず当然に休職となる定め方である。私事の事情はさまざまで休職を適当としない事由もありえることを考えれば許可制がよい

【起訴・逮捕・勾留休職】刑事事件で逮捕・勾留され，あるいはその後起訴され休職が適当とされる場合であるが，後記の「問題点」のとおり起訴・逮捕・勾留休職制度は定めるべきではない

【公職就任休職】労働者が議員等の公職に就任し，会社業務に支障をきたす場合である。労働者の公民権行使との関係については286頁参照

【出向休職・留学休職】社命により出向する場合，あるいは社内留学制度により留学する場合である

【待命休職】使用者の経営上の都合による場合である。これは使用者による労務の受領拒否ともいえるので休業手当（労基法26条）あるいは賃金支払い義務が発生するのが原則であるから，特に休職制度として設けなくともよいと考える

【組合専従休職】労働組合との労働協約等にもとづき組合員がもっぱら組合業務を行なう場合である

【会社の認めた休職】上記のほか，「会社が必要と認めた休職」がある。これはさまざまな事情に対応する包括的な休職であり，規定を設けておくべきである

なお育児・介護休業については，休職の項に入れる例もあるが，育児・介護休業は育児介護休業法にもとづくものであるから，使用者の創設する休職制度と区別して育児・介護の項で扱うのが適当である。

以上にもとづき［例1］のように定める。

［例1］　会社は従業員（試用期間中の者を除く）が次の各号の一に該当するときは，休職を命ずる。

　　　(1)　業務外の傷病により，欠勤が連続して2ヵ月（欠勤中の休日，休

暇も含む暦日）に達したとき。ただし，復職の見込みのない傷病の場合を除く。なお，先行する私傷病欠勤の途中において他の私傷病が発生しても，欠勤の起算日は変更せず通算する。

(2)　私事により，本人からの申請にもとづき会社が許可したとき

(3)　公職に就任し，会社業務に専任できないとき

(4)　会社の命令により出向し，または社内留学制度により留学するとき

(5)　労働協約にもとづき，組合業務に専従するとき

(6)　前各号のほか，会社が特に必要と認めたとき

2　前項第1号における欠勤中に出勤した場合，引き続き30日（休日，休暇を除く）以上勤務しなければ，前後の欠勤期間を通算し，連続しているものとみなす。

上記［例1］の1項1号のように私傷病休職の要件である欠勤期間は，休日，休暇も含む暦日であることを明らかにしておくべきである。また欠勤と出勤が断続する場合を考えて，2項のように欠勤通算のみなし規定をおくべきである。

以上のうち実務上重要なのは，休職制度の運用についてしばしば紛争となる私傷病休職である。この点は後述の「問題点」を参照。

●**休職期間**

❶私傷病休職の期間と通算・回数の定め

私傷病の休職期間は，1年から3年の間で決めている例が多いと思われる。期間の定め方としては3つに大別できる。

一つは，一律に期間を定めるものである。二つ目は［例2］のように勤続年数により区分するものである。三つ目は，［例3］のように期間の上限を決めて，各事由ごとに使用者が決定するものである。

［例2］　私傷病休職期間は次のとおりとする。

　　　　　勤続満1年未満の者　　　　　　3ヵ月

　　　　　勤続満1年以上5年未満の者　　6ヵ月

　　　　　勤続満5年以上の者　　　　　　12ヵ月

2　会社が特に必要と認めた場合，前項の期間を延長することがある。

［例3］　私傷病休職期間は，2年以内において，療養を要する程度に応じて

これを定める。

　　2　前項により定めた休職期間を経過しても引き続き療養を要すると認められる場合は，休職期間を通算して2年以内の範囲において延長する。

　一般的なのは［例2］である。復職の可否についての判断に時間を要する場合もあるので，［例2］2項のように，延長規定も入れておくべきである。［例3］は医師の診断による療養の見込みに対応した期間を設定できる点にメリットがあり，労働者に対しても復職時期の目標を設定する効果がある。

　次に，私傷病休職については，休職から復職した後に同様の傷病で欠勤する場合の取扱いを定めておくべきである。そのような定めがないと，復職後に同様の傷病で欠勤した場合，リセットされて新たに私傷病休職要件（［例1］の(1)）が適用となり，同様の傷病で再度の私傷病休職を繰り返すという不都合が生じるからである。復職後に同様の傷病で欠勤する場合の取り扱いについては，実務上「通算型」と「回数制限型」とがある。この点については後述の「問題点」でも説明する。

　［例4］は6ヵ月の通算型と回数制限を併用するものである。

［例4］　私傷病休職した者が，復職した日から6ヵ月（暦日）に達する日までの間に，同一の傷病（類似傷病を含む）により欠勤するときは，欠勤開始日より休職とし，以後連続または断続する欠勤日は，復職前に休職した期間と通算する。この場合，通算は第○条○号で定める休職期間を限度とする。

　　2　私傷病休職は，前項の場合を除き，同一の傷病（類似傷病を含む）について1回限りとする。

　［例5］は通算型であり，復職後2年の間に同一の傷病（類似傷病を含む）による欠勤日数を通算するものである。

［例5］　私傷病休職した者が，復職した日から2年（暦日）に達する日までの間に，同一の傷病（類似傷病を含む）により欠勤するときは，欠勤開始日より休職とし，以後連続または断続する欠勤日は，復職前に休職した期間と通算する。この場合，通算は第○条○号で定める休職期間を限度とする。

❷その他の休職期間

　公職就任休職，出向休職，組合専従休職，その他事由による休職の休職期間は，各事由に必要とする期間となるので，「会社が必要と認めた期間」と定めることになる。

　私事休職は，その具体的な事由を考慮して会社が許可するときに期間を定める方法が適しており，その上限を決めておくべきである。

［例6］　私事休職期間は原則として3ヵ月以内で会社が許可した期間とする。

●休職中の取り扱い

　私傷病休職の場合は，健康状態や復職の見込み等を把握しておく必要があるため，［例7］のような規定を設けておくべきである。

［例7］　会社は，私傷病休職期間中の健康状態等を把握するため，診断書その他の書類の提出を求め，また必要に応じて会社担当者および会社の指定する医師による面談・検診を実施することがある。

　その他，休職中の取り扱いとしては，賃金支払いの有無と休職期間を勤続年数に算入するか否かを定める。これも休職の種類ごとに使用者が決定し，賃金については休職規定などで定めることになる。賃金は本来，ノーワーク・ノーペイということから無給が原則である。たとえば私傷病休職の場合，無給でも，一定割合の健康保険による傷病手当が一定期間支給される。また出向に関しては出向先との取り決めによる。留学については社内留学制度の定めによる。

　勤続年数への算入については，私傷病休職や私事休職の場合は算入しない例が多い（第8章参照）。

●復職時の取り扱い

　休職事由が消滅すれば，復職とするのが原則である。［例8］は一般的な定めである。問題となるのは，私傷病休職の場合である。復職可能かどうかは医学的な判断をともなうので，［例9］のような定めをおくべきである。

［例8］　休職期間満了までに休職事由が消滅したときは，従業員はすみやかにその旨を会社に通知し，復職願を提出しなければならない。ただし出向休職，留学休職を除く。また，休職の事由が傷病による場合は医師の診断書を復職願に添付しなければならない。この場合，会社が必

要と認めたときは，本人に会社の指定する医師による診断を命じることがある。

　2　会社は，休職期間満了時までに休職事由が消滅したものと認めた場合は，原則として原職に復帰させる。ただし，必要に応じて原職と異なる職務に配置することがある。

[例9]　休職の事由が私傷病の場合，復職を申し出る休職者は復職願に診断書を添付しなければならない。

　2　会社は必要と認めた場合，休職者に対して，会社の指定する医師の診断を命じることがある。また，会社または会社の指定する医師が休職者に対して医療情報の提供を求めた場合，休職者はこれに協力しなければならない。

　3　会社は，会社の指定する医師の診断にもとづき，復職の適否を判断するため，休職期間中，休職者に対して試し出勤を命じることがある。

　4　会社は，休職者について把握している情報および前各項の結果にもとづいて復職の可否について決定する。

　次に復職しないまま休職期間満了となったときの取り扱いについては，私傷病休職と私事休職の場合に問題となる。休職期間満了により普通解雇とする扱い（[例11]）と自動退職とする扱い（[例10]）があるが，解雇とすると解雇予告手続き（労基法20条）などの規制があるので，自動退職とすべきである。

[例10]　私傷病休職および私事休職により休職を命ぜられた者が休職期間満了時に復職できないときは，休職期間満了の日をもって退職とする。

検討を要する実例

[例11]　私傷病休職および私事休職により休職を命ぜられた者が休職期間満了時に復職できないときは，休職期間満了の日をもって解雇とする。

✳ 問題点

● 私傷病休職

❶ 私傷病休職とは

　一般に私傷病休職制度とは，労働者が在職中に業務外の事情で負傷しある

いは病気になり一定期間の欠勤を続ける場合，使用者が休職を命じる制度である。私傷病による一定期間の連続欠勤を休職発令の要件とするのは，一定期間で傷病が治り復職できる場合も多いので，長期療養を前提とする休職命令の必要性を見極める趣旨であろう。なお実例では業務外の傷病のうち労災保険法上の通勤災害（通勤災害は本来業務外である）を業務上の労働災害扱いに準じて私傷病から除外する例もある。

　私傷病による欠勤は労働契約上，労働者の負う労務提供義務の不履行であり，欠勤が長期化すれば重大な債務不履行として普通解雇理由になるが，傷病が回復し復職する可能性があれば，使用者は休職制度により普通解雇を一定期間まで猶予するという意味をもつ。したがって私傷病休職制度では，復職の可能性が医学的に認められない傷病の場合は休職制度の対象とならないと解される（上記［例1］(1)ただし書参照）。それ以外の場合は休職制度が適用されるので，適用しないで普通解雇をすれば，解雇権濫用（労契法16条）として無効になることがあるので注意を要する。

❷利用回数規定，休職期間の通算規定

　問題となるのが，うつ病などの心の病である。身体上の傷病の場合は，回復の見込みや傷病が治る（治癒）時期，治癒後の後遺症の有無とその程度は診断書などにより一応使用者にもわかるが，心の病の場合には診断書によっても治る（寛解）時期がわからないことが多く，また復職後の再発・増悪により再度，長期欠勤する例も少なくない。特に休職中でも賃金の一定割合を支払う扱いの場合は，企業にとって大きな負担になるとともに，就労している従業員との待遇均衡上も問題となる。そこで，合理的な取り扱いとして，実務では利用回数制限規定あるいは休職期間の通算規定を設ける例がふえている。

　まず利用回数の場合は，私傷病休職制度の利用は同一傷病（類似の傷病を含む）について1回に限るのか，あるいは再発しても繰り返し私傷病休職制度を利用できるのかを就業規則に定めておくべきである。［例4］2項のように同一傷病（類似の傷病を含む）につき休職制度の利用は1回と定め，1項で例外の通算規定を設けるやり方である。もし個別具体的ケースで妥当性を欠く場合には，「その他会社が認めた場合」による休職とし，休職期間や

有給か否かなども使用者が合理的と考える範囲で決定する運用がよい。

　次に，回数ではなく，休職から復職後の相当期間中の同一傷病（類似傷病を含む）による欠勤を復職前の休職期間に通算する方法がある。［例5］がそのような規定であり，復職後の相当期間を2年としている例である。実務では相当期間を3年や5年とする例もある。最近はこの通算型も実務で採用されている。

❸復職可否の判断と試し出勤

　私傷病休職で問題となるのが，復職が可能かどうかの判断である。傷病が治癒し復職可能となれば休職事由が消滅し，使用者は当該労働者を復職させなければならない。休職事由の主張立証責任は労働者側にある（アメックス（休職）事件・東京地判平26.11.26労働判例1112号47頁等）。復職可能かの判断については，「治癒があったといえるためには，原則として従前の業務を通常の程度に行える健康状態に回復したことを要する」（独立行政法人N事件・東京地判平16.3.26労働判例876号56頁）とされている。これを前提に次の点に留意すべきである。

　第一に，労働者本人から主治医の「復職可能である」旨の診断書が提出された場合，使用者は産業医等の専門医師に意見照会し，必要があれば本人の承諾を得て主治医から医療情報を取得し（次頁「参考」書式例参照），さらに主治医と面談して，復職後に想定される就業場所と通勤時間，担当業務内容，所定労働時間，時間外労働の有無・程度などを説明し，改めて復職可能かどうか（再発・増悪のおそれがないかなど）を確認し，再度会社の産業医や指定する医師の判断をもらう。これにより復職可能の判断ができれば復職とする。

　第二に，休職前の従前業務に通常勤務できない場合でも，正社員のように「労働者が職種や業務内容を限定せずに雇用契約を締結している場合においては，休職前の業務について労務の提供が十全にはできないとしても，その能力，経験，地位，使用者の規模や業種，その社員の配置や異動の実情，難易等を考慮して，配置替え等により現実に配置可能な業務の有無を検討し，これがある場合には，当該労働者に右配置可能な業務を指示すべきである」としている（JR東海事件・大阪地判平11.10.4労働判例771号25頁）。

　第三に，主治医の診断書により，復職は可能であるが，一定期間の段階的

【参考】医療情報提供等の承諾書の例

〇〇年〇月〇日

〇〇　〇〇　様

医療情報提供等に関するご承諾の件

株式会社
代表取締役

　今般，現在休職中の貴殿から，復職を可とする□□□□医師の「診断書」（〇〇年〇月〇日付）をいただきました。

　会社は，上記診断書だけでは貴殿の病状等の詳細についてわかりませんので，復職の可否について会社の専門医の見解も得たうえで検討する必要があると考えております。

　つきましては，会社のお願いする〇〇〇〇医師（住所，病院名等）および会社担当者から，貴殿の主治医の□□□□医師にご連絡をして，貴殿のこれまでの医療情報および病状に関する所見などをいただく必要があるため，医療情報提供について貴殿のご承諾をお願いいたしますので，すみやかに下記の署名欄に自署押印いただき，本書面を会社へお送りください。

以上

年　　　月　　　日

株式会社
　代表取締役　　　　　殿

　私は，貴社の指定する〇〇〇〇医師（住所，病院名等）および貴社担当者が，□□□□医師から私の医療情報の提供を受け，病状に関する所見などを聴取することを承諾いたします。

署名　　　　　印

就労（たとえば短時間勤務，出勤日数短縮など）を要すると判断された場合の取り扱いである。上記独立行政法人Ｎ事件の判旨によれば，段階的就労は「従前の業務を通常程度に行える」状態ではないので，復職を認めなくともよいというのが原則である。しかし，「使用者は，復職後の労働者に賃金を支払う以上，これに対応する労働の提供を要求できるものであるが，直ちに従前業務に復帰ができない場合でも，比較的短期間で復帰することが可能である場合には，休業又は休職に至る事情，使用者の規模，業種，労働者の配置等の実情から見て，短期間の復帰準備時間を提供したり，教育的措置をとるなどが信義則上求められるというべき」とされている（全日空事件・大阪高判平13.3.14労働判例809号61頁）。この比較的短期間で復帰することが可能である場合とは，事案にもよるが裁判例では，ただちに100％の稼働ができなくとも職務に従事しながら2～3ヵ月程の期間で完全復職可能と推測できる場合には，休職期間満了による退職扱いを無効としている（北産機工事件・札幌地判平11.9.21労働判例769号20頁）。

第四に，上記第三で述べた一定期間の段階的就労については，これを休職後の復職とするのではなく，休職を解除せずに休職期間中（休職期間満了になるのであれば本人の同意を得て一定期間に限り休職期間を延長する）に行なうこととして，主治医あるいは産業医等の専門医師の意見にもとづき，本人の申出を受けて「試し出勤制度」により段階的就労を行なう例も多い。段階的就労により復職が困難と判断されることもあるので，試し出勤により復職の可否を慎重に検討するのである。試し出勤の内容は，①模擬出勤，②通勤訓練，③試し勤務（想定する職場等での一定期間の継続勤務）などである。［例9］の3項は試し出勤についても定めたものだが，さらに実際に行なう試し出勤ごとに，次頁「参考」書式例のように使用者と労働者の書面による合意で取り扱い内容を明確にしておくべきである（なお，試し出勤については厚生労働省・中央労働災害防止協会「改訂心の健康問題により休業した労働者の職場復帰支援の手引き」参照）。

●起訴休職，逮捕・勾留休職を定めるべきか

就業規則に「刑事事件で起訴されたときは休職を命ずることがある」といった規定をおく例が多い。しかしこのような起訴休職制度を設けても，刑

○○株式会社　御中

同意書

　私は，病気休職中のところ，今般，貴社において私の復職の可否を見極めるため，休職期間中である○○年○月○日から同年○月○○日までの間，医師らの助言・指導にもとづき，私の復職に向けた病気回復・健康状態の把握の一環として，貴社において試し出勤を認めていただくよう申し出るとともに，以下の事項に同意いたします。

記

1　試し出勤の内容は次のとおりであること。
　　①当初の1ヵ月の在社時間は短時間（午前○時に出社，午後○時に退社）
　　②その後の在社時間は段階的に通常の所定労働時間まで延長
　　③在社時間中は指示された場所で軽易な作業を随意に行なう
2　病気が増悪しないよう自ら健康管理に十分留意し，医師から指示された通院，治療は必ず受けること。
3　健康状態に問題が生じた場合には，自ら試し出勤をただちに中止し，会社に報告すること。また，会社から健康状態等にもとづき出勤中止を指示された場合は，出勤を中止すること。
4　予定された出社時刻に遅れる場合，および退社時刻より早く退社する場合には，必ず事前に会社に連絡すること。
5　会社から求められたときは，主治医および会社の指定する医師に受診し，その診断結果を報告すること。
6　在社時間中は，安全衛生や職場の規律を遵守し，他の社員，取引先その他の関係者と円滑な協力関係を保つこと。
7　試し出勤期間は無給であること。

○○年○月○日

氏名　　　　　　　印

注：試し勤務中は本来の労務の提供ではないので無給とするか，交通費実費だけの支給をする例がある。ただし，会社の指示命令のもとに本来の業務遂行を義務づける場合には相応の賃金の支払いを要する

事上起訴されたという一事で起訴休職が有効とされるわけではない。すなわち従業員が起訴されたとしても，必ずしも労務の給付が不可能になるわけではなく，有罪判決が確定するまでは無罪の推定を受けるので，起訴休職制度を理由に起訴された労働者を自動的に休職に付すことができるものではない。これには合理的制約が存し，裁判例では，起訴休職が有効とされるためには，少なくとも次のいずれかの要件を満たす必要があるとされている。

- 起訴された従業員が就労することにより，会社の対外的信用失墜のおそれがある場合，または職場秩序の維持に障害が生ずるおそれがある場合
- 当該従業員の労務の継続的な給付や企業活動の円滑な遂行に障害が生ずるおそれがある場合

そしていったん休職に付されたとしても，これらの要件を欠くに至った場合には復職させる必要があり，それにもかかわらず起訴休職に付した場合には，使用者の責に帰すべき事由による履行不能として，従業員は反対給付である賃金請求権を失わないとされている。しかも起訴休職制度は，起訴の結果を待って有罪であれば懲戒処分の対象とすることが想定されているものであるから，逆にいえば起訴後，有罪判決の確定まで懲戒処分を猶予する意味をもち，使用者は判決確定前に懲戒処分をすることはできないと解される。

しかし実務では，刑事問題になりうる不祥事で本人も事実関係を認めているケースについては，企業の信用維持上も刑事処分を待たずして懲戒処分をすべきケースがあるので，この点からも起訴休職は不都合が生じる。

以上の点から起訴休職制度は設けず，個別の刑事事件の内容ごとに判断し，上記事件に該当し，かつ本人が事実関係を否認しているケースなど休職を適当とする場合は「その他，会社が必要と認めた休職」とすべきである。また起訴前の逮捕・勾留休職は期間も短く（最長でも23日間），上記の起訴休職と同様の不都合が生じうるので制度として設けるべきではないと考える。

解雇（普通解雇）・退職

🖱 基本的な考え方

●労働契約の終了事由

　労働契約が終了することをすべて「退職」と呼ぶ場合もあるが（たとえば労基法22条１項や89条３号の「退職」は，解雇を含む旨が括弧書きされている），大部分の就業規則では「解雇」と「退職」は分けて定めている。解雇とは，労働契約存続中に使用者の一方的な意思表示により労働契約を解約することであり，退職とは，解雇以外の事由により労働契約が終了することである。解雇には普通解雇（通常解雇）と懲戒解雇・諭旨解雇があり，退職には，労働者の一方的な意思表示による辞職，使用者と労働者の合意による退職（労働契約の合意解約），一定の事実の到来により自動的に労働契約が終了するもの（便宜上「自動退職」という）の３つがある。

　これらをまとめると次のとおりである。

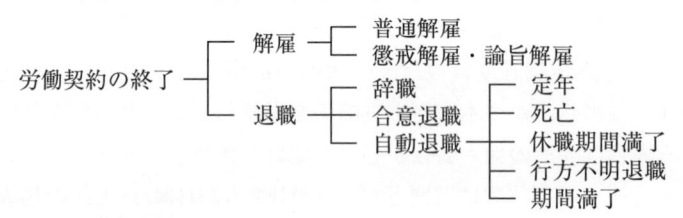

　上記の労働契約終了事由のそれぞれについて，労基法などの法律上の規制が異なるので，就業規則においても解雇と退職は各別に定めをおくことが必要である。さらに解雇，退職に共通して定めるべき事項としては，①業務引き継ぎ，②金品等の返還，③守秘義務がある（この点については章末の「参考条文」を参照）。

1　普通解雇(通常解雇)

■ 基本的な考え方

　正社員のように期間の定めのない労働（雇用）契約については，使用者は「いつでも解約の申入れをすることができる。この場合において，雇用は，解約の申入れの日から2週間を経過することによって終了する」（民法627条1項）と定められている。これは使用者の解雇権を定めたものであり，解雇自由の原則といわれている（懲戒解雇と区別する意味で，普通解雇あるいは通常解雇と呼ばれる）。しかし使用者の解雇権行使については，労基法その他の法律で規制されているので，民法627条1項は使用者の解雇権の根拠規定としての意味を有するにとどまり，解雇自由という意味ではない。

　解雇について定める事項は，①解雇事由，②解雇予告手続き，③解雇制限である。

●解雇事由

　普通解雇について，裁判例の傾向としては限定列挙とする見解が多いことから，必ず解雇事由を就業規則に設けておくべきである。解雇事由の定めの実例を掲げると次のとおりである。

❶精神・身体の障害
［例1］　精神または身体の故障により業務の遂行に堪えないと認められたとき。

　この定めに関しては，私傷病休職制度を設けている場合には，休職期間中は解雇できないことになるので，注意を要する。

❷勤務成績不良等
［例2］　勤務成績または業務能率が著しく不良で，改善の見込みがなく就業に適さないと認められたとき。
［例3］　業務遂行能力，勤務成績が著しく劣り，または業務に怠慢で向上の見込みがないと認められたとき。

❸打切補償
［例4］　打切補償を行なったとき。
［例5］　業務上の災害により療養開始後3年を経過した日において傷病補償

年金の給付を受けているとき，または同日後において受けることと
　　なったとき。

　打切補償とは，業務上の傷病による解雇制限（労基法19条）の解除事由で
あり，労基法19条，81条を受けたものである（［例5］は労災保険法19条の
「傷病補償年金を受ける場合は打切補償を支払ったものとみなす」との規定を受け
たもの）。したがって本来の解雇事由としては上記❶または❷になるので，
解雇制限規定（労基法19条）のなかで定めたほうがよい。［例18］参照。

　❹人員整理（整理解雇）

［例6］　事業の縮小，廃止その他，会社の経営上のやむをえない事由のある
　　　　とき。

［例7］　事業運営上やむをえない事情により事業の継続が困難となったとき。

　❺休職期間の満了，定年

検討を要する実例

［例8］　休職となった者の休職期間が満了し，休職事由が消滅しないときは
　　　　解雇する。

［例9］　定年に達したときは解雇とする。

　休職期間満了と定年の取り扱いについては，「退職」とする規定と「解雇」
とする規定がみられるが，［例8］［例9］のような解雇事由とすべきではな
く，自動退職とすべきである。この取り扱いについては，本節5項「自動退
職」の定年および休職期間満了を参照。

　❻組合除名

［例10］　組合に加入しない者，組合を脱退した者，または組合を除名された者
　　　　について組合と会社が協議の結果，会社が解雇すると決定したとき。

［例11］　組合から除名され，会社が同意したとき。

　これは，組合との間でユニオンショップ協定が結ばれていることを前提と
している。しかしわが国のユニオンショップは，［例10］［例11］のように使
用者側の解雇義務について何らかの除外例をもついわゆる「尻抜けユニオ
ン」が多い。

　❼試用不適格

［例12］　試用期間中の者で，従業員として不適格と認められるとき。

試用不適格については，「試用」の条項に規定しているものと「解雇」の条項に規定しているものがみられるが，いずれの定めも有用なので実務上は両方に重ねて記載してもよい。

❽懲戒事由

[例13]　第○条の懲戒解雇または諭旨解雇事由のあるとき。

普通解雇事由として，懲戒事由も包含させる意味をもたせるものである。懲戒目的の普通解雇については「問題点」参照。普通解雇の場合は通常，退職金を全額支払うので，懲戒解雇・諭旨解雇事由に該当する場合でも，事案により普通解雇を選択することができる。[例13]はこの点を明らかにしたものである。なお懲戒解雇・諭旨解雇に至らない懲戒事由が繰り返されるような場合に普通解雇とすることもあるが，そのような場合は，上記❷の勤務成績不良等の解雇事由の問題となる。

検討を要する実例

[例14]　第○条の懲戒解雇処分となったとき。

これは，[例13]と同じ意味であろうが，普通解雇事由の定め方としては適当でない。懲戒解雇処分とは懲戒の種類であり，普通解雇事由ではない。実務では[例14]のような記載例を見受けるので注意を要する。

❾業務上の都合

検討を要する実例

[例15]　業務上やむをえない事由のあるとき。

これは整理解雇も含む抽象的，包括的な解雇理由であり，このような規定は望ましくない。

❿包括的解雇条項

[例16]　その他前各号に準ずるやむをえない事由が生じたとき。

これは解雇事由の最後に規定されるもので，解雇事由に遺漏がないようにするためである。予期せぬ解雇事由の発生に備えるとともに，解雇事由の列挙が制限列挙と解する見解をふまえたものであり，必ずおくべきである。

以上からすると，解雇事由として定めるべきものは，上記❶，❷，❹，❼，❽，❿であり，労働組合との労働協約で必要であれば❻が加わることになる（章末の「参考条文」参照）。

●解雇予告手続き

　労基法20条で定める解雇予告の手続きについては，就業規則で予告日数，予告手当の支払い，予告義務の除外などを定める。懲戒解雇についても同条の適用はあるが，この点については10章2節で取り上げる。

[例17]　会社は，前条により従業員を解雇するときは，次に掲げる場合を除き，30日前に予告するか，または平均賃金の30日分の予告手当を支給する。

　　⑴　本人の責に帰すべき事由により解雇する場合で，行政官庁の認定を受けたとき

　　⑵　天災事変その他やむをえない事由のため事業の継続が不可能となった場合で，行政官庁の認定を受けたとき

　　⑶　試用期間中の者であって，入社後14日以内に解雇するとき

　2　前項の予告日数は，1日につき平均賃金を払った場合においては，その日数を短縮する。

解雇予告義務の適用が除外される場合には次の2つの類型がある。

①除外事由にあたる場合

- 天災事変その他やむをえない事由のために事業の継続が不可能となった場合（労基法20条1項但書）
- 労働者の責に帰すべき事由にもとづいて解雇する場合（労基法20条1項但書）

②適用除外者にあたる場合

- 日々雇い入れられる者（ただし1ヵ月を超えて引き続き使用されるに至った場合を除く。労基法21条）
- 2ヵ月以内の期間を定めて使用される者（ただし所定の期間を超えて引き続き使用されるに至った場合を除く。労基法21条）
- 季節的業務に4ヵ月以内の期間を定めて使用される者（ただし所定の期間を超えて引き続き使用されるに至った場合を除く。労基法21条）
- 試用期間中の者（ただし14日を超えて引き続き使用されるに至った場合を除く。労基法21条）

このうち労基法20条1項但書にもとづく上記①の除外事由の2項目につい

ては行政官庁（労働基準監督署長）の除外認定を受けなければならない（労基法20条3項）。

❶予告期間・方法

予告した日は含まれないので、予告日と解雇効力発生日の間に少なくとも30日の期間をおく必要がある。たとえば解雇日が4月30日の場合、遅くとも3月31日に解雇予告をしなければならない。この30日は労働日ではなく暦日である。

30日前の予告は、解雇の日を特定して行なわなければならないことから、不確定な期限を付した予告や条件付きの予告は原則として解雇予告とはならない（ただし第一次の解雇が仮に無効な場合に備えて予備的に第二次の解雇の意思表示をすることは有効になしうる）。予告は口頭でも可能だが、争いになることもあるので、書面の直接交付か内容証明付き郵便を利用することが望ましい。

❷予告手当の支払い時期

解雇予告期間の全部または一部は、予告手当を支払うことにより予告に代えることができる。即時解雇の場合は、予告手当は解雇の意思表示と同時に支払わなければならない（昭23.3.17基発464号）。予告と予告手当を併用する場合は、予告の際に予告日数と予告手当で支払う日数を明示すれば、予告手当は解雇の日までに支払えばよい。

❸予告手当の支払い方法、相殺の可否

予告手当は賃金ではないので労基法24条の賃金支払い原則の適用はないが、賃金に準ずるものとして、当該労働者のそれまでの給与振り込み口座に送金するか、勤務していた事業所で支払うべきである（昭23.8.18基収2520号）。

予告手当の支払いは、それにより使用者の予告義務を免除するだけで、労働者と使用者間の債権・債務ではないから、予告手当をもって労働者の別個の債務と相殺することはできない（昭24.1.8基収54号）。

●解雇についての制限

普通解雇についての制限は次のとおりであり、規定例は［例18］である。

❶法律による個別的制限、禁止

時期的制限として、業務上傷病休業期間とその後30日間、産前産後休業期間とその後30日間の解雇制限が定められている（労基法19条）。

また次の理由による解雇は禁止されている。

- 国籍，信条，社会的身分（労基法3条）
- 性別，女性労働者の婚姻・妊娠・出産等（男女雇用機会均等法6条，9条）
- 育児・介護休業（育児介護休業法10条，16条）
- 不当労働行為（不利益扱い。労組法7条1号）等

❷労働協約，就業規則による制限

解雇について，労働組合と事前協議する，あるいは事前の同意を要する旨の労働協約（労働組合との書面合意）を締結している場合は，その組合員について，協議あるいは同意を経ない解雇は原則として無効とされる。また，就業規則で定めた解雇事由は限定列挙と考える裁判例が多いので，解雇は就業規則の解雇事由にもとづいて行なうことが必要である。

❸法律による一般的制限

解雇手続きとして，30日前の予告ないし予告手当が必要とされる（労基法20条，21条）。

また解雇権濫用法理（労契法16条）により，客観的に合理的な理由を欠き，社会通念上相当性がない解雇は無効とされる。実務上，解雇がきびしく制限されているというのは，この解雇権の濫用法理を指している。

解雇制限を就業規則に定めることまでは義務づけられていないが，人事担当者はもとより従業員への周知徹底をはかる観点から，上記の解雇予告手続き（[例17]）と次の期間制限（[例18]）は少なくとも規定化しておくべきである。

[例18]　第○条（解雇）の定めにかかわらず，従業員が次の各号の一に該当する期間は解雇しない。

　(1)　業務上の傷病にかかり療養するために休業する期間およびその後30日間。ただし，労働基準法第81条の規定により打切補償した場合は除く。

　(2)　産前産後の女性従業員が第○条の定めにより休業している期間およびその後30日間

　2　前項の解雇しない期間中にかかわらず，天災事変その他やむをえない事由により事業の継続が不可能になった場合で，行政官庁の認定を受けたときはこの限りではない。

上記［例18］は労基法19条に対応している。なお，労基法上，使用者が負う災害補償は，労災保険法の保険給付によってカバーされているので，労災保険法の療養補償給付が支給される労働者に対して，使用者は打切補償を支払うことにより解雇制限の解除ができる（専修大学事件・最判平27.6.8民集69巻4号1047頁）。

✳ 問題点

●懲戒目的の普通解雇はできるか

　普通解雇と懲戒解雇は，就業規則の規定にもとづいて行なうことは共通しているが，普通解雇は労働契約を維持することができないか，あるいは不適当な事情を広く包含するものであり，一般に退職金は支給される。一方，懲戒解雇は制裁罰であるから，労働者に事理弁識能力があることを前提として，服務規律違反など本人の責に帰すべき事由に限定され，退職金も通常，不支給となる。

　この関係から，懲戒解雇事由は普通解雇事由ともなるので，実務では懲戒解雇する場合でもいわば罪一等を減じて普通解雇とすることがある。この点について判例は，「懲戒事由にあたる事実のある場合に，普通解雇に処することは，それがたとえ懲戒の目的を有するとしても，必ずしも許されないわけではない。この場合に，普通解雇として解雇するには，普通解雇の要件を備えていれば足り，懲戒解雇の要件まで要求されるものではない」としている（高知放送事件・最判昭52.1.31労働判例268号17頁）。したがってたとえば懲戒解雇について就業規則で賞罰委員会への付議が定められていても，普通解雇にするのであれば賞罰委員会への付議を要しない。

●解雇理由の証明制度

　使用者が解雇を予告したり，即時解雇をしたとき，その労働者が解雇の事由について証明書を請求した場合には，使用者は遅滞なく証明書を交付しなければならない（労基法22条）。これは実務上，重要な制度である。使用者にとっては，解雇を検討し解雇をするまでの間に，解雇事由を整理し書面で労働者に交付できるよう準備を整えておかなければならないことを意味する。もし労働者に交付した書面の解雇事由に漏れがあった場合には，後に追加す

ると解雇理由の後付けといわれ不審を招き，裁判所においても問題とされるおそれがあるからであり，懲戒解雇の場合には，そもそも追加自体できるか否かも問題にされる（409頁参照）。

●妊娠・出産と解雇

男女雇用機会均等法では，次の解雇を無効としている。

①性別を理由とする解雇（6条4号）

②女性労働者が婚姻したことを理由とする解雇（9条2項）

③女性労働者の妊娠，出産などを理由とする解雇（9条3項，同法規則2条の2）

そして同法は③の実効性を高めるため，妊娠中および出産後1年を経過しない女性労働者に対する解雇を無効としている。ただしその解雇理由が上記③を理由とする解雇でないことを事業主が証明したときは，この限りではない（9条4項）。したがって実務においてはこの点も十分留意しなければならない。

●解雇権濫用法理（労契法16条）

労契法16条は「解雇は，客観的に合理的な理由を欠き，社会通念上相当であると認められない場合は，その権利を濫用したものとして，無効とする」としている。実務でもっとも争われることの多いのが，この解雇権濫用になるかどうかの問題である。

❶勤務態度・成績不良，能力不足等の解雇についての留意点

日常業務における勤務態度・成績不良等の場合は，まず注意・指導や問題点の指摘を行ない，さらに注意・指導を文書にして交付し本人の自覚を促すとともに改善の機会を与えたうえで，なお改善されないような場合に解雇を検討すべきである。このような段階的な対応をせずに解雇すれば解雇権濫用とされる可能性が高い。この点は次の裁判例にも表われている。

「長期雇用システム下で定年まで勤務を続けていくことを前提として長期にわたり勤続してきた正規従業員を勤務成績・勤務態度の不良を理由として解雇する場合は，労働者に不利益が大きいこと，それまで長期間勤務を継続してきたという実績に照らして，それが単なる成績不良ではなく，企業経営や運営に現に支障・損害を生じ又は重大な損害を生じる恐れがあり，企業から

排除しなければならない程度に至っていることを要し，かつ，その他，是正のため注意し反省を促したにもかかわらず，改善されないなど今後の改善の見込みもないこと，使用者の不当な人事により労働者の反発を招いたなどの労働者に宥恕すべき事情がないこと，配転や降格ができない企業事情があることなども考慮して濫用の有無を判断すべきである」（エース損害保険事件・東京地決平13.8.10労働判例820号74頁）

❷整理解雇の4要素

整理解雇が有効となる（濫用とならない）には判例上，①人員削減の必要性，②解雇回避努力，③解雇対象者の人選の合理性，④手続きの妥当性の4つが必要とされる。ただこれらは具体的な事案ごとに考慮される要素であり，法律上の要件ではない。

● **解雇予告，除外認定を欠く解雇の効力**

解雇予告を欠く解雇の効力については，使用者に解雇予告義務がある場合とない場合とに分けて考える必要がある。

まず解雇予告義務がある場合は，義務違反なので即時解雇としての効力は生じないが，使用者が即時解雇に固執する趣旨でないかぎり，解雇の意思表示が労働者に到達したときから30日を経過するか，またはそれに代わる予告手当の支払いをしたときは，そのいずれかのときに解雇の効力が生ずるとされている（細谷服装事件・最判昭35.3.11判例時報218号6頁）。

これに対し，解雇予告義務がない場合とは，前述のとおり，適用除外者（労基法21条）の場合と予告の除外事由にあたる場合（労基法20条1項但書）であり，後者の除外事由の場合のみ，使用者は労基法20条3項の労働基準監督署長の認定（いわゆる除外認定）を受けなければならない。この手続きは行政監督上の要請からであり，除外認定を受けることは解雇の効力発生要件ではなく，解雇の効力には影響を及ぼさない（日本通信社福岡支局事件・最決昭29.9.28最高裁判所裁判集刑事98号847頁）。

また労基法20条1項但書の除外事由にあたる場合，たとえば労働者の帰責事由が客観的に存する場合には予告手当支払い義務自体が発生しないので，除外認定を受けずに即時解雇しても，予告手当の支払いは要しない（厚生労働省「平成22年版労働基準法（上）」317頁，グラバス事件・東京地判平16.12.17

労働判例889号52頁など）。要するに除外認定を受けないことは労基法20条3項違反の問題とはなるが，解雇の効力や予告手当支払い義務の存否の判断には影響しないということである。これは懲戒解雇の場合も同様である。

労働基準監督署長の除外認定については労基法上，解雇する前に申請するものであるが，申請後に労基署が事実関係について本人などから事情を聞くなど相当時間を要することがあり，そうすると解雇時期が遅れることになる。そのような場合は申請を取り下げ，予告手当を支払って解雇することもできる。懲戒解雇の場合も同様である。

2　退職規定

■ 基本的な考え方

退職事由としては，辞職，合意退職，労働者の死亡，定年，休職期間満了があり，さらに有期労働契約の非正社員については，期間満了がある。退職に関する規定では，これらをまとめて定める［例1］のような規定が一般的であり，わかりやすい。［例1］の(1)が合意退職，(2)が辞職である。

労働者の退職は後任者の補充や業務の引き継ぎ等を必要とするので，使用者にとっては相当期間前（たとえば1ヵ月前）に申し出てもらいたいところである。そこで退職願については，［例1］2項のような定めをおくのがよい。ただし，(2)の辞職の場合は，次に述べるとおり，2週間前であれば辞職が認められるので，2項は辞職の場合には義務ではなく，訓示的な定めであり，2項により1ヵ月前に満たない退職届について辞職を認めないという対応はできないことに留意すべきである。

退職や解雇に際しての業務引き継ぎ，金品返還および守秘義務規定も必ず入れるべきである（［例2］）。

［例1］　（退職）

　　　　従業員が次の各号の一に該当するときは，退職とする。

　（1）　本人の都合により退職を申し込み会社の承諾があったとき

　（2）　本人の都合により退職を申し出て2週間を経過したとき

　（3）　死亡したとき

⑷　定年に達したとき

⑸　休職を命じられた者が復職できず休職が満了したとき，または復職しないとき

⑹　届出および連絡なく欠勤を続け，その欠勤期間が30日を超え，所在が不明のとき

⑺　期間を定めて雇用された者の期間が満了したとき

　（注）正社員のみの就業規則であれば⑺は不要

2　前項⑴および⑵の場合，原則として１ヵ月以上前までに所属長に退職届を提出するようにしなければならない。

［例２］　（業務引き継ぎ）

　従業員は，退職または解雇の際は，会社の指示に従いすみやかに業務を引き継がなければならない。

　（金品の返還）

　従業員は，退職または解雇の際は，身分証明書・社員章・健康保険証など会社から貸与された物品をすみやかに会社へ返納し，会社に債務があるときはすみやかに完済しなければならない。

　（守秘義務）

　従業員は，退職または解雇された後も，在職中に知り得た業務上の機密事項を他に漏らしてはならない。

3　辞　　　職

◤ 基本的な考え方

　辞職とは，労働者の一方的な意思表示にもとづく労働契約の終了である。

　民法627条１項は，２週間前の予告により労働者はいつでも労働（雇用）契約の解約申し入れ（退職）ができると定めている。ただし，完全月給制の場合や年俸制の場合は，２週間以上の予告を要することになる（民法627条２項，３項）。しかし，改正民法（2020年４月施行）により，労働者からの期間の定めのない雇用契約の解約は，例外なく一律に解約申し入れ日から２週間経過により終了することになる（民法627条１項）。したがって，たとえば労

働者が退職届により使用者に対して2週間以上の期間をおいて「○○年○月○日付をもって退職いたします」という辞職の意思表示をすれば，使用者の承認の有無にかかわらず，○月○日の経過により労働契約は終了することになる。あるいは単に「一身上の都合により本日退職します」という辞職の意思表示をすれば使用者が承認しなくとも，2週間の経過により労働契約は当然終了する。［例1］は辞職の規定である。

［例1］　（退職事由）

　　　　本人の都合により退職を申し出て2週間を経過したとき。

検討を要する実例

［例2］　従業員が退職する場合は，少なくとも30日前に届け出て会社の承認を得なければならない。

　これは，次項の合意退職における労働者の退職（労働契約終了）の申し込みと使用者の承諾を定めたものと思われるが，民法627条1項の労働者の解約権の定めは，長期の契約上の拘束を排除し，退職の自由を確保する強行規定であると解されるので，このような就業規則上の定めをおいても，辞職の意思表示の場合は，上記のとおり，民法627条1項の2週間の経過により辞職が認められ，辞職を制限するという意味で無効とされるので注意を要する。たとえば労働者から辞職の意思表示がなされた場合，使用者が懲戒事由の調査中であっても2週間の経過で労働契約が終了し，懲戒処分ができなくなってしまうのである。したがって，「2　退職規定」の［例1］2項のような訓示規定にすべきである。

　なお労働者から辞職の意思表示がなされた後，労働者はこれを撤回できるかという問題がある。辞職の意思表示は民法627条1項にもとづく一方的な解約権行使（これを形成権という）なので，意思表示が使用者に到達した時点でただちに効力を生じるので撤回できないと解されている（次項「問題点」参照）。

4　合意退職

■ 基本的な考え方

　合意退職とは，労働契約を労働者と使用者の合意によって終了（解約）さ

せることをいう。

　この合意は通常，労働者からの労働契約解約の申し込みと，これに対する使用者の承諾によって成立するが，実務的には多くの場合，労働者からの退職届けと使用者の受理承認という形をとる。たとえば使用者が希望退職募集・早期退職優遇制度への募集や退職勧奨をする場合，この募集や勧奨は労働者に対する労働契約解約申し込みの誘い（誘引）であり，これを受けて労働者が応募し，あるいは退職届（退職願）を提出する行為が申し込みの意思表示である。したがってこの申し込みに対し使用者が承諾（受理承認）してはじめて，合意退職が成立する。

［例］　本人の都合により退職を申し込み，会社の承諾があったとき。

　実務でしばしば問題になるのは，次の３点である（「問題点」参照）。

- 労働者が申し込みを撤回するケース
- 労働者の申し込みが錯誤や強迫にもとづくもので無効あるいは取り消しとなるケース（退職勧奨でしばしば問題になる）
- 使用者が承諾しない場合に合意退職が成立しないケース（早期退職優遇制度で問題となる）

✳ 問題点

●退職届の提出と撤回の可否

　労働者が退職届を提出した場合，これが辞職の意思表示であれば，使用者に到達した時点でただちに効力が生じるので，その後は辞職の意思表示を撤回できない。これに対し退職届の提出が合意退職の申し込みであるなら，使用者が承諾の意思表示（口頭でも可能）をするまではこれを撤回できる（大隈鉄工所事件・最判昭62.9.18労働判例504号6頁）。

　そこで，まず辞職の意思表示か合意退職の申し込みかの区別が問題になるが，実際には明確でないことが多い。この点については，撤回できない辞職の意思表示の認定は慎重にすべきであるとの考慮から，辞職の意思が客観的に明らかな場合でなければ合意退職の申し込みと解すべしとの裁判例がある（大通事件・大阪地判平10.7.17労働判例750号79頁）。なおこれは，労働者の立場に配慮した解釈であるから，たとえば懲戒事由の調査中に退職届が出されたような場

【書式例】

　　　　○○○○　殿

　　　　　　　　　　退職届受理承認書

　　貴殿より○○年○月○日付で退職届が提出されましたので，会社は同年○月○日付でこれを受理承認いたしました。
　　したがいまして，貴殿は○○年○月○日をもって会社を退職となります。
　　退職にともなう手続きにつきましては，追ってご連絡いたします。

　　　　○○年○月○日

　　　　　　　　　　　　　○○株式会社
　　　　　　　　　　　　　取締役人事部長　　○○○○　印

合，使用者としては辞職の意思表示と考えて，2週間経過後に労働契約は終了し，懲戒処分ができなくなると心得ておかねばならない（本節3項参照）。

次に合意退職の申し込みの撤回は，使用者が承諾した後はできないことになるので，実務上はトラブルを防止するため，前頁のような退職届受理承認書を本人に交付し，その写しを保管しておくのが適切である。なおこの場合，退職届の受理承認を行なう者は，当該労働者の退職を承認する権限を与えられた者であることが必要である。

●退職勧奨と退職の意思表示の瑕疵

労働者が退職の意思表示をしても，それが錯誤や強迫など（民法95条，96条）にもとづく場合は，退職の意思表示（退職の申し込み）の無効あるいは取り消しが認められる（民法95条，96条）。実務で問題になるのは，使用者による退職勧奨による場合が多く，裁判例では，懲戒解雇事由がないにもかかわらず，退職勧奨において退職しなければ懲戒解雇になる旨を示唆したようなケースで錯誤や強迫を認めたものがある。

退職勧奨（労働者に対して退職の申し込みを誘因する行為）は事実行為であり，退職勧奨に応ずるか否かは労働者が任意に決められるので，法的な制限はない。しかし，使用者の退職勧奨が執拗で強制にわたり不当・違法な場合には，不法行為による損害賠償責任を負う。

●早期退職優遇制度

企業においては，経営の合理化・スリム化のため，一定年齢以上の労働者を対象に定年前の早期退職を奨励し，これに応じて退職する者に割増退職金を支払うなどの優遇措置を与える早期退職優遇制度（あるいは選択定年制）を設けていることがある。前述したように，使用者が行なう早期退職優遇制度への募集は，労働者に対する申し込みの誘い（誘引）であり，これを受けて労働者が応募し，あるいは退職届を提出する行為が申し込みの意思表示である。したがって労働者からの申し込みに対して使用者が承諾することで，はじめて合意退職が成立する。そして使用者は今後の業務運営上，退職されては困る従業員については承諾しないとの定めを設けて運用することもできる(神奈川信用農業協同組合事件・最判平19.1.18労働判例931号5頁)。ただし使用者の承諾の有無には,恣意的な運用がなされないよう留意する必要がある。

5 自動退職

🖱 基本的な考え方

自動退職として定める内容は次のとおりである。

❶定　年

定年制とは，一定の年齢（定年年齢）に達した時点で当然に労働契約が終了する制度である。定年制はその企業における雇用の限界年齢を定めたものだが，労働者には定年前でも辞職する自由があるので，労働契約の期間を定めたものではない。

定年年齢については，高年齢者雇用安定法8条で60歳以上でなければならないとされている。また性別により年齢差を設けることはできない（男女雇用機会均等法6条）。

［例1］のような当然退職型とすべきである。

［例1］　定年は満60歳とし，定年に達した月の末日をもって退職とする。

❷死　亡

労働契約上の地位は，当該労働者に一身専属的なもので，相続の対象にはなりえないものである。そこで労働者の死亡により労働契約は当然に終了する（エッソ石油事件・最判平元.9.22判例時報1356号145頁）。

❸休職期間満了

休職期間満了までに休職事由が消滅しておらず，復職できない場合の取り扱いについては，退職とするケースと解雇とするケースが考えられるが，退職として取り扱うのが適切である。

❹行方不明による自動退職

［例2］　届出および連絡なく欠勤を続け，その欠勤期間が30日を超え，なお所在が不明のとき。

使用者に届出および連絡なく長期欠勤を続け，本人が届け出ている住所地に居住しておらず，家族等に問い合わせても行方不明の状況にある場合，使用者は普通解雇あるいは懲戒解雇をすることも可能であるが，解雇の意思表示を本人に到達させることができないので，法的には所轄の簡易裁判所に公

示送達の手続き（民法98条）を経て解雇の意思表示を本人に到達させること
が必要となる。実務では，行方不明の場合，状況に応じて黙示の辞職の意思
表示と解釈して退職と扱うこともある。

　しかし最近は，就業規則の退職条項に行方不明の場合，自動退職とする旨
の定めを設ける［例２］がある。このような規定が法的に問題ないかどうかに
ついては行政や裁判例で明確にしたものはなく，議論もあると思われるが，本
人の責に帰すべき事情による行方不明であるから，［例２］のように使用者に
おいて，一定の欠勤期間を経過してもなお所在が不明と認められる場合には
退職と取り扱う旨を定めて，事前に従業員に周知すれば，自動退職事由とする
ことができると考える。その場合の欠勤期間であるが，解雇予告期間30日（暦
日，労基法20条）および賃金支払い期間（暦日１ヵ月）を考慮すれば，出勤義務の
ある労働日の欠勤30日（おおむね暦日の１ヵ月半）以上は必要と考える。そのう
えで，使用者において行方不明と合理的に認定した時期に退職扱いとするこ
とになる。ただし，正社員の場合で，退職金等の金銭清算等を要するときには，
労働契約終了時期を明確にするため，退職扱いとせず，解雇として，上記の
公示送達の手続きをすべき場合もあるので，あわせて検討することになる。

❺期間満了

　これは，非正社員で有期労働契約を締結している場合の定めである（12章
参照）。正社員就業規則では不要である。

6　定年退職者に対する高年齢者雇用確保措置

◤ 基本的な考え方

　高年齢者雇用安定法は，定年の定めをする場合には満60歳以上でなければ
ならないとし（８条），さらに定年年齢を満60歳以上65歳未満としている事
業主に対して，65歳までの安定した雇用を確保するため，①定年の引き上
げ，②継続雇用制度（現に雇用している高年齢者が希望しているときは，当該高
年齢者をその定年後も引き続いて雇用する制度）の導入，③定年の定めの廃止
のいずれかの措置（高年齢者雇用確保措置）を講じなければならないとして
いる（９条）。

そして，②の継続雇用制度の対象者については，労使協定により対象者基準を設けて，基準に満たない定年退職者を除外することができたが（改正前の9条2項），平成25年4月1日施行の改正高年齢者雇用安定法により，労使協定による対象者基準の制度は廃止され，原則として定年退職者全員を継続雇用制度の対象にするものとされた（例外は就業規則に定める解雇事由または退職事由該当者。「チェックポイント」参照）。これは，平成25年4月から厚生年金（報酬比例部分）の支給開始年齢が60歳から段階的に65歳に引き上げられることから（ただし，女性は5年遅れて引き上げられる），60歳定年直後の無年金・無収入状態をできるだけ回避するための改正である。したがって，継続雇用制度を用いている使用者は，改正法を受けて，規定を見直す必要がある。

　高年齢者雇用確保措置のうち，定年の定めの廃止の場合は，定年制の規定を削除し，定年の引き上げの場合は［例1］となる。定年の定めの廃止，定年の引き上げ，いずれの場合も，いつから実施するかという施行日と従前の定年年齢以降の賃金，労働時間，担当職務，退職金の算定などをどのようにするかという労働条件を新たに設定する必要がある。［例2］は，多くの企業で設けている継続雇用制度（再雇用制度）の規定であり，改正法に直接関係するので実務上も重要である。

　［参考］の3条ただし書の経過措置については「チェックポイント」参照。

［例1］　（定年引き上げの例）

　　　　定年は満65歳とし，65歳に達した月の末日をもって退職とする。

［例2］　（継続雇用制度の例）

　　第○条（定年）　定年は満60歳とし，60歳に達した月の末日をもって退職とする。

　　2　定年退職する者が退職後の雇用を希望する場合は，別に定める定年後再雇用規程にもとづき継続雇用（高年齢者雇用安定法に定める特殊関係事業主による継続雇用を含む）する。ただし，定年の時点で第○条の解雇事由または第○条の退職事由に該当する者は継続雇用の対象としない。

［参考］定年後再雇用規程（経過措置を用いる例；3条ただし書の規定）

　　第1条（目的）

　　　　本規程は，就業規則○条にもとづき，従業員の定年後の再雇用につ

いて定める。

第2条（継続雇用の申出手続き）

　定年後に再雇用を希望する者は，会社が定めた期限までに，所定の再雇用申出書を提出しなければならない。

第3条（再雇用の対象者および継続雇用期間）

　定年退職する者が退職後の再雇用を希望する場合は，定年の時点で就業規則で定める解雇事由または退職事由に該当する者を除き，再雇用し（高年齢者雇用安定法に定める特殊関係事業主による再雇用の場合を含む。以下「特殊関係事業主」という），原則として65歳まで継続雇用する。ただし，高年齢者雇用安定法の改正（平成24年法律第78号）にともなう経過措置（改正法附則3項）により，労使協定の継続雇用の対象者基準である次の各号のいずれかを満たさない者の継続雇用期間は，下記表の区分により，「対象者区分」欄に対応する「継続雇用期間」欄の年齢に達するまでとする。

　各号の判断時期は定年の時点とする。

　(1)　引き続き勤務することを希望している者

　(2)　過去3年間の人事考課がいずれも標準（B）以上の者

　(3)　過去3年間の出勤率が80％以上の者

　(4)　直近の健康診断の結果，業務遂行に支障がない者

　(5)　○○○○○

対象者区分	継続雇用期間
1953年4月2日から1955年4月1日の間に生まれた者	61歳に達するまで
1955年4月2日から1957年4月1日の間に生まれた者	62歳に達するまで
1957年4月2日から1959年4月1日の間に生まれた者	63歳に達するまで
1959年4月2日から1961年4月1日の間に生まれた者	64歳に達するまで

　（注）上記(1)から(5)は従前の労使協定の対象者基準である

第4条（再雇用および更新基準）

　継続雇用の対象者については，雇用期間1年の有期労働契約にて再雇用とし，原則として65歳まで継続雇用とし，前条の経過措置の対象者については，前条の区分による継続雇用期間までとする。

2 有期労働契約の更新を行なう場合の更新基準については，次のとおりとし，会社は更新できない合理的で相当な事由がある場合には，雇止めとすることができる。

(1) 契約期間満了時の業務量

(2) 勤務成績，勤務態度

(3) 業務遂行能力，健康状態

(4) 会社の経営状況

(5) 従事している業務の進捗状況

(6) ○○○○○

　　　(注) 平成25年4月1日施行の労基法施行規則5条の改正により，有期契約の期間満了後の更新の基準については，書面による労働条件明示義務（労基法15条）の対象事項になった

第5条（再雇用先と労働条件）

　　前条1項の再雇用先については，会社が自社あるいは特殊関係事業主による継続雇用か否かを定めるものとし，会社において継続雇用する対象者の労働条件については，会社が定め，特殊関係事業主において継続雇用する対象者の労働条件については，特殊関係事業主において定めるものとする。

☑ チェックポイント

●改正法と継続雇用制度

　継続雇用制度の対象者は，以前は労使協定による対象者基準を設ける制度が認められていたが，平成25年4月1日施行の改正高年齢者雇用安定法によって廃止された。しかし廃止にともない次の3つの取り扱いが認められている。

❶継続雇用制度の対象者の基準

　高年齢者雇用安定法9条3項にもとづく「高年齢者雇用確保措置の実施及び運用に関する指針」（平24.11.9厚生労働省告示560号）において，「心身の故障のため業務に耐えられないと認められること，勤務状況が著しく不良で引き続き従業員としての職責を果たし得ないこと等就業規則に定める解雇事由又は退職事由（年齢に係るものを除く。以下同じ）に該当する場合には，継続

雇用しないことができる」とされた。つまり，定年退職者が定年時点におい
て，定年前に適用されていた就業規則に定める解雇事由または退職事由に該
当する事実関係があれば，継続雇用制度の対象者とせず，対象者から除外す
ることができることになった（後記「問題点」参照）。

　ただし，注意を要するのは，対象者基準を設けるかどうかは使用者が決め
る事項であるから，解雇事由または退職事由に該当する者は当然に継続雇用
の対象者から除かれるのではなく，［例2］のように解雇事由または退職事
由に該当する者は継続雇用の対象者から除くことを定めておかなければなら
ないということである。そのような定めをおいていなければ，解雇事由また
は退職事由に該当する者であっても，原則65歳までの継続雇用の対象者と解
釈されることになる。

❷労使協定による対象者基準制度廃止にともなう経過措置

　労使協定による対象者基準の制度は，上記の改正法施行の平成25年4月1
日から廃止されたが，次の経過措置（改正法附則3項）が設けられた。

　改正法施行前の平成25年3月31日までに労使協定により対象者基準を定め
ていた企業は，厚生年金の支給開始年齢が段階的に65歳に到達するまでの者
を対象に，引き続き労使協定の対象者基準を用いることができるという経過措
置が設けられた。これにより，対象者基準に該当しない者については，雇用継
続期間を65歳までではなく，その者の厚生年金の報酬比例部分の支給開始年
齢（男性を基準にする年齢）に達するまでとする取り扱いができることになる。

　ただし，ここでも注意を要するのは，経過措置を利用するかどうか，およ
び利用する場合は，労使協定の対象者基準の判断時期を明記することが必要
であり，［参考］の定年後再雇用規程（経過措置を用いる例）のような定めを
おいておかなければならないということである。

　経過措置を利用する場合，就業規則あるいは継続雇用制度に関する規程に
おいて，労使協定の継続雇用の対象者基準にもとづいた経過措置の定めがお
かれていれば，経過措置に関する労使協定を新たに締結しなくても経過措置
を利用できるが，実務では，経過措置を利用すること，および対象者基準の
判断時点（「問題点」参照）については，労使合意により明確にしておくこと
が望ましい。以下はその場合の労使協定例である。

【経過措置に関する労使協定例】

> 　　○○株式会社と□□労働組合は，改正高年齢者雇用安定法（平成24年法律第78号）が平成25年4月1日に施行されることにともない，平成○年○月○日付け労使協定を廃止するが，同労使協定第1条で定める定年後の継続雇用の対象者基準は，改正法の経過措置（改正法附則3項）が認められる間は効力を有することを確認する。対象者基準の該当性の判断時期は定年退職の時点とする。
>
> 　　上記のとおり合意したので，本協定書を2通作成し，記名押印のうえ，各1通を所持する。
>
> 　　　　　　　　　　　　　○○年○月○日
> 　　　　　　　　　　　　　○○株式会社　　代表取締役○○○○　　印
> 　　　　　　　　　　　　　□□労働組合　　執行委員長○○○○　　印

【参考】改正法施行前（平成25年3月31日まで）の労使協定例

> 　　○○株式会社と□□労働組合は，高年齢者等の雇用の安定等に関する法律第9条第2項にもとづき，○○株式会社における継続雇用制度の対象となる高年齢者に係る基準に関し，次のとおり協定する。
>
> （継続雇用制度の対象者に係る基準）
> 第1条　次の各号に掲げる基準のいずれにも該当する者については，就業規則第○条の定年の到達後も65歳まで継続雇用する。
> 　(1)　引き続き勤務することを希望している者
> 　(2)　過去3年間の人事考課がいずれも標準（B）以上の者
> 　(3)　過去3年間の出勤率が80％以上の者
> 　(4)　直近の健康診断の結果，業務遂行に支障がない者
> 　(5)　○○○○○
>
> （有効期間）
> 第2条　本協定の有効期間は，平成○年○月○日から平成○年○月○日までとする。ただし，有効期間満了の○ヵ月前までに，会社，組合いずれからも申出がないときには，さらに○年間有効期間を延長するものとし，以降も同様とする。
>
> 　　　　　　　　　　　　　○○年○月○日
> 　　　　　　　　　　　　　○○株式会社　　代表取締役○○○○　　印
> 　　　　　　　　　　　　　□□労働組合　　執行委員長○○○○　　印

❸継続雇用される企業の範囲の拡大（特殊関係事業主）

　継続雇用制度は，使用者が定年退職者を引き続き再雇用するものであるが，高年齢者の増加により当該使用者が直接再雇用することが容易でない状況も想定されるので，以前から一定の範囲の企業での再雇用は認められていた。改正法（9条2項）では，さらにその範囲を拡大し，一定の要件のもとで，雇用確保先としてグループ企業（特殊関係事業主）に再雇用させる方法を許容した。すなわち，雇用確保先として，①元の事業主の子法人等，②元の事業主の親法人等，③元の事業主の親法人等の子法人等，④元の事業主の関連法人等，⑤元の事業主の親法人等の関連法人等まで対象が拡大された。

　ただし，継続雇用先の範囲を特殊関係事業主にまで拡大する特例を利用するためには，元の使用者と特殊関係事業主（グループ企業）との間で，継続雇用制度の対象となる高年齢者を定年後に特殊関係事業主が引き続いて雇用することを約する契約を締結することが要件とされているので，契約書例を次頁に掲げる。

●定年後再雇用における無期転換ルール（労基法18条）とその特例

　平成25年4月1日施行の改正労契法18条では，有期契約が更新されて，通算契約期間5年を超える有期契約を締結した場合，労働者の申し込みにより，期間満了後に自動的に無期契約が成立するという無期転換制度が定められた（12章3節参照）。この無期転換制度は，定年後再雇用制度による有期契約についても適用される。したがって，定年退職後の再雇用制度において，有期契約を更新して65歳まで継続雇用する場合，最初の再雇用時の有期契約の契約期間から最後の有期契約の満了日までを通算して5年を超える場合には，再雇用者に無期転換の申込権が発生し，それが行使されると期間満了後に自動的に無期契約が成立するという不都合が生じる（無期転換ルールについては，12章3節参照）。

　この点については，有期雇用特別措置法（平成27年4月施行）により，定年到達後引き続いて雇用される有期雇用労働者（第2種計画の継続雇用の高齢者）を対象に，その特性に応じた雇用管理に関する特別の措置が講じられる場合に，無期転換申込権発生までの期間に関する特例がある。実務では，事業主（高年齢者雇用安定法に定める特殊関係事業主を含む）が特例適用手続き

【継続雇用制度の特例措置を利用する場合の契約書例】

①特定の企業が継続雇用先をグループ企業へ拡大する場合の契約書式例

（厚生労働省のひな型）

継続雇用制度の特例措置に関する契約書

　○○○○株式会社（以下「甲」という），○○○○株式会社（以下「乙1」という）および○○○○株式会社（以下「乙2」といい，乙1および乙2を総称して「乙」という）は，高年齢者等の雇用の安定等に関する法律（昭和46年法律第68号。以下「高年齢者雇用安定法」という）第9条第2項に規定する契約として，次のとおり契約を締結する（以下「本契約」という）。

第1条　乙は，甲が高年齢者雇用安定法第9条第1項第2号にもとづきその雇用する高年齢者の65歳までの安定した雇用を確保するための措置として導入する継続雇用制度を実施するため，甲の継続雇用制度の対象となる労働者であってその定年後も雇用されることを希望する者（次条において「継続雇用希望者」という）を，その定年後に乙が引き続いて雇用する制度を導入する。

第2条　乙は，甲が乙に継続雇用させることとした継続雇用希望者に対し，乙が継続雇用する主体となることが決定した後，当該者の定年後の雇用に係る労働契約の申し込みを遅滞なく行なうものとする。

第3条　第1条の規定にもとづき乙1または乙2が雇用する労働者の労働条件は，乙1または乙2が就業規則等により定める労働条件による。

　以上，本契約の成立の証として本書3通を作成し，甲，乙1，乙2各社1通を保有する。

○○年○月○日

（甲）　東京都○○○
　　　　株式会社○○○○
　　　　代表取締役○○○○　　印

（乙1）東京都○○○
　　　　株式会社○○○○
　　　　代表取締役○○○○　　印

（乙2）東京都○○○
　　　　株式会社○○○○
　　　　代表取締役○○○○　　印

②グループ企業間で相互に継続雇用先となる場合の契約書例

継続雇用制度の特例措置に関する契約書

別紙記載の各株式会社（以下「グループ企業各社」という）は，高年齢者等の雇用の安定等に関する法律（昭和46年法律第68号。以下「高年齢者雇用安定法」という）第9条第1項第2号の継続雇用制度の実施として，それぞれ相互に同法第9条第2項の継続雇用先（特殊関係事業主）になるため，次のとおり契約を締結する（以下「本契約」という）。

第1条　グループ企業各社は，自社以外のグループ企業各社が高年齢者雇用安定法第9条第1項第2号にもとづきその雇用する高年齢者の65歳までの安定した雇用を確保するための措置として導入する継続雇用制度を実施するため，自社以外のグループ企業各社の継続雇用制度の対象となる労働者であってその定年後も雇用されることを希望する者（次条において「継続雇用希望者」という）を，その定年後に自社が引き続いて雇用する制度を導入する。

第2条　グループ企業各社は，自社以外のグループ企業各社が自社に継続雇用させることとした継続雇用希望者に対し，自社が継続雇用する主体となることが決定した後，当該者の定年後の雇用に係る労働契約の申し込みを遅滞なく行なうものとする。

第3条　第1条の規定にもとづき自社が雇用する労働者の労働条件は，自社の就業規則等により定める労働条件による。

　以上，本契約の成立の証として本書○通を作成し，各社1通を保有する。

○○年○月○日
グループ企業各社署名欄
1　東京都○○○
　　株式会社○○○○
　　代表取締役○○○○　　印
2　東京都○○○
　　株式会社○○○○
　　代表取締役○○○○　　印
（以下　略）

（別紙）グループ企業名（略）

を行なう例が多く，特例が適用されると，その事業主に定年後引き続き雇用される期間は5年を超えても無期転換権が発生しない。有期雇用特別措置法の詳細は厚生労働省の資料（https://www.mhlw.go.jp/file/06-Seisakujouhou-11200000-Roudoukijunkyoku/0000075676.pdf）を参照。

この特例の適用を受けている場合は就業規則に記載が必要である（12章3節参照）。

✳ 問題点

●高年齢者雇用安定法の求める雇用の確保措置

同法は，高年齢者雇用確保措置を講ずる義務を企業に課しているが，これは定年退職者の希望に合致した労働条件での雇用を義務づけるものではなく，企業において，希望者が定年後も原則として65歳までの雇用が確保されるような制度を構築することを義務づけているものである。したがって，たとえば再雇用制度の場合，企業は対象となる定年退職者に対して合理的な労働条件を提示していれば，その退職者が不満で合意が得られず，結果的に継続雇用されなくとも同法違反にはならない。

●継続雇用の対象から除外できる者

高年齢者雇用安定法9条3項にもとづく指針において，「心身の故障のため業務に堪えられないと認められること，勤務状況が著しく不良で引き続き従業員としての職責を果たし得ないこと等就業規則に定める解雇事由又は退職事由（年齢に係るものを除く）に該当する場合」には継続雇用しないことができるとされているが，これにもとづき前記［例2］のように定めをおく必要がある。そして，指針では，「ただし，継続雇用しないことについては，客観的に合理的な理由があり，社会通念上相当であることが求められると考えられることに留意する」と付加されているので，これは解雇事由または退職事由に該当しても，解雇権の濫用（労契法16条）となるような場合には，継続雇用の対象者から除外できないことを意味している。そこで実務上，どのような場合が解雇事由または退職事由に該当し，継続雇用の対象者から除外できるのかが問題になる。

まず，解雇事由または退職事由の該当性を判断する時点は定年退職時であ

る。実際は，その判断のために退職前の相応な期間を含めて考えることになる。次に，一般的な解雇および退職事由（本章5節1項および2項参照）でみると，対象者から除外する事由として考えうるのは，次の①〜④であろう。

【労働者側の場合】①健康状態，②勤務状況・成績，勤務態度等，③私傷病休職

【使用者側の場合】④事業経営上の事情，業務量の減少等

　労働者側の場合である①健康状態不良は，就労の可否および就労可能な場合の就労の時期，就労制限の有無・内容等に関する専門の医師による判断にもとづき，予定される職務内容等について，心身の故障のため業務に堪えられないかどうかを判断することになる。そして，退職時点で予定される担当職務を遂行することができないと判断される場合には①に該当し，原則として対象者から除外できると考えられる。ただし，たとえば医師の判断に照らして退職後1ヵ月程度で健康状態が回復し，予定される担当職務の遂行が可能というのであれば，対象者から除外せず，継続雇用の労働契約を遅らせて締結する配慮をすべきであろう。

　②の勤務状況・成績，勤務態度等の不良の場合については，指針でも例示されているように，定年直前に生じた勤務不良行為等が解雇に値する場合には，対象者から除外できると考えられる。しかし，定年の相当以前から生じている勤務状況・成績，勤務態度の不良等を解雇事由とする場合であれば，本来は定年前に解雇しているはずなので，定年時点で改めて勤務状況・成績，勤務態度の不良等が解雇事由に該当するといえるのか疑問が残る。

　③の退職事由である私傷病休職は，定年まで私傷病休職中の者が，定年後の継続雇用を希望した場合の問題で，次のように整理できる。

　まず，定年により私傷病休職の取り扱いは終了する。私傷病休職制度は正社員を対象とする制度であり，正社員の地位を前提にしているので，定年退職により正社員としての労働契約は当然終了し，その地位を失い，仮に私傷病休職の上限となる休職期間の前であっても休職の取り扱いは定年で終了する。次に，定年まで私傷病休職していた者が継続雇用制度の対象者になるかどうかについては，退職事由ではなく，上記①の解雇事由である健康状態不良に該当するかどうかの問題として判断することになる。

使用者側の場合である④の事業経営上の事情，業務量の減少等については，いわゆる整理解雇の問題に準じて解雇権の濫用法理（労契法16条）に照らして，解雇に値する経営上の事情かどうかを個別具体的に検討することになるが，少なくとも人員削減の必要性という点では，正社員の人員削減に先立って定年退職者を継続雇用の対象者から除外できるという考え方にもとづいて判断されるべきである。

●経過措置で用いる労使協定の対象者基準の判断時点

　厚生労働省の高年齢者雇用安定法のQ&A（http://www.mhlw.go.jp/general/seido/anteikyoku/kourei 2 /qa/index.html）では，労使協定における「継続雇用制度の対象者の基準に該当するか否かを判断する時点は，基準の具体的な内容に左右されるものであり，この基準は労使協定により定められるものであることから，基準該当性の判断時点をいつにするか，例えば基準対象年齢の直前とするか，あるいは定年時点などとするかについても，労使の判断に委ねられていると考えられます」（A 3 - 4 ）とされている。

　そこで，労使協定の対象者基準該当性の判断時点について労使で決めておく必要があるが，結論からいうと，判断時点を退職時点とするのが適当と考える。もともと労使協定の対象者基準は定年退職時点を判断基準にすることを前提に設けられた基準なので，経過措置においても定年退職時点を判断基準とするのが適当と考えられるからである。また，定年退職時点を判断基準とすれば，再雇用の際に経過措置が適用される者か否か，および適用される者の継続雇用期間の上限もわかるため，上限に対応した更新に関する特約（たとえば不更新特約や更新回数制限特約）をあらかじめ最初の有期契約に定めて合意することにより紛争の予防にも資すると考えられるからである。上記［参考］の定年後再雇用規程の経過措置に関する規定例において，判断時点を「定年の時点とする」と明記したのは，このような考え方にもとづくものである。

　一方，判断時点を「基準対象年齢の直前」にするというのは，経過措置の適用で65歳より短縮される継続雇用期間の年齢到達の直前にするという意味であるが，これによると不都合も生じる。改正法前の労使協定の対象者基準でよく用いられる次の例でみてみる。

【対象者基準の例】

- 過去3年間の人事考課がいずれも標準（B）以上の者
- 過去3年間の出勤率が80％以上の者

　たとえば，経過措置の適用で継続雇用期間が61歳到達時までとされる例で，判断時点を基準対象年齢の直前とする場合は，上記の「過去3年間の人事考課がいずれも標準（B）以上の者」かどうかは，定年直前の2年間と再雇用した1年間の合計3年間の人事考課において，いずれも標準（B）以上の者かを判断することになる。しかし，再雇用後に人事考課を行なわない例もあり，また行なっている企業でも，正社員時代の人事考課とは内容が異なり，厳格性に欠けることもあるので，基準対象年齢の直前を判断時点とすることは適切でないことが多いはずである。

　同様に，「過去3年間の出勤率が80％以上の者」かどうかは，定年直前の2年間と再雇用した1年間の合計3年間の出勤率において，80％以上の者かを判断することになるが，再雇用後の所定労働日が正社員時代に比べ少ない場合，あるいは同じでも所定労働時間が短い，担当職務が軽易など，正社員時代の出勤率と同視できないこともある。

●**再雇用制度における更新拒絶・雇止め**

　再雇用制度の場合，たとえば雇用期間1年の有期契約を更新し，原則として65歳までの継続雇用（経過措置が適用される場合はより短縮される）がなされるが，途中で更新をしないで，雇止めを行なえるかという問題がある。

　高年齢者雇用安定法は継続雇用制度として有期契約による再雇用制度を許容しているが，65歳までの更新を義務づけているわけではない。厚生労働省の上記高年齢者雇用安定法のQ&Aにおいても，1年ごとに雇用契約を更新する形態について，「65歳までは，原則として契約が更新されること（ただし，能力など年齢以外を理由として契約を更新しないことは認められます）」（A1-4）とされている。

　再雇用制度における65歳までの有期契約の更新，雇止めについては，高年齢者雇用安定法により規制されているものではなく，一般の有期契約における更新と同様，労契法19条の雇止め法理の規制の問題である。そして，原則として65歳までの継続雇用をする制度であるから，当事者には65歳までの有

期契約の更新について合理的な期待が認められるので，使用者が途中で更新せず，雇止めを行なった場合，これが争われると，期間満了という事実に加えて，客観的合理的な理由と社会通念上の相当性が必要とされ，これらを欠くと雇止めは認められず，自動的に更新したことになる。これが雇止め法理の規制である。したがって，労働者の非違行為や使用者の経営上の事情により，使用者が65歳の途中で更新せず，雇止めを行なうことは可能であるが，労契法19条の雇止め法理の規制のチェックを要するということである。

参考条文

【採用・試用期間】

第1条（採用基準）　会社は，入社希望者のなかから，選考試験に合格し，所定の手続きを経た者を従業員として採用する。

第2条（採用時の提出書類）　従業員として新たに採用された者は，次の各号に掲げる書類を提出し，後日その記載事項に変更があったときは，遅滞なくその旨を届け出なければならない。

(1)　住民票記載事項証明書

(2)　マイナンバーに関する書類

(3)　入社誓約書

(4)　身元保証書

(5)　その他会社が指定した書類

　（注）その他会社が指定するものとしては給与所得扶養控除等申告書，健康保険被扶養者届，厚生年金被保険者証および雇用保険被保険者証（既被保険者に限る），源泉徴収票（入社した年にほかからの給与所得があった者に限る），各種免許証などの資格証明書（会社から請求があった場合に限る）などがある

2　身元保証人は独立の生計を営む成年者で会社が適当と認める者2名とする。

第3条（試用期間）　新たに採用した従業員については，入社日から6ヵ月間を試用期間とする。

2　従業員としての適格性判定のために必要と認めた場合は，3ヵ月を限度として試用期間を延長することがある。

3　試用期間中に従業員として不適格と認めた者は解雇する。

4　試用期間満了後，引き続き雇用された者の試用期間は勤続年数に通算する。

【異　動】

第1条（出張）　会社は業務上の必要により従業員に出張を命ずること

がある。

第2条（配転・出向）　会社は業務上の必要により従業員に配転，または出向を命ずることがある。

2　前項の出向については別に定める「出向者取扱規程」による。

　（注）海外勤務がある場合は，「海外勤務者取扱規程」で別に定める旨を入れる

第3条（業務引き継ぎ）　従業員は前条の配転，出向を命ぜられた場合は業務引き継ぎを指示された期間内に後任者にすみやかに行なう。後任者に引き継ぐことができない場合は所属長に引き継ぐものとする。

第4条（赴任）　従業員は配転，出向を命ぜられた場合は，次の日数以内に着任しなければならない。

　　　住居の移転を要するとき　　発令の日から7日以内

　　　住居の移転を要しないとき　発令の日から5日以内

　　　ただし業務上の事情等により，赴任の時期を延長する場合は会社の承認を得るものとする。

第5条（降格）　会社は，従業員に勤務成績不良など職務不適格の事由がある場合は，役職罷免，職位の引き下げなどの降格を命ずることがある。

　（注）昇進規程をつくる場合は「昇職および昇格の基準については別に定める「昇進規程」による」を入れる

〔出向者取扱規程〕

　第1章　総　則

第1条（目的）　この規程は，就業規則第○○条にもとづき，出向の取り扱いを定めるものである。

第2条（定義）　この規程において出向とは，会社に在籍のまま，他の法人または団体（以下「出向先」という）などの業務に従事するため，会社の命令により，転出することをいう。

第3条（出向条件の明示）　会社が出向を命じるときは，その目的，出向先の内容，労働条件その他を出向者に明示するものとする。

第4条（出向者の所属）　出向者の所属は原則として人事部とし，出向期間中は休職とする。

第5条（規程外事項）　出向先の事情その他により，本規程以外の事項が発生した場合には，そのつど双方の会社が協議のうえ定める。

　第2章　出向先における労働条件

第6条（出向期間）　出向期間は原則として○年以内とする。ただし，会社または出向先の業務の都合によりその期間を延長することがある。

第7条（勤続年数）　出向者の出向期間は，勤続年数に通算する。

第8条（出向者の就業）　出向者の就業およびこれにともなう健康管理その他の安全衛生管理については，特に定めた事項以外は出向先の就業規則その他の定めによるものとする。ただし，労働時間について，出向先の所定労働時間が会社を上回る場合は，その時間差分を時間外労働として取り扱い，時間外労働手当を会社が負担する。

第9条（年次有給休暇等）　出向期間中の年次有給休暇・特別休暇については，出向元の基準による。

2　出向期間中の年次有給休暇・特別休暇は出向元で管理し，労働基準法39条7項に定める年5日の年次有給休暇の付与義務も出向元が負う。

　（注）年5日の付与義務者について出向ごとに出向先を協議して決めるのであれば，9条2項は「……年5日の年次有給休暇の付与義務者は出向の際に出向者に対して通知する」とする

第10条（給与）　出向者の給与は，原則として出向先から支給する。ただし，出向先から支給される給与が会社基準を下回るときは，その差額を会社が負担する。

　（注）この部分は「原則として会社から支給する。なお，出向先から支給する場合には，支給される給与が会社基準を下回るときは，その差額を会社が負担する」と定める取り扱いもある

第11条（賞与）　出向者の賞与は，原則として出向先から支給する。ただし，出向先から支給される賞与が会社基準を下回るときは，その差額は会社が負担する。

（注）この部分は「原則として会社から支給する。なお，出向先から支給する場合には，支給される賞与が会社基準を下回るときは，その差額は会社が負担する」と定める取り扱いもある

第12条（通勤手当）　通勤手当は原則として出向先の定めによる。

第13条（社会保険）　社会保険については，出向先との出向協定により定める。

第14条（社宅等の取り扱い）　出向により転居を要するときは，原則として転居にかかる社宅等の取り扱いは出向先の基準により会社または出向先が負担する。ただし，会社が会社基準と定めた事項は除く。

（注）ただし書の場合としては，たとえば社宅が会社（出向元）のもので，社宅利用料を会社の基準とするようなときである

第15条（赴任・帰任旅費）　出向者が出向先へ赴任するとき，および会社へ帰任するときの旅費は，会社の基準により会社の負担とする。

第16条（出向期間中の旅費）　出向期間中，出向先の業務にかかわる出張は出向先の基準により出向先の負担とする。ただし，出向先と会社の基準に著しい差異がある場合は，その差額の一部を会社が補塡することがある。

第17条（その他の旅費）　出向者が会社の会議・研修等に出席するための旅費は，会社基準により会社の負担とする。

第18条（会社諸規程の適用）　次の各規程については原則として会社規程を適用する。

　(1)　慶弔金規程
　(2)　業務上災害補償規程
　(3)　社内預金規程
　(4)　住宅資金融資規程
　(5)　○○○○規程

第19条（福利厚生施設等の利用）　出向者は，出向中においても原則として会社の福利厚生施設・制度を利用することができる。

　　第3章　人　事

第20条（出向者の人事）　出向者の人事権は会社が有し，出向先におけ

る業務指揮権は出向先が有する。

第21条（昇格・降格等）　出向者の昇格・降格，昇給・降給は会社基準により実施する。

第22条（人事評価）　出向者の個人成績にかかわる人事評価は，出向先および会社主管部門長の評価を参考にし，会社の人事部長が決定する。

第23条（表彰・懲戒）　出向者が出向先において表彰または懲戒に該当する行為があった場合には，懲戒解雇，諭旨解雇を除き，出向先の就業規則の定めにより出向先が取り扱う。また出向先と会社が協議のうえ，出向先とは別に会社の就業規則の定めにより会社が取り扱うことがある。

2　出向先において懲戒解雇，諭旨解雇に該当する行為があった場合には，復職を命じたうえ，会社就業規則の定めにより会社が取り扱う。

　（注）この部分は「表彰および懲戒は会社の就業規則の定めによる」として，出向元で一括して行なう定め方もある

第24条（退職・解雇）　出向者が出向期間中に退職または普通解雇となるときは，復職を命じたうえ，会社就業規則等の定めるところにより会社が取り扱う。

第25条（退職金）　出向期間中に退職する場合の退職金は，会社基準により算出して支給する。

第26条（届出）　出向者は出向期間中に，家族構成などすでに会社に届け出ている所定の事項について移動が生じた場合は，すみやかに会社に届け出なければならない。

第27条（出向者の復職）　出向者が次の各号の一に該当した場合は，出向期間中であっても，会社は復職を命ずる。

　(1)　出向の目的が終了または消滅したと会社が認めたとき

　(2)　第23条2項および第24条によるとき

　(3)　その他，出向が不適当と会社が認めたとき

2　復職後の取り扱いは，そのつど会社で決定する。

　（附則）この規程は，○○年○月○日より施行する。

【休　職】

第1条（休職）　会社は従業員（試用期間中の者を除く）が次の各号の一に該当するときは，休職を命ずる。

(1)　業務外の傷病により欠勤が連続して2ヵ月（欠勤中の休日，休暇も含む暦日）に達し，引き続き療養を要するとき

　　　ただし，復職の見込みがない場合を除く。なお，先行する私傷病欠勤の途中において他の私傷病が発生しても，欠勤の起算日は変更せず，通算する。

(2)　私事により，本人からの申請にもとづき会社が許可したとき

(3)　公職に就任し，会社業務に専任できないとき

(4)　会社の命令により出向し，または社内留学制度により留学するとき

(5)　労働協約にもとづき，組合業務に専従するとき

(6)　前各号のほか，会社が特に必要と認めたとき

2　前項第1号における欠勤中に出勤した場合，引き続き30日（休日，休暇を除く）以上勤務しなければ，前後の欠勤期間を通算し，連続しているものとみなす。

　（注）この規定により私傷病による欠勤中に断続して出勤する場合は，その出勤日数を除いた前後の欠勤日数を通算して欠勤日数とできる

第2条（休職期間）　休職期間は次のとおりとする。

(1)　前条第1項第1号の事由によるもの：

　　　勤続満1年未満の者　　　　　　3ヵ月

　　　勤続満1年以上5年未満の者　　6ヵ月

　　　勤続満5年以上の者　　　　　　12ヵ月

(2)　前条第1項第2号の事由によるもの：原則として3ヵ月以内で許可した期間

(3)　前条第1項第3号から第6号の事由によるもの：会社が必要と認めた期間

2　会社が特に必要と認めた場合は，前項の期間を延長することがある。

第3条（休職中の給与）　休職中の給与は無給とする。ただし，第1条第1項第4号および第6号については別に定める。

第4条（休職期間の取り扱い）　第1条第1項第4号および第5号の事由による休職を除き，原則として休職期間は勤続年数に算入しない。

第5条（復職）　休職期間満了までに休職事由が消滅したときは，従業員はすみやかにその旨を会社に通知し，復職願を提出しなければならない。

2　休職の事由が私傷病の場合は次のとおりである。

　⑴　復職を申し出る休職者は復職願に診断書を添付しなければならない。

　⑵　会社は必要と認めた場合，休職者に対して，会社の指定する医師の診断を命じることがある。また，会社または会社の指定する医師が，休職者に対して，医療情報の提供を求めた場合，休職者はこれに協力しなければならない。

　⑶　会社は，会社の指定する医師の診断にもとづき，復職の適否を判断するため，休職期間中，休職者に対して試し出勤を命じることがある。

　⑷　会社は，休職者について把握している情報および前各号の結果にもとづいて復職の可否について決定する。

3　会社は，休職期間満了時までに休職事由が消滅したものと認めた場合は，原則として原職に復帰させる。ただし，必要に応じて，原職と異なる職務に配置することがある。

4　第1条第1項第1号の事由により休職した者が，復職後6ヵ月以内に同一の傷病（類似の傷病を含む）により欠勤するときは，欠勤開始日より休職とし，以後連続または断続する欠勤日は復職前の休職期間と通算する。

第6条（私傷病休職の利用回数）　第1条第1項第1号の事由による休職は，前条第4項の場合を除き，同一の傷病（類似の傷病を含む）について1回限りとする。

第7条（退職）　第1条第1項第1号および第2号により休職を命ぜら

れた者が休職期間満了時に復職できないときは，休職期間満了の日を
もって退職とする。

【解　雇】

第1条（解雇事由）　従業員が次の各号の一に該当する場合は解雇する。

 (1)　精神または身体の故障により，業務の遂行に堪えないと認められ
　　たとき

 (2)　職務遂行能力，勤務成績が著しく劣り，または業務に怠慢で向上
　　の見込みがないと認められたとき

 (3)　試用期間中に従業員として不適格と認められたとき

 (4)　第○条の懲戒解雇または諭旨解雇事由に該当するとき

 (5)　事業の縮小・廃止その他会社の経営上やむをえない事由のあると
　　き

 (6)　その他前各号に準ずるやむをえない事由のあるとき

第2条（解雇予告）　前条において従業員を解雇するときは，次に掲げ
　る場合を除き，30日前に予告するか，または平均賃金の30日分の予告
　手当を支給する。

 (1)　本人の責に帰すべき事由により解雇する場合で，行政官庁の認定
　　を受けたとき

 (2)　天災事変その他やむをえない事由のため事業の継続が不可能と
　　なった場合で，行政官庁の認定を受けたとき

 (3)　試用期間中の者であって，入社後14日以内に解雇するとき

 2　前項の予告日数は，1日につき平均賃金を払った場合においては，
　その日数を短縮する。

第3条（解雇制限）　第1条の定めにかかわらず，次の各号のいずれか
　に該当する場合は解雇しない。

 (1)　業務上の負傷・疾病の療養のため休職する期間およびその後30日
　　間。ただし，労働基準法第81条の規定により打切補償を支払ったと
　　きはこの限りではない。

 (2)　産前産後の女性が第○○条の定めにより休業する期間およびその

後30日間

2　前項の解雇しない期間中にかかわらず，天災事変その他，やむをえない事由により事業の継続が不可能になった場合で，行政官庁の認定を受けたときはこの限りではない。

【退　職】

第1条（退職）　従業員が次の各号の一に該当するに至ったときは，その日を退社日とし，従業員としての資格を失う。

　⑴　本人の都合により退職を申し込み，会社の承諾があったとき

　⑵　本人の都合により退職を申し出てから2週間を経過したとき

　⑶　死亡したとき

　⑷　定年に達したとき

　⑸　休職を命じられた者が復職できず休職が満了したとき，または復職しないとき

　⑹　届出および連絡なく欠勤を続け，その欠勤期間が30日を超え，所在が不明のとき

　⑺　期間を定めて雇用された者の期間が満了したとき

　　（注）雇用期間の定めのない正社員のみを対象とする就業規則のときは，⑺は必要ない

第2条（定年）　従業員の定年は満60歳とし，定年に達した月の末日をもって退職とする。

2　定年退職する者が退職後の雇用を希望する場合は，別に定める定年後再雇用規程にもとづき継続雇用（高年齢者雇用安定法に定める特殊関係事業主による継続雇用を含む）する。ただし，定年の時点で第○条の解雇事由または第○条の退職事由に該当する者は継続雇用の対象としない。

　　（注）定年後再雇用規程例については本文の5節6項参照

第3条（退職届）　従業員が自己の都合により退職しようとするときは，原則として1ヵ月以上前までに所属長に退職届を提出するようにしなければならない。

第4条（業務引き継ぎ）　従業員は，退職または解雇の際は，会社の指示に従いすみやかに業務を引き継がなければならない。

第5条（金品の返還）　従業員は，退職または解雇の際は身分証明書・社員章・健康保険証など会社から貸与された物品をすみやかに会社へ返納し，会社に対して債務があるときはすみやかに完済しなければならない。

第6条（守秘義務）　従業員は，退職または解雇された後も，在職中に知り得た業務上の機密事項を他に漏らしてはならない。

第 4 章

服務規律

　服務規律とは，企業の事業活動のなかで労働者が守らなければならない就業，施設管理および企業秩序に関する行動基準（共通のルール）であるから，必ず就業規則に定めておかなければならない。服務規律は労基法89条１号から９号の各事項にも関連するが，10号の「当該事業場の労働者のすべてに適用される定め」に該当する相対的必要記載事項である。

　就業規則で定める事項は，「就業等に関する事項」「施設管理に関する事項」，さらに「業務外活動に関する事項」の３つに大別できる。就業等に関する事項では労働者の職務専念義務，施設管理に関する事項では使用者の施設管理権に服する義務，業務外活動に関する事項では企業秩序を遵守する義務が，それぞれ中心となる。

【服務規律と労働者の義務】

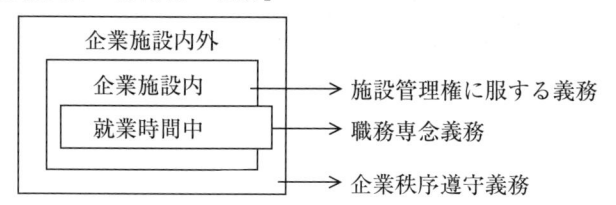

　職務専念義務については，判例上も，労働者は就業時間中，労働契約の本旨に従い労務を提供し，職務に専念する義務を負うとされている（済生会中央病院事件・最判平元.12.11民集43巻12号1786頁）。また企業は企業秩序を維持確保するため，規則を定め，あるいは具体的に労働者に指示，命令ができ，これに違反する場合は規則の定めるところにより懲戒処分を行なうことができる。これに対応して労働者は企業の施設管理権に服し，企業秩序遵守義務を負うとされている（富士重工業事件・最判昭52.12.13労働判例287号７頁，国鉄札幌運転区事件・最判昭54.10.30労働判例329号12頁）。

　したがって服務規律の原則として［例］のような包括的な規定を必ずおくべきである。

［　例　］　従業員は，会社の規則および業務上の指示，命令を遵守し，職場の秩序・規律の維持，向上に努め，互いに人格を尊重し，誠実に自己の職務に専念しなければならない。

✅ チェックポイント
●服務規律と懲戒(制裁)制度の関係

服務規律は懲戒と密接な関係を有し，服務規律の遵守を制度的に担保するものが懲戒制度である。懲戒制度は服務規律違反行為に対する制裁罰であり，服務規律を維持し，回復是正する機能を有する。このため服務規律を定めるにあたっては，次の2点に留意すべきである。

一つは，服務規律違反を懲戒事由と定めておくことである。懲戒処分は労働者に大きな不利益を与えるものであるから，懲戒事由はあらかじめ就業規則に定めておかなければならない。服務規律を定めても，その違反行為が懲戒事由になっていなければ懲戒処分できないことになるからである（10章2節参照）。

二つ目は，服務規律違反といっても軽微な場合もあるので，服務規律違反がただちに懲戒事由となり懲戒処分ができるとは限らないということである。実務上は比較的軽微な服務規律違反についてはその内容，程度等を考えて懲戒処分としないことも多く，制裁よりも今後の改善に重点をおいて事実上の口頭注意や書面厳重注意にとどめる方法をとる。企業によっては，懲戒処分に至らない措置として「訓告」や「厳重注意」などを設ける例もあり，これは懲戒によらない服務規律違反の是正改善を求める措置と考えられる。

第1節

就業等に関する事項

基本的な考え方

　就業等に関する事項で定める主な項目は，①業務上の指示・命令に服する義務，②職務専念義務，③職場内の風紀・秩序維持，④就業中の服装，施設・物品の取り扱い，⑤職務に関連した金品・利益収受禁止，⑥異動届等の取り扱い，⑦調査協力義務，⑧所持品検査，⑨セクハラ・パワハラ・マタハラ防止，⑩損害賠償義務などと，⑪日々の出退勤，遅刻・早退，欠勤などの取り扱いである。⑪は労働時間と直接かかわるため，①〜⑩とは別に，労働時間のなかで定める例も多いので，4節で述べる。

　①〜⑩は「遵守事項」あるいは「服務心得」などとしてまとめて定める例が多い。全体の条文例については章末の「参考条文」に「服務規律1」として掲げたので，ここでは，⑦〜⑩について解説する。労働時間と直接かかわる⑪の出退勤，遅刻・早退，欠勤の条文例については章末「参考条文」に「服務規律2」として掲げた。

●労働者の調査協力義務

[例1]　業務上必要な場合は，会社の調査事項について協力しなければならない。

　調査協力義務に関して就業規則上の規定を設ける例は少ない。これは，調査協力が業務遂行と一体をなしていることが多く，調査協力行為を独立させて規定する必要性がないからであろう。しかし通常の業務遂行以外でも調査協力義務が問題とされることがあるので，規定はおくべきである。たとえば特定の懲戒処分事由に関する事実調査や企業秘密漏洩の原因に関する調査の協力義務について，労働者が必要な調査に応じる義務があるのかどうかが問題となる。労働者はいつ，いかなる場合にも当然に調査協力義務を負うとい

う扱いはできない。労働者にも諸種の自由があり，この点で調査協力義務にも限界があるからである。

調査協力義務が認められる範囲について，判例上は次の基準を設けている（富士重工業事件・最判昭52.12.13労働判例287号7頁）。

- 調査に協力することがその職責上，職務内容となっている場合（たとえば企業秩序違反者を監督する立場にある上司や管理職者に調査協力を求める場合）

- 調査に協力することが労務提供義務を履行するうえで必要かつ合理的であると認められる場合（具体的には，企業秩序違反行為者本人および目撃者等の直接的経験者に必ずしも限られるものではない）

そして上記のいずれについても，調査協力を求める内容が調査事項（企業秩序違反事項）に関連したものでなければ労働者の協力義務は生じない。たとえば調査事項の範囲を超えて，労働者の私生活上の政治的あるいは社会的活動一般に関して調査協力を求めることはできず，調査協力義務がない場合には調査協力に応じないことを理由に服務規律違反としたり，懲戒処分をすることもできない。

●所持品検査

[例2]　従業員は，日常携帯品以外の物品を事業場内に持ち込んではならない。ただし，所定の手続きにより会社の許可を受けた場合はこの限りでない。

　　2　従業員は，業務上または規律保持上の必要により所持品の検査を求められたときは，これを拒んではならない。

[例3]　金銭・物品等を取り扱う業務および危険有害業務に従事する社員については，必要に応じて所持品を検査することがある。

[例4]　会社は必要に応じて従業員の入退場の際あるいは会社内において従業員の所持品を検査することができる。この場合，従業員はこれに応じなければならない。

　　2　検査の結果，所持が不正であると認めた場合は，保管または没収することができる。

調査協力義務との関連で，労働者の所持品検査ができるかどうかも問題と

なる。所持品検査は，金品の不正隠匿や危険物の摘発・防止のために行なわれることが多いが，その対象が労働者の個人的な所持品であるため，プライバシー等の侵害の問題が生じうる。

判例上は，所持品検査が適法とされるための要件として4点を掲げている（西日本鉄道事件・最判昭43.8.2判例時報528号82頁）。

- 就業規則その他明示の根拠にもとづいて行なうこと
- 検査を必要とする合理的理由が存すること
- 検査方法が一般的に妥当な方法と程度であること
- 検査が制度として従業員に対して画一的に実施されること

検査を必要とする合理的理由については，犯罪に直接関連しなくとも企業秩序および職場規律を維持するうえで必要とされる場合を含む。一般的には金品の不正隠匿や持ち出し，危険物の持ち込みの事実が発覚した場合，あるいは所持品の形状，数量等により不正持ち出し等の疑いがある場合に合理性が認められる。

また所持品検査は，労働者の意思に反して強制することはできない。検査の対象も検査目的と関連したものに限定される。任意に検査に応じない場合は，業務命令違反の問題として対応することになる。

●**セクシュアル・ハラスメントへの対応**

男女雇用機会均等法11条では，職場における性的な言動に起因する問題（いわゆるセクハラ問題）に関し，使用者は雇用管理上，必要な措置を講じなければならないとされている。この措置を具体化した「事業主が職場における性的な言動に起因する問題に関して雇用管理上講ずべき措置についての指針」（平18.10.11厚生労働省告示615号）において，セクハラの内容およびセクハラがあってはならない旨の方針を明確化し，セクハラを行なった者に対し厳正に対処する旨の方針および対処内容を就業規則等の文書に規定するとともに，それを管理監督者を含めた労働者に周知・啓発することとされている。

これらの措置として就業規則に，服務規律としてセクハラがあってはならない旨の方針を規定し，セクハラを行なった者に対する懲戒規定も定めるべきである。ここでは，セクハラ防止の規定例を掲げる。セクハラは，職務上

の地位を利用する対価型と就業環境を悪化させる環境型がある（上記指針）ので，その両方を明示する［例5］のような定め方がよい。

［例5］　職務上の地位を利用して他の従業員に対し性的な言動により不快な思いをさせ，あるいは交際等を強要するなどの行為をしてはならない。
　　　　性的な言動により他の従業員の業務に支障を与えたり，就業環境を害するような行為をしてはならない。

［例6］　従業員は，業務を行なうにあたり社内外を問わず，相手方の意に反する性的な言動を行なってはならない。

●**パワー・ハラスメントへの対応**

　職場における上司等からのいじめ・嫌がらせ問題（いわゆるパワハラ問題）は最近非常に増加している。

　2019年5月に女性活躍推進法等の一部を改正する法律の成立にともない，労働施策総合推進法（「労働施策の総合的な推進並びに労働者の雇用の安定及び職業生活の充実等に関する法律」）が改正され，パワハラを「職場において行われる優越的な関係を背景とした言動であって，業務上必要かつ相当な範囲を超えたものによりその雇用する労働者の就業環境が害されること」と定義するとともに，事業主のパワハラ防止措置義務や紛争解決援助等が定められた（31条の2以下）。今後，指針なども整備されるので留意されたい。パワハラ禁止規定も定めておくべきである。

［例7］　職務上の地位や人間関係などの職場内の優位性を背景に，業務上必要かつ相当な範囲を超える言動により，他の従業員に精神的・身体的な苦痛を与えたり，就業環境を害するような行為をしてはならない。

●**マタニティ・ハラスメント，パタニティ・ハラスメントへの対応**

　事業主は，職場の上司・同僚による妊娠・出産，育児休業等に関するハラスメントに関する防止措置を講じなければならない（平成29年1月施行の男女雇用機会均等法11条の2，育児介護休業法25条）。このハラスメントをマタニティ・ハラスメント（マタハラ），男性労働者に対するハラスメントをパタニティ・ハラスメント（パタハラ）と呼ぶことがある。妊娠・出産，育児休業等に関するハラスメントには，制度の利用を阻害する等の「制度等への嫌がらせ型」と，妊娠した女性労働者に対して解雇その他の不利益を示唆する

等の「状態への嫌がらせ型」があるとされている。事業主に義務づけられる措置はセクハラ防止の場合とおおむね同様であり，服務規律として就業規則に定めておくべきである（詳細は「事業主が職場における妊娠，出産等に関する言動に起因する問題に関して雇用管理上講ずべき措置についての指針」平28厚生労働省告示312号，「子の養育又は家族の介護を行い，又は行うこととなる労働者の職業生活と家庭生活との両立が図られるようにするために事業主が講ずべき措置に関する指針」平21厚生労働省告示509号参照）。

　なお，マタハラやパタハラとは別に妊娠・出産・育児休業等を理由とする不利益取り扱いの禁止（男女雇用機会均等法9条3項，育児介護休業法10条等）がある。これは事業主が本人に不利益となる処分や労働条件の変更などの処置等を行なうものだが，マタハラやパタハラは事業主による不利益取り扱いに至らなくとも，上司・同僚による嫌がらせ等により本人の就業環境を悪化させる言動を行なう類型である。

[例8]　　妊娠・出産等に関する言動および妊娠・出産，育児・介護等に関する制度または措置の利用等についての嫌がらせ等の言動により，就業環境を害するようなことをしてはならない。

●その他のハラスメントへの対応

　厚生労働省モデル就業規則では，上記のハラスメント以外のあらゆるハラスメントの禁止の規定例として，［例9］が掲げられている。これはセクシュアル・マイノリティであるLGBTなどへのハラスメントを含むものである。

[例9]　　第〇条から前条までに規定するもののほか，性的指向・性自認に関する言動によるものなど職場におけるあらゆるハラスメントにより，就業環境を害するようなことをしてはならない。

　ここで「性的指向」とは恋愛感情または性的感情の対象となる性別についての指向のことであり，「性自認」とは自己の性別についての認識のことであるとされている。

●損害賠償義務

　従業員の故意または過失による損害の賠償の規定を入れる例は多い。ただし実務および判例では，会社の当該従業員に対する損害賠償請求ないし求償

請求を慎重かつ制限的に解釈している。茨城石炭商事事件最高裁判決（昭51.7.8民集30巻7号689頁）では，従業員の不法行為によって民法715条（使用者責任）により会社が第三者に損害賠償を負った金額の求償と，会社自身が被った損害を当該従業員に請求した事案で，「使用者はその事業の性格，規模，施設の状況，被用者の業務の内容，労働条件，勤務態度，加害行為の態様，加害行為の予防若しくは損失の分散についての使用者の配慮の程度その他諸般の事情に照らし，損害の公平な分担という見地から信義則上相当と認められる限度において，被用者に対し右損害の賠償又は求償の請求をすることができる」として，会社の請求額は損害の4分の1を限度とすると判断されている。

このような考え方は従業員による労働契約の債務不履行にもとづく損害賠償においても同様である。ただし，このように損害賠償請求ないし求償請求を慎重かつ制限的に解釈するのは労働者の過失行為に限られ，故意にもとづく場合は原則としてそのような制限解釈はされない（たとえば横領のケース）。

以上の見地から［例10］のような定めが適切である。［例11］は軽過失を免責とするものだが，実務上「重過失」と「軽過失」の区別が明確でないという難点がある。

［例10］　従業員が故意または過失により会社に損害を与えたときは，その損害を賠償させる。ただし，過失の場合は事情により損害賠償を減免することがある。

［例11］　従業員が故意または重過失により会社に損害を与えたときは，その損害の全部または一部を賠償させる。

第2節

施設管理に関する事項

🔲 基本的な考え方

施設管理に関する事項で定める主な項目は，①施設・備品の管理，②会議室，機器等の施設利用に関する取り扱い，③施設内での政治活動，宗教活動，集会等の業務外活動に関する取り扱いなどである。

●使用者の施設管理権

施設管理権は使用者の管理体制のいかんにより，その内容と範囲が画されることとなるので，施設利用に関する定めを就業規則などに明記し，その定めに沿った管理をしなければならない。施設利用の定め方には，許可制（許可するか否かが使用者の裁量に任されている制度）と届出制（一定の条件下で利用を認めることを前提に，時間，方法，目的，責任者等をあらかじめ届出させる制度）があり，いずれも運用基準を書面等で明確にし，許可申請書や届出書を作成しておくことが大切である。

[例1]　会社の許可なく業務以外の目的で会社の施設，車輌，事務機器，販売器具，商品，備品等を無断で使用しまたは持ち出さないこと。

最近は，業務用パソコンなどの業務外使用，あるいは使用者によるモニタリング（閲覧）が問題になるので，パソコンの使用規程を定めておくことが望ましい。規程例を章末の「参考条文」に掲げた。

●組合活動，政治・宗教活動との関係

組合活動，政治・宗教活動に関しては次のような規定を設けるべきである。

[例2]　従業員は会社の管理する施設内において，会社の許可なしに組合活動，政治活動，宗教活動をしてはならない。

[例3]　会社の許可なく，会社の施設内において集会，演説，貼紙，文書配布，募金，署名活動など業務に関係のない行為をしてはならない。

[例4] 従業員は次の各号を守らなければならない。
- (1) 会社構内または会社施設内で，会社の許可なく集会を催し演説をなし，文書印刷物を配布もしくは貼付し，募金，署名，その他これに類似する行為をしないこと
- (2) 会社構内または会社施設内で，会社の許可なく政治活動，宗教活動を行なわないこと
- (3) 会社構内または会社施設内で会社の許可なくゼッケン，鉢巻，バッジ，ワッペン，布切れ，リボン，その他これに類するものを着用しないこと，または業務に関係のない私物を机上におかないこと

✳ 問題点

●組合活動

わが国の場合，企業単位で労働組合が結成されることが多いため，企業内での組合活動の正当性が問題とされやすい。組合活動は就業時間外にかつ企業施設外で行なうのが原則であって，労働組合，組合員は特に使用者から認められた場合を除き，就業時間中あるいは施設内で当然に組合活動を行なう権利を有するものではない。

❶就業時間中の組合活動

就業時間中は労働者に職務専念義務があるから，原則として組合活動を行なうことができない（済生会中央病院事件・最判平元.12.11民集43巻12号1786頁）。ただし労働協約等で使用者が一定の組合活動を認めている場合には，例外として就業時間中の組合活動が認められる。実務上は，しばしば就業時間中の組合活動を使用者が許容したか否かが問題になるので，就業時間中の組合活動には曖昧に対応しないよう十分留意する必要がある。

❷企業施設内の組合活動

就業時間外における企業施設内の組合活動についても，使用者の施設管理権との関係が問題となる。この点については判例上，次の考え方が示されている（国鉄札幌運転区事件・最判昭54.10.30労働判例329号12頁）。

- 使用者の許諾を得ない企業施設の利用は原則として認められない
- 例外として，使用者が企業施設の利用を許諾しないことが権利の濫用に

なるときは，許諾がなくとも企業施設を利用した組合活動が認められる

　労働組合またはその組合員だからといって，使用者の許諾なしに企業の物的施設を利用する権限を有するものではない。労働組合による企業施設の利用は本来，使用者との団体交渉による合意にもとづいて行なわれるべきものであるというのが，上記の原則である。

　例外は，組合活動に関して使用者が企業の物的施設を利用させないことが権利の濫用になる場合に限られている。具体的には，企業内に複数組合がある場合に，一方の組合だけに企業施設の利用を許諾し，他方の組合には合理的な理由なく許諾しないような場合等しか考えられないであろう。

　以上の考え方はビラ貼りや集会についてはそのまま妥当するが，ビラ配布については物的施設の直接的な利用関係といえない面があるので，同様には考えられないことに注意すべきである。

❸企業施設内のビラ配布

　就業時間外，企業施設内のビラ配布は，ビラ貼りや集会と比べると施設管理権の侵害の程度は弱いものである。すなわちビラ貼りや集会はそれ自体，一時的にせよ施設に対し直接的排他的占有をともなうので，使用者の物的な施設管理と両立しないものであるが，ビラ配布はそれを受領した者が任意に処分できるものであり，物的な施設管理との関係でも両立しえる場合がある。したがって，判例上ビラ配布禁止規定については次の考え方をとっている（目黒電報電話局事件・最判昭52.12.13民集31巻7号974頁）。

　- ビラ配布についての就業規則の禁止規定・許可規定自体は有効であり，それに反するビラ配布は服務規律違反となる
　- ただしビラ配布が実質的に事業場内の秩序や風紀を乱すおそれのない特別の事情が認められる場合には，禁止規定や許可規定の違反とならない

　特別の事情が認められるか否かを判断するには，ビラ配布の目的，内容，場所，配布態様等を考慮しなければならない。

業務外活動

■ 基本的な考え方

業務外活動については，①秘密保持，②副業・兼業，競業の禁止，③信用保持について定める。なお公務活動については286頁参照。

1　秘密保持

企業内の営業秘密（トレードシークレット）はひとつの企業財産として最近，ますますその重要性が認識されている。労働契約の附随的義務として従業員は企業秘密を保持する義務を負うと解されているが，［例1］のように就業規則に定めて秘密保持義務を明確にしておくべきである。

［例1］　従業員は，会社の秘密にわたる事項または重要な機密の事項を他人に漏らしてはならない。

　　2　会社の文書類または物品を社外の者に交付，提示する場合は，会社の許可を受けなければならない。

■ チェックポイント

●秘密情報の管理

不正競争防止法では法的保護の対象となる営業秘密の要件として，①秘密としての管理，②秘密情報の有用性，③非公知性の3つを定めている（2条6項）。これは，従業員の秘密保持義務を課する場合にも妥当する要件であると考えられる。そして企業としてもっとも重要なのは，①の秘密管理である。

情報は無形のものだから，秘密として管理することにより，はじめて従業

員や第三者に対して企業秘密の主張ができることになる。つまり同じ情報でも管理の有無により保護の対象になったり，ならなかったりするのである。したがって外部からも認識できる意識的な秘密管理の仕方が大切であり，たとえば文書にマル秘の記載をしたり，保管場所や方法・責任者を定めてその取り扱い者を限定する等の管理方法が求められる。さらに必要があれば秘密情報に関する取り扱い規程を作成しておくべきである。

●営業秘密の不正使用

　営業秘密を不正に使用・開示した従業員に対しては，秘密保持義務違反として事前には差止請求，事後には損害賠償請求や就業規則にもとづく解雇，懲戒処分，退職金不支給・減額の措置が可能である。また不正競争防止法上も差止・損害賠償等の措置が可能であり（2条1項7号，3条，4条，14条），これは退職後の従業員に対しても適用される。

●退職従業員との関係

　企業秘密漏洩は退職従業員によりなされることも多いので，［例2］あるいは［例3］のような定めをおくべきである。これは退職従業員に対し秘密保持を義務づけるとともに，営業秘密の不正使用禁止を周知する効果をもつ。ただし就業規則は退職後の従業員に効力を及ぼさないとの考え方もあるので，秘密に接した退職従業員に対しては実務上，あわせて個別の特約をしておくべきである。実例では採用時，幹部社員登用時，退職時に誓約書等（次頁参照）で，退職後の秘密保持義務の特約を個別にしていることが多い。

［例2］　従業員は在職中および退職後においても，業務上知り得た会社の営業秘密事項および会社の不利益となる事項を他に漏らしてはならない。

［例3］　従業員は在職中だけでなく退職後においても，製造および仕入れ・販売等の営業ならびに人事・経理に関する秘密事項その他，会社が業務上秘密としている事項について一切他に漏らしてはならない。

●内部告発

　従業員が企業内部の法令違反・不祥事を内部告発したときに，それが正当なものであれば，適切な保護を与える必要がある。これまでの裁判例では，①告発内容が真実か，真実であると信ずるにつき相当の理由があること，②告発の目的の公益性，③告発の手段・方法の相当性などを総合考慮して，内

【誓約書の例】

〔特定業務に就労する場合〕

　私は，業務に従事するにあたり，下記の範囲に属する営業秘密の保持に最善の注意を払い，在職中および退職後においても，会社の許可なく営業秘密を自己または第三者のために使用し，もしくは他の従業員または第三者に対し開示または漏洩しないことを誓約いたします。

〔退職する場合〕

　私は，貴社を退職するにあたり，下記の範囲に属する営業秘密を自己または第三者のために使用，開示または漏洩しないことを誓約いたします。

記

（営業秘密の範囲）

注：1）取締役就任時にも必要があれば同様の誓約書を徴求することがある
　　2）競業禁止も入れた誓約書例は152頁参照

部告発の正当性を判断するという判断枠組みが採用されてきた。

　公益通報者保護法は，労働者が事業内部の一定の犯罪行為や，その他法令違反行為であって最終的に罰則が規定されているものに限り，①企業（労務提供先），②行政機関（監督官庁），③事業者外部（報道機関，消費者団体など）のいずれかの通報先に対して，通報先に応じた所定の保護要件を満たす通報を行なった場合に，通報者に対する解雇その他の不利益取り扱いを禁止している（3条，5条）。

　公益通報者保護法では，法令遵守に向けた企業内通報制度の整備など，企業の自主的な取り組みに対してインセンティブが与えられているので，企業側としては制度を整備し，適切に運用することが信用維持の観点からも重要である。章末の「参考条文」に内部通報規程を掲げた。

2 副業・兼業，競業の禁止

●**副業・兼業禁止(二重就職の禁止)**

[例1]　会社の許可なく社外の業務に従事しまたは自ら事業を行なってはならない。

　従業員が他の使用者のもとで就労することを禁止する例は多い。このような副業・兼業禁止規定は一般に，自社での効率的な就労の妨げとなったり，他社就労により企業秘密等が漏らされるおそれがある点で禁止規定を設ける合理性があるので，この点で禁止規定の有効性の限界が画される。

　したがって，就業規則では副業・兼業を一律禁止とせずに，許可制とし，使用者は実際に申請された具体的な副業・兼業の内容等にもとづいて下記①〜④のいずれかの場合に該当するか否かを判断して，該当すればその副業・兼業を認めず，該当しなければ許可する取り扱いとすべきである。

　裁判例からみると，就業規則の副業・兼業禁止規定の解釈として，次のような場合が違反になると考えるべきである。

【副業・兼業禁止規定に違反する類型】

①同業他社等の競業企業で就労する場合（この場合は，「チェックポイント」に掲げるの競業禁止の問題ともなる）

②自社の就業時間と両立しない就労をする場合

③就業時間外あるいは休日において継続的に相当時間就労することにより自社における効率的な労働に支障が生じる場合

④自社の利益や名誉信用を害する場合，あるいは信頼関係を破壊する場合

⑤特に兼業禁止のために自社での地位あるいは報酬が特別な取り扱いとなっている場合

　副業・兼業禁止規定違反を認めた裁判例としては，正規の事務職員が勤務時間終了後6時間にわたって他社就労していた事案で，労務の誠実な提供に支障をきたす蓋然性が高いとしたもの（小川建設事件・東京地決昭57.11.19労働判例397号30頁），作業能率向上のため残業を廃止する代償としての特別支給金を受けていた労働者が，再三の警告を無視し他社就労していた事案で，

職場規律を乱し他の従業員の作業意欲にも影響するとしたもの（昭和室内装備事件・福岡地判昭47.10.20労働判例164号51頁），競争会社の取締役に就任した事案で，経営上の秘密が漏れる可能性があり企業秩序を乱したとしたもの（橋元運輸事件・名古屋地判昭47.4.28判例時報680号88頁）などがある。

したがって正社員が臨時的なアルバイトや短時間就労の兼業を行なった場合は，特に①，②，③，あるいは④のいずれかの事情があるときに不許可とできるが，そうでないかぎり副業・兼業禁止規定違反にならないと解される。

そこで，上記①から④のいずれにも該当しない場合には，副業・兼業を許可することになるが，そのときには副業・兼業の就労実態などを定期的に報告させるべきである（「チェックポイント」参照）。

✔ チェックポイント
●副業・兼業の促進と届出制

副業・兼業については，正社員を中心に許可制とする例が多いが，一律禁止とする例もある。ところが，「働き方改革実行計画」（平成29年３月28日 働き方改革実現会議決定）において，副業・兼業については，労働者の健康確保に留意しつつ，原則認める方向で，副業・兼業の普及促進をはかるとされたことから，厚生労働省は「副業・兼業の促進に関するガイドライン」（平30.1.31基発0131第２号）を策定した。これにともない厚生労働省のモデル就業規則では，勤務時間外の副業・兼業は原則自由であるような次頁の届出制の条文例が掲げられている。

しかし，他社での副業・兼業の促進は労基法38条の労働時間の通算規定が大きな障害になる。すなわち，使用者は，雇用する労働者が他社でも副業・兼業をする場合には，自社と他社で就労した労働時間の通算（労基法38条）が求められ（昭23.5.14基発769号），当該労働者の他社での労働時間も適正に把握する責務を有し，労基法上の時間外労働等の上限についても通算した労働時間により判断する必要があるとされている（平30.9.7基発0907第１号）。たとえば，A社の正社員が１日８時間労働した後に，引き続きB社で副業する場合，A社において当該社員のB社での労働時間を適正に把握する必要があり，それにもとづき当該社員の１ヵ月の時間外労働等の上限も算定しなけ

（副業・兼業）

第○条　労働者は，勤務時間外において，他の会社等の業務に従事する
　　ことができる。

2　　労働者は，前項の業務に従事するにあたっては，事前に，会社に所
　　定の届出を行なうものとする。

3　　第1項の業務に従事することにより，次の各号のいずれかに該当す
　　る場合には，会社は，これを禁止又は制限することができる。

　　①労務提供上の支障がある場合

　　②企業秘密が漏洩する場合

　　③会社の名誉や信用を損なう行為や，信頼関係を破壊する行為がある
　　　場合

　　④競業により，企業の利益を害する場合

ればならないが，実務上は困難であろう。また，労働時間の通算により法定
労働時間（1日8時間，1週40時間）を超えて就労させた事業主に割増賃金支
払い義務（労基法37条）が発生することや，労災，長時間労働などでも複雑
な問題が生じるおそれがある（上記「副業・兼業の促進に関するガイドライン」
参照）。したがって，労基法38条の改正を視野に入れ，これらの諸問題を合
理的に解決する法制が整備されていない現状では副業・兼業を促進する方向
には疑問があり，使用者として的確な対応も困難であろう。よって，現状で
は，副業・兼業を原則認める届出制ではなく，[例1]のような副業・兼業
を原則認めない許可制とすべきである。

●競業禁止（競業避止義務）

　他社就労のなかでも，自社と競争関係に立つ企業に就労したり，あるいは
労働者自ら競争関係に立つ事業を行なうことを競業という。従業員の競業行
為は，自社の営業上の利益を害することになるので，単なる兼業以上に禁止
する必要性と合理性がある。したがって兼業もそれが競業に該当する場合に
は，きわめて明白な服務規律違反として懲戒処分の対象とされる。

競業が実際に問題となるのは，従業員の退職後のことが多い。特に営業秘密を不正利用するときには企業に大きな損害を与えることになる。そのため，次のような規定をおくべきである。

[例2]　会社の許可なく，同業他社に就業し，または自ら会社の業務と競争関係になる競業行為を行なってはならない。退職後においても会社の営業秘密その他会社の利益を害する不当な競業行為を行なってはならない。

❶退職後の競業禁止

　憲法22条は職業選択の自由を保障しており，また労働者には退職の自由（民法627条，628条）が認められているので，退職自体を禁止することは法的にできない。[例2]は就業規則において退職後の競業を禁止する定めである。このような競業禁止（競業避止義務）の定めが退職後の従業員に効力を及ぼすかどうかであるが，競業禁止を必要とする合理的事情がある場合に限り有効とする裁判例もあるので，[例2]のような規定をおくことは有用であり，不正な競業の抑制効果もあると考える。

　ただし，多くの裁判例では労働者との個別の特約を前提として競業避止義務が論じられており，就業規則の定めだけでは拘束力がないという学説も有力であるから，在職時にあらかじめ退職後の競業行為禁止の特約を書面でしておくべきである。実務では，秘密保持と競業禁止をあわせて誓約書等で書面にしている，次頁のような例が多い。

　[例2]のような規定や特約をおいても，すべての競業を禁止できるわけではない。

　退職者には営業の自由や職業選択の自由が認められているので，その自由を不当に侵害しない合理的な限度で拘束が認められる。これは個別具体的なケースごとの判断となる。

　競業避止義務が認められる判断のポイントは，次のとおりである。

　①退職前の地位，役職，職務内容

　地位，役職の高さや，重要な企業情報への関与の程度などである。

　②使用者の正当な利益の保護を目的とすること

　正当な利益とは，営業秘密（たとえば企業の研究開発，製造技術，ノウハウ，

【秘密保持および競業禁止の誓約書の例】

私は，下記事項を遵守することを誓約いたします。

記

1．在職中はもちろん退職後も，在職中に知り得た次の情報を，第三者に開示漏洩しません。

　①貴社の技術，規格，ノウハウに関する情報

　②貴社の製造原価，価格設定に関する情報

　③貴社の販売管理，顧客に関する情報

　④貴社の情報システムに関する情報

　⑤その他貴社の経営，営業，技術に関する情報で貴社が秘密保持の対象として指定した情報

2．退職前に，貴社の書類，図面，写真，磁気テープ，フロッピーディスク，電子メールに含まれる情報等の各種資料およびその複製は，有体物と無体物とを問わずその一切を貴社に返納します。

3．退職後2年間貴社と競業する会社を設立したり，競業他社に就職ないし役員就任をしません。

4．退職後に，自己の事業または他社への就職等に関連し，貴社在籍者の引き抜きを行ないません。

5．本誓約書の各項に違反して貴社に損害を与えた場合，その損害を賠償します。

営業上の顧客リストなどの秘密）および取引先や顧客等の人的な結びつきの保護が中心となる。

　③労働者の地位，禁止期間，地域，対象職種が上記①の使用者の利益との関係で合理的な範囲に限定されていること

　禁止期間については裁判例に照らすと，最長でも3年以内と考えられる。

　④代償措置があること

　以上のうち，裁判例では地域の限定や代償措置は必ずしも要求されないも

のもある。

❷競業避止義務と営業秘密保持との関係

競業行為に関しては，営業秘密を不正に利用する競業形態がよく問題にされる。本来，競業避止義務と営業秘密保持義務（守秘義務）は同じではない。

法的保護の対象となる営業秘密（その要件については本節1項「秘密保持」参照）は，特許権などの知的財産権でなくとも本来，企業の固有の財産権というべきものであるから，企業は営業秘密を不正に利用する者が退職従業員であれ，それ以外の第三者であれ，その不正利用者に対して不法行為による損害賠償請求ができるのであり，またこれと別に不正競争防止法の要件のもとで回復手段をとることができる（2条，3条，4条，14条）。そしてあわせて従業員や退職従業員との間で誓約書等により特定の秘密保持義務を定めておけば，その特約により損害賠償請求や差止請求をすることもできる。

これに対して競業避止義務はあくまで就業規則の定めや使用者と従業員・退職従業員間の競業禁止特約により発生するものであり，使用者が固有に有している権利にもとづくものではない。しかも実際に競業避止義務が認められるためには，上記①〜③の限定が出てくるのである。

3　信用保持

[例]　会社の内外を問わず，会社の名誉・信用を傷つけ，または会社の利益を害する行為をしてはならない。

企業の信用・名誉は，職場内または職務遂行に関係ある行為を規制することにより維持されることが多いが，職場外でされた職務遂行に関係のない労働者の行為であっても，企業の円滑な運営に支障をきたすおそれがあるなど，企業秩序に関係を有するものもあるから，使用者は信用・名誉の維持のために，そのような行為をも規制の対象とし，またこれを理由として労働者に懲戒を科すことも許される。これを労働者の側からみると，前述のように労働者の企業秩序遵守義務ということになる。

これに対応して，就業規則の信用維持規定としては上記［例］のように

「会社の内外を問わず」という表現を入れたほうがよい。

　信用維持に関しては，労働者の自由権との関係で，特に従業員の職務外の行為や企業外の行為が企業秩序遵守義務違反になるか否かが問題となる。

✴ 問題点

●労働者の企業外非行

　労働者が企業外で私生活上の非違行為，たとえば窃盗，住居侵入，公務執行妨害等の犯罪を犯した場合，これら労働者の非違行為が就業規則上の名誉・信用維持規定に違反するかどうかが問題となる。この点は実務上，名誉・信用維持規定に違反した行為を懲戒処分の対象とする場合に多く問題とされる。

　一般に労働者の私生活上の非行といっても，その内容，程度，企業に与える影響はさまざまであり，また労働者の企業における地位によっても異なるものである。そして使用者は労働者の私生活まで支配しているわけではないから判例上，私生活上の非行が就業規則上の名誉・信用維持規定に違反するといえるためには，以下のことが求められる。

- 必ずしも具体的な業務阻害の結果や取引上の不利益の発生を要するものではないが，その行為により企業の社会的評価を害するおそれがあると客観的に認められること
- その判断のためには，行為の性質，内容，情状，企業の規模・事業内容，経営方針，その労働者の会社における地位・職種等を総合的に考慮すること

●企業外の従業員の言動

　企業外で労働者が言論活動や文書配布活動を行なったり，労働組合として情宣活動を行なう場合がある。このようなときに，言論・文書配布活動が企業の信用維持上，問題が生じる場合，企業秩序遵守義務違反を問えるかどうかという問題がある。この点については，そうした活動内容が企業の経営政策や業務等に関して事実に反し使用者を誹謗中傷するものであれば，企業秩序遵守義務違反となると解されている（関西電力事件・最判昭58.9.8労働判例415号29頁）。したがって懲戒処分の対象にすることも許される。

第4節

出退勤，遅刻，早退，欠勤

📖 基本的な考え方

　出退勤などについて定めるべき事項は，①出退勤に関する事項，②私用面会，外出等に関する事項，③遅刻，早退に関する事項，④欠勤に関する事項，⑤無事故扱いとする事項である。

　章末の「参考条文」に条文例を掲げた（「服務規則2」）。以下は，諸種の規定例である。

●出退勤に関する事項

　ここでは，事業場の入退所に関する取り扱い，出勤および退勤の事実を確認する方法，さらに出退勤の事実確認方法について不正を行なわないことなどを定める。

[例1]　従業員は，事業場へ入退場するときは所定の通用門から行ない，整備係員の要求があった場合は社員証明書を呈示すること。

　　2　従業員は，入退場をするときは所定の社員記章を着用し，社員証明書を携行しなければならない。

　　3　従業員は，日常携帯品以外の物品または会社物品をもって入退場するときは所定の手続きを行ない，会社の発行する物品持込証，持出許可証を受け，整備係員に提出しなければならない。

　これは入退場に関する例で，特に事業場内の物品等の管理やセキュリティ確保の必要性が高い場合に定められることが多い。

[例2]　従業員は出勤および退出時にカードリーダーに打刻し，出勤および退出時刻を記録しなければならない。

[例3]　従業員は出勤，退勤に関し，次の事項を守らなければならない。

　　(1)　始業時刻までに出社すること。

(2) 出退勤の際，本人自ら所定の方法によりその時刻を記録すること。

(3) 前項の記録を他人に代行させたり，また他人の代行をしてはならない。

［例4］　従業員は始業前に入場し，作業準備にかかり，始業時刻と同時に作業に従事し，終業合図と同時に作業を終わり，整理整頓をしたうえ遅滞なく退場しなければならない。

●私用面会，外出等に関する事項

就業時間中の私用面会，私用外出等については，業務および事故防止等の視点から，原則として休憩時間に限ることとし，緊急その他やむをえない事情のある場合にのみ，会社の許可（承認）を得て面会，外出ができる旨を定めるべきである。

［例5］　私用のための面会は原則として休憩時間中に所定の場所において行なうこと。ただし，やむをえない事情があり，所属長に申し出たときは，就業時間中にこれを許可することがある。

［例6］　従業員は所属長の承認なく職場を離れ，または外出してはならない。

2　前項の承認を得て外出する場合，外出を終え帰社したときにその旨を所属長に報告すること。

●遅刻，早退に関する事項

遅刻，早退の定義を定めるとともに，遅刻，早退については事前に所属長の許可（承認）を得ることを原則とし，緊急あるいはやむをえない事情の場合には，事後すみやかに所属長に届け出て承認を受けるというルールを定めておくべきである。

［例7］　始業時刻に遅れたときは遅刻とし，終業時刻前に退社するときは早退とする。

2　遅刻については始業時刻までに所属長に連絡し，事後すみやかに所属長に届け出て承認を受けるものとする。

ただし，交通事情その他やむをえない事由があり，事後に所属長にその理由を申し出て認められたものはこの限りでない。

●欠勤に関する事項

欠勤については，その理由と欠勤予定日数を事前に所属長に届け出て許可

（承認）を得るのを原則とする。また病気欠勤のときは労働者の健康状態，出社見込みの把握と業務の調整のため，一定の欠勤日数を超える場合，あるいは会社が必要と認める場合に診断書の提出を求める定めをしておくべきである。なお欠勤日数について，休日を含む扱いをするときは，［例9］のようにこの点も付記すべきである。

［例8］　病気その他やむをえない事由により欠勤するときは，その事由および予定日数について事前に所属長に届け出て許可を受けること。ただし，前日までに届出のできないときは，当日の始業時刻までに所属長にその旨を連絡し，事後すみやかに届け出て許可を受けること。

　　　2　病気欠勤が5日以上に及ぶときまたは会社が必要と認めたときは，欠勤を証明する医師の診断書を提出すること。診断書記載の予定期間を経過し，病気欠勤を続けるときは診断書を再提出すること。

　　　3　欠勤の届出を怠り，偽ったときは無届欠勤扱いとする。

［例9］

　　　1（事故欠勤）　私事のため欠勤する場合には，あらかじめその事故の内容および欠勤見込み日数を記載した書面をもって許可を得なければならない。

　　　2（傷病欠勤）　業務外の傷病のため欠勤する場合には，その症状および欠勤見込み日数を記載した書面をもって届け出なければならない。

　　　3（欠勤の場合の処置）　予見しえない事由，その他やむをえない事由により，前2項の手続きをあらかじめとることのできない場合は，電話，その他の手段をもって上長にその旨を連絡して了解を求め，その後できるだけすみやかに所定の手続きをとらなければならない。

　　　4（長期欠勤）　傷病欠勤が引き続き1週間（休日を含む）を超えるときまたは会社が必要と認めたときは，療養を必要と認められる期間を記載した医師の診断書を提出しなければならない。

　　　　　欠勤が長期にわたり，診断書に記載された療養期間を経過した場合には，さらに診断書を追加提出しなければならない。

　　　5（診断書の提出）　前条の場合，会社が必要と認めたときは，会社指定医師の診断書を提出しなければならない。

6 （長期欠勤者の出勤）　1ヵ月（休日を含む）以上，連続傷病欠勤した者が出勤する場合には，会社指定医師の診断を受け，その結果，会社が就業しても差し支えないと認めたときのみ出勤することができる。

●**無事故扱いとする事項**

　欠勤，遅刻，早退が業務上の傷病，公民権行使（労基法7条）あるいは自然災害，交通機関の事情などにもとづく場合は，無事故扱いとして本人の責任扱いとしないことを定めておくものである。規定例については「参考条文」参照。

【服務規律 1】

第 1 条（服務の原則）　従業員は，会社の規則および業務上の指示，命令を遵守し，職場の秩序・規律の維持，向上に努め，互いに人格を尊重し，誠実に自己の職務に専念しなければならない。

第 2 条（遵守事項）　従業員は，常に次の事項を守り，職務に精励しなければならない。

(1) 勤務時間中は，定められた業務に専念し，所属長の許可なく職場を離れ，または他の者の業務を妨げるなど，職場の風紀・秩序を乱さないこと

(2) 勤務時間中は所定の服装を整え，定められた備品を携帯すること

(3) 会社の許可なく，会社の施設内においてゼッケン，鉢巻，ワッペンその他これに類するものを着用しないこと

(4) 正当な理由なく，無断欠勤および遅刻，早退をしないこと

(5) 業務上の都合により，担当業務の変更または他の部署への応援を命ぜられた場合は，正当な理由なく拒まないこと

(6) 消耗品は常に節約し，商品・備品・帳票類は丁寧に取り扱い，その保管には十分注意をすること

(7) 自己または第三者のために，職務上の地位を不正に利用しないこと

(8) 職務に関連して，自己または第三者のために会社の取引先等から金品，飲食など不正な利益供与を受けないこと

(9) 会社の許可なく，業務に関係のない私物を会社施設に持ち込まないこと

(10) 会社の許可なく，業務以外の目的で会社の施設，車輛，事務機器，販売器具，商品・備品等を無断で使用し，または持ち出さないこと

(11) 会社の許可なく，会社の施設内において組合活動，政治活動，宗教活動など，業務に関係のない活動は行なわないこと

⑿　会社の許可なく，会社の施設内において集会，演説，貼紙，文書配布，募金，署名活動など業務に関係のない行為を行なわないこと

⒀　会社の内外を問わず，会社の名誉・信用を傷つけ，または会社の利益を害する行為をしないこと

⒁　在職中または退職後においても業務上知り得た会社の秘密事項および会社の不利益となる事項を他に漏らさないこと

⒂　会社の許可なく，社外の業務に従事し，または自ら事業を行なわないこと

⒃　会社の許可なく，同業他社に就業し，または自ら会社の業務と競争関係になる競業行為を行なわないこと。退職後においても会社の営業秘密その他会社の利益を害する不当な競業行為を行なわないこと

⒄　会社の業務の範囲に属する事項について，著作，講演などを行なう場合は，あらかじめ会社の許可を受けること

⒅　会社の許可なく，会社の文書類または物品を社外の者に交付，提示しないこと

⒆　所定の届出事項に移動が生じたときは，すみやかにその届出をなすこと

⒇　その他，会社の規定，掲示・命令，通知事項を遵守すること

第3条（調査協力）　業務上必要な場合は，会社の調査事項について協力しなりればならない。

第4条（所持品検査）　従業員は，日常携帯品以外の物品を事業場内に持ち込んではならない。ただし，所定の手続きにより会社の許可を受けた場合はこの限りでない。

2　従業員は，業務上または規律保持上の必要により所持品の検査を求められたときは，これを拒んではならない。

第5条（セクハラ防止）　職務上の地位を利用して，他の従業員に対し性的な言動により不快な思いをさせ，あるいは交際等を強要するなどの行為をしてはならない。

2　性的な言動により他の従業員の業務に支障を与えたり，職務環境を悪化させるような行為をしてはならない。

第6条（パワハラ防止）　職務上の地位や人間関係などの職場内の優位性を背景に，業務上必要かつ相当な範囲を超える言動により，他の従業員に精神的・身体的な苦痛を与えたり，就業環境を害するような行為をしてはならない。

第7条（マタハラ防止）　妊娠・出産に関する言動および妊娠・出産・育児・介護等に関する制度または措置の利用等についての嫌がらせ等の言動により，就業環境を害するようなことをしてはならない。

第8条（その他のハラスメント防止）　第5条から前条までに規定するもののほか，性的指向・性自認に関する言動によるものなど職場におけるあらゆるハラスメントにより，就業環境を害するようなことをしてはならない。

第9条（損害賠償義務）　従業員が故意または過失により会社に損害を与えたときは，その損害を賠償させる。ただし，過失の場合は事情により損害賠償を減免することがある。

【服務規律2】

第1条（出退勤）　従業員は始業時刻前に作業態勢を整備し，始業時刻に仕事が開始できるよう出勤しなければならない。

2　終業後は自己の保管する物品を整理収納し，交替作業にあっては所定の引き継ぎを終了したうえで更衣等を行ない，遅滞なく退場しなければならない。

第2条（時刻の記録）　従業員は出勤，退出または外出するときは，所定の方法に従ってその時刻を記録しなければならない。

2　時刻の記録は自ら行ない，他人に記録を依頼し，または他人のために記録をしてはならない。

第3条（遅刻，早退および外出）　遅刻，早退または外出するとき，その他職場を離れるときは，あらかじめ所属長に届け出て許可を受けなければならない。

2　あらかじめ届け出ることができずに遅刻したときは，出社後ただちに届け出て許可を受けなければならない。

第4条（私用面会）　来訪者との私用面会は，休憩時間に定められた場所で行なわなければならない。ただし，緊急やむをえない事由により所属長の許可を受けたときは就業時間中において30分以内の面会を行なうことができる。

第5条（欠勤）　傷病その他の事由によって欠勤するときは，あらかじめその事由と予定日数を届け出て許可を受けなければならない。ただし，あらかじめ届け出ることができないときは，欠勤中あるいは出勤後ただちに届け出て許可を受けなければならない。

2　傷病欠勤が1週間（休日を含む）以上に及ぶときまたは会社が必要と認めたときは，前項の届出に医師の診断書を添えなければならない。この場合，会社の指定する医師の診断を受けさせることがある。

3　傷病欠勤が1ヵ月（休日を含む）以上に及んだ者が出社するときは，会社の指定する医師の診断により出社しても差し支えないと認めたときに限って出社させる。

第6条（無事故扱い）　次の各号の一により，やむをえず欠勤，遅刻，早退または外出する場合に所定の手続きをしたときは，これを無事故扱いとする。

(1)　業務上の傷病により療養を要するとき

(2)　選挙権，その他公民としての権利を行使しまたは公の職務を執行するとき

(3)　伝染病予防法等による交通遮断または隔離が行なわれたとき。ただし，本人が罹病したときを除く

(4)　天災地変その他これに類する災害により，交通が遮断され，または途絶してやむをえないと認められるとき

(5)　天災地変により本人の現住所が滅失しまたは大破した場合において必要と認められるとき

(6)　その他前各号に準じてやむをえないと認められるとき

〔社用パソコン使用規程〕

第1条（目的）　この規程は会社が従業員に貸与するパーソナルコン

ピュータ等の情報機器（ソフトウェアおよび周辺機器を含む，以下「社用パソコン」という）の使用基準について定める。

第2条（使用原則）　社用パソコンはもっぱら業務の目的で効率的に使用しなければならない。

第3条（遵守事項）　従業員は，社用パソコンの使用について次の事項を遵守しなければならない。

  (1)　定められた用法に従って取り扱い，破損，紛失，盗難等の事態が生じないようにすること

  (2)　IDおよびパスワードの管理を適切に行なうこと

  (3)　社外から持ち込まれたデータの使用にあたっては，ウイルスチェックを行なうこと

  (4)　電子メールを送信する場合は，宛先および添付ファイルの内容を十分に確認し，必要に応じて暗号化する等適切な処置をとること

  (5)　秘密情報が記録された媒体および印刷された紙は，シュレッダーにかける等適当な方法で処理すること

第4条（禁止事項）　従業員は社用パソコンの使用にあたり，次の行為を行なってはならない。

  (1)　業務に関係のない文書を作成すること

  (2)　私的な電子メール（社内メールを含む）を送受信すること

  (3)　業務に関係のないウェブサイトを閲覧すること

  (4)　機密情報を取り外し可能な記憶媒体にコピーすること

  (5)　なりすまし，情報の改ざん，不正アクセスを行なうこと

  (6)　会社の許可なく送受信した電子メールを削除すること

  (7)　会社の許可なくシステムの設定を変更すること

  (8)　会社の許可を受けていないソフトウェアまたは周辺機器を使用すること

  (9)　会社の許可なく私物のパソコンを持ち込むこと

  (10)　パスワードを容易にみえる場所に貼り，または入力を省略する機能を用いること

  (11)　許諾された利用権を超えてソフトウェアを複製すること

⑿　会社の許可なく社用パソコンを社外に持ち出すこと

⒀　会社の許可なく社用パソコンを社外の者に使用させること

⒁　その他，業務以外の目的で社用パソコンを使用すること

第5条（留意事項）　従業員は次の事項に留意しなければならない。

⑴　キーボード等の入力機器の操作，業務遂行に必要なソフトウェアおよびインターネット検索システム等の利用技術の向上に努めること

⑵　社内での報告，取引先との連絡等は，社用パソコンを用いて行なうことが最善の方法であるかを常に検討すること

⑶　社外宛の文書（電子メールを含む）を作成する場合は，発送（送信）する前に誤字脱字，不適切な表現がないか再確認すること

⑷　印刷枚数の節減に努めること

第6条（データの閲覧）　会社は必要に応じ，送受信した電子メールその他社用パソコン内に保存蓄積されたデータ等を閲覧することができる。

2　従業員は閲覧に必要なパスワードを開示する等，前項の閲覧に協力しなければならない。

第7条（報告）　従業員は，次に掲げる場合にはただちに会社に報告し，その指示に従わなければならない。

⑴　社用パソコンを破損，紛失したとき，または盗難の被害に遭ったとき

⑵　パスワードその他秘密を要する情報が第三者に漏れた可能性があるとき

第8条（懲戒処分）　会社は，この規程に違反した従業員に対して就業規則の定めるところにより懲戒処分を行なうことがある。また当該の上司に対しても監督責任を問うことがある。

第9条（損害賠償）　従業員の故意または重大な過失により会社が損害を受けたときは，会社はその従業員に対して損害の賠償を求めることがある。

（附則）この規程は，○○年○月○日から施行する。

〔内部通報規程〕

第1条（目的）　本規程は，会社内部の法令違反行為等に関する従業員等からの相談または通報の適正な処理の仕組みを定めることにより，不正行為等の早期発見と是正をはかり，もってコンプライアンス経営の強化に資することを目的とする。

第2条（窓口）　従業員等からの法令違反行為に該当するかを確認する等の相談に応じ，通報を受け付ける窓口を○○部に設置する。

第3条（通報の方法）　窓口の利用方法は電話，電子メール，ファクシミリ，書面，面会とする。

第4条（窓口の利用者）　当社の従業員等（契約社員，パート，アルバイト，派遣社員を含む）が会社内部の不正を知ったときは，すみやかに窓口に相談ないし通報しなければならない。

2　窓口は，当社の退職者および当社の取引先の労働者も利用することができる。

第5条（調査）　通報された事項に関する事実関係の調査は○○部が行なう。

2　○○部の調査責任者は，調査する内容によって関連する部署のメンバーからなる調査チームを設置することができる。

第6条（協力義務）　各部署は，通報された内容の事実関係の調査に際して協力を求められた場合には，調査チームに協力しなければならない。

第7条（是正措置）　調査の結果，不正行為が明らかになった場合には，会社はすみやかに是正措置および再発防止措置を講じなければならない。

第8条（社内処分）　調査の結果，不正行為が明らかになった場合には，会社は当該行為に関与した者に対し，就業規則に従って処分を科すことができる。

第9条（通報者等の保護）　会社は，通報者等が相談または通報したことを理由として，通報者等に対して解雇その他いかなる不利益取り扱いも行なってはならない。

2　会社は，通報者等が相談または通報したことを理由として，通報者等の職場環境が悪化することのないように，適切な措置をとらなければならない。また通報者等に対して不利益取り扱いや嫌がらせ等を行なった者（通報者の上司，同僚等を含む）がいた場合には，就業規則に従って処分を科すことができる。

第10条（個人情報の保護）　会社および本規程に定める業務に携わる者は，通報された内容および調査で得られた個人情報を開示してはならない。会社は正当な理由なく個人情報を開示した者に対し就業規則に従って処分を科すことができる。

第11条（通知）　会社は，通報者に対して調査結果および是正結果について，被通報者（その者が不正を行なった，行なっている，または行なおうとしていると通報された者をいう）のプライバシーに配慮しつつ，遅滞なく通知しなければならない。

第12条（不正の目的）　従業員は，虚偽の通報や，他人を誹謗中傷する通報その他の不正目的の通報を行なってはならない。会社はそのような通報を行なった者に対し，就業規則に従って処分を科すことができる。

第13条（相談または通報を受けた者の責務）　窓口担当者に限らず，相談または通報を受けた者（通報者等の管理者，同僚等を含む）は，本規程に準じて誠実に対応するよう努めなければならない。

第14条（所管）　本規程の所管は○○部とする。

（附則）　この規程は，○○年○月○日より施行する。

第 5 章

労働時間

第1節

所定労働時間

📖 基本的な考え方

　所定労働時間については，必要に応じて交替制，変形労働時間制，フレックスタイム制，裁量労働制，事業場外労働を行なう場合はそれらに関しても定めておかなければならない（労基法89条1号）。労働時間に関しては労基法などでさまざまな規制があるので，その規制を遵守したうえで企業の形態や職場の業務に応じた設計をすることになる。

● 1日の所定労働時間

　就業規則では1日の「始業および終業の時刻」を定めなければならない（労基法89条1号）。一般に就業規則で定めた始業時刻から終業時刻までの時間（これを「所定就業時間」「拘束時間」と呼ぶこともある）から休憩時間を差し引いた時間を所定労働時間といい（労基法38条の2第1項に「所定労働時間」の用語が使われている），これは法定労働時間の規制を遵守して定めなければならない（下記「チェックポイント」参照）。

[例1]　所定労働時間および休憩時間は次のとおりとする。

　　　　　始業時刻　　　午前8時30分

　　　　　終業時刻　　　午後5時30分

　　　　　休憩時刻　　　正午より午後1時まで

　　2　業務の都合その他やむをえない事情により，始業・終業時刻を繰り上げ，または繰り下げることがある。この場合において前日までに通知する。

　　3　会社は，3歳に満たない子を養育する従業員から申出があるときは，1項の所定労働時間を短縮する。この申出等については，育児・介護休業規程による。

[例2]		○○部門であらかじめ 定められた者	その他の部門
	始業時刻	8時	8時30分
	終業時刻	17時	17時30分
	休憩（正午から）	1時間	1時間

[例3]		本社	○○工場	○○研究所
	始業時刻	9時	8時	8時30分
	終業時刻	18時	16時50分	17時30分
	休憩	12時〜13時	12時〜12時50分	12時〜13時

上記はいずれも，所定労働時間1日8時間の例を掲げた。また［例2］［例3］のように職種別，事業所別に定めることもできる。

●始業・終業時刻の繰り上げ・繰り下げ規定

始業・終業時刻については臨時的な変更を要するときもあるので，その旨と変更手続きを定めておくべきである（［例1］の2項）。始業・終業時刻が就業規則の必要的記載事項であることから，その変更にも根拠規定が必要だからである。

●育児・介護従業員の所定労働時間の短縮措置

育児介護休業法により，3歳に満たない子を養育する従業員に対し，所定労働時間の短縮措置（原則1日6時間）が義務づけられている（23条，規則74条，労使協定により対象外にできる労働者は23条1項但書）。［例1］の3項は，これにもとづく規定である。なお，要介護家族を介護する労働者についての所定労働時間の短縮措置は選択的措置である（育児介護休業法23条3項，規則74条3項）。

●管理職と所定労働時間の短縮措置の取り扱い

上記のとおり，3歳に満たない子を養育する従業員について，使用者は労働者の申出により所定労働時間の短縮措置を講じなければならない。

所定労働時間の短縮措置を受けている従業員の賃金は短縮時間に比例して減額することになる。実務では，管理監督者（労基法41条2号）が上記制度にもとづき所定労働時間の短縮措置を受けている場合，管理監督者には労働時間の裁量があるので，賃金を減額できないと誤解されている例がある。

しかし，そもそも管理監督者は労働時間等に関する規定の適用除外となっているので，本来は所定労働時間の短縮措置の対象者にならず，対象者にしなくてもよい（厚生労働省「改正育児・介護休業法のあらまし」（平成22年７月）39頁，http://www.mhlw.go.jp/topics/2009/07/dl/tp0701-2o_0002.pdf）。そのうえで，使用者において，管理監督者についても，申出により育児介護休業法の所定労働時間の短縮措置に準じて同様の取り扱いを認めることは可能であり，実務でも認める例がある。その場合，管理監督者に対して，所定労働時間の短縮措置を認める前提として，あらかじめ賃金の相応な減額（一般労働者に対する所定労働時間の短縮措置に対応する賃金減額と同様の比例的減額）を行なうことには合理性があると考える。したがって，使用者において，管理監督者が相応の減額に同意すれば，所定労働時間の短縮措置を認めるという扱いは可能である。

✅ チェックポイント

●法定労働時間の規制

　労基法は労働時間の長さの上限について，原則として１日８時間，１週40時間という規制を設けている。これを法定労働時間という。

　ここでいう１日とは，原則として暦日（午前零時から午後12時まで）をいうが，一勤務が２暦日にまたがる場合は，始業時刻の属する日の労働として，当該日の「１日」の労働時間として扱う（昭63.1.1基発１号）。また１週間とは，就業規則その他で別段の定めをしていなければ，日曜から土曜までの暦週である（昭63.1.1基発１号）。実務では就業規則で１週間の起算となる曜日を定めないことが多いが，１週間の初日が休日（日曜日）では不都合な場合，月曜から日曜を１週間として取り扱う例もあり，この場合は就業規則で「１週間は月曜日から日曜日とする」と定めておくべきである。

●法定労働時間の例外的取り扱い

　❶上限規制が緩和される特例（労基法40条）

　①零細規模の商業等

　規模10人未満の商業，映画・演劇業（映画製作事業は除く），保健衛生業，接客娯楽業の場合は１日８時間，１週44時間となっている（規則25条の２第

1項)。

②運輸交通業の予備勤務員

列車，自動車，電車に乗務する者のうち，予備勤務者（本来，予定された乗務員の事故等の場合に臨時に乗務するため待機している者）については，あらかじめ就業規則等で労働日，労働時間を特定することなく，1ヵ月単位の変形労働時間制をとることができる（規則26条）。

❷上限規制が一定の要件で修正できる変形労働時間制

これは，1日単位（8時間），1週単位（40時間）の規則的な上限規制をより長い一定期間の総労働時間（この総労働時間は平均すると1週40時間以内）の規制に置き換え，弾力的な労働時間の配分を認める制度である。業務の性格上，繁忙期と閑散期がある場合や勤務割によるシフト勤務の場合などに利用される。そのため，その変形期間中の1日，1週の労働時間は長短があるでこぼこの変形したものとなる。言い換えると，ある1日の所定労働時間は8時間を超え，ある1週の所定労働時間は40時間を超えることになるが，変形期間の所定労働時間の総合計は，平均すると1週40時間以内に収まっているというものである。

このような変形労働時間制は，労基法の定める一定の要件のもとに認められるもので，具体的には次の制度がある。

- 1ヵ月単位の変形労働時間制（労基法32条の2）
- 1年単位の変形労働時間制（労基法32条の4）
- 1週間単位の変形労働時間制（労基法32条の5）

このほか上記の趣旨とは異なるが，始業・終業時刻を労働者が決めて，一定の清算期間の労働時間数の枠内となるようなフレックスタイム制（労基法32条の3）がある。

❸法定労働時間の規制が適用されない適用除外者（労基法41条，41条の2）

以上を所定労働時間に関してみると，所定労働時間は原則として1日8時間，1週40時間の範囲で決めなければならないが，上記❶や❷の適用となる場合は，それぞれ❶の特例，❷の変形労働時間制の範囲で所定労働時間を決めることができる。また❸の適用除外者に該当する場合には，法定労働時間に関する規制はないということである。適用除外者については本章7節を参照。

```
                  ┌─ 原則（労基法32条）
   ┌─────────┐  │
   │ 法定労働時間 │──┤
   └─────────┘  └─ 1日8時間以内，週40時間以内
       │
       ▼          ＊変形労働時間制による弾力的な修正（労基法32条の2等）
   例外            ＊原則を超える例外的制度（労基法36条，37条）
   （労基法41条，      - 時間外労働，休日労働
       41条の2）
   - 適用除外者       特例（労基法40条，同法規則25条の2，26条）
                   - 1日8時間，週44時間：商業，接客娯楽業の小規模事業所
                   - 特殊1ヵ月変形制    ：運輸交通業の予備員
```

●勤務間インターバル制度

　勤務間インターバルとは，前日の終業時刻と翌日の始業時刻の間に一定時間の休息時間を確保することである。EU（欧州連合）では勤務間インターバル制度を採用し，一定時間を連続11時間としている。勤務間インターバルについては，労働者が十分な生活時間や睡眠時間を確保し，ワークライフバランスを保ちながら働き続けることを可能にする制度であり，その普及促進をはかる必要があるとされている。このため事業主は，健康および福祉を確保するために必要な終業から始業までの時間の設定に努めるという努力義務が定められた（改正労働時間等設定改善法2条。2019年4月1日施行）。そのうえで，同法にもとづく指針の改正により（平20厚生労働省告示108号，平30厚生労働省告示375号），労働者の健康確保等の観点から，新たに「終業及び始業の時刻に関する措置」を設け，勤務間インターバルや朝方の働き方の導入等を促進する規定を設けている。実務では勤務間インターバルを設ける場合，連続8時間から11時間のインターバルが多いようであるが，当初は義務ではなく目安，努力目標として行なう例もある。

　厚生労働省は勤務間インターバル制度の就業規則規定例（次頁）として2つ（①，②）を掲げているので，参考にすべきである。たとえば，インターバルを11時間として，所定労働時間8時間（始業時刻8時，終業時刻17時，休憩時間1時間）の場合，前日の終業時刻23時のときは，翌日の始業時刻は10時となる。この場合，下記①の規定によれば所定始業時刻8時から10時までの間は労働した扱いになるので，始業時刻は8時として扱うことになる。

一方，下記②の規定によれば実際に労働する10時を始業時刻と扱うことになる。実務上は②が原則と考えるべきである。

【就業規則規定例】（厚生労働省）

①休息時間と翌所定労働時間が重複する部分を労働とみなす場合

（勤務間インターバル）

第○条　いかなる場合も，労働者ごとに1日の勤務終了後，次の勤務の開始までに少なくとも，○時間の継続した休息時間を与える。

2　前項の休息時間の満了時刻が，次の勤務の所定始業時刻以降に及ぶ場合，当該始業時刻から満了時刻までの時間は労働したものとみなす。

②始業時刻を繰り下げる場合

（勤務間インターバル）

第○条　いかなる場合も，労働者ごとに1日の勤務終了後，次の勤務の開始までに少なくとも，○時間の継続した休息時間を与える。

2　前項の休息時間の満了時刻が，次の勤務の所定始業時刻以降に及ぶ場合，翌日の始業時間は，前項の休息時間の満了時刻まで繰り下げる。

③災害その他避けることができない場合に対応するため例外を設ける場合

①または②の第1項に次の規定を追加。

ただし，災害その他避けることができない場合は，その限りではない。

このほか，必要に応じて，勤務間インターバルに関する申請手続や勤務時間の取扱いなどについて，就業規則等の規定の整備を行ってください。

✳ 問題点

●労働時間とその把握

　労基法には労働時間の定義はないが，判例では，労働時間とは労働者が使用者の指揮命令のもとにおかれている時間をいう（指揮命令下説。三菱重工業長崎造船所事件・最判平12.3.9労働判例778号6頁）。

　行政も指揮命令下説をとっている（厚生労働省「労働時間の適正な把握のために使用者が講ずべき措置に関するガイドライン」平成29年1月20日）。

　使用者は，雇用する労働者ごとに労働時間算定義務ないし責務があるといわれているが，明確な規定はなかった。しかし，改正労働安全衛生法では，

同法で定める医師による面接指導制度に関して，管理監督者を含む，すべての労働者（高度プロフェッショナル業務従事者を除く）を対象として，労働時間の状況を把握する義務を明文化し，タイムカードによる記録，パソコン等の電子計算機の使用時間（ログインからログアウトまでの時間）の記録等の客観的な方法その他適切な方法によらなければならないとされた（2019年4月施行の同法66条の8の3，同法規則52条の7の3第1項。9章1節の「チェックポイント」参照）。

●自己申告制の労働時間管理の留意点

　上記ガイドラインは，労働時間管理（始業・終業時刻の把握）について，使用者が自ら現認することにより確認・記録する方法，またはタイムカード，ICカード，パソコンの使用時間の記録等の客観的な記録を基礎とすることにより確認，記録する方法が原則であるとしたうえで，自己申告制による場合には，次の留意事項を掲げている。

- 自己申告制の対象となる労働者に対し，正しく実態を記録し，適正に自己申告を行なうよう十分に説明すること
- 労働時間を管理する管理職に対し，自己申告制の適正な運用等について，十分に説明すること
- 自己申告と実際の労働時間との間に著しい乖離がある場合(特に入退場記録やパソコン使用時間の記録との食い違い)は,実態調査と補正を実施すること
- 自己申告した労働時間を超えて事業場内にいる時間について労働者から報告させる場合の報告内容の適正さの確認をすること
- 過少申告等の違法な取り扱いがないかの確認をすること

●準備時間，不活動時間，教育研修などの労働時間性

　実務ではどのような場合に労働時間かどうかが問題となる。指揮命令下説ではそれをどのように考えているかをまとめると，次のとおりである。

　❶実作業前後の準備時間など

　自宅から会社までの通勤時間は移動時間であり，労働時間ではない。会社入門から職場で実作業を開始するまでの時間も原則として労働時間ではない。しかし，実作業までに社内で制服や安全靴，保護具などの着用を義務づけている場合，あるいは実作業のため当然にそれらの着用をせざるをえない

ときには，それらの更衣時間および更衣所から職場までの移動時間は労働時間とされている。

この点については判例上，「就業を命じられた業務の準備行為等を事業所内において行うことを使用者から義務づけられ，又は余儀なくされたときは，当該行為を所定労働時間外において行うものとされている場合であっても当該行為は，特段の事情のない限り，使用者の指揮命令下に置かれたものと評価することができ，当該行為に要した時間はそれが社会通念上必要と認められるものである限り，労働基準法上の労働時間に該当する」とされているからである（上記最高裁判決）。

したがって実作業前の機械の点検・整備や書類整理なども使用者が労働者に義務づけていなければ原則として労働時間にならないが，これを義務づけている場合，あるいは明示の義務づけがなくとも通常，実作業に必要不可欠な場合には労働時間となる。実作業終了後の掃除，点検，業務引き継ぎ，更衣なども同様である。なお労働安全衛生法施行規則625条は身体被服を汚染するおそれのある業務に労働者を従事させるときは，事業者に洗眼，洗身等の施設の設置義務を課しているが，この規定は労働者に洗眼，洗身等の義務まで課しているものではないので，それらに要する時間は原則として労働時間にはならないと解される。

❷不活動時間

①電話当番，来客当番

顧客からの問い合わせや来客に備えて，昼の休憩時間に交替で当番を決めることがある。当番は職場で休みつつ，電話や来客があると対応しなければならず，場所的拘束をともなうこのような時間は労働からの解放が保障されていないため，休憩時間ではなく使用者の指揮命令下の労働時間となる（昭23.4.7基収1196号，昭63.3.14基発150号，平11.3.31基発168号）。これは待機時間あるいは手待時間といわれるもので，労働時間となる。

②仮眠時間

ビルの管理業務などで長時間勤務をさせる場合，その途中に仮眠時間を与える場合がある。この場合も，その時間帯において労働からの解放が保障されていないときは労働時間となる。たとえばビル管理で，24時間勤務中に仮

眠時間を8時間与えても，ビル内の仮眠室待機や，警報あるいは電話等に対しただちに所定の対応を義務づけていた事案で，実作業は必要性が生じた場合に限られるとしても，その必要が生じることが皆無に等しいなど実質的に義務づけがなされていないと認めるような事情が存しなければ，仮眠時間は全体として労働からの解放が保障されているとはいえず，労働時間であるとされている（大星ビル管理事件・最判平14.2.28労働判例822号5頁）。

　③呼出待機

　休日や業務時間外において従業員が自宅等で私生活をすごすときに，緊急業務等が発生した場合に，使用者が従業員を呼び出して業務上の対応を行なってもらう場合がある。これはいわゆる呼出待機といわれる類型である。従業員が呼び出しに応じて業務上の対応を行なった時間は労働時間であることに争いない。一方，呼び出しがなされる前の自宅等での待機時間（呼出待機時間）が労働時間か否かが問題となる。

　呼出待機時間についても，その時間帯が使用者の指揮命令のもとにある時間帯か否かという判断基準により検討することになるので，個別具体的な事案にもとづき判断することになるが，呼び出し待機時間帯は，使用者からの呼び出しに応じる必要はあるが，滞在場所は呼出に応じられる範囲内で労働者が自ら選択できるというものであり，呼び出しは不確実，不定時であり，呼び出されないという保障はないが，呼び出されるまでの待機時間は一般に労働時間ではないと解されている（大道工業事件・東京地判平20.3.27労働判例964号25頁，奈良県医師 割増賃金事件・大阪高判平22.11.16労働判例1026号144頁，荒木尚志「労働時間の法的構造」278頁）。呼び出しのために待機することがあっても，またいつでも呼び出しができるように使用者が携帯電話やノートパソコンなどを貸与している場合でも，それだけでは一般的には使用者の指揮命令のもとで私生活における自宅等での滞在時間帯を拘束しているという実態が認められないからである。ただし，実際の呼び出しの頻度が非常に多く，待機時間の拘束性が強いような場合には，労働時間と認められる可能性もあると考えるので，呼出待機時間の呼び出しの実態は確認する必要がある。

　❸健康診断

　労働安全衛生法上，使用者は労働者に対して健康診断（一般健康診断）を

受けさせなければならない（66条1項）。これは主として労働者個人の健康管理が目的なので，これに要する時間は労働時間とはならない。一方，有害業務の特殊健康診断（66条2項）は業務遂行と密接に関連するので労働時間になるとされている。なお受診に要した時間の賃金は，一般健康診断の場合でもそれを支払うことが望ましいとされている（昭47.9.18基発602号）。

❹教育・研修，朝礼等

教育・研修時間は，労働者に参加の自由が保障されていれば労働時間とならない。たとえば就業時間後の小集団活動（たとえばQC活動）や語学研修などは，会社が施設や講師，カリキュラムを定めて参加の機会を提供しても，労働者に出席を強制しないものであれば，労働時間とはならないが，業務との関連で出席を義務づけたり，業務遂行上，必要不可欠で出席を余儀なくされたりするような場合は労働時間となる。

さらに不参加により何らかの不利益が課される場合，たとえば教育・研修に欠席した場合に欠勤・早退として扱う，あるいは就業規則上の制裁等の不利益を課すような場合は労働時間となる（同旨昭26.1.20基収2875号，平11.3.31基発168号）。また労働安全衛生法上の安全衛生教育の時間（59条，60条）や安全衛生委員会に要する時間は使用者の義務としてなされ，業務と密接に関連するので労働時間となる（昭47.9.18基発602号）。

朝礼，ミーティング，準備体操なども教育・研修の場合と同様で参加が義務づけられ，または不参加について不利益が課される場合は労働時間となる。

❺出張先への移動時間

たとえば東京勤務の労働者が広島支店での始業時からの会議参加のため，早朝から出張にでかける場合，出張にともなう移動時間は原則として「通勤の延長」にすぎず，労基法上の労働時間ではないと解釈されている。行政解釈でも「出張中の休日はその日に旅行する等の場合であっても，旅行中における物品の監視等別段の指示がある場合の外は休日労働として取り扱わなくても差し支えない」としている（昭23.3.17基発461号，昭33.2.13基発90号）。

一方，出勤した後に顧客先へ移動し帰社するような場合は，顧客先への移動自体が業務遂行とみられるので，使用者の指揮命令下にある労働時間と考えられる。

第2節

変形労働時間制

■ 基本的な考え方

就業規則では各制度の労基法の要件を中心に定めることになる。

所定労働時間は通常，1日1週単位で規則的な労働時間を定めるが，季節や特定の期間により仕事の繁閑がある職場，あるいはシフト勤務を要する職場では，変形労働時間制を導入することにより，繁閑やシフト勤務に合わせて効率的で合理的な時間配分が可能となり，時間外労働の削減にもつながる。

雇用形態が多様化し，さまざまな働き方が必要となってきているので，労働時間の設計において弾力的な運用が可能な変形労働時間制を活用することも重要な方策のひとつといえる。

1 1ヵ月単位の変形労働時間制（労基法32条の2）

1ヵ月単位の変形労働時間制の総労働時間は

　　週法定労働時間40時間×変形期間の日数／7日

で計算される。つまり，

$$変形期間の所定労働時間の合計 \leqq \frac{週法定労働時間40時間×変形期間の日数}{7日}$$

でなければならない。

たとえば変形期間を4週間とした場合は160時間が上限となるので，160時間の範囲で各日各週の所定労働時間を配分することになる。

1ヵ月を例にとると，具体的な変形期間の所定労働時間数の限度は次のようになる。

【１ヵ月の所定労働時間の上限】

月の日数	31日	30日	29日	28日
限度時間	177.1時間	171.4時間	165.7時間	160.0時間

【１ヵ月単位変形労働時間制の要件】

> 1　変形期間を１ヵ月以内とすること。
> 2　就業規則または労使協定で，変形期間を平均して１週間当たりの労働時間が週法定労働時間（40時間）以内となるよう，変形期間の起算日，各日各週の所定労働時間を具体的に定めること。
> 3　就業規則の場合は上記２の事項を定め，事業場の従業員の過半数代表者の意見書を添付して所轄労働基準監督署長に届け出（就業規則の変更届）ること（労基法89条，90条）。
> 4　労使協定の場合は上記２の事項および有効期間を定めて，所轄の労働基準監督署長に届け出ること（労基法規則12条の２の２）。

　上記要件にある変形期間の起算日および各日各週の労働時間は労使協定でも定めることができるが，労使協定による場合，有効期間の定めは３年以内が望ましいとされていることに加え（平11.3.31基発169号），就業規則にも始業・終業時刻を定めなければならない（労基法89条１号）。すなわち両方に規定を設けることになるので，実務では就業規則で定める場合が多い。

●就業規則での定め方

　就業規則で１ヵ月単位の変形労働時間制を定めるにあたっては，特定型と指定型の２つの方法がある。特定型は変形期間の労働日と労働時間を固定するものであり，指定型は勤務シフトによるものである。実務では，柔軟な運用ができるので指定型が多い。

［例１］（特定型の例）

> 1　所定労働時間は，次に定める１ヵ月単位の変形労働時間制によるものとする。ただし，業務上の都合により予告のうえ始業・終業時刻を変更することがある。

期　間	始業時刻	終業時刻	休憩時間
毎月1日〜15日	午前9時	午後4時	正午から1時間
毎月16日〜24日	午前8時30分	午後5時30分	正午から1時間
毎月25日〜末日	午前8時30分	午後6時30分	正午から1時間

2　休日は土曜日および日曜日とする。

3　第1項の変形労働時間制の起算日は毎月1日とする。

[例2]（指定型の例）

1　所定労働時間は，毎月1日を起算日とする1ヵ月単位の変形労働時間制により，1ヵ月を平均して1週当たり40時間を超えないものとする。

2　始業および終業時刻は，所属事業場別に次の4種類の勤務形態から選択し，設定するものとする。

	始業時刻	終業時刻	所定労働時間	休憩時間
A	午前9時45分	午後6時15分		
B	午前11時15分	午後7時45分	7時間30分	1時間
C	午前11時45分	午後8時15分		
D	午後0時45分	午後9時15分		

3　各月における各日の勤務形態は，期のはじまる2週間前までに職場単位のスケジュール表に個人別に設定し，社員へ通知する。期とは，各月1日から当月末日までの期間とし，1年を12期とする。

4　前項のスケジュール表で設定された勤務時間については，事故・災害または取引先の緊急発注等により納期が切迫した場合，事前に通知したうえで変更することがある。

5　妊娠中および出産後1年以内の女性従業員，育児または介護を行なう従業員，ならびにその他特別の配慮を要する従業員が申し出た場合は本条の変形労働時間制勤務を適用しない。また18歳未満の従業員には本条を適用しない。

上記［例2］5項は，妊産婦（妊娠中および産後1年以内の女性）および年

少者（満18歳未満の者）についての１ヵ月変形労働時間制の制限（労基法60条１項，66条１項）と育児・介護労働者等についての配慮（労基法規則12条の６）に対応した規定である。なお年少者の場合，１ヵ月変形労働時間制の適用は原則禁止なので，申出によって不適用とすることはできない。

検討を要する実例

［例３］　１ヵ月を平均して１週当たりの労働時間が週40時間の範囲で変形労働時間制をとることがある。

　実務でこのような規定をおいている例を見受けるが，要件である変形期間の起算日および各日各週の労働時間を具体的に定めていないので，適法な変形労働時間制とならない。

☑ チェックポイント

　就業規則または労使協定で定めた各日各週の具体的な労働時間は，使用者の業務の都合によって任意に変更できないとされている（昭63.1.1基発１号，平9.3.25基発195号，平11.3.31基発168号）。しかし勤務ダイヤや三グループ交替制勤務の職場で，各労働者あるいは各グループの勤務割が変形期間ごとに異なるような場合は本来，そのつど就業規則等を変更して変形労働時間制を改めなければならないが，それではあまりにも実情に適さないので，次のように解されている。

　勤務ダイヤによる１ヵ月単位の変形労働時間制を採用する場合には，「業務の実態から月ごとに勤務割を作成する必要がある場合には，就業規則において各直勤務の始業終業時刻，各直勤務の組合せの考え方，勤務割の作成手続及びその周知方法等を定めておき，それに従って各日ごとの勤務割は変形期間の開始前までに具体的に特定することで足りる」とされている（昭63.3.14基発150号）。また三交替制の各グループの勤務割（番方）変更については，「番方転換を行う場合の事由を就業規則に規定し，その規定によって労働者に事前にその旨を明示して番方転換」を行なうことができるとしている（昭42.12.27基収5675号，平11.3.31基発168号）。

　最高裁判決も，具体的勤務割をあらかじめ勤務シフトを作成して行なう場合でも，「作成される各書面の内容，作成時期や作成手続等に関する就業規

則等の定めなどを明らかにした上で，就業規則等による各週，各日の所定労働時間の特定がされていると評価し得る」ことが必要としている（大星ビル管理事件・最判平14.2.28労働判例822号5頁）。

このような勤務割で勤務が指定された後に，これを変更できるかも問題となるが，裁判例では就業規則に変更条項を設けた場合，それが労働者の生活に不利益を及ぼさず，予測可能な程度に変更事由が具体的に定めてあれば労基法32条の2に反しないというものがあり（JR東日本事件・東京地判平12.4.27労働判例782号6頁など），上記［例2］の4項は，この裁判例の考え方にもとづいた変更規定例である。

2　1年単位の変形労働時間制（労基法32条の4）

1年単位の変形労働時間制とは，繁忙期・閑散期が季節等によって生じるような場合に対応した長期の変形労働時間制である。このため労使協定を要件としている。変形期間を1年（365日）とした場合，労働時間の合計は，

　　40時間×（365日／7日）＝2085.7時間

となるので，変形期間の所定労働時間の合計をこの時間以内として，労働日および各労働日の労働時間を設計することになる。

たとえば変形期間6ヵ月（182日の例）の場合は1040時間，10ヵ月（305日の例）の場合は1742.8時間である。

【1年単位変形労働時間制の要件】

> 1　労使協定で次の事項を定めること。
> 　(1)　対象者の範囲（変形期間の途中に採用され，または退職する労働者も対象者にすることは可能だが，その場合は当該労働者の変形制による労働時間を平均して1週当たり40時間を超えた場合は法定の割増賃金を支払わなければならない。労基法32条の4の2）
> 　(2)　具体的な変形期間（1ヵ月を超え1年以内の範囲）
> 　(3)　特定期間（特に業務が繁忙な期間）
> 　(4)　変形期間を平均して1週当たりの労働時間が40時間以内となるよ

う，変形期間の労働日および各労働日の労働時間を具体的に定める。

　ただし変形期間を1ヵ月以上の期間に区分するときはその定めをして，最初の区分期間の労働日および各労働日の労働時間のみを定め，その後の区分期間については，期間ごとの労働日数および総労働時間を定めておけば足りる。

　そして後の区分期間の労働日および労働時間は，区分期間のはじまる30日前までに，労使協定の労働側当事者の同意を得て定めなければならない。

(5)　変形期間の労働日と各労働日の労働時間設定は，次の範囲内であること。

①労働日数の限度（労基法規則12条の4第3項）

　変形期間が3ヵ月以内の場合は限度なし。

　3ヵ月を超える場合は，

　　280日×（変形期間の暦日数／365）＝限度日数（小数点以下切り捨て）

で計算できることから，変形期間1年の場合の労働日数は280日が限度となる（うるう年の場合も同様）。

　またたとえば変形期間が10ヵ月（暦日数が305日の例）の場合は，

　　280日×（305日÷365日）＝233日

となり，限度は233日になる。

②1日および1週間の労働時間の限度（労基法規則12条の4第4項）

　変形期間が3ヵ月以内の場合は1日10時間，1週52時間が限度となる。

　3ヵ月を超える場合は，次の2つの要件を満たす範囲となる。

　-　対象期間を通じて，労働時間の合計が48時間を超える週が連続する場合は，その連続は3週間を限度とする

　-　変形期間の初日から3ヵ月ごとに区分した各期間（最後に3ヵ月未満の期間が生じるときは，その期間を含む）において，その労働時間が48時間を超える週の初日の数が3以下であること

　この週の起算日は暦週ではなく，変形期間の初日の曜日を起算日とする7日間を意味している。また後者の要件については，要する

に3ヵ月ごとに区分した各期間中に48時間を超える週が4週含まれていてはいけないということだが，週の「初日」としたのは，各区分期間の最後の週末が区分期間に属しない場合にも，その週の労働時間が48時間であれば，1週と取り扱うからである。

③連続労働日数の限度

　連続労働日は6日を限度とする。

　ただし，(3)の特定期間は1週間に1日の休日が確保できる日数，すなわち連続労働日数は12日まで可能である。

(6)　有効期間を定めること。

2　労使協定を労働基準監督署長に届け出ること。

3　就業規則に1年単位の変形労働時間制の定めをおくこと。

［例1］　労使協定により労働基準法に定める1年以内の変形労働時間制の対象となる従業員については，第○○条の所定労働時間の定めにかかわらず労使協定で定める時間を所定労働時間とする。

　　2　前項の変形労働時間制の内容は次のとおりとする。

　　変形期間　毎年4月1日から翌年3月31日まで

　　変形期間の所定労働時間・休憩

　　　　7時間の日　午前8時30分～午後4時30分（休憩：正午～午後1時）

　　　　8時間の日　午前8時30分～午後5時30分（休憩：正午～午後1時）

　　　　9時間の日　午前8時30分～午後6時30分（休憩：正午～午後1時）

　　変形期間の各日各週の労働日の具体的な所定労働時間，休日その他の事項は労使協定の定めによる。

［例2］　第○○条（所定労働時間）の定めにかかわらず，労使協定により1年以内の変形労働時間制によることがある。

　　2　1年以内の変形労働時間制における各日各週の所定労働時間，始業・終業時刻，休日その他の事項は労使協定の定めによる。

　就業規則では，変形期間と各日各週の労働日の所定労働時間，始業・終業時刻を定めなければならないが，各日各週の具体的な労働時間は複雑となるので，上記［例2］のような記載でも足りると考える。つまり労使協定も就

業規則と同様，労働者への周知対象となっているので（労基法106条1項），すべて「労使協定で定めるところによる」という省略型でもよいと解すべきである。この点，通達では，労使協定の条項にそのまま就業規則の内容となりうる具体的な始業・終業時刻が定められ，かつ就業規則中に引用すべき労使協定の条文番号を明記し，就業規則の別紙として添付する必要があるとしている（平6.5.31基発330号）。

✅ チェックポイント

1年単位の変形労働時間制は，恒常的な時間外労働はないことを前提とした制度である（平6.1.4基発1号，平11.3.31基発168号）。

労働日，労働時間は労使協定において具体的に定めることを要し，使用者の都合により任意に労働時間を変更するような制度は1年単位の変形労働時間制に該当しないとされている。たとえば貸切観光バス等のように業務の性質上1日8時間，1週40時間を超えて労働させる日，または週の労働時間をあらかじめ定めておくことが困難な業務，あるいは労使協定で定めた時間が業務の都合によって変更されることが通常行なわれる業務については，1年単位の変形労働時間制を適用する余地はない（上記通達）。具体的な労働日，労働時間については，労使協定により年間カレンダー方式ですべて決める方法もある。

なお労使協定の記載事項である「有効期間の定め」は1年程度が望ましいが，3年程度以内のものであれば届出は受理して差し支えないとされている（上記通達）。

● 1年単位の変形労働時間制の設計手順例

❶労使協議により次の事項を定め労使協定を締結

実際は会社でドラフトをつくり，過半数組合があればその組合と，なければ過半数代表者を中心に協議する（労使の委員会などをつくり効率的に実施）。

①対象労働者の確定

②変形期間（1年）の起算日の確定，特定期間を設定するかどうかを決定

③1年間の総労働時間数の確認→2085.7時間（40時間×365日／7日）

④労働日数の限度（280日）を確認し，その範囲で具体的な労働日数を決

定

⑤労働日について特定型とするか指定型とするか（1ヵ月以上の期間で区分し，最初の期間を特定し，2期目以降は順次指定）を決定

↓

⑥連続労働日の限度（6日，特定期間は12日）で具体的な労働日を決定（カレンダーで具体的な労働日と休日を決定する。指定型は最初の期間だけ決定すればよいが，実際には1年間についておおむね決めておく）

⑦1週の労働時間数の限度（52時間）で各週の具体的な労働時間数を決定

⑧1日の労働時間数の限度（10時間）で各日の具体的な労働時間数を決定

このときに，「週48時間を超える週の連続は3週間まで」「3ヵ月ごとに区分した期間ごとにみて週48時間を超える週が3週まで」となっているかをチェックする。

↓

⑨再チェック（以上により決定した労働日の総日数が280日以内かどうか，各日の労働時間を総合計した時間数が2085.7時間以内かどうかなどを再チェックする）

↓

⑩決定した変形労働時間内容の有効期限（通常1年）を決める

⑪労使協定を締結

なお労使協定では，途中就労者と退職者の扱い，時間外・休日労働条項，休日振替条項などを入れる。

❷労使協定を労働基準監督署長へ届出

就業規則に1年間の変形労働時間制についての規定を設ける（就業規則の変更と労働基準監督署長への届出，周知）。

❸変形労働時間制実施

●**1週間単位の非定型的変形労働時間制**（**労基法32条の5**）

これは，小売業等接客をともなう30人未満の限定された事業についてのみ認められた変形労働時間制である。このような事業では日ごとに業務の繁閑が生じるので，1週間単位でそのつど変形労働時間を定めることができることとしたものである。

【1週間単位非定型的変形労働時間制の要件】

> 1　対象業務は，小売業，旅館，料理店・飲食店の事業で，常時30人未満の労働者を使用する事業場であること。
> 2　労使協定で1週間の所定労働時間を40時間以内と定めること。
> 3　当該1週間がはじまる前（前週末まで）に，1週間の各日の所定労働時間を書面で通知すること。
> 4　緊急やむをえない場合には，あらかじめ通知した各日の労働時間を書面による通知をして変更することができる。変更通知は変更しようとする日の前日までにしなければならない（労基法規則12条の5第3項）。
> 5　労使協定を所轄の労働基準監督署長に届け出ること。
> 6　就業規則に1週単位の非定型労働時間の定めをおくこと。

［例3］　労使協定により労働基準法に定める1週間単位の非定型的変形労働時間制を採用する場合には，従業員の始業・終業時刻および休日は，第○○条（所定労働時間）の定めにかかわらず，労使協定にもとづき従業員に書面で通知するところによる。

第3節

フレックスタイム制

📖 基本的な考え方

　フレックスタイム制とは，労働者が各日の始業・終業時刻を自ら決定して労働するもので，業務と個人生活の調和をはかる制度である。使用者が各日の始業・終業時刻を画一的に特定することは認められない（平30.9.7基発0907第1号）。清算期間はこれまで上限が1ヵ月であったが，改正労基法により3ヵ月まで延長された（2019年4月施行，労基法32条の3，厚生労働省「フレックスタイム制のわかりやすい解説＆導入の手引き」）。

　延長の趣旨は，子育てや介護，自己啓発などさまざまな生活上のニーズと仕事との調和をはかりつつ，効率的な働き方を一層可能にするためとされている（平30.9.7基発0907第1号）が，実務上は複雑な運用になるのが難点である。導入のための要件は，次のとおりである。

【フレックスタイム制の要件】

1　就業規則で始業・終業時刻を労働者の決定に委ねる旨を定めること。
2　労使協定で次の事項を定めること。
　- 対象となる労働者の範囲
　- 清算期間およびその起算日（フレックスタイム制の単位となる期間で，3ヵ月を上限とする）
　- 清算期間中に労働すべき総労働時間（週法定労働時間×清算期間の日数／7日以内）。この限度を超えた労働時間については，割増賃金の対象としなければならない
　- 清算期間が1ヵ月を超える場合，対象労働者の過重労働防止等の観点から，清算期間内の1ヵ月ごとに1週平均50時間（完全週休2日

制の場合で1日当たり2時間相当の時間外労働の水準）を超えない範囲以内で労働させることができる（労基法32条の3第2項）。この限度を超えた労働時間については，当該月における割増賃金の支払い対象としなければならない

- 標準となる1日の労働時間（年次有給休暇等の場合の1日の労働時間を定める必要があることに関係する）

- コアタイム，フレキシブルタイムを設ける場合には，その開始および終了時刻（コアタイムとは，労働者が必ず労働しなければならない時間帯，フレキシブルタイムとは，出退勤が労働者に委ねられている時間帯をいう）

3　清算期間が1ヵ月を超える場合，上記2の労使協定を所轄の労働基準監督署へ届け出ること（労基法32条の3第4項）。

[例1]　労使協定により労働基準法の定めるフレックスタイム制の対象となる従業員については，第○○条（始業・終業時刻）の定めにかかわらず，始業・終業時刻をその自主的決定に委ねるものとする。ただし，従業員の自主的決定に委ねる範囲は次のとおりとする。

　　　従業員の自主的決定に委ねる時間帯

⑴　始業時間帯　午前7時から午前10時まで

⑵　終業時間帯　午後3時から午後10時まで

⑶　勤務を要する時間帯　午前10時から午後3時まで

2　休憩時間は原則として正午から午後1時とする。ただし，取得時間帯は業務の必要に応じて従業員の自主的決定により変更することができる。

3　1日の標準勤務時間は8時間とする。

4　フレックスタイム制度の管理は別に定める規程による。

　清算期間が1ヵ月を超える場合には，[例1]にさらに次の[例2][例3]の2つの項を入れておくのがよい。

[例2]　清算期間が1ヵ月を超え3ヵ月以内の場合，清算期間内の1ヵ月ごとに1週平均50時間を超える労働時間については2割5分の割増賃金

を支払い，１週平均50時間を超える労働時間が１ヵ月60時間を超える時間外労働については５割の割増賃金を支払う。

[例3] 清算期間が１ヵ月を超え３ヵ月以内の場合，対象労働者に対して，各月の労働時間数の実績を通知する。

　[例2] は「チェックポイント」参照。[例3] は，清算期間が１ヵ月を超えるフレックスタイム制においては，労働者が自らの各月の時間外労働時間数を把握しにくくなることが懸念されるため，使用者は，労働者の各月の労働時間数の実績を通知等することが望ましいとされている（平30.9.7基発0907第１号）ので，この点から設けたものである。

●**フレキシブルタイムとコアタイム**

　上記［例１］の１項ただし書はフレキシブルタイムとコアタイムの定めである。規定例を図示すると以下のようになる。労働者は，コアタイムには必ず出勤していなければならず，フレキシブルタイム時間帯でのみ出退勤の自由を有することになる。

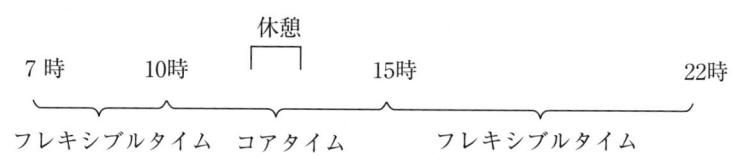

　就業規則の必要的記載事項は，始業・終業時刻を労働者の決定に委ねる旨の定めだが，フレキシブルタイム，コアタイムを設ける場合には，それらも始業・終業時刻に関する事項として記載しなければならない（昭63.1.1基発１号）。

●**フレックスタイム制の休憩**

　フレックスタイム制の場合，労働者によって１日の労働時間に長短があるので，たとえば労働時間６時間を超えない場合には労基法上の休憩を付与する義務はない（労基法34条１項）。もっとも実務では，コアタイムのなかに休憩時間を設けて運用している例が多い。休憩時間の一斉付与を要しない場合（労基法40条，同法規則31条）には，就業規則に休憩時間の長さを定め，その時間帯は労働者に委ねる旨を記載して運用することができる（昭63.3.14基発150号）。上記［例１］の２項はこの定めである。

●フレックスタイム規程

フレックスタイムの労基法上の要件のうち，始業・終業時刻に関する定めは就業規則に記載しなければならないが，その他の事項は労使協定で定めれば足りる。しかし上記［例1］の4項では，フレックスタイムに関する規程によることとして，労使協定の記載事項にもとづき就業規則でも具体的にフレックスタイム制の運用ルールを定めるものである。実務ではこのようにフレックスタイム制の運用ルールを規程化しておくことが望ましい。

以下では，清算期間1ヵ月の場合について，各企業の実情に応じて取捨選択すべきフレックスタイム規程の条文例と解説を掲げる。

［規程例］　フレックスタイム制により勤務する従業員は，取引関係者・業務の都合，他部門への影響などを十分配慮し，業務に支障を生じないようにするとともに，効率的に業務を遂行できるよう，始業および終業の時刻を決定しなければならない。

これは始業・終業時刻を決定する際の考慮事項を記載した規定である。フレックスタイム制では，使用者は労働者に特定の時間に出社するよう業務命令を出すことはできない（ただしコアタイムを除く）。このため業務との調整については労働者のモラルに負うところも大きいが，さらに労働者の始業・終業時刻の自主決定と業務の調和をはかる趣旨で上記のような義務規定を設けている例も多いと思われる。ただし始業・終業時刻の決定権は労働者にあるので，上記規定による義務づけは訓示的なものであり，労働者の決定権の濫用が問題となったときに援用されるにとどまる。

［規程例］　始業・終業の時刻はフレックスタイム制において，業務の実態に合わせて各自が自主的に選択することができる。ただし1週間前までにその時刻を所属長に届け出なければならない。

これは，1週間前に各労働者の始業・終業時刻を届け出させることによって，業務との調整をあらかじめはかろうとするものである。この規定でいう1週間前の届出が，すなわち始業・終業時刻の決定という意味であれば，届出後は労働者の一存でその時刻を変更できないことになる。この点については，2つの考え方がありうる。

一つは始業・終業時刻の決定を1週間前に義務づけるのは，業務との調整

上合理的であり有効と解するものである。これによれば，いったん決定した始業時刻に遅れた場合，遅刻として規律違反の問題が生じうる。もう一つは労働者に始業・終業時刻の決定を 1 週間前に義務づけることは，始業・終業時刻の決定の自主性に反するおそれがあるので，この届出は一応の目安であって，労働者は届出後にその時刻と異なる時刻を決定する権利を留保されていると解するものである。

　私見では前説が妥当と考えるが，事前届出制をとっているところでは，届出後の始業・終業時刻の変更について使用者と労働者の調整により弾力的運用がなされていることが多いので，実務上の差異はそれほどないだろう。

［規程例］　フレックスタイム制により勤務する従業員は，1 ヵ月間の労働時間帯内の実労働時間が当月の清算時において過不足のないように勤務しなければならない。

　フレックスタイム制では，清算期間に「労働すべき総労働時間」（労基法 32 条の 3 第 1 項 3 号）が労使協定で定められる。この総労働時間に大きな過不足があれば賃金清算上の問題や業務上の支障のおそれがあるため，上記のように労働者に過不足のないよう労働時間を調整すべき義務を課すものである。

［規程例］（清算）

　　　1　1 ヵ月間のフレキシブル時間帯内の実労働時間については，第○条に定める 1 ヵ月の総労働時間を基準として清算する。

　　　2　清算時において超過して勤務した時間には，時間外労働手当を支給する。

　　　3　清算時において不足した時間は，8 時間までを翌月へ繰り越せるものとする。ただし繰り越した時間は，翌月で清算を終了させるものとする。

　フレックスタイムの労働時間算定は，清算期間を単位として行なわれる。

　上記 1 項は，労使協定で定める「標準となる 1 日の労働時間」に対する各労働日の労働時間の増減を算定し，清算期間を単位として清算するとの意味である。2 項および 3 項は，清算期間（1 ヵ月）の実労働時間が労使協定で定める「労働すべき総労働時間」（労基法 32 条の 3 第 1 項第 3 号）に対して過

不足が生じた場合の取り扱い（賃金との関係を含む）を定めたものである。

　通達では，当期の「労働すべき総労働時間」に不足する労働時間分の賃金は次期の清算期間の労働時間に繰り越して清算できるが，過剰（超過）労働時間分の賃金は，当期の賃金として支払い，次期の清算期間に繰り越して清算することは労基法24条（賃金全額払いの原則）に反し許されないとする（昭63.1.1基発1号）。この通達には批判もあるが，上記規程例はこの通達に従った取り扱いを前提としたものである。

［規程例］（フレキシブルタイム帯外および休日勤務）

　　1　フレキシブルタイム時間帯以外の勤務については時間外労働として，所定の割増賃金を支払う。

　　2　休日に勤務した時間については，休日労働として所定の割増賃金を支払う。

　上記規程例は時間外労働の取り扱いと，休日労働の取り扱いを定めたものである。1項は，フレキシブルタイム以外の時間帯での労働時間をいずれも時間外労働として取り扱う旨の定めである。そして2項は，休日労働の時間も清算対象としないで休日労働の割増賃金を支給するというものである。

　このようにフレックスタイム制の時間清算では，フレキシブルタイム以外の時間帯の労働時間および休日労働の取り扱いを定めておくことが実務上，必要である。

［規程例］（出張）

　　　　出張など事業場外で勤務し，労働時間が算定できない場合は，1日の所定労働時間勤務したものとする。

　使用者はフレックスタイム制対象労働者に対しても出張を命じることができるが，その場合，事業場外労働にあたるので，労使協定で定める「標準となる1日の労働時間」労働したものとみなして取り扱う旨の規定である。

☑ チェックポイント

●清算期間が1ヵ月を超え3ヵ月以内の場合の時間外労働の取り扱い

　清算期間が1ヵ月を超える場合，時間外労働は，1ヵ月単位と清算期間単位とで時間外労働をそれぞれ算定する。

❶1ヵ月単位

1ヵ月ごとに区分した各期間ごとに，1週平均50時間を超える労働時間部分が時間外労働の対象となる。

たとえば，1ヵ月（30日の場合）÷7日×50時間＝214.2時間が1ヵ月の総労働時間の限度となるので，1ヵ月の総労働時間がこの限度を超える部分が時間外労働となり，1ヵ月ごとに割増賃金（2割5分以上）の支払い義務がある。

この1ヵ月単位の時間外労働については，1週平均50時間を超える労働時間という考え方を前提に，1週平均50時間を超える労働時間が月60時間を超えた部分については5割以上の割増賃金率を支払わなければならない（平30.9.7基発0907第1号）。ただし，中小企業は2023年3月までは2割5分以上，2023年4月以降は5割以上となる。

❷清算期間単位

清算期間の法定総労働時間の限度（清算期間日数÷7日×40時間）を超える労働時間の部分が時間外労働の対象となるが，①を差し引く。

たとえば，3ヵ月（合計91の場合）91日÷7日×40時間＝520時間が清算期間の総労働時間の限度となるので，3ヵ月の総労働時間がこの限度を超える部分が時間外労働となり，割増賃金（2割5分以上）の支払い義務がある。ただし，この場合の3ヵ月の総労働時間の算定では，上記1ヵ月単位において時間外労働としてカウントした時間数は差し引いて計算する。

以上から，たとえば清算期間3ヵ月（4月＝30日，5月＝31日，6月＝30日）において，4月に220時間，5月に170時間，6月に180時間労働した場合，月単位の時間外労働は，4月5.8時間（220時間－214.2時間），5月と6月はゼロとなる。一方，清算期間単位の時間外労働は50時間（3ヵ月の合計労働時間570時間－520時間）となるが，月単位の時間外労働合計5.8時間を差し引いた44.2時間となる。

●**清算期間が1ヵ月を超える場合の清算期間途中に出入りするフレックスタイム対象労働者の取り扱い**

清算期間途中にフレックスタイム制に入る労働者（新規入社，異動など）および出る労働者（退職，異動など）については，当該労働させた期間を平

均し，１週間当たり40時間を超えて労働させたときは，超えた労働時間について法定の割増賃金を支払わなければならない（労基法32条の３の２）。

たとえば，清算期間３ヵ月，フレックスタイム制勤務期間30日の場合は，30日÷７日×40時間を超える労働時間に対して割増賃金支払い義務がある。

●**完全週休２日制のもとでの法定労働時間の計算方法**

改正労基法により，完全週休２日制（１週間の所定労働日数５日）の事業場において，労使協定により，清算期間の所定労働日数に８時間を乗じた時間数を法定労働時間の総枠にできることになった（2019年４月施行，32条の３第３項）。これにより，以前から曜日のめぐり次第で，たとえば６月の所定労働日数が22日になる場合，１日８時間労働（22日＝176時間）でも，法定労働時間の総枠である30日÷７日×40時間＝171.4時間を超えて時間外労働が生じるという問題は解消される。

［規程例］　（労使協定の条文例（完全週休２日制の事業場の場合））

　　　　清算期間の労働時間の限度（法定の総労働時間数）は，清算期間の所定労働日数に８時間を乗じた時間とする。

第4節

裁量労働制，事業場外労働

🐢 基本的な考え方

労基法は，裁量労働制および事業場外労働を労働時間の算定方法に関する制度としている。すなわち使用者は原則，個々の労働者の実際に労働した時間数を職場において把握し算定しなければならない。しかし裁量労働制および事業場外労働では，使用者が実労働時間数を算定するのは業務の性質上，適当でない（裁量労働制の場合），あるいは算定することが困難（事業場外労働の場合）なので，使用者に実労働時間の算定をさせる代わりにみなしで労働時間数を算定することにした。これが裁量労働制および事業場外労働においてみなし労働時間がとられている理由である。

1　裁量労働制

裁量労働制とは，業務の性質上，仕事の具体的なやり方や時間配分を大幅に労働者の判断に委ね，使用者においても具体的な指示命令を行なわないというものである。労基法は裁量労働制を事業場外労働と並んで労働時間のみなし制と位置づけている。もっとも事業場外労働が単に労働時間の長さの把握方法としての意味にとどまるのに対し，裁量労働制は労働の質に着目した成果主義の人事制度と結びついて，企業の専門的・自律的業務従事者の労働時間制度として活用されている。特に賃金との関係で労働時間の長さではなく，成果，業績達成度に応じた賃金配分がより実施しやすいため，最近は年俸制にも使われている。

裁量労働制には専門業務型と企画業務型の2種類があり，昭和62年の労基法改正で最初に専門業務型が新設され，平成10年の改正で企画業務型が加

わった（その後，平成15年の労基法改正で要件が修正された）。このため２つの実施要件は異なったものとなっている。すなわち裁量労働制が近時の技術革新にともなう情報化やサービス化に対応した制度であることから，たとえば専門業務型では新商品の研究開発業務や情報処理システムの分析業務などが典型例としてあげられ，企画業務型では企業戦略の企画立案業務など比較的高度な能力を駆使するホワイトカラーの業務がこれにあたる。

また専門業務型裁量労働制は特殊専門的な業務に限って認められているものの，企画業務型裁量労働制の対象業務である企画，立案，調査，分析は一般の企業でホワイトカラーが行なう業務であることから，裁量労働制が広くホワイトカラーの自律的な業務に活用できる点で大きな意義がある。

専門業務型裁量労働制と企画業務型裁量労働制の対象業務，設定要件などを対比したものが，次頁の「２つの裁量労働制の相違点」である。

●**専門業務型裁量労働制（労基法38条の３）**

【専門業務型裁量労働制の要件】

> 1　労使協定で下記事項を定め，労働基準監督署長に届け出ること。
> (1)　対象業務（次頁図参照）
> (2)　１日のみなし労働時間
> (3)　対象業務の遂行の手段および時間配分等に関し，使用者が具体的な指示をしないこと
> (4)　対象労働者の健康および福祉を確保するための措置を労使協定で定めるところにより使用者が講ずること（措置の具体的内容）
> (5)　対象労働者からの苦情に関する措置を労使協定で定めるところにより使用者が講ずること
> (6)　有効期間の定め（有効期間の定めは，不適切な運用がなされないよう３年以内が望ましいとされている。平15.10.23基発1022001号）
> (7)　対象労働者の労働時間の状況，上記(4)および(5)の実施状況に関する記録を(6)の有効期間中およびその後３年間保存すること
> 2　就業規則に専門業務型裁量労働制の定めをおくこと。

労働時間の取り扱いについては，労使協定で定めた労働時間を労働したも

【2つの裁量労働制の相違点】

	専門業務型裁量労働制（38条の3）	企画業務型裁量労働制（38条の4）
対象業務	①新商品または新技術の研究開発等の業務 ②情報処理システムの分析または設計の業務 ③記事の取材または編集の業務 ④デザイナーの業務 ⑤プロデューサーまたはディレクターの業務 ⑥コピーライターの業務 ⑦システムコンサルタントの業務 ⑧インテリアコーディネーターの業務 ⑨ゲーム用ソフトウェアの業務 ⑩証券アナリストの業務 ⑪金融工学等の知識を用いて行なう金融商品の開発業務 ⑫大学教授・研究の業務 ⑬公認会計士の業務 ⑭弁護士の業務 ⑮建築士の業務 ⑯不動産鑑定士の業務 ⑰弁理士の業務 ⑱税理士の業務 ⑲中小企業診断士の業務	事業運営に関する企画，立案，調査，分析の業務
対象事業場	限定なし	一定の限定あり
実施要件	・就業規則の定め ・労使協定締結と届出	・就業規則の定め ・労使委員会の5分の4以上の多数による決議と届出 ・労働者本人の同意
みなし時間	労使協定で定めたみなし時間	労使委員会の決議で定めたみなし時間
報告義務	なし	労基署長への報告（最初の決議から6ヵ月以内に1回，その後1年以内ごとに1回。ただし当分の間は6ヵ月以内ごとに1回）

のとみなされる。したがってたとえば労使協定でみなし時間を一律に1日9時間と定めれば，裁量労働者の労働時間は1日9時間として取り扱うことになる。

休憩，休日労働・深夜労働の割増賃金，年次有給休暇は労基法の定めどおり与えなければならないので，上記の労働時間（1日9時間）とみなす場合は，「8時間＋1時間の時間外労働」となり，労基法上1時間の割増賃金（2割5分）を支払わなければならない。

裁量労働は，労働時間の長さよりも成果を重視する自律的な労働者に適した制度であるから，みなす時間は所定労働時間とし，成果業績を考慮した手当を付加するやり方がよいと思われる。

［例1］　従業員の一部について，業務遂行の手段および時間配分等を従業員の裁量に委ねる専門業務型裁量労働制により勤務させることがある。

　　2　所定労働日，休日，休憩時間は第○条（所定労働時間，所定休憩時間）による。ただし休憩時間帯は業務の必要に応じて裁量により変更することができる。

　　3　休日または深夜に労働する場合については，あらかじめ所属長の許可を受けなければならない。

　　4　所定労働日の労働時間は労使協定の定める時間とみなす。

　　5　対象従業員その他専門業務型裁量労働制に関しては労使協定の定めによる。

●**企画業務型裁量労働制**（労基法38条の4）

【企画業務型裁量労働制の要件】

1　労使委員会で下記事項を定め，労働基準監督署長に届け出ること。
　（1）具体的な対象業務
　　　　業務の運営に関する事項についての企画，立案，調査，分析の業務を具体的に定める。
　（2）対象労働者の範囲
　　　　対象業務を適切に遂行できる知識，経験等を有する労働者で，常態として対象業務に就かせる者の範囲を特定する基準を具体的に定める。

⑶　１日のみなし労働時間

⑷　対象労働者の健康および福祉を確保するための措置を労使委員会の決議で定めるところにより使用者が講ずること（具体的な措置内容）

⑸　対象労働者からの苦情に関する措置を労使委員会の決議で定めるところにより使用者が講ずること（具体的な措置内容）

⑹　使用者は対象労働者の同意を得ること，および同意をしなかった者に対し解雇その他の不利益な取り扱いをしてはならないこと

⑺　決議の有効期間の定め（不適切な運用がなされないように３年以内が望ましいとされている。平15.10.23基発1022001号）

⑻　対象労働者の労働時間の状況，上記⑷および⑸の実施状況，対象労働者の同意に関する労働者ごとの記録を⑺の有効期間中およびその後３年間保存すること

２　対象労働者の同意を得ること。

３　就業規則に企画業務型裁量労働制の定めをおくこと。

実務では裁量労働者について成果主義的な賃金制度をとる場合が多いので，その労働条件，特に賃金と評価制度を同時に整備することが必要である。

なお実施後の定期報告については，企画業務型裁量労働制導入後，使用者は次の事項について所轄労働基準監督署長に所定の様式により報告しなければならない（労基法38条の４第４項，同法規則24条の２の５第２項）。この報告は決議が行なわれた日から起算して６ヵ月以内に１回，その後は１年ごとに１回必要だが，当分の間は６ヵ月ごとに１回となっている（労基法規則24条の２の５第１項，66条の２）。

- 対象労働者の労働時間の状況

- 対象労働者の健康・福祉措置の実施状況

[例２]　従業員の一部について，本人の同意を得て業務遂行の手段および時間配分等を従業員の裁量に委ねる企画業務型裁量労働制により勤務させることがある。

２　所定労働日，休日，休憩時間は第○条（所定労働時間，所定休憩時間）による。ただし，休憩時間帯は業務の必要に応じて裁量により変

更することができる。

3　休日または深夜に労働する場合については，あらかじめ所属長の許可を受けなければならない。

4　所定労働日の労働時間は労使委員会の決議で定める時間とみなす。

5　対象従業員その他企画業務型裁量労働制に関しては労使委員会の決議の定めによる。

2　事業場外労働

▤ 基本的な考え方

労働者が使用者の事業場の外で業務に従事し，使用者は何時間労働したのか算定しがたい場合には，一定の労働時間とみなして取り扱うことができる。これが事業場外労働の制度である（労基法38条の2）。

【事業場外労働の要件】

> 1　労働者が労働時間の全部または一部について事業場の外で労働に従事したこと。
>
> 2　使用者が労働時間を算定しがたいこと。

［例1］　従業員が労働時間の全部または一部を事業場外で労働した場合において，労働時間を算定しがたいときは所定労働時間労働したものとみなす。ただし，その労働が通常所定労働時間を超える場合には，通常必要とされる時間労働したものとみなす。

2　前項ただし書の場合，通常必要とされる時間について労働基準法で定める労使協定を締結したときには，労使協定で定める時間労働したものとみなす。

［例2］　社員が出張その他事業場外で勤務する場合は，原則として通常の労働時間労働したものとみなす。ただし，あらかじめ別段の指示をしたときは，この限りではない。

●みなし労働時間制の法規制の適用

労働時間のみなし労働時間制は，あくまで労働時間算定に関する制度であ

るから，休憩，休日，時間外労働，休日労働，深夜業等の労基法上の規制の適用がある（昭63.1.1基発１号）。したがってたとえば，その日のみなし時間が８時間を超える場合には，時間外労働に３６協定の締結と届出および割増賃金の支払いが必要である。

また年少者（労基法６章）および女性（労基法６章の２）の保護規定にかかる労働時間の算定については，みなし労働時間制は利用できない（労基法規則24条の２第１項）。

✱ 問題点

●「労働時間が算定しがたいこと」とは

「労働時間を算定しがたいこと」とは，事業場の外で働く労働者の勤務の状況を具体的に把握することが困難である場合を意味しており，その判断については，業務の性質，内容やその遂行の態様，状況等および使用者と当該労働者との間の業務に関する指示および報告の方法，内容やその実施の態様，状況等が考慮される（阪急トラベルサポート派遣添乗員第２事件・最判平26.1.24労働判例1088号５頁）。したがって，事業場の外で業務に従事する労働者であっても，使用者が具体的に勤務状況を把握することが困難でない場合には，「労働時間を算定しがたいこと」という要件に該当しない。一方，行政通達では，次のような場合は具体的な労働時間の把握は可能だとしている（昭63.1.1基発１号）。

①何人かのグループで事業場外労働に従事する場合で，そのメンバーのなかに労働時間の管理をする者がいる場合

②事業場外で業務に従事するが，無線やポケットベル等によって随時使用者の指示を受けながら労働している場合

③事業場において，訪問先，帰宅時刻等当日の業務の具体的指示を受けた後，事業場外で指示どおりに業務に従事し，その後事業場に戻る場合

たとえば外勤の営業マンでも①から③のいずれかにあたる場合は，労働時間の算定が可能なので，みなし時間の取り扱いはできない。実務では，②と③がしばしば問題となる。②については，使用者が外勤者に業務用の携帯電話をもたせているだけでは労働時間を把握することはできないので，これに

該当しない。②にあたるのは，携帯電話により使用者がその日の業務を随時具体的に指示し，あたかも事業場で指示をしているのと同様にみられる場合と考えられる。また③については，使用者が外勤者に事前に訪問先，帰社時刻等当日の業務を具体的に指示している場合に該当するのであって，そのような事前の指示をしないで外勤し，外勤者が帰社後当日の業務内容を報告する場合は，これにあたらないと考えられる。このような場合，外勤中の労働時間を使用者は客観的に把握できず，また事後の報告は，労働時間算定目的ではないからである。

●**労働時間を何時間とみなすか**

❶労働時間の全部について事業場外労働をしたとき

原則は所定労働時間労働したものとみなす。ただし，当該業務遂行に通常必要とされる時間が所定労働時間を超える場合には，通常必要とされる時間労働したものとみなす。「通常必要とされる時間」とは通常の状態でその業務を遂行するために客観的に必要とされる時間である（昭63.1.1基発１号）。

ただ同様の業務でも労働者により，また日々の状況により労働時間に差異が生じることが多いので，ここで「通常必要とされる時間」とはおおむね平均的な時間とされている。たとえば8.5時間で済むこともあれば，9.5時間要することもあるが，平均すれば９時間かかるのであれば，９時間とみなすことになる。そして労基法は，通常必要とされる労働時間数についてあらかじめ労使協定で定めることができるとしている。この労使協定はみなし時間が１日８時間を超える場合には労働基準監督署長へ届け出なければならない。

❷労働時間の一部について事業場内労働をしたとき

労働時間の一部について事業場内の業務に従事した場合は，事業場外の従事時間と合わせてみなし労働時間になる。その場合，事業場内の従事時間は把握しておかなければならないというのが行政の考え方である。たとえば所定労働時間８時間の事業場において，事業場内従事時間２時間の後，事業場外労働を行なった場合，その労働者の労働時間は原則８時間とみなされる。事業場内と事業場外を含めての労働が通常，所定労働時間で行なわれるからである（すなわちこの場合は，事業場外労働部分は通常，６時間を要する労務であることを前提としている）。したがってこの場合の事業場外労働が通常７時

間を要する業務である場合には，この日の労働時間は9時間とみなされることになる（昭63.1.1基発1号，昭63.3.14基発150号）。

労働時間の一部について事業場外労働したときにも，上記❶と同様に労使協定でみなし労働時間を定めておくことができる。この場合，労使協定で定めるのは，事業場外労働部分について通常必要とされる労働時間のみなし時間である。このみなし時間が法定労働時間を超えなければ届出は不要である（労基法規則24条の2第3項）。

●**テレワークと労働時間**

情報通信技術を活用した事業場外勤務はテレワークと呼ばれ，在宅勤務，主たる勤務場所以外の自宅付近や通勤途中に設けられた事務所で業務を行なうサテライトオフィス勤務，ノートパソコン，携帯電話等を利用して臨機応変に選択した場所で業務を行なうモバイル勤務の類型があり，利用が拡大しているが，労働時間などの適正な管理が問題になる。たとえば，いわゆる勤務中の中抜け時間や移動時間と労働時間性，事業場外労働の適否などさまざまな問題がある。これらの点については，厚生労働省の「情報通信技術を利用した事業場外勤務の適切な導入及び実施のためのガイドライン」（平成30年2月22日。https://www.mhlw.go.jp/file/06-Seisakujouhou-11200000-Roudoukijunkyoku/3002221.pdf）が詳細に検討しているので参照されたい。

第5節

休憩・休日

1 休 憩

📖 基本的な考え方

　休憩時間では，①長さと位置，②一斉付与の原則，③自由利用の原則など
を定める。休憩時間とは，労働者が権利として労働から離れることを保障さ
れている時間帯のことである（昭22.9.13発基17号）。これに対して，定めら
れた場所で実作業に従事していなくとも，要請があれば実作業を行なわなけ
ればならない状態で待っている時間はいわゆる待機時間あるいは手待時間と
呼ばれ，これは労働時間であり，休憩時間とはならない。

［例1］　休憩時間は，原則として正午から1時間とする。

　　2　休憩時間は一斉に付与する。ただし，労働基準法で定める労使協定
　　　により交替制とすることができる。

　　3　休憩時間は自由に利用することができる。ただし，職場の秩序や規
　　　律の保持上，必要あるときはこの限りではない。

　　4　業務上の都合その他やむをえない事情により，休憩時間を繰り上げ
　　　または繰り下げることがある。

●休憩時間の長さと位置

　労基法上，使用者が義務づけられている休憩時間の長さは次のとおりであ
る（34条1項）。

労働時間	休憩時間
6時間を超える場合	45分以上
8時間を超える場合	1時間以上

したがって労働時間6時間以内（6時間も含む）の場合は休憩時間を与えなくとも労基法に違反しない。また実務では昼食時間帯に休憩時間を1時間とするものが多いが，休憩時間は分割して与えることもできる。たとえば午後0時から45分，午後3時から15分という分割付与でも差し支えない。

休憩時間の位置については，必ず労働時間の途中に与えなければならない。したがって始業時刻前あるいは終業時刻直前に与えることはできない。たとえばパートタイマーが早く帰宅したいため，休憩時間をとらずにその分，終業時刻を早めることがあるが，労働時間が6時間を超えるときには，それは許されない。

また所定労働時間が8時間で，1時間の残業を行なう場合は，所定労働時間の途中に45分の休憩を与え，所定労働時間終了後の残業時間の途中に15分の休憩を付与することもできる。所定労働時間中に1時間の休憩を与えていれば，残業中に休憩を与える義務はない。さらに交替制の場合には，一勤務単位で休憩時間の付与義務を考えることになる。たとえば一昼夜隔日交替制勤務においても，一勤務中に休憩を1時間与えれば労基法上の義務違反にはならない（昭23.5.10基収1582号）。

●一斉付与の原則

休憩の効果をあげるために，休憩時間は事業場単位で一斉に与えなければならない（労基法34条2項）。これを一斉付与の原則と呼んでいる。その例外は次のとおりである。

①特殊の必要があるとされる事業（労基法40条，同法規則31条）

②労使協定で例外を定めた場合

上記①は運輸交通業，商業，金融・広告業，映画・演劇業，通信業，保健衛生業，接客・娯楽業，官公署がこれにあたる。①にあたらない場合でも，一斉に休憩を与えない労働者の範囲および当該労働者に対する休憩の与え方について労使協定をすれば，一斉付与しなくてもよい（労基法規則15条）。

したがって①，②の場合には，同一事業場内の労働者について休憩時間帯をずらして交替制にすることができる。

［例2］　業務上必要があるときは，会社と労働組合との一斉休憩の適用除外に関する協定により，休憩時間を変更することができる。

●自由利用の原則

[例3]　従業員は休憩時間を自由に利用することができる。ただし，外出し
　　　　ようとする場合には，所属長に届け出なければならない。

[例4]　社員は休憩時間中に外出しようとするときは，あらかじめその事由
　　　　および時間について，会社の承認を得なければならない。

　休憩は，労働者の権利としての休息を保障するものだから，自由利用の原
則（労基法34条3項）は当然のことと解されている。しかしながら休憩は私
生活上の自由時間と異なり，企業施設内で休息する場合が多く，しかも休憩
後は労働が予定されている時間帯であることから，この原則にもおのずと制
約がともなう。行政解釈でも「休憩時間の利用について事業場の規律保持上
必要な制限を加えることは，休憩時間の目的を害わない限り差し支えない」
（昭22.9.13発基17号）とし，休憩時間中の外出を許可制度とするについても
「事業場内において自由に休息し得る場合には必ずしも違法にはならない」
（昭23.10.30基発1575号）としている。休憩後の就労を確実にするなど業務上
の必要性があり，事業場内で十分な休息がとれるのであれば，承認制や外出
原則禁止も適法と解すべきである。

　もっとも，このような制約は必要最小限に運用されなければならないの
で，次のような場合に限られると考えるべきである。

- 休憩後の就労に支障が生じるおそれがある場合
- 他の労働者の休憩時間の妨げとなる場合
- 作業能率の低下を生じさせる場合
- 企業の施設に支障を及ぼしたり，施設管理規定，服務規律規定に違反す
　るおそれがある場合

●休憩時間規制の適用除外

　運輸交通業および通信業に従事する一定の特殊勤務者について労基法34条
の適用を除外している（労基法規則32条参照）。

2　休　日

◢■ 基本的な考え方

　休日では，①休日となる日，②振替休日制度を定め，さらに③代休制度を
設けるかどうかを検討することになる。

●休日となる日

　休日とは労働契約上，労働義務のない日をいう。この点で，労働日の労働
義務を個々に免除する休暇と異なる。労基法は1週間に1日の休日付与を原
則としている（35条1項）。実務で多く用いられている週休2日制は，労基
法の法定休日に法定外休日（所定休日）を加えたものである。

　休日の定め方のパターンは，大別して次の3つがある。労基法は休日を具
体的に特定することまでは要求していないので，上記のいずれの定め方も適
法である。交替制や変形労働時間制をとる場合には，②が多いであろう。

　①休日を特定するもの

　②特定の休日と指定休日を併用するもの

　③年間休日日数を定め，その範囲で個別に休日を指定するもの

　以下，［例1］の1項および2項は特定休日と指定休日を併用する例，［例
2］は年間休日日数による例である。なお，ここで「国民の祝日・休日」と
は「国民の祝日に関する法律」で定める祝日および休日のことである。

［例1］　休日は次のとおりとする。

　　⑴　土曜日，日曜日

　　⑵　国民の祝日・休日

　　⑶　年末年始（12月29日から31日，1月2日，3日）

　　⑷　その他会社が定める日

　　2　交替勤務を必要とする部署においては，会社が前月末までに翌月の
　　　勤務割表を作成し，4週間を通じて4日以上の休日を与える。この場
　　　合の4週間の起算日は，毎年4月1日とする。

　　3　前各項の休日は，業務の都合上その他やむをえない事由のある場合
　　　は，全部または一部の者について他の日に振り替えることがある。

休日を振り替える場合は，あらかじめ振り替える日を指定して従業員に通知する。この場合，４週４日の休日が確保されるよう振り替えを行なう。

[例２]　社員の休日は年間（当年４月１日から翌年３月31日までとする。以下同じ）118日とする。

　　２　社員の休日は，固定休日および指定休日とし，固定休日は次の各号のとおりとする。ただし，業務上の必要があるときはこれを変更することがある。

　　⑴　日曜日または週休日

　　⑵　国民の祝日・休日

　　⑶　創立記念日

　　⑷　年末年始（12月30日，31日，１月２日および３日）

　　３　社員の年間指定休日数は，年間休日数から前項の固定休日数を控除した日数とする。その配置にあたっては，業務上の必要がないかぎり原則として週２日休日を確保することとし，前年度２月末に四半期別・月別の配置予定日数および配置予定日を明らかにし，前四半期末に当四半期別・月別配置日数を，また前月末に配置日を確定する。

●休日振り替え

　振替休日は業務の都合で休日を変更したい場合に利用されている。休日振り替えの手続きによらなければ，その日はあくまで休日で，労働させれば休日労働になるが，あらかじめ休日振り替え手続きを行なえばその日は休日でなくなるため，労働させても休日労働ではない。ただし振り替えによりその週の法定労働時間（40時間）を超える時間は時間外労働となる。

【休日振り替えの要件】（昭23.4.19基収1397号，昭63.3.14基発150号）

> １　就業規則で，業務上必要な場合，休日を振り替えることができる旨を定めておくこと。
> ２　休日を振り替える前に，あらかじめ振り替えるべき日を特定して振り替え手続きを行なうこと。
> ３　休日振り替えによっても，法定休日が確保されていること。

なお上記［例1］の3項が休日振り替えの定めである。

●**代休の設定**

代休とは，実務では休日振り替えにより変更された休日を指すときもあるが，ここでは休日労働をした場合に，それに対する代償として与えられる一種の休暇（労働日の労働義務を免除する措置）の意味である。使用者による一方的な労働義務の免除なので法律上，当然に無給とはならないため，就業規則で代休は無給とする旨を定めておくべきである。

代休付与は法定の義務ではないので，代休制度を設けない企業もある。代休規定では，休日労働あるいは一定時間数以上の時間外労働について付与するものが多く，使用者が付与するパターン（使用者付与型，［例3］）と労働者の請求により付与するパターン（労働者請求型，［例4］）の2つがある。前者は代休付与を使用者に義務づけるものであり，後者は代休を取得するか否かを労働者の請求にかからせるものである。

［例3］（1日の所定労働時間8時間の例）

　　　休日に8時間以上労働した場合は，原則として7日以内に1日の代休を与える。代休は無給とする。

［例4］（1日の所定労働時間7時間30分の例）

　　　休日の勤務時間が7時間30分以上に及んだときは，本人の請求により，原則として当該休日の属する給料計算期間中に代休1日を与える。代休は無給とする。

使用者付与型の場合，「代休を後日与える」という記載例もあるが，代休を定めながら実際には代休を付与せずにルーズな取り扱いとなりやすいので，［例3］のように代休を与える期間を定めておくのが望ましい。

代休は振替休日とは異なり，あくまで休日労働を前提とするものであるから，無給の代休を与えても法定の休日労働の場合は割増賃金分（3割5分以上）を支払わなければならない。具体的には，一賃金支払い期間で法定休日労働1日と代休1日があった場合，1.0を1日の単位とすれば，「休日労働分（1.35）－代休分（1.0）」の差額0.35分は支払いを要する。

このように，賃金の面でも振替休日と代休とを実務上，区別しておかなければならない。

☑ チェックポイント

●変形休日制

労基法35条1項は，1週間に1日の休日付与を原則としているが，4週間を通じて4日の休日を与える場合には，この原則を適用しないものとしている（35条2項）。これは，週休休日制の原則に対して「変形休日制」と呼ばれている。したがって使用者は1週1日の休日を付与しなくとも4週4日の休日を付与すれば労基法違反にはならないが，［例1］の2項のように変形休日制をとる場合には，就業規則で4週間の起算日を定めておかなければならない（労基法規則12条の2第2項）。

休日は，休憩のように一斉付与義務はないので，特定の職種や部署の労働者ごとに異なる日に設定しても差し支えない。［例1］の2項は交替制の部署を対象に変形休日制を定めたものである。

●国民の祝日と休日の関係

「国民の祝日に関する法律」では，国民の祝日と休日を定めている。国民の祝日・休日は，労基法上の法定休日とは関係ないので，1週1日または4週4日の休日を与えるかぎり，国民の祝日・休日に休日を与えなくとも労基法違反にはならない。

ただ通達では「国民の祝日の趣旨及び労働時間短縮の見地から，労使間の話し合いによって，国民の祝日に労働者を休ませ，その場合に賃金の減収を生じないようにすることが望ましいことはいうまでもない」とされている（昭41.7.14基発739号）。実務でも国民の祝日・休日を休日とする場合が多い。

●暦日原則と例外

休日は1暦日（午前0時から午後12時）を単位として与えなければならない（昭23.4.5基発535号）。休日は暦日という原則も，業務上やむをえないと認められる次の3つの場合について，行政解釈では例外を認めている。

❶番方編成による8時間三交替制（昭63.3.14基発150号）

8時間三交替制で，1週ごとに番方が替わる場合，暦日に休日を与えるためには番方により2暦日の休日付与の結果となるので，このような場合には継続24時間を休日とすることを認めている（昭63.3.14基発150号）。

❷旅館業

旅館，ホテルでは，客の入館（チェックインタイム）から退館（チェックアウトタイム）までの2暦日にまたがる勤務編成が多く，休日もこのような事実上の2暦日にまたがる勤務を免除する形で与えられることがあるのもやむをえないとの考慮から当面，一定の要件のもとに2暦日にまたがる休日を認めるとの通達が出されている（昭63.3.14基発150号，平11.3.31基発168号など）。

●休日労働の割増率（法定休日と所定休日の区別）

多くの企業では，就業規則で休日をあらかじめ一定の日（たとえば土曜日，日曜日）に特定している。労基法上は休日を特定して与えることまで要求されていないが，特定することが法の趣旨に沿うので，就業規則で具体的に一定の日を休日と定める方法を指導するよう通達されている（昭23.5.5基発682号，昭63.3.14基発150号）。

労基法上，法定休日に労働させた場合は3割5分以上の割増賃金を支払わねばならないが，法定休日以外の休日（所定休日）労働には法定休日の割増賃金を支払う義務はない。ただし法定外の休日労働が時間外労働になる場合には，時間外労働の割増賃金の支払い義務がある。使用者は就業規則等でそれぞれの取り扱いを定めておくべきである。特に割増率に差が出る場合には法定休日と所定休日との区別をすることが望ましいとされている（平6.1.4基発1号，平11.3.31基発168号）。

したがって実務上，法定休日と所定休日の労働で割増率に差を設ける場合（たとえば前者3割5分，後者は時間外労働と考えて2割5分）には，必ず両者の区別を定めておくべきである。

以下に，法定休日とそれ以外の休日（所定休日）を区別する規定例を掲げる。

［例5］　日曜日を法定休日とする。

［例6］　毎週の休日のうち，休日労働のない最後の日またはすべての休日を労働した場合の，最後の労働した日を法定休日とする。

［例7］　毎週の休日のうち最後の1回の休日を法定休日とする。

上記［例5］はあらかじめ法定休日を特定する例である。このようにあらかじめ特定することはせずに，1週間のうち土曜と日曜が休日で，そのどち

らかの休日に休日労働しても法定休日労働としないで残った休日を法定休日と扱う場合は，［例6］あるいは［例7］のような定め方となる。行政解釈では［例7］のように定めれば，明確性が認められるとしている（前掲平11.3.31基発168号）。

第6節

時間外，休日，深夜労働

📖 基本的な考え方

　時間外，休日，深夜労働については，必ず就業規則に規定をおくべきである。それが，業務命令として時間外，休日，深夜労働を命ずるための要件のひとつになるからである。

●時間外，休日，深夜労働の規定

[例1]　業務上の都合によりやむをえない事由のある場合は，所定労働時間を超える時間外労働，休日労働を命じることがある。この場合，労働基準法上の時間外，休日労働に該当するときには，同法の定める労使協定の範囲内で時間外，休日労働を命じる。

　2　労働基準法上の休日労働は，毎週休日のうち最後の1日の休日に労働させた場合とする。

　3　時間外労働と法定休日労働を合計した労働時間は1ヵ月100時間未満，2～6ヵ月の間で1ヵ月当たり平均80時間以内でなければならない。

　4　従業員が時間外労働，休日労働および深夜労働をする場合には，あらかじめ所属長の許可を受けなければならない。

　5　会社は，妊娠中および産後1年を経過しない女性従業員から申出があるときは，時間外労働，休日労働および深夜労働（午後10時から翌日午前5時までの間の勤務）を命じない。

　6　3歳に満たない子を養育する従業員または要介護者を介護する従業員から申出があるときは，事業の正常な運営を妨げる場合を除き，所定労働時間を超える労働を命じないものとする。この申出等については育児・介護休業規程による。

7　会社は，小学校就学前の子を養育する従業員または要介護者を介護
　　する従業員から申出があるときは，事業の正常な運営を妨げる場合を
　　除き，労働基準法上の時間外労働は１ヵ月24時間以内かつ１年150時
　　間以内の範囲で命じるものとし，また深夜労働は命じないものとす
　　る。この申出等については育児・介護休業規程による。

　　8　会社は，満18歳に満たない従業員には，労働基準法上の時間外労
　　働，休日労働，深夜労働を命じない。ただし，交替制勤務に就いてい
　　る場合は，この限りでない。

　　9　災害その他避けることのできない事由によって臨時の必要がある場
　　合においては，時間外，休日労働を命ずることがある。

　上記［例１］の２項は週休２日制の場合で，法定休日とその他の休日とを
区別する規定である。この点は，本章５節の「チェックポイント」参照。５
項は労基法66条２項，３項に対応，６項は育児介護休業法16条の８，16条の
９に対応，７項は育児介護休業法17条から20条に対応，８項は労基法60条，
61条に対応，９項は労基法33条に対応する規定である（33条については令和
元年６月７日基発0607第１号参照）。

●**労基法上の時間外，休日労働とは**

　時間外，休日労働については次のとおり，労基法上の時間外，休日労働と
そうでない時間外，休日労働とを区別して考えるべきである。

　一般に所定労働時間を超える労働を時間外労働あるいは残業と呼んでいる
が，このうち所定労働時間を超えて労基法で定める法定労働時間（１日８時
間，１週40時間）以内の残業は，法内残業（法内超勤）と呼ばれる。もう一
つは法定労働時間を超える残業であり，これを法外残業（法定外時間外労働）
と呼ぶことがある。そして法外残業だけが労基法の残業規制の対象となる。

　１日単位でみると所定労働時間が１日７時間30分で，実際にその後２時間
残業した場合を例にとると，７時間30分を超え８時間までの30分間の労働は
法内残業であり，８時間を超える１時間30分の労働は法外残業となる。この
場合，法内残業分は，就業規則（賃金規程）において，割増のない時間単価
で支払う定めや低い割増率で支払う定めをしても差し支えない。ただし従前
２割５分増で支払っている場合に，これを低率に変更するようなときは，労

働者に不利益な変更となるので，変更について合理性が必要とされる。

　休日についても同様に，労基法上の法定休日は1週1日または4週4日であり，この法定休日の労働とそれ以外の休日（所定休日）の労働がある（本章5節の「チェックポイント」参照）。このうち法定休日労働だけが労基法の休日労働規制の対象となる。たとえば就業規則において休日を土曜日，日曜日とする週休2日制をとっている場合に，土曜日に労働させても，日曜日に休んでいれば1週1日の休日は確保されているので土曜日の労働は労基法上の休日労働にはならない。

　上記［例1］2項は週休2日制で以上の区別を前提にした規定例である。

● **割増賃金率**

　割増賃金率については，次のとおりである（労基法37条）。

- 時間外労働　25%以上（ただし1ヵ月60時間を超える部分は50%以上）
- 法定休日労働　35%以上
- 深夜労働　25%以上

　1ヵ月60時間を超える時間外労働の部分50%以上については（この支払いに関する代替休暇制度については6章2節参照），たとえば，1ヵ月70時間の時間外労働をさせた場合，60時間を超える10時間分は50%の割増賃金となる。割増率50%は，次の中小企業には適用猶予措置があったが，2023年4月に廃止される（労基法138条削除，整備法附則1条）。

【適用を猶予される「中小企業」（企業単位）】

	①資本金の額または支出の総額		②常時使用する労働者数
小売業	5000万円以下	また	50人以下
サービス業	5000万円以下	は	100人以下
卸売業	1億円以下		100人以下
上記以外	3億円以下		300人以下

● **時間外労働1ヵ月60時間の計算上の留意点**

　この時間外労働の割増率については，1ヵ月60時間を超える部分が50%以上となるので時間外労働時間数のカウントの仕方が実務上重要であり，次の点に留意すべきである。

❶1ヵ月の起算日

1ヵ月の起算日は会社の就業規則で定めていればその起算日となる。たとえば毎月1日とか，賃金計算期間の初日などである。もし定めがなければ，賃金計算期間の初日を起算日とすることになっている。

❷1ヵ月60時間の計算

時間外労働の時間数は法定労働時間を超える時間外労働（法外残業）の時間数であり，法内残業は含まず，また労基法上の法定休日労働の時間も含まない。法定休日以外の休日（所定休日）の労働時間はカウントされる。具体的にみると次のとおりである。そして，それぞれ1ヵ月単位で時間外労働の合計が60時間を超えたか否かを計算する。

①通常の定時勤務の場合

時間外労働は各日および各週を単位として次のように計算し，AとBの合計が時間外労働時間数となる。

A　各日：法定休日を除く各日の労働時間が8時間（1日の法定労働時間）を超える日は，超える時間が時間外労働となる

B　各週：Aの時間外労働とされた時間を除き，週の総実労働時間（法定休日労働を除く）が40時間（週法定労働時間）を超える週は，超える時間が時間外労働となる

②変形労働時間制の場合

変形労働時間制の時間外労働は各日・各週および変形期間を単位として次のように計算し，A，B，Cの合計が時間外労働時間数となる。

A　各日：所定労働日の労働については，所定労働時間が8時間（1日の法定労働時間）を超える日は，所定労働時間を超える時間が時間外労働となる。所定労働時間が8時間を超えない日は8時間を超える時間が時間外労働となる

B　各週：Aの時間外労働とされた時間を除き，週の総労働時間（法定休日労働を除く）について，週所定労働時間が40時間（週法定労働時間）を超える週は，週所定労働時間を超える時間が時間外労働となり，40時間を超えない週は，40時間を超える時間が時間外労働となる

C　変形期間：A，Bの時間外労働とされた時間を除き，変形期間の総労

働時間（法定休日労働を除く）のうち，法定総労働時間（週法定労働時間×変形期間の日数／7日）を超える時間が時間外労働となる

③フレックスタイム制の場合

フレックスタイム制の場合は，清算期間を単位として，清算期間の総労働時間（法定休日を除く）のうち法定総労働時間（週法定労働時間×清算期間の日数／7日）を超える時間が時間外労働となる。したがって，1日・1週単位の時間外労働というものはない。1ヵ月を清算期間とする場合，次の時間数を超える時間が時間外労働になる。

- 大の月は（40時間×31日÷7日）＝177.1時間
- 小の月は（40時間×30日÷7日）＝171.4時間

平成30年改正労基法により清算期間の上限が3ヵ月まで延長された。清算期間1ヵ月を超える場合の時間外労働の算定については本章3節の「チェックポイント」参照。

④裁量労働制の場合

裁量労働者は，1日のみなし労働時間が決まっているので，実労働時間ではなく，みなし労働時間数にもとづいて上記①（通常の定時勤務の場合）で計算することになる。なお，たとえばみなし労働時間の扱いは平日だけで，休日は実労働時間で扱っているときは，休日労働（法定休日を除く）は実労働時間数でカウントする。

❸法定休日と所定休日の区別

1ヵ月60時間のカウントでは，法定休日の労働は含まず，それ以外の休日（所定休日）の労働は含むので，実務上は就業規則か給与規程で両者の区別をしておくことが望ましい。

規則記載例としては次のとおりである（本章5節の「チェックポイント」参照）。

[例2] 日曜日を法定休日とする。

[例3] 毎週の休日のうち，休日労働のない最後の日またはすべての休日を労働した場合の最後の労働した日を法定休日とする。

[例4] 毎週の休日のうち最後の1回の休日を法定休日とする。

☑ チェックポイント

●時間外労働等の長さ規制の新たなルール

従前は「労働基準法36条1項の協定で定める労働時間の延長の限度等に関する基準」が設けられていた（平10労働省告示154号）。

しかし，上記の限度基準告示による時間外労働の長さ規制については，平成30年の改正労基法により，同告示が廃止されるとともに，新たに次のような規制になる。その施行日は2019年4月1日であるが，中小企業への適用は2020年4月1日（整備法附則3条）である。ただし，３６協定との関係で次の経過措置がある。新たな規制は所轄の労働基準監督署に届け出る３６協定の対象期間が上記の施行日以後の期間のみを定めている３６協定について適用し，施行日の前日を含む期間を定めている３６協定については，その期間の初日から起算して１年を経過する日までの間は，従前の例による（整備法附則2条，3条1項）。したがって，施行日が2019年4月1日の企業の場合，たとえばその事業場において2019年1月1日を初日とする３６協定を締結・届け出ているときには，2019年12月31日の経過する日までは改正前の労基法が適用され，2020年1月1日から改正法が適用される。施行（適用）日が2020年4月1日の中小企業の場合，たとえば2020年3月1日を初日とする３６協定については，2021年2月末日の経過する日までは改正前の労基法が適用され，2021年3月1日から改正法が適用される。ただし，中小企業の場合，施行（適用）日の前日（2020年3月31日）を含む期間を定める３６協定の労使当事者は，協定にあたり，改正労基法（36条1項〜5項）の時間外労働等の上限規制を勘案して協定をするよう努めなければならないとされている（整備法附則3条2項）。

●時間外労働等の上限規制の内容

平成30年の改正労基法により，従前の時間外限度基準告示を法律に格上げし，罰則による強制力をもたせるとともに，従来，上限なく時間外労働が可能となっていた臨時的な特別の事情がある場合として労使が合意して労使協定（特別条項）を締結する場合であっても，上回ることのできない上限が設定された。しかもその規制内容は，下記のとおり，法定休日労働を含めたものである点に留意する必要がある（厚生労働省「時間外労働の上限規制・わかりやすい解説」）。

記

　原則として月45時間，年360時間（3ヵ月を超える期間を対象期間とする1年単位の変形労働時間制の場合は原則として月42時間，年320時間）である（改正労基法36条4項）。

　上記を原則としつつ，特例として，臨時的な特別の事情があるときに，労使が合意して労使協定（特別条項）を結ぶ場合においても，時間外労働の上限は年720時間となる（改正労基法36条5項）。かつ，この年720時間以内の時間外労働であっても，一時的に事務量が増加する場合について，法定休日労働を含めて最低限，上回ることのできない上限として，次の①〜③のいずれも満たす範囲が限度となる（改正労基法36条6項2号，3号）。

　①時間外労働は法定休日労働を含み，単月で100時間未満（改正労基法36条6項2号）

　②時間外労働は法定休日労働を含み，2ヵ月ないし6ヵ月平均で80時間以内（改正労基法36条6項3号）

　③原則である月45時間の時間外労働を上回る回数は年6回まで（改正労基法36条5項）

　なお，上記②の2ヵ月ないし6ヵ月平均で80時間以内とは，2ヵ月平均，3ヵ月平均，4ヵ月平均，5ヵ月平均，6ヵ月平均のいずれも80時間以内でなければならないという意味である。

　そして，原則である時間外労働月45時間の上限には法定休日労働を含まないことから，①および②については，特例（特別条項）を活用しない月においても適用される。

　以上の時間外労働の上限規制をまとめると次のようになる。

【時間外労働の上限規制の内容】

　（原則）

　月45時間，年360時間，かつ最低限上回ることのできない上限として，

　①法定休日労働を含み，単月で100時間未満

　②法定休日労働を含み，2ヵ月ないし6ヵ月平均で80時間以内

　（特別条項）

　年720時間かつ最低限上回ることのできない上限として，

　①法定休日労働を含み，単月で100時間未満

　②法定休日労働を含み，2ヵ月ないし6ヵ月平均で80時間以内

　③原則である月45時間の時間外労働を上回る回数は年6回まで

●就業規則に平成30年改正労基法の上限規制内容を盛り込む必要はあるか

　就業規則では，時間外労働についての規定をおく必要はあるが，それは労基法の規制を遵守する前提であり，３６協定においてもその前提で時間外労働の上限を定めるので，時間外労働については，改正労基法の上限規制内容を条文に盛り込まなくても足りる。しかし，改正法では新たに時間外労働と法定休日労働を合計した労働時間の上限が定められたので，労働者，特に労働時間管理者に対する注意喚起という観点からも，［例５］の定めをおくべきであり，これは［例１］の３項に明記した。

［例５］　時間外労働と法定休日労働を合計した労働時間が１ヵ月100時間未満，２ヵ月から６ヵ月の間で平均80時間以内でなければならない。

●時間外労働，休日労働の上限違反と罰則の関係

　改正労基法の時間外労働，休日労働の上限に違反すると罰則が適用される。すなわち，①３６協定を締結せず，または３６協定の上限時間数を超えて時間外労働させた場合は労基法32条違反，②３６協定を締結せず，または３６協定の休日労働の上限日数を超えて休日労働させた場合は同法35条違反，③坑内労働その他の有害業務に１日につき２時間を超えて時間外労働させた場合は同法36条６項１号違反，④時間外労働・休日労働を合計して１ヵ月100時間以上働かせた場合は同法36条６項２号違反，⑤時間外労働・休日労働を合計して２ヵ月から６ヵ月の間に平均80時間を超えた場合は同法36条６項３号違反となり，いずれの場合も改正労基法119条１号により６ヵ月以下の懲役または30万円以下の罰金となる。改正労基法で新たに罰則が定められたのは上記の④および⑤である。

●時間外労働等の上限規制等の適用除外および適用猶予

　平成30年の改正労基法にともない，時間外労働に関する限度基準告示が廃止され，時間外労働等の上限規制の適用除外および適用猶予については，次のようになる。

　①新技術，新商品等の研究開発の業務の適用除外（改正労基法36条11項）

　同業務従事者に時間外労働等の上限規制は適用しない。一方で，当該業務に従事する労働者の健康確保措置として，１週間当たり40時間を超えて労働させた場合の超過時間が１ヵ月当たり100時間を超えた者に対し，事業主は

医師による面接指導を実施しなければならない（安衛法66条の8の2，同規則52条の7の2第1項）。この点については第9章第1節参照。

　なお，適用除外は改正労基法の上限時間（36条3項〜5項および6項2号，3号）の適用除外であって，新技術，新商品等の研究開発の業務に従事する者を法定労働時間を超えて労働させる場合には，時間外労働等に関する労使協定（36協定）を締結し，所轄労働基準監督署に届け出なければならない（改正労基法36条1項，2項）。そして，労使協定により1ヵ月について45時間または1年について360時間を超えて時間外労働をさせることができることとする場合においては，健康・福祉を確保する措置として，代替休暇の付与等の措置を定めるよう努めなければならないとされている（平30.9.7厚生労働省告示323号「労働基準法第36条第1項の協定で定める労働時間の延長及び休日の労働について留意すべき事項等に関する指針」9条3項）。

　②工作物の建設その他これに関連する事業の適用猶予（改正労基法139条，同法規則69条1項）

　2024年4月1日に上限規制の一般則を適用する。ただし，復旧・復興の事業については，1ヵ月100時間未満，2ヵ月ないし6ヵ月の平均で80時間以内の上限規制は適用しないが，将来的な一般則の適用については引き続き検討する。

　③自動車の運転業務の適用猶予（改正労基法140条，同法規則69条2項）

　2024年4月1日に上限年960時間の規制を適用することとし，将来的な一般則の適用については引き続き検討する。

　④医業に従事する医師の適用猶予（改正労基法141条）

　医師については，医師法19条1項にもとづく応召義務等の特殊性をふまえた対応が必要であるところから，2024年4月1日に上限規制の適用をする（具体的な上限時間等については医療界の参加のもとで検討して結論を得ることになっている）。

　⑤鹿児島県および沖縄県における砂糖製造業（改正労基法142条，同法規則71条）の適用猶予

　2024年4月1日に上限規制の一般則を適用する。

●改正労基法による３６協定関係の見直し

❶時間外労働の延長時間の単位

　３６協定の時間外労働の上限時間は，１日単位，１ヵ月単位および１年単位で定めることになった。改正前は，「１日」および「１日を超える一定の期間」についての延長時間が必要的記載事項とされ（労基法規則16条１項），「１日を超える一定の期間」は時間外限度基準告示で「１日を超え３か月以内の期間及び１年間」としなければならないと定められていたが，改正労基法により月45時間（１年単位の変形労働時間制の場合は42時間），かつ年360時間（１年単位の変形労働時間制の場合は320時間）の原則的上限を法定する趣旨をふまえ，時間外労働の延長時間の単位を「１日」「１ヵ月」および「１年間」に限り，あわせて「１年間」の上限を適用する期間の起算点を明記することになった（改正労基法36条２項４号，同法規則17条１項２号）。

❷３６協定の必要的記載事項

　改正労基法に定める３６協定の必要的記載事項は次のとおりである（改正労基法36条２項，同法規則17条１項各号）。

- 時間外労働または休日労働の対象労働者の範囲
- 対象期間（１年間の上限を適用する期間）
- 時間外労働または休日労働をさせることができる場合（具体的事由）
- 対象期間における１日，１ヵ月，１年のそれぞれの期間について時間外労働させることのできる時間数，法定休日労働させることのできる休日日数
- 有効期間の定め（労働協約による場合を除く）
- 時間外労働の延長時間の単位である１年の起算日
- 時間外労働が法定休日労働を含み，単月で100時間未満および２ヵ月ないし６ヵ月平均で80時間以内を満たす（遵守する）こと
- 特例（特別条項）により限度時間を超えて労働させることができる場合（具体的事由）
- 特例により限度時間を超えて労働させる場合の健康福祉確保措置（健康福祉確保措置については以下を参照。なお，使用者はこの措置の実施状況等に係る書類を作成し，３年間保存しなければならない（改正労基法規則17条

2項))
- 特例により限度時間を超える労働に係る割増賃金率
- 特例により限度時間を超える労働をさせる場合の手続き

●３６協定に関する指針と健康・福祉確保措置等

　改正労基法では，新たに指針を定める規定（改正労基法36条7項）を設け，これにもとづき「労働基準法第36条第1項の協定で定める労働時間の延長及び休日の労働について留意すべき事項等に関する指針」（平30.9.7厚生労働省告示323号）が定められた。行政官庁（所轄労働基準監督署等）は，この指針に関し，使用者および労働組合等に対し，必要な助言・指導を行なうことができる（改正労基法36条9項）。行政官庁は，この助言・指導にあたり，労働者の健康が確保されるよう特に配慮しなければならない（改正労基法36条10項）。

　指針では，３６協定の必要的記載事項である健康福祉確保措置（特例により限度時間を超えて労働した労働者に講ずる健康福祉確保措置。改正労基法36条2項5号，同法規則17条1項5号）について，望ましい内容を定めている。その内容は，①医師による面接指導，②深夜業の回数の制限，③勤務間インターバル，④代償休日または特別な休暇の付与，⑤健康診断の実施，⑥連続した年次有給休暇の取得促進，⑦心とからだの相談窓口の設置，⑧配置転換，⑨産業医の助言指導・保健指導であり（指針8条），このうち④〜⑨は企画業務型裁量労働制対象者に講ずる健康福祉確保措置（労基法38条の4第3項，平11.12.27労働省告示149号の指針）に列挙されているものである。

　さらに，指針では，使用者は３６協定の範囲内でも安全配慮義務を負うこと，労働時間が長くなるほど過労死との関連性が強くなること，特例による労働時間の延長を原則である限度時間にできるかぎり近づけるよう努めなければならないこと，および休日労働の日数および時間数も可能なかぎり抑制するよう努めなければならないこと等を定めている（指針3条，5条2項，7条）。そして，従前の時間外限度基準告示において，①労働時間を延長する必要のある業務区分を細分化すること，②限度時間を超える時間の労働にかかる割増賃金率を定めるにあたっては，法定の割増率を超える率とするように努めなければならないこと，が規定されているが，同告示の廃止にともない，これらは上記の指針（4条，5条3項）で改めて定められた。

●３６協定例

特別条項付き３６協定例を次頁に掲げた。本来は労使間で３６協定を締結し，それにもとづき使用者が届出書（様式）に必要事項を記入し，使用者が署名または記名押印して所轄労働基準監督署へ届け出るものである。実務では３６協定を別個に締結せずに，３６協定を兼ねた届出書（様式）だけを作成し，労使がともに署名または記名押印して届け出る例もあり，これは３６協定を兼ねた届出書であり，これでもよい。所轄労働基準監督署への特別条項付き３６協定の届出書（様式）は本書の巻末資料に掲載した。

●育児介護休業法の制限

育児介護休業法では，時間外，深夜労働について，①所定労働時間を超える労働の禁止（16条の8，16条の9），②時間外労働の制限（17条，18条。1ヵ月24時間，1年150時間以内），③深夜労働（午後10時から翌日午前5時まで）の禁止（19条，20条）を定めている。①は原則として3歳未満の子を養育する従業員または介護をする従業員に認められる。②および③は小学校就学前の子を養育する従業員および介護をする従業員に認められる。②の時間外労働の制限とは，申出のあった従業員について法定労働時間を超える時間外労働は1ヵ月24時間，1年150時間の範囲に限られるというものである。

●年少者・妊産婦に対する規制

年少者とは，満15歳以上18歳未満の者をいうが，満15歳に達した日以後も最初の3月31日が終了するまで，すなわち義務教育が終了するまでは原則として労働が禁止される（労基法56条1項，61条1項但書）。さらに義務教育を終えた年少者についても，一定の例外（労基法60条3項）を除き時間外，休日，深夜労働は原則として禁止される（労基法60条1項，61条1項）。

また妊産婦（妊娠中および産後1年以内の女性）が請求した場合，法定労働時間を超える時間外，休日，深夜労働の全部または一部をさせることはできない（労基法66条2項，3項）。

●時間外，休日，深夜労働が重なる場合の割増率

たとえば法定休日に8時間以上労働させた場合，休日労働と時間外労働とが重複する。この場合は休日労働時間に対して3割5分増の賃金を支払えば足り，時間外労働の割増率を加算する必要はない。休日労働と時間外労働と

【特別条項付き３６協定例】（週休２日，１日の所定労働時間８時間）

○○株式会社と○○労働組合は，○○工場における時間外労働および休日労働について下記のとおり協定する。

第１条　会社は第２条に定める場合に，社員に時間外，休日労働を命じることができる。

第２条　時間外，休日労働をさせる具体的事由と業務の種類

　　　　毎月の月次決算　　　　　　　　経理

　　　　臨時の受注，納期の切迫　　　　組立・検査

　　　　顧客の都合による必要，注文の集中　販売

第３条　業務の種類および労働者数

　　　　経理　　　　　10人

　　　　組立・検査　　35人

　　　　販売　　　　　60人

第４条　時間外，休日労働の限度

　　　　（時間外労働）　１日　　８時間を超える４時間

　　　　　　　　　　　　１ヵ月　45時間（起算日毎月１日）

　　　　　　　　　　　　１年　　360時間（起算日2020年４月１日）

　　　　（休日労働日数）毎月法定休日２日

　　　　（始業・終業時刻は９時から18時，休憩は12時から１時）

　　　　ただし，育児介護休業法にもとづく育児・介護者から請求があった場合は，時間外労働の限度は以下のとおりとする。

　　　　１ヵ月　24時間

　　　　１年　　150時間

第５条　特別条項（特別の延長時間）

　　　　会社は，次の場合，前条本文の時間外労働の限度時間にかかわらず，通算して１年720時間（起算日2020年４月１日）まで労働時間を延長することができる。ただし，１ヵ月45時間を超える回数は１年のうち６回とする。

　　　　ア　臨時の大量受注により通常の作業処理では納期に間に合わない場

合

イ　会社の営業機密を保持するため緊急に業務処理が必要な場合

ウ　作業計画の見直し等業務体制に大幅な変更があった場合

2　会社は，前項により限度時間を超えて労働させる労働者の健康確保措置として，心身の健康問題についての相談窓口の設置および産業医による保健指導を受けさせることとする。

第6条　前条1項の時間外労働について，1ヵ月45時間を超え60時間までの部分の割増賃金率は25％，1ヵ月60時間を超える部分の割増賃金率は50％，1年360時間を超える部分の割増賃金率は25％とする。

第7条　会社は，第5条に該当し，特別の延長時間に労働させる場合，労働組合に事前に通知し，協議を行ない決定する。

第8条　会社は，第4条および第5条の範囲において時間外労働をさせる場合であっても，時間外労働および休日労働を合算した労働時間数が1ヵ月について100時間未満かつ2ヵ月から6ヵ月までを平均して1ヵ月当たり80時間以内としなければならない。

第9条　有効期間

　　2020年4月1日から2021年3月31日までの1ヵ年とする。

2020年3月20日

○○株式会社

○○工場長　○○○○　印

○○労働組合

執行委員長　○○○○　印

注：第5条の特別条項（特別の延長時間）の時間外労働時間数の上限については，1年単位で720時間以内で定め，1ヵ月単位では上限を定めないが，特別条項の回数制限（年6回以内）との関係で5条ただし書のように1ヵ月45時間超の回数を定める
　　また8条のように1ヵ月単位については，時間外労働と法定休日労働を合算した労働時間数の上限を定める（100時間未満）とともに，2ヵ月から6ヵ月までの平均が1ヵ月当たり80時間以内でなければならないことを定める。この上限規制は特別条項適用のない月の場合にも及ぶ

は，いずれも法定の労働時間帯の枠を超えた労働なので，休日労働における時間外労働は割増率の加算理由とならないからである。

　これに対して深夜労働（午後10時から翌日午前5時まで）は法定労働時間帯の枠と関係なく，深夜時間帯に着目して割増賃金を義務づけるものであるから，深夜業と時間外労働，あるいは深夜業と休日労働とが重複する場合は，割増率は加算されて前者は5割（1ヵ月の時間外労働が60時間を超える部分と深夜が重なる場合は7割5分），後者は6割となる。

労働時間規制の適用除外者

1　適用除外者①（管理監督者等，労基法41条）

■ 基本的な考え方

●適用除外者の種類

労基法41条は，法定労働時間や休憩・休日に関する規制条項の適用除外者として，次の3種類の労働者を認めている（41条1号～3号）。さらに，平成30年改正労基法により高度プロフェッショナル制度の対象従事者が加わった（労基法41条の2）が，これは次項で述べる。

- 農林，水産事業（労基法8条6号，7号）の労働者（1号）
- 管理監督の地位にある者または機密の事務を取り扱う者（2号）
- 監視または断続的労働の従事者で行政官庁の許可を受けた者（3号）

［例1］　次の各号に該当する従業員については，この章に規定する勤務時間，休憩および休日に関する定めを適用しない。

　　(1)　管理監督の地位にある者および機密の業務を取り扱う者

　　(2)　監視または断続的業務に従事する者で行政官庁の許可を受けた者

上記［例1］は，「農林，水産事業の労働者」（1号）のいない事業場について定めたものである。

❶管理監督者

管理監督者が適用除外者とされるのは，企業において経営管理的な立場にあるため職務上，労働時間の規制になじまないとともに，規制しなくとも保護に欠けることのない実態にあるからである。したがって管理監督者や機密業務取り扱い者の範囲を使用者が任意に決めることはできず，適用除外者はあくまで労基法上認められた者の範囲に限られる。

❷機密業務取り扱い者

機密業務取り扱い者とは，秘書その他，職務が経営者または管理監督者の活動と一体不可分であって，厳格な労働時間管理になじまない者を意味している（昭22.9.13発基17号）。企業の役員秘書などが典型例である。

❸監視・断続的労働従事者

ここで監視業務に従事する者とは，原則として一定部署にあって，監視を本来業務とし，常態として身体の疲労または精神的緊張の少ない者をいい，断続的労働に従事する者とは，作業が本来，一定の間をおいて行なわれるもので，休憩時間は少ないが手待時間が多い者を指している（昭63.3.14基発150号）。たとえば社員寮の管理・賄人，宿日直勤務者や役員専属自動車運転者などであるが，その判断基準が明確でないため，労働基準監督署長の許可を要件としたものである。許可要件は行政通達等でかなり詳細に類型化しているので，あらかじめ所轄の労働基準監督署に相談をしておくべきである。

［例２］（宿日直）

　　　　会社は，業務の都合により，従業員に宿日直をさせることがある。

●**適用除外の内容**

上記労基法41条の適用除外者であっても，労基法上の年次有給休暇（39条）および深夜労働の割増賃金支払い義務（37条），年少者および妊産婦の深夜業禁止規定（61条，66条3項）は適用除外とならないことに注意すべきである。

【労基法41条の適用除外者と労働時間規制の関係】

法定労働時間（32条）	適用なし
時間外労働の手続きおよび割増賃金（36条，37条）	適用なし
休日労働の手続きおよび割増賃金（36条，37条）	適用なし
休憩時間（34条）	適用なし
深夜労働割増賃金（37条）	適用あり（注）
年次有給休暇（39条）	適用あり

注：労基法41条の2の高度プロフェッショナル従事者は「適用なし」である

☑ チェックポイント

●管理監督者の範囲

❶管理監督者の判断基準

管理監督者とは，企業では一般に部長・工場長等，労働条件の決定その他労務管理について経営者と一体的立場にある者を指している。これは，職位や資格の名称にとらわれず職務内容，権限，責任，待遇等の実態に即して判断されるので，部長であっても上記の実態になければ管理監督者といえないが，その一方で部長以下の職制でも上記実態にあれば管理監督者といえることになる。

裁判例や通達（昭63.3.14基発150号）によると管理監督者の判断基準として次の３点があげられる。

①労務管理上，経営者と一体的な立場にあり，一定の裁量的権限と責任を有していること

②勤務時間についてある程度の自由裁量を有すること

③賃金等の待遇面で一般労働者と比べ，優遇措置（管理職手当等）が講じられていること

たとえば営業政策上の理由で管理職名をつけた場合や，管理職手当が支給されていても裁量的権限が与えられていない場合，あるいは労働時間が完全に拘束されて出退勤の自由がない場合には管理監督者に該当しないとされている。

❷スタッフ管理職は管理監督者か

直接に業務執行を行なう指揮命令ライン上の管理職に対して，企画調査等を担当してライン管理職に助言・助力するいわゆるスタッフ管理職も経営と一体的立場にあるという実態があれば，その範囲の者は管理監督者に該当する。この場合，上記「管理監督者の判断基準」の①については，事業経営上の方針策定に参画する立場にあるか否かという観点から判断されることになる。

行政通達では，金融機関のスタッフ職について，本部の課長や支店長以上のライン管理職と同格に位置づけられている者であって，経営上の重要な事項に関する企画，立案，調査等の業務を担当する者（スタッフ）は管理監督者に該当するとされている（昭52.2.28基発104号の２，105号）。

❸資格，役職との関係

[例３]　管理監督者とは，以下に掲げる者をいう。

⑴　〇級以上の者および統括マネージャー以上の者

⑵　課長代理以上およびこれに準ずる者

　実務では，労基法上の管理監督者に該当するか否かがよく問題となる。[例3]のように具体的に定めるものもあるが，上記のとおり，使用者は労基法上の管理監督者を任意に定めることはできない。あくまで就労の実態で判断されるので，具体的に定めても，その就労の実態から労基法上の管理監督者に該当しない場合が生じ，そのために時間外労働の割増賃金不払い問題などでトラブルが起きることになる。これは管理監督者の基準が明確でない現行法の問題点といえる。特に具体的な役職位で定めず，資格等級で一律に定める場合には，実際に担当業務との関係で管理監督者に該当しない者が出てくる可能性が高く，実務でしばしば労基署の是正勧告がなされるところである。したがって管理監督者の規定については，[例1]のように一般的に定めたうえで，具体的な適用者の基準は，就労実態を考慮して別途決定するのが実務的と考える。

2　適用除外者②（高度プロフェッショナル，労基法41条の2）

　平成30年改正労基法により高度プロフェッショナル制度（特定高度専門業務・成果型労働制）が設けられた（41条の2，2019年4月施行。厚生労働省「高度プロフェッショナル制度・わかりやすい解説」）。これは時間ではなく成果で評価される働き方を希望する労働者のニーズに応え，その意欲や能力を十分に発揮できるようにするため，一定の年収要件を満たし，職務の範囲が明確で高度な職業能力を有する労働者を対象としたものである。対象業務に就く労働者については，労基法で定める労働時間，休憩，休日の規制および深夜労働も含む割増賃金に関する規定も適用除外となるので，深夜労働の割増賃金支払い義務がある管理監督者とはこの点で異なる。

　就業規則では次のような規定を設けて，具体的内容は労使委員会の決議に委ねることになるが，要件等が詳細にわたるので，別途高度プロフェッショナル制度規程のような運用ルールも設けておくのが望ましい（章末の「参考条文」参照）。

［ 例 ］（高度プロフェッショナル制度）

　　高度の専門的知識，技術または経験を必要とし，その性質上従事した時間と従事して得た成果との関連性が通常高くないと認められる業務について，本人の同意を得て高度プロフェッショナル制度の業務に従事する者については，この章に規定する勤務時間，休憩および休日に関する規定ならびに深夜労働の割増賃金に関する規定を適用しない。対象となる従業員の処遇等については労使委員会の決議の定めおよび高度プロフェッショナル制度規程による。

●**高度プロフェッショナル制度の要件等**

　高度プロフェッショナル制度の要件等は次頁のとおりである（労基法41条の2，同法規則34条の2から34条の2の3まで）。

　詳細は同制度の施行通達（平31.3.25基発0325第1号），指針（平31.3.25厚生労働省告示88号），解釈通達（令元.7.12基発0712第2号，雇均発0712第2号）を参照。

●**法的効果**

　対象業務に就く対象労働者については，労基法で定める労働時間，休憩，休日に関する規定および時間外・休日・深夜労働の割増賃金に関する規定は適用除外となる。管理監督者など労基法41条の適用除外者には深夜労働の割増賃金支払い義務がある点で異なる。

●**制度導入後の対応**

　❶実施状況の定期報告

　届出を行なった使用者は，労使委員会の決議事項である「休日の確保」「選択的健康確保措置」および「健康管理時間の状況に応じた健康確保措置」（「高度プロフェッショナル制度の要件」1(4)～(6)）の実施状況を6ヵ月以内ごとに所轄労働基準監督署長に報告しなければならない。

　❷医師による面接指導

　制度の対象労働者であって，その健康管理時間が1週間当たり40時間を超えた場合のその超えた時間が1ヵ月当たり100時間を超えた者について，使用者は医師による面接指導を行なわなければならない。1ヵ月当たり100時間以下の場合でも，労働者から申出があり，健康への配慮が必要なときは面接指導を行なうよう努めなければならない（改正安衛法66条の8の4，66条の9）。

【高度プロフェッショナル制度の要件】

1　労使委員会で下記事項を決議し，6ヵ月以内に労働基準監督署長に届け出ること

(1)　対象業務

高度の専門的知識，技術または経験を必要とし，その性質上従事した時間と従事して得た成果との関連性が通常高くないと認められるものとして労基法規則34条の2第3項で定める業務。具体的には，金融商品の開発業務，金融商品のディーリング業務，アナリストの業務（企業・市場等の高度な分析業務），コンサルタントの業務（事業・業務の企画運営に関する高度な考案または助言の業務），研究開発業務等である。

(2)　対象労働者の範囲

使用者との間の書面による合意にもとづき職務の範囲が明確に定められ，その職務の範囲内で労働する労働者であって，年収額が1075万円以上の賃金が支払われる者である。

(3)　健康管理時間を把握することおよびその把握方法（健康管理時間）

本制度の適用労働者については，割増賃金支払いの基礎としての労働時間を把握する必要はないが，その健康確保の観点から，使用者は，健康管理時間（「事業場内にいた時間」と「事業場外で業務に従事した場合における労働時間」との合計）を把握したうえで，これにもとづく健康・福祉確保措置を講じること。なお，健康管理時間の把握方法については，労働基準法にもとづく省令や指針において，客観的な方法（タイムカードやパソコンの起動時間等）によることを原則とし，事業場外で労働する場合であって，やむをえない理由があるときに限って自己申告によることができる。

(4)　年間104日以上かつ4週4日以上の休日を与えること

(5)　健康確保措置（選択的措置）

以下①から④のいずれかの措置を講じること。なお，決議した措置を講じていなかったときは制度の適用要件を満たさないと扱われる。

①インターバル確保（11時間），深夜業制限（1ヵ月4回以内）

労働者に１日の勤務終了後，次の勤務の開始まで，少なくとも11時間の休息時間を与えるものとし，かつ，１ヵ月について深夜業は４回以内とすること。

　②健康管理時間の上限措置（１ヵ月または３ヵ月当たり）

　１週間当たりの健康管理時間が40時間を超えた時間が１ヵ月100時間または３ヵ月240時間を超えないこととすること。

　③２週間連続の休日

　１年に１回以上，２週間連続休日を与えること（本人が請求した場合は１週間連続休日を２回以上）。

　④臨時の健康診断

　１週間当たりの健康管理時間が40時間を超えた時間が１ヵ月80時間を超えた場合または対象労働者からの申出があった場合に行なう。検診項目は労働安全衛生法にもとづく定期健康診断の項目であって脳・心臓疾患との関連が認められるものおよび当該対象労働者の勤務の状況，疲労の蓄積の状況その他心身の状況の確認とする。

　(6)　健康管理時間の状況に応じた健康・福祉確保措置

　以下①および②のいずれかの措置を講じること。

　①上記(5)①〜④の選択的措置のうち，決定した措置以外の措置

　②代償休日または特別な休暇の付与，心とからだの相談窓口の設置，
　　配置転換，産業医による面接指導

　なお，これとは別に，健康管理時間が長時間に及んでいる場合など，一定の条件のもとで労働者を制度から外すことを決議することもできる。

　(7)　対象労働者の同意と撤回

　対象労働者の範囲に属する労働者ごとに，職務記述書等に署名等する形で職務の内容および制度適用についての同意を得なければならないことおよび同意の撤回手続き（撤回の申出先となる部署，担当者，申出の方法等）を定めること。

　(8)　苦情処理措置の実施

　対象労働者からの苦情の申出先となる部署，担当者，申出の方法等を定めること。

(9) 不同意に対する不利益取り扱いの禁止

同意しなかった労働者に対して解雇その他の不利益な取り扱いをしてはならないこと。

(10) その他

①決議の有効期間の定めおよび当該決議は自動更新しないこと

②委員会の開催頻度および開催時期

③50人未満の事業場である場合には，労働者の健康管理等を行なうのに必要な知識を有する医師を選任すること

④労働者の同意およびその撤回，合意した職務の内容，支払われる賃金の額，健康管理時間，健康確保措置として講じた措置，苦情処理に関して講じた措置，③の選任の記録を決議の有効期間中および有効期間終了後3年間保存すること

2　対象労働者の同意

以下の内容（①〜③）を書面にて明らかにしたうえで，対象労働者の同意を得ること。

①高度プロフェッショナル制度が適用される旨

②少なくとも支払われる賃金の額

③同意の対象となる期間

注：以上については，厚生労働省「高度プロフェッショナル制度・わかりやすい解説」参照

【労働時間】

第1条（通常勤務）　就業時間は次のとおりとする。

　　　始業時刻　　8時30分

　　　終業時刻　　17時30分

　　　業務の都合その他やむをえない事情により，始業・終業時刻を繰り上げまたは繰り下げることがある。この場合において前日までに通知する。

2　休憩時間は，12時から13時とする。

　⑴　休憩時間は一斉に付与する。ただし，労働基準法で定める労使協定により交替制とすることができる。

　　（注）一斉付与を要しない業種の場合は不要である

　⑵　休憩時間は自由に利用することができる。ただし，職場の秩序や規律の保持上必要あるときはこの限りではない。

　⑶　業務上の都合その他やむをえない事情により，休憩時間を繰り上げまたは繰り下げることがある。

3　会社は，3歳に満たない子を養育する従業員から申出があるときは，1項の所定労働時間を短縮する。この申出等については，育児・介護休業規程による。

第2条（休日）　休日は次のとおりとする。

　⑴　土曜日，日曜日

　⑵　国民の祝日・休日

　⑶　年末年始（12月29日から31日，1月2日，3日）

　⑷　その他会社が定める日

2　交替勤務を必要とする部署においては，会社が前月末までに翌月の勤務割表を作成し，4週間を通じて4日以上の休日を与える。この場合の4週間の起算日は，毎年4月1日とする。

3　前各項の休日は，業務の都合上その他やむをえない事由のある場合は，全部または一部の者について他の日に振り替えることがある。休

日を振り替える場合は，あらかじめ振り替える日を指定して従業員に通知する。この場合，4週4日の休日が確保されるよう振り替えを行なう。

（注）以下，第3条から第9条は制度を設けない場合は不要

第3条（代休）　休日に8時間以上労働した場合は，原則として7日以内に1日の代休を与える。代休は無給とする。

第4条（交替勤務）　交替勤務は三交替制とし，それぞれの就業時間，休憩時間は次のとおりとする。

	就業時間	休憩時間
第1班	6：00〜15：00	10：00〜11：00
第2班	14：00〜23：00	18：00〜19：00
第3班	22：00〜 7：00	2：00〜 3：00

上記班編成は原則として1週間単位で順次交替するものとする。

第5条（1ヵ月単位の変形労働時間制）　事業場の全体または一部について，毎月1日を起算日とする1ヵ月単位の変形労働時間制により，1ヵ月を平均して1週間当たりの労働時間が40時間の範囲内で勤務させることがある。

2　始業および終業時刻は，所属事業場別に定める勤務形態から選択して設定するものとする。

（注）勤務形態の例

	始業時刻	終業時刻	休憩時間
A	8時30分	17時30分	12時から13時
B	10時30分	19時45分	14時から15時
C	11時30分	20時45分	15時から16時
D	12時30分	21時30分	16時から17時

3　各月における各日の勤務形態は，各期のはじまる2週間前までに職場単位のスケジュール表に個人別に設定し，従業員へ通知する。期とは，各月1日から当月末日までの期間とし，1年を12期とする。

4　前項のスケジュール表で設定された勤務時間については，事故・災害または取引先の緊急発注等により納期が切迫した場合，事前に通知したうえで変更することがある。

5　妊娠中および出産後１年以内の女性従業員，育児または介護を行なう従業員，ならびにその他特別の配慮を要する従業員が申し出た場合は本条の変形労働時間制勤務を適用しない。また18歳未満の従業員には本条を適用しない。

第６条（１年単位の変形労働時間制）　事業場の全体または一部について，１年単位の変形労働時間制により，１年を平均して１週間当たりの労働時間が40時間の範囲内で勤務させることがある。

2　１年単位の変形労働時間制の期間は毎年４月１日から翌年３月31日までとする。対象従業員，変形期間における所定労働日および各労働日の所定労働時間，始業・終業時刻，休憩，休日その他の事項は労使協定の定めによる。

第７条（フレックスタイム制）　事業場の全体または一部について，フレックスタイム制により勤務させることがある。フレックスタイム制の対象となる従業員については，第１条（始業・終業時刻）の定めにかかわらず，始業・終業時刻をその自主的決定に委ねるものとする。ただし，従業員の自主的決定に委ねる範囲は次のとおりとする。

〔従業員の自主的決定に委ねる時間帯〕

⑴　始業時間帯　７時から10時まで

⑵　終業時間帯　15時から22時まで

⑶　勤務を要する時間帯　10時から15時まで

2　休憩時間は原則として12時から13時とする。

3　１日の標準となる労働時間は８時間とする。

4　フレックスタイム制に関しては別に定めるフレックスタイム規程による。

第８条（専門業務型裁量労働制）　従業員の一部について，業務遂行の手段および時間配分等を従業員の裁量に委ねる専門業務型裁量労働制により勤務させることがある。

2　所定労働日，休日，休憩時間は第１条第２項，第２条による。ただし，休憩時間帯は業務の必要に応じて裁量により変更することができる。

3　休日または深夜に労働する場合については，あらかじめ所属長の許

可を受けなければならない。

4　所定労働日の労働時間は労使協定の定める時間とみなす。

5　対象従業員その他専門業務型裁量労働制に関しては労使協定の定めによる。

第9条（企画業務型裁量労働制）　従業員の一部について，本人の同意を得て業務遂行の手段および時間配分等を従業員の裁量に委ねる企画業務型裁量労働制により勤務させることがある。

2　所定労働日，休日，休憩時間は第1条第2項，第2条による。ただし，休憩時間帯は業務の必要に応じて裁量により変更することができる。

3　休日または深夜に労働する場合については，あらかじめ所属長の許可を受けなければならない。

4　所定労働日の労働時間は労使委員会の決議で定める時間とみなす。

5　対象従業員その他企画業務型裁量労働制に関しては労使委員会の決議の定めによる。

第10条（事業場外労働）　従業員が労働時間の全部または一部を事業場外で労働した場合において，労働時間を算定しがたいときは所定労働時間労働したものとみなす。ただし，その労働が通常所定労働時間を超える場合には，通常必要とされる時間労働したものとみなす。

2　前項ただし書の場合，通常必要とされる時間について労使協定を締結したときには，労使協定で定める時間労働したものとみなす。

第11条（時間外および休日労働）　業務上の都合によりやむをえない事由のある場合は，所定労働時間を超える時間外労働，休日労働を命じることがある。この場合，労働基準法上の時間外，休日労働に該当するときには，同法の定める労使協定の範囲内で時間外，休日労働を命じる。

2　労働基準法上の休日労働は，毎週休日のうち最後の1日の休日に労働させた場合とする。

3　従業員が時間外労働，休日労働および深夜労働をする場合には，あらかじめ所属長の許可を受けなければならない。

4　妊娠中および産後1年を経過しない女性従業員から申出があるときは，時間外労働，休日労働および深夜労働（午後10時から翌日午前5時

までの勤務）を命じない。

5　3歳に満たない子を養育する従業員から申出があるときは，事業の正常な運営を妨げる場合を除き，所定労働時間を超える労働を命じないものとする。この申出等については育児・介護休業規程による。

6　小学校就学前の子を養育する従業員または2週間以上の期間にわたり常時介護を必要とする状態にある要介護者を看護する従業員（要介護者は配偶者，父母，子，配偶者の父母，同居・扶養している祖父母・兄弟姉妹・孫の範囲）から申出があるときは，事業の正常な運営を妨げる場合を除き，労働基準法上の時間外労働は1ヵ月24時間以内かつ1年150時間以内の範囲で命じるものとし，また深夜労働は命じないものとする。この申出等については育児・介護休業規程による。

7　会社は，満18歳に満たない従業員には労働基準法上の時間外労働，休日労働，深夜労働を命じない。ただし，交替制勤務に就いている場合は，この限りでない。

8　災害その他避けることのできない事由によって臨時の必要がある場合においては，時間外，休日労働を命ずることがある。

第12条（労働時間の適用除外）　次の各号に該当する従業員については，勤務時間，休憩および休日に関する規定を適用しない。

　⑴　管理監督の地位にある者および機密の業務を取り扱う者

　⑵　監視または断続的業務に従事する者で行政官庁の許可を受けた者

第13条（労働時間の適用除外）　高度の専門的知識，技術または経験を必要とし，その性質上従事した時間と従事して得た成果との関連性が通常高くないと認められる業務について，本人の同意を得て高度プロフェッショナル制度の業務に従事する者については，勤務時間，休憩および休日に関する規定ならびに深夜労働の割増賃金に関する規定を適用しない。対象となる従業員の処遇等については労使委員会の決議の定めおよび高度プロフェッショナル制度規程による。

〔**フレックスタイム制規程**〕

第1条（目的）　この規程は，就業規則第○条にもとづき，フレックス

タイム制で業務に従事する従業員の労働時間の取り扱いについて定める。

第2条（適用対象者）　フレックスタイム制を適用する従業員は，次の部署に勤務する従業員とする。

　⑴　○○部

　⑵　○○部

第3条（清算期間）　清算期間は，毎月1日から末日までとする。

第4条（総労働時間）　一清算期間における総労働時間は，対象部署の1日の所定労働時間に，清算期間における所定労働日数を乗じた時間とする。

第5条（標準となる1日の労働時間）　標準となる1日の労働時間は8時間とし，年次有給休暇その他の有給休暇については1日につき8時間の労働があったものとして取り扱う。

第6条（コアタイム・フレキシブルタイム）　コアタイムは，10時から15時までとする。フレキシブルタイムは，始業については7時から10時まで，終業については15時から22時までとする。

第7条（休憩時間）　休憩時間は原則として12時から13時とする。ただし，取得時間帯は業務の必要に応じて従業員の自主的決定により変更することができる。

第8条（清算）　清算期間のフレキシブルタイム帯内の実労働時間については，第4条に定める総労働時間を基準として清算する。

　2　清算期間における労働時間数が第4条に定める総労働時間を超過した場合は，当該超過労働時間は時間外労働とし，所定の割増賃金を支給する。

　3　清算期間における労働時間数が第4条に定める所定労働時間に達しない場合は，当該清算期間で不足時間分の賃金を控除する。

　　（注）不足時間分については翌月に繰り越して清算するやり方もある。この場合は次のような定めになる。

　　　「清算期間における労働時間数が第4条に定める所定労働時間に達しない場合は，不足時間は8時間までを翌月へ繰り越し清算する。この繰り

越し清算は翌月に限るものとする」

第9条（欠勤，遅刻，早退）　コアタイム開始時刻に遅れて出社した場合は遅刻とする。コアタイム終了時刻より前に退社した場合は早退とする。

2　コアタイムに勤務しなかった場合は欠勤とし，コアタイム以外の時間帯のみの勤務は原則として認めない。

第10条（始業・終業時刻の決定）　フレックスタイム制の従業員は，取引関係者・業務の都合，他部門への影響などを十分配慮し，業務に支障を生じないようにするとともに効率的に業務を遂行できるよう，始業および終業の時刻を決定しなければならない。

第11条（1ヵ月の勤務）　フレックスタイム制により勤務する従業員は，1ヵ月間のフレキシブル時間帯内の実労働時間が当月の清算時において過不足のないように勤務しなければならない。

第12条（フレキシブルタイム帯外および休日労働）　フレキシブルタイム時間帯以外の労働時間および休日の労働時間については，第8条の清算対象としない。この場合，所定の割増賃金を支給する。

2　フレキシブルタイム帯以外の労働および休日労働については，事前に所属長の許可を受けなければならない。

第13条（出張時の取り扱い）　出張などにより事業場外で業務に従事し，労働時間が算定できない場合は，原則として第5条の標準となる労働時間を勤務したものとする。

（附則）この規程は，○○年○月○日から施行する。

〔専門業務型裁量労働制規程〕

第1条（目的）　この規程は，就業規則第○条にもとづき，専門業務型裁量労働制で業務に従事する従業員の取り扱いについて定める。

第2条（適用対象者）　次に掲げる業務に従事する従業員のうち，会社が指名する者については，裁量労働によるみなし時間制を適用する。

（1）中央研究所における研究開発に従事する者

（2）情報システム部に勤務するシステムエンジニア

（注）上記で「会社が指名する者」とは上記業務に従事する従業員のうち専門業務型裁量労働に適する従業員を選定するという趣旨である

第3条（裁量労働）　前条の規定により裁量労働を行なう者は，担当業務の性質上，業務遂行の方法・手段・時間配分について，自己の裁量と責任によることを基本とする。ただし，職場秩序と労務管理上の上司の指示，職場の業務上の連絡調整，または自己の業務遂行状況の報告，特別な必要にもとづく臨時的な指示については，この限りではない。

第4条（労働時間の取り扱い）　裁量労働によるみなし労働時間については，1日8時間とする。

（注）8時間を超えるみなし時間とする場合は超える時間について労基法上，時間外労働の割増賃金を支払わなければならない。その場合の定め方は以下のとおりである。

「裁量労働によるみなし労働時間については1日9時間とする。法定労働時間を超える労働時間は時間外労働として所定の割増賃金を支払う」

第5条（休憩）　休憩時間は原則として12時から13時とする。ただし，休憩時間帯は業務の必要に応じて裁量により変更することができる。

第6条（休日の取り扱い）　業務遂行上，休日に労働することが必要な場合には，事前に所属長と調整のうえ，原則として同月内に振替日を設定するものとする。

2　業務上の必要性から，前項の振替日が設定できず，休日労働する場合には，事前に所属長の許可を得るとともに，できるかぎり早い時期に代休を取得するものとする。この場合には，所定の割増賃金を支給する。

第7条（深夜労働）　深夜労働（午後10時〜翌午前5時）は，事前に所属長の許可を得なければならない。この場合には所定の割増賃金を支給する。

第8条（出張等の取り扱い）　出張などにより事業所外で業務に従事する場合は，事前に所属長の承認を得なければならない。承認を得た場合は第4条に定める労働時間労働したものとみなす。

第9条（健康・福祉の確保措置）　裁量労働の対象従業員の健康・福祉

を確保するため次の措置を講ずる。

(1)　勤務状況を把握するため，勤務場所に設置しているIDカードにより入退室時刻・在社時間の記録を行ない，勤務状況を把握する。

(2)　裁量労働の対象従業員は3ヵ月に1回，自己の健康状態について所定の申告票に記入し，所属長に提出する。

(3)　会社は，前2号の記録および申告票を産業医に提出し，その結果，産業医が必要と認めた措置を行なう。

第10条（苦情処理）　裁量労働の対象従業員から苦情等の申出があった場合は，次の手続きに従い対応する。

(1)　苦情申出の窓口　　　総務部○○係

(2)　開設日時　　　　　　毎週木曜日，午後5時から7時

(3)　取り扱う苦情の範囲　裁量労働制運用に関する事項，裁量労働制に関する人事評価・賃金その他の処遇に関する事項

第11条（勤務状況等の記録保存）　第2条の裁量労働の対象従業員についての勤務状況，健康・福祉の確保のために講じた措置および苦情処理に関する記録は，裁量労働に関する労使協定の有効期間満了後3年間保存する。

（附則）この規程は，○○年○月○日から施行する。

〔企画業務型裁量労働制規程〕

第1条（目的）　この規程は，就業規則第○条にもとづき，企画業務型裁量労働制で業務に従事する従業員の取り扱いについて定める。

第2条（適用対象者）　次に掲げる事業場の業務に従事する従業員のうち，会社が指名する者については，裁量労働によるみなし労働時間制を適用する。

(1)　本社の総務部，人事部，○○部

(2)　本社の情報システム部，商品企画部，○○部

(3)　○○支店の総務企画部，○○部

　（注）上記で「会社が指名する者」とは上記業務に従事する従業員のうち

企画業務型裁量労働に適する従業員を選定するという趣旨である

2　みなし労働時間を適用するには本人の同意を得るものとする。

第3条（裁量労働）　前条の規定により裁量労働を行なう者は，担当業務の性質上，業務遂行の方法・手段・時間配分について，自己の裁量と責任によることを基本とする。ただし，職場秩序と労務管理上の上司の指示，職場の業務上の連絡調整，または自己の業務遂行状況の報告，特別な必要にもとづく臨時的な指示については，この限りではない。

第4条（労働時間の取り扱い）　裁量労働によるみなし労働時間については1日8時間とする。

　（注）8時間を超えるみなし時間とする場合は超える時間について労基法上，時間外労働の割増賃金を支払わなければならない。その場合の定め方は以下のとおりである。

　　「裁量労働によるみなし労働時間については1日9時間とする。法定労働時間を超える労働時間は時間外労働として所定の割増賃金を支払う」

第5条（休憩）　休憩時間は原則として12時から13時とする。ただし，休憩時間帯は業務の必要に応じて裁量により変更することができる。

第6条（休日の取り扱い）　業務遂行上の必要から休日に労働することが必要な場合には，事前に所属長と調整のうえ，原則として同月内に振替日を設定するものとする。

2　業務上の必要性から，前項の振替日が設定できず，休日労働する場合には，事前に所属長の許可を得るとともに，できるかぎり早い時期に代休を取得するものとする。この場合には，所定の割増賃金を支給する。

第7条（深夜労働）　深夜労働（午後10時～翌午前5時）は，事前に所属長の許可を得なければならない。この場合には所定の割増賃金を支給する。

第8条（出張等の取り扱い）　出張などにより事業所外で業務に従事する場合は，事前に所属長の承認を得なければならない。承認を得た場合は第4条に定める労働時間労働したものとみなす。

第9条（健康・福祉の確保措置）　裁量労働の対象従業員の健康・福祉を確保するため次の措置を講ずる。

(1)　勤務状況を把握するため，勤務場所に設置しているIDカードにより入退室時刻・在社時間の記録を行ない，勤務状況を把握する。

(2)　裁量労働の対象従業員は3ヵ月に1回，自己の健康状態について所定の申告票に記入し，所属長に提出する。

(3)　会社は，前2号の記録および申告票を産業医に提出し，その結果，産業医が必要と認めた措置を行なう。

第10条（苦情処理）　裁量労働の対象従業員から苦情等の申出があった場合は，次の手続きに従い対応する。

(1)　苦情申出の窓口　　　　総務部○○係

(2)　開設日時　　　　　　　毎週木曜日，10時から17時

(3)　取り扱う苦情の範囲　裁量労働制運用に関する事項，裁量労働制に関する人事評価・賃金その他の処遇に関する事項

第11条（勤務状況等の記録保存）　第2条の裁量労働の対象従業員についての勤務状況，健康・福祉の確保のために講じた措置，苦情処理および第2条第2項の同意に関する記録は，裁量労働に関する労使委員会の決議の有効期間満了後3年を経過するまで保存する。

（附則）この規程は，○○年○月○日から施行する。

〔労使委員会運営規程〕

第1条（本社の労使委員会の設置）　企画業務型裁量労働制で業務に従事する従業員の労働時間その他の取り扱いを決議するため，本社に労使委員会を設ける。

第2条（本社以外の事業場における労使委員会の設置）　会社が支店あるいは工場において裁量労働制を導入しようとするときは，支店あるいは工場に労使委員会を設置する。

第3条（労使委員会の構成）　労使委員会は，会社が指名した会社側委員と，組合（もしくは従業員の過半数代表者）が当該事業場の管理監督

者以外の従業員のなかから指名した従業員側委員により構成する。

2　前項の構成において，会社側委員および従業員側委員の数は，各3人から5人以内とし，双方同人数とする。

第4条（委員の任期）　従業員側委員の任期については，原則2年とする。

2　会社側委員の任期については特に期間は設けない。

第5条（委員の交替）　前条の委員が退職もしくは異動し，委員としての職務を果たすことができなくなった場合は，すみやかに代わりの委員を選出する。

第6条（委員の給与の取り扱い）　労使委員会に出席した委員については出勤扱いとし，賃金を保障する。

第7条（議長）　労使委員会には議長1人をおく。

2　議長は委員の互選とする。

3　議長は，開会，議事進行，閉会等，議事の運営に必要な措置を講ずる。

第8条（労使委員会の招集）　定例労使委員会は決議の有効期間中2回，決議の有効期間満了前1ヵ月以内と有効期間の半ばに議長が招集する。

2　臨時労使委員会は，各委員が議長に開催を請求し，議長が必要と認めた場合に招集する。

3　委員の半数以上から，決議の見直し等のための臨時労使委員会の開催要求があった場合は，議長はすみやかに臨時労使委員会を開催する。

第9条（決議事項）　労使委員会で決議する事項は，次のとおりとする。

(1)　対象業務

(2)　対象従業員の範囲

(3)　対象従業員の労働時間

(4)　対象従業員の健康・福祉を確保するための措置

(5)　苦情処理に関する措置

(6)　対象従業員の同意を得なければならないこと，および不同意の従

業員に対する不利益取り扱いをしないこと

(7)　決議の有効期間

(8)　勤務状況，上記(4)，(5)，(6)に関する対象従業員ごとの記録を労使委員会の決議の有効期間満了後3年間保存すること

第10条（定足数）　労使委員会は，会社側委員および従業員側委員双方の半数以上の出席を要する。

第11条（決議方法）　労使委員会が決議事項を決議するには，前条に規定する定足数を満たした委員の5分の4以上の多数によることを要する。

2　労使委員会で決議された事項は，書面にし，委員全員が記名押印のうえ，従業員に周知しなければならない。

3　決議の周知は，決議の日から2週間会社掲示板に掲示し，その後，各事業場の所定の場所に備え付ける。

4　労使委員会の決議は，決議の有効期間満了後3年間保管する。

第12条（議事録の取り扱い）　労使委員会は開催のつど，議事録を作成し，議事録作成の日から2週間会社掲示板に掲示し，その後は各事業場の総務担当が保管する。

2　前項の議事録は，作成の日から3年間保存する。

3　議事録の作成者は，委員会の開催のつど，決定する。

第13条（情報の開示）　労使委員会において開示する情報は，次のとおりとする。

(1)　対象従業員の従事業務の内容

(2)　対象従業員に適用される評価制度および賃金制度

(3)　対象従業員の勤務状況

(4)　対象従業員の健康および福祉を確保するための措置の実施状況

(5)　対象従業員からの苦情の処理に関する措置の実施状況

2　前項における情報については，それが決議に必要であり，かつその情報を開示することが法令等に抵触せず，従業員のプライバシーの侵害にあたらないとして会社が認めた場合に限り開示できるものとする。

3　第1項第3号，第4号および第5号の情報については，定例労使委

員会において開示するものとする。

（附則）この規程は，○○年○月○日から施行する。

〔**高度プロフェッショナル制度規程**〕

第1条（目的）　この規程は，労使委員会の決議および就業規則第○条にもとづき，高度プロフェッショナル制度で業務に従事する従業員の取り扱いについて定める。

第2条（対象業務）　高度の専門的知識，技術または経験を必要とし，その性質上従事した時間と従事して得た成果との関連性が通常高くないと認められる，次に掲げる事業場の業務で，会社が次条の対象従業員に就かせることとする業務。

⑴　本社の金融部門の金融商品の開発業務・ディーリング業務

⑵　本社の情報システム部門の研究開発業務

第3条（対象従業員）　会社との間の書面による合意にもとづき職務の範囲が明確に定められ，その職務の範囲内で労働し，年収額が1075万円以上の賃金が支払われる者で，以下の内容（①〜③）を書面にて明らかにされたうえで同意した従業員。

　　①高度プロフェッショナル制度が適用される旨

　　②少なくとも支払われる賃金の額

　　③同意の対象となる期間

第4条（休日の確保および出張）　会社は，本制度の適用従業員について，年間104日以上かつ4週4日以上の休日を与える。ただし，業務遂行上の必要から休日に労働することが必要な場合には，事前に所属長と調整のうえ，原則として同月内に振替日を設定するものとする。

2　出張などにより事業所外で業務に従事する場合は，事前に所属長に届け出るものとする。

第5条（健康管理時間の把握および健康確保措置）　会社は，本制度の適用従業員について，IDカード等により健康管理時間（「事業場内にいた時間」と「事業場外で業務に従事した場合における労働時間」との合計）を適正に把握したうえで，これにもとづき次のとおり健康確保措

置を講じる。

(1) 健康確保措置（選択的措置）　会社は，本制度の適用従業員について，従業員に勤務間インターバルを確保するため，１日の勤務終了後，次の勤務の開始まで，少なくとも11時間の休息時間を与えるものとし，かつ，１ヵ月について深夜業は４回以内とすること。

(2) 健康管理時間の状況に応じた健康確保措置　会社は，心とからだの相談窓口を設置する。

第６条（医師による面接指導）　本制度の適用従業員であって，その健康管理時間が１週間当たり40時間を超えた場合のその超えた時間が１ヵ月当たり100時間を超えた労働者について，会社は医師による面接指導を行なう。また，１ヵ月当たり100時間以下の場合でも，従業員から申し出があったときには医師による面接指導を行なう。

第７条（対象従業員の同意と撤回）　本制度の適用従業員ごとに，以下の内容（①〜③）を書面にて明らかにしたうえで，対象従業員の同意を得ることとする。

　　　　①高度プロフェッショナル制度が適用される旨

　　　　②少なくとも支払われる賃金の額

　　　　③同意の対象となる期間

２　前項の同意の撤回は，総務部（担当は○○係）宛に申し出ることとし，その方法は所定の書面の提出による。

第８条（適用除外）　本制度の適用従業員については，労基法で定める労働時間，休憩，休日に関する規定および時間外・休日労働および深夜労働の割増賃金に関する規定の適用除外者とする。

第９条（苦情処理措置の実施）　対象従業員から苦情等の申出があった場合は，次の手続きに従い対応する

(1) 申出窓口・方法　総務部総務課，方法は所定の書面の提出による

(2) 開設日時　毎週木曜日，10時から17時

(3) 取り扱う苦情の範囲　高度プロフェッショナル制度に関する人事評価・賃金その他の処遇に関する事項

第10条（不利益取り扱いの禁止）　会社は，第７条の同意をしなかった

対象従業員および同意の撤回をした従業員に対して，解雇その他の不利益な取り扱いをしてはならない。

第11条（適用除外）　本制度の適用従業員については，労働基準法で定める労働時間，休憩，休日および深夜の割増賃金に関する規定を適用除外とする。

第12条（行政官庁への報告）　会社は，第4条第1項の休日の確保，第5条の選択的健康確保措置および健康管理時間の状況に応じた健康確保措置の実施状況を6ヵ月以内ごとに所轄労働基準監督署長に報告する。

第13条（委員会の開催）　本制度に関する労使委員会は，少なくとも6ヵ月以内ごとに1回開催する。

第14条（資料の保存）　会社は，対象従業員の同意およびその撤回，合意した職務の内容，支払われる賃金の額，健康管理時間，健康確保措置として講じた措置，苦情処理に関して講じた措置の記録を高度プロフェッショナル制度に関する労使委員会の決議の有効期間中および有効期間終了後3年間保存する。

（附則）この規程は，2019年4月1日から施行する。

第 6 章

休暇，休業

第1節

年次有給休暇

🔲 基本的な考え方

● 年次有給休暇とは

　年次有給休暇（以下「年休」ともいう）とは，労基法39条の要件にもとづき，休日以外に年間の一定日数の労働日について有給で労働義務を免除するものである。就業規則であらかじめ労働義務のない日とされる無給の休日とこの点で異なる。

　年次有給休暇は労働による疲労回復と労働力維持のために認められた制度だが，労働者の私生活を充実させる休息権とみることもできる。労基法上は，使用者に付与義務のある年休を法定年休，法定年休を上回って付与する年休を法定外年休と呼ぶ。法定年休については労基法で付与要件および付与日数が定められているが，法定外年休は付与するか否か，付与する場合はその要件を使用者が決定できる。そのため就業規則で法定年休と区別し異なる定め方をすることも可能だが，実務では両者を区別せず，同じ取り扱いをしている例がほとんどである。その場合は，法定外年休の付与要件も法定年休と同様と解釈されている（エス・ウント・エー事件・最判平4.2.18労働判例609号12頁）。

　年次有給休暇は就業規則の必要的記載事項（労基法89条1号）であるから必ず定めなければならない。就業規則で定めるべき事項は，①年休の発生要件と付与日数，②基準日を統一する場合はその基準日，③出勤率の算定，④年休の付与単位（1日，半日，時間），⑤年休の繰り越しと消滅時効，⑥年休の取得手続き，⑦使用者の時季変更権，⑧計画年休を設ける場合はその定め，⑨使用者の年5日の年休付与義務，⑩年休日の賃金，⑪その他使用者が特に定める制度（たとえば⑤で消滅した年休の積立利用制度など）である。

1 年次有給休暇の発生等

●法定年休の発生要件と付与日数

　労基法は年次有給休暇を労働者の権利としており，労基法39条１項の要件を満たせば所定の年休日数が当然に発生する。具体的な年休日は労働者が時季指定権（同条４項）を行使することにより取得し，使用者において適法な時季変更権（同条４項但書）の行使がないかぎり，指定された日が年休日として確定する（林野庁白石営林署事件・最判昭48.3.2労働判例171号16頁，国鉄郡山工場事件・最判昭48.3.2労働判例171号10頁）。

　年休の発生要件と付与日数については，入社後６ヵ月，その後１年ごとの期間を単位として全労働日の８割以上出勤した場合に次の年休日数が付与される（労基法39条１項）。

【正社員などフルタイム労働者】（労基法39条１項，２項）

継続勤務年数	６ヵ月	１年 ６ヵ月	２年 ６ヵ月	３年 ６ヵ月	４年 ６ヵ月	５年 ６ヵ月	６年６ヵ月以上
付与日数	10日	11日	12日	14日	16日	18日	20日

　一方，短時間労働者の場合は比例付与となる（労基法39条３項，同法規則24条の３）。短時間労働者の労働日数と年休付与日数等は次のようになっている。

【短時間労働者の比例付与】

週所定労働日数	１年間の所定労働日数	雇入れの日から起算した継続勤務年数						
		６ヵ月	１年 ６ヵ月	２年 ６ヵ月	３年 ６ヵ月	４年 ６ヵ月	５年 ６ヵ月	６年６ヵ月以上
４日	169～216日	７日	８日	９日	10日	12日	13日	15日
３日	121～168日	５日	６日	６日	８日	９日	10日	11日
２日	73～120日	３日	４日	４日	５日	６日	６日	７日
１日	48～ 72日	１日	２日	２日	２日	３日	３日	３日

　ここでいう短時間労働者とは，

　①週により所定労働日数が定められている労働者は，週所定労働日数が４

日以下で，かつ週所定労働時間が30時間未満の者

②週以外の期間により所定労働日数が定められている労働者は，年間所定労働日数216日以下で，かつ週所定労働時間が30時間未満の者

に限られ，上記①または②の要件は年休が付与される基準日の時点で判断されるので，年度の途中で所定労働日数が変更になっても付与日数は変わらない（昭63.3.14基発150号）。

●基準日と斉一的取り扱い

年休付与要件である継続勤務（勤続年数）は各労働者の雇入れ日（入社日）から起算される。つまり雇入れ日が法定の基準日である。しかし雇入れ日が労働者により異なれば多数の労働者の年休管理は複雑となるため，実務上は特定の基準日（たとえば4月1日）を定めて，全労働者の年休付与につき斉一的取り扱いをしている例も多い。このような斉一的取り扱いや分割付与（初年度に法定の年次有給休暇の付与日数を一括して与えるのではなく，その日数の一部を前倒して法定の基準日以前に付与すること）については，次の要件に該当することが必要とされている（平6.1.4基発1号）。

【斉一的取り扱い，分割付与の要件】

1　斉一的取り扱いや分割付与により法定の基準日以前に付与する場合の年次有給休暇の付与要件である8割出勤の算定は，短縮された期間は全期間出勤したものとみなすものであること。

2　次年度以降の年次有給休暇の付与日についても，初年度の付与日を法定の基準日から繰り上げた期間と同じまたはそれ以上の期間，法定の基準日より繰り上げること（たとえば斉一的取り扱いとして，4月1日に入社した者に入社日に10日，1年後である翌年の4月1日に11日付与とする場合，また分割付与として，4月1日に入社した者に入社日に5日，法定の基準日である6ヵ月後の10月1日に5日付与し，次年度の基準日は本来は翌年10月1日だが，初年度に10日のうち5日分について6ヵ月繰り上げたことから同様に6ヵ月繰り上げ，4月1日に11日付与する場合などが考えられること）。

そこで基準日（たとえば4月1日）を設ける場合，たとえば次のような取

り扱いをすることになる。

❶入社が4月1日〜9月30日の場合

6ヵ月勤務後の10月1日から翌年3月31日までの該当日に10日の年休を付与しなければならない。このため実務上はこの期間の雇入れ者については6ヵ月勤務期間以内の一定の日（たとえば採用時や10月1日）に10日の年休を付与したのち，翌年4月1日の基準日に11日を付与し以後，毎年基準日に年休付与を行なって斉一的取り扱いを行なう方法などが考えられる。またこの場合でも，採用時にたとえば5日を付与し，10月1日に5日を付与する，いわゆる分割付与も考えられる。

❷入社が10月1日〜翌年3月31日の場合

6ヵ月以内に基準日（翌年4月1日）がくるので，翌年4月1日に10日の年休を付与し以後，毎年基準日に年休付与を行なうことにより斉一的取り扱いも可能である。しかし採用日が6ヵ月足らずしか異ならない，入社日が4月1日〜9月30日の採用者について，上記取り扱いにより翌年4月1日までに合計21日の年休を付与するのであれば，それとの均衡上，入社日が10月1日〜翌年3月31日の採用者には翌年4月1日以前の雇入れ時期に応じて10日未満の日数分の年休を付与し，さらに翌年4月1日に11日の年休を付与して，両者の日数バランスをとる方法が考えられる。

[例1]　毎年4月1日から翌年3月31日までを休暇年度とする。採用初年度は採用月に応じて採用時に次の年次有給休暇日数を継続または分割して与える。

　　　(1)　雇入れ日が4月1日から9月30日までの従業員　　　10日
　　　(2)　雇入れ日が10月1日から翌年3月31日までの従業員　　次表の日数

雇入れ月	10月	11月	12月	1月	2月	3月
付与日数	9日	7日	5日	3日	1日	0日

　　2　次年度以降は1年ごとの期間において各期間を継続勤務し，全労働日の8割以上勤務した従業員に対して，4月1日に次の年次有給休暇日数を継続または分割して与える。なお，次年度の対象期間である採用初年度の勤続期間が1年未満でも1年に切り上げて取り扱う。

次年度以降の勤続年数	次年度	2 年	3 年	4 年	5 年	6 年以上
休暇日数		11日	12日	14日	16日	18日	20日

●**出勤率の算定（全労働日の8割出勤の計算方法）**

　年休付与要件の「全労働日」とは，労働契約上の労働義務のある日（すなわち休日以外の日）を指しており，所定労働日数がこれにあたる。実務上，問題となる点は次のとおりである。

- 業務上傷病による休業期間および育児・介護休業期間，産前産後休業期間は出勤とみなされる（労基法39条10項）。年次有給休暇取得日も同様に出勤と取り扱われる（昭22.9.13基発17号，平6.3.31基発181号）

- 私傷病休職期間については，労働義務がない（労働日ではない）ので「全労働日」から除外する扱いもできるが，分母の「全労働日」にカウントし，分子では欠勤と同様の扱いをすることもできると解される。労働者本人の事情による長期の私傷病欠勤について，労働者保護のために休職制度（解雇猶予制度）を設けたので，年次有給休暇の出勤率の算定上は労働日の欠勤と同じ扱いをすることも許容されると考える

- 遅刻，早退の場合は欠勤ではないので，年休の計算上は出勤と取り扱う。出勤の計算が労働日単位とされているからである

- 慶弔休暇等の特別休暇は，使用者が任意に付与するものなので，出勤率の算定上，出勤と取り扱うか欠勤と取り扱うかは自由である。休日と同様に取り扱って「全労働日」の日数から除外することもできる。したがっていずれの取り扱いによるかをあらかじめ決めておく必要がある

- 裁判員休暇は「全労働日」から除外するのが原則である。裁判員の職務は法律（「裁判員の参加する刑事裁判に関する法律」）で認められたものであり，労基法7条の公の職務にあたり，労働義務が免除されるため，年休における出勤率算定においては，分母の「全労働日」から除外するのが原則である。労働者に有利に「出勤したもの」として取り扱う定めをすることも差し支えない

- 生理休暇（労基法68条）は労基法上，出勤とみなされていないので，その取り扱いは慶弔休暇等の特別休暇と同様である

- 不可抗力，使用者による休業，その他労働者の責に帰すべき事由とはいえない不就労日については，判例（八千代交通事件・最判平25.6.6民集67巻5号1187頁）およびこれにもとづき出された行政通達（平25.7.10基発0710第3号）では，次のように整理されている。

全労働日の8割出勤を要件としているのは，労働者の勤怠の状況を勘案して，特に出勤率の低い者を除外する立法趣旨である。労働者の責に帰すべき事由によるとはいえない不就労日は，下記①〜③に該当する場合を除き，分母の「全労働日」にカウントし，出勤日数にも算入する。たとえば，裁判所の判決により解雇が無効と確定した場合や，労働委員会による救済命令を受けて会社が解雇の取消しを行なった場合の解雇日から復職日までの不就労日のように，労働者が使用者から正当な理由なく就労を拒まれたために就労することができなかった日が考えられる。

記

労働者の責に帰すべき事由によるとはいえない不就労日であっても，次に掲げる日のように，当事者間の衡平等の観点から出勤日数に算入するのが相当でないものは，全労働日から除外する。

①不可抗力による休業日

②使用者側に起因する経営，管理上の障害による休業日（労基法26条の「使用者の責に帰すべき事由」による休業日）

③正当なストライキその他正当な争議行為により労務の提供がまったくなされなかった日

- 休日労働した日については，全労働日に休日が含まれないので，たとえ休日に労働してもその日は全労働日から除外される（平25.7.10基発0710第3号）

●半日単位の年休

年休の付与単位は1日（暦日）が原則である。ただし半日単位での年休について，行政では，労働者がその取得を希望して時季を指定し，これに使用者が同意した場合であり，かつ，本来の取得方法による年次有給休暇取得の阻害とならない範囲内で運用される限りにおいては，むしろ年次有給休暇の取得促進に資するものと考えられるとされている。したがって半日単位の年

休を認めるか否かは使用者において決定できる。

　使用者が就業規則でこれを認める取り扱いをする場合には，その取得要件と，半日の意味，すなわち午前と午後をそれぞれ半日とするのか，所定労働時間の半分とするのかなどを決めておく必要がある。

［例2］　年次有給休暇は1日あるいは当年度の付与日数が5日以上ある者には半日単位で与える。ここで半日とは事業場により次のとおりとする。

　　　　本社　　　　　　　午前（午前9時〜午後0時30分）もしくは午後（午後1時15分〜午後5時30分）

　　　　本社以外の工場　午前（午前9時から午後0時）もしくは午後（午後0時45分から午後5時30分）

　　　　半日単位で与えられる回数は，付与された休暇日数の範囲内かつ休暇年度1年につき12回を限度とする。

●時間単位の年休（労基法39条4項）

　改正労基法（平成22年4月施行）により，時間単位年休制度が認められた。時間単位年休は，子どもの看護や保育園の送り迎え，通院など突発的な事情が生じた場合の対応を想定しているが，これは本来の年休目的と異なるので，年休制度の運用を阻害しない範囲で1年に5日を限度としている。したがって，未消化の時間単位年休は次年度に限り繰り越しできるが，その場合でも時間単位年休は年間5日を超えて消化できない（［例4］参照）。

　導入する場合の要件は次のとおりである。

①1年に年休日の5日を上限とする（39条4項2号）

②労使協定で次の事項を定める（39条4項，規則24条の4）

- 対象労働者の範囲
- 時間単位年休の日数
- 時間単位年休1日の時間数
- 1時間以外の時間を単位とする場合の時間数

［例3］　（時間単位年休の労使協定例は章末の「参考条文」を参照）

　　　　労使協定の定めにより，1年間の年次有給休暇のうち5日分を時間単位で取得することができる。ただし，次の者は除く。

　　　　⑴　工場の製造ライン業務の従事者

(2) ・・・

2　時間単位年休の１日の時間数は８時間とする。

3　時間単位年休は１時間を単位として付与する。ただし，時間単位年休の請求は１日の所定労働時間未満とする。

時間単位年休の運用上の留意点については，次のとおりである。

❶対象労働者

対象者については，部署単位，あるいは業務単位で事業の正常な運営と両立しない場合には対象者から除外することができる（たとえば工場のシフト勤務者など）。

❷付与日数・単位と１日の時間数

正社員と短時間勤務パート社員のように年次有給休暇の付与日数に違いがある場合は，時間単位の付与日数にも合理的な差を設けてもよい。付与単位は時間単位で，分単位は認められない。年休１日の時間数は所定労働時間が原則であるが，たとえば所定労働時間７時間30分の場合，時間単位の１日の時間数は７時間ではなく，切り上げて８時間としなければならない。

日によって所定労働時間数が異なる場合の「１日の所定労働時間数」は１年間における１日平均所定労働時間数で計算し，１年の総所定労働時間数が決まっていない場合には，決まっている期間の１日平均所定労働時間数で計算する。１日の年次有給休暇を取得する場合は，原則として時間単位ではなく日単位により取得することとされている。

❸取得時間帯や回数の制限

労基法上の年休権なので取得時間帯や回数制限（たとえば１日１回，月５回）はできない。

❹計画年休，半日年休との関係

時間単位年休を計画年休制度の対象とすることはできない。半日年休とは別の制度として運用する。

●休日，長期欠勤，休職期間と年休請求の取り扱い

休日は就業規則等により労働義務のない日とされているので，年次有給休暇をとる余地はない。一方，就業規則等により長期欠勤制度や休職制度が設けられている場合，その制度適用中に年次有給休暇の請求が認められるかと

いう問題がある。この点については，各制度による欠務が，労働義務のある労働日としての扱いなのか，労働義務を免除した非労働日の扱いなのかにより異なる。前者であれば年次有給休暇は成立し，後者であれば年次有給休暇は成立しない。年次有給休暇は労働日であることを前提にその日の労働義務を免除するものであるから，そもそも労働義務のない非労働日には成立しないからである。たとえば，私傷病休職等の休職については，就業規則等にもとづき，その期間中は完全に労働義務が免除されている場合には，休日等と同様，年次有給休暇をとる余地はないと解されている（厚生労働省労働基準局編「平成22年版労働基準法（上）」584頁，昭24.12.28基発1456号，昭31.2.13基収489号）。

●年休の繰り越しと消滅時効

年次有給休暇の請求権は2年間で時効となる（労基法115条）。したがってその年度に発生した年休請求権は次年度まで有効である。ただし，時間単位年休制度を導入している場合，当年度の未消化の時間単位年休を含めて次年度は5日の範囲が時間単位年休の対象となる（労基法39条4項2号）。

[例4]　当該年度の残存年次有給休暇は次年度末まで繰り越すことができる。ただし，次年度に取得できる時間単位年休は5日の範囲とする。

●年休の取得手続き

❶年休の許可制扱い

[例5]　年次有給休暇を請求しようとする者は，所定の手続きによりあらかじめ所属長に届け出なければならない。

検討を要する実例

[例6]　年次有給休暇を請求しようとする者は，所定の手続きにより事前に申し出て会社の許可を受けなければならない。

[例7]　年次有給休暇の取得は，事前に所属長の承認を受けるものとする。

労基法で定める年休は，労働者が年休の始期と終期を指定して使用者に請求すれば，当然にその日が年休日となるのが原則である（林野庁白石営林署事件・最判昭48.3.2労働判例171号16頁，国鉄郡山工場事件・最判昭48.3.2労働判例171号10頁）。したがって年休請求権は使用者の承諾を要件とするものではないので，届出を定める［例5］はよいが，［例6］や［例7］のような許可制や承認制とすることはできない。就業規則において年休取得について使

用者の許可を要する旨を定める例があるが，これは労基法上無効となる。

　なお就業規則で法定年休と法定外年休とを明確に区別している場合，後者については労基法上の規制は及ばないので法定外年休のみについて許可制をとることは可能である。

❷年休の事後振り替え

[例8]　従業員が欠勤した場合，欠勤日を年次有給休暇に振り替えようとするときは，会社に理由を届け出て承認を受けるものとする。

　たとえば欠勤日を事後に年休として取り扱う例である。このような年休の事後振り替えの権利は労基法上，労働者に与えられていない。したがってこのような取り扱いを認めるか否かは使用者の裁量である。[例8]は使用者の承認制とし，不合理な事後振り替え（たとえば連続した無断欠勤）を認めないことができるようにしたものである。

●使用者の時季変更権（労基法39条5項）

[例9]　年次有給休暇は，あらかじめ本人の申し出た時季にこれを与える。ただし，その時季が事業の正常な運営を妨げるときは変更することがある。

　労働者の年休請求により指定された日が年休日となるが，それにより事業の正常な運営が妨げられる場合には，使用者に年休日を変更する権利が与えられている。これが時季変更権である。使用者は時季変更権の行使をするにあたり，他の日を指定する必要はない。

　時季変更権が可能な場合とは，「事業の正常な運営が妨げられる」という要件が存するときである。具体的には，その労働者の従事する業務組織（部や課，係）の運営上，その労働者が年休日に不可欠な要員であり，他に代替要員の手配が容易にできない場合である。事業の運営が妨げられるか否かは，年休を請求した労働者の所属する事業場（たとえば工場や支店）を基準として判断するというのが判例であるが（林野庁白石営林署事件・最判昭48.3.2労働判例171号16頁），実際の判断にあたっては「部」「課」や「特定業務」を中心にしている裁判例が多い。その考慮要素は，事業の規模・内容，当該労働者の業務内容，業務の繁閑，代替労働者の配置の難易，労働慣行等を総合して決するというのが裁判所の考え方である。

　そして時季変更権は労働者の年休請求権の例外事由だから，使用者は一般

的に年休の確保のため，代替要員の手配等，通常可能な配慮をしなければならない（弘前電報電話局事件・最判昭62.7.10労働判例499号19頁）。したがって常時，人員不足の業務組織であることを理由に，いつでも時季変更権の行使が許されるわけではない。実務上，時季変更権の行使が適法であるか否かの判断は容易でない場合もある。

●計画年休（労基法39条6項）

計画年休は，わが国の年休取得率が低いことから，年休取得率の向上と労働時間の短縮を目的に，昭和62年の労基法改正で導入された制度である。年次有給休暇は労働者各人が自由にその時季を指定して利用できる個人的な権利としての性格をもっているが，計画年休は，この個人的な年休権を集団的画一的な取り扱いの対象とすることを認めたものである。したがって計画年休で具体的な年休日が決定されれば，それに対応する各人の年休日数が自動的に計画年休日となる。

計画年休は事業場単位で行なわれ，その付与方法は全労働者を対象とする一斉付与のほか，必要に応じて職場別，班別，個人別等の付与方法が可能である。一斉付与以外では，労使協定で計画年休の決定時期と手続き等を定めてそれに従い，職場等で具体的な計画年休日を決めることが多い。

【計画年休の要件】

> 1　労働者の年休日数のうち5日を超える日数分を計画年休の対象とすること（年休日数には前年度未消化で繰り越された分を含む）。
> 2　労使協定で計画年休を付与する時季に関する定めをすること（一斉付与以外の場合には実際上，付与対象者に関する定めをすることも必要）。

[例10]　従業員の過半数を代表する者との書面協定により，各従業員の年次有給休暇日数のうち5日を超える部分について，年次有給休暇日を定めた場合は，前項の規定にかかわらず，その定めにより年次有給休暇を与えることができる。

労使協定についてはたとえば次のようになる。

[例11]（労使協定例）

第1条　○○年度の年次有給休暇について，次のとおり計画的付与を行

なう。

（夏季）　〇〇年〇月〇日から同年〇月〇日まで（所定休日を除く）

第2条　前項の計画付与により，年次有給休暇の保有日数が5日未満となる従業員については，5日に満つるまでの日数について特別休暇（有給）を付与する。

第3条　一斉付与の適用除外者規定（保安要員等）

上記「計画年休の要件」のうち，1については年休日数の取り扱いが問題となる。たとえば，保有する年休日数11日の労働者について，計画年休の対象とできるのは6日分だから，計画年休日数を8日としたい場合には2日分は計画年休にあてられない。この場合は，特別の有給休暇とする方法等により取り扱うことになる。そのような措置をとらなければ，少なくとも休業手当（労基法26条）の支払いが必要とされている（昭63.3.14基発150号）。

また上記要件を満たす計画年休であれば，これに反対する従業員に対してもその日を年休日として取り扱うことができる。すなわち計画年休日が協定されれば，その日数分の各従業員の年休日数は計画年休日に充当され，その限りで従業員の時季指定権や使用者の時季変更権は消滅する（昭63.3.14基発150号）。これは計画年休の反対者が少数組合員であっても同じである。

さらに労基法上の年休日数分（いわゆる法定年休）については，上記の要件で計画年休を導入できるが，法定年休を上回る年休日数分（いわゆる法定外年休）を認めている企業の場合にも，就業規則において計画年休規定をおけば，法定外年休も含めて上記要件のもとで計画年休の実施を対象従業員に義務づけられる。

●**年休日の賃金**

[例12]　年次有給休暇については通常の賃金を支給する。

労基法39条9項では，年休日の賃金について次の3種類を認めている。

- 所定労働時間労働した場合に支払われる通常の賃金
- 平均賃金（労基法12条）
- 健康保険法40条に定める標準報酬日額に相当する金額（この場合は労使協定によらなければならない）

使用者はこれらのうちのいずれかを支払うことになるが，いずれにするか

を就業規則で明定しなければならず，随意に他の方法によることはできない。この点については次の通達がある（昭27.9.20基発675号，平11.3.31基発168号）。
「年次有給休暇の賃金の選択は，手続簡素化の見地より認められたものであるから，労働者各人についてその都度使用者の恣意的選択を認めるものではなく，平均賃金と所定労働時間労働した場合に支払われる通常の賃金との選択は，就業規則その他によつて予め定めるところにより，又健康保険法第3条に定める標準報酬日額に相当する金額の選択は，法第36条第1項の時間外労働協定と同様の労使協定を行い，年次有給休暇の際の賃金としてこれを就業規則に定めておかなければならないこと。又この選択がなされた場合には，必ずその選択された方法による賃金を支払わなければならないこと」

　実務では，通常の賃金を選択することが多い。通常賃金に関しては次の通達がある（昭27.9.20基発675号）。

「一　所定労働時間労働した場合に支払われる通常の賃金には，臨時に支払われた賃金，割増賃金の如く所定時間外の労働に対して支払われる賃金等は，算入されないものであること。

　二　法第39条第6項の規定は，計算事務手続の簡素化を図る趣旨であるから，日給者，月給者等につき，所定労働時間労働した場合に支払われる通常の賃金を支払う場合には，通常の出勤をしたものとして取扱えば足り，規則第25条に定める計算をその都度行う必要はないこと」

●その他使用者が特に認める制度（私傷病休暇等）

　たとえば［例13］のように年次有給休暇の積み立て制度を有している企業がある。私傷病休暇などがこれにあたる。このような制度を設けるか否かは自由であるが，設ける場合には，積み立ての要件および使用の要件を明確にしておかなければならない。［例13］2項は，未消化年休がある場合には使用できないという要件を入れたものである。

［例13］　第○条によって失効する年次有給休暇のうち1年につき○日を限度とし私傷病休暇として積み立てる。ただし，合計○○日を超えることはできない。

　　2　私傷病休暇は，未消化の年次有給休暇が存しない場合に限り，次の各号により使用することができる。

⑴　傷病で原則として１週間を超える欠勤（休日を含む）が必要な場合
　　：　　（略）
　⑷　その他各号に準ずるものとしては会社が認めた場合
　3　私傷病休暇を取得する場合は，所定の手続きにより所属長に申請し承認を得なければならない。

✳ 問題点

●継続勤務の意味

[例14]　社員は採用年度を除き，１年間継続勤務し，出勤率が８割以上のときは，第○条に定める日数の年次有給休暇を受けることができる。

　年休付与要件の「継続勤務」とは，同一使用者のもとにおいて各労働者の採用日から起算した在籍期間を意味している。したがって長期療養で休職期間のあった者でも，その期間は継続勤務の計算に入れる。ただし８割出勤の要件を満たさないので，年休は発生しないだけである。また在籍出向者については，出向先での年休は，出向元の勤務期間を通算した勤務年数に応じた有給休暇日数を与えなければならない（昭63.3.14基発150号）。

　継続勤務で問題となるのは定年退職後に再雇用した場合で，たとえば高年齢者雇用安定法９条の継続雇用制度の再雇用などである。形式的にはいったん退職した後，新たに雇用されているので継続勤務が中断したように考えられるが，継続勤務とは勤務の実態に即して判断するとされる。したがって退職後に引き続き同一使用者が再雇用する場合は実質的な労働関係の継続と認められるため，継続勤務の要件上は退職の前後を通算しなければならない。

　ただし再雇用により所定労働日数が減少し年休の比例付与の対象となる場合には，再雇用後に発生する年休日数は比例付与で認められる年休日数を与えれば足りる。一方，退職と再雇用との間に相当期間が存し，客観的に労働関係が中断している場合は，再雇用時から勤務年数を起算する（昭63.3.14基発150号）。

　最近は在籍出向終了後，引き続き出向先に転籍（出向元を退職し出向先に雇用されるという転籍）することもある。その典型例はグループ会社間での転籍だが，この場合は出向元との労働契約関係が完全に消滅し，出向先と新たな労働契約関係が発生するため，使用者の同一性がなくなるので実質的にも出向

元からの継続勤務とみることはできず，転籍時から勤務年数が起算される。

●年休請求の事前の届出

[例15]　年次有給休暇を受けようとする者は，少なくとも前日までに，所定
　　　の休暇申請書を所属長に届け出るものとする。

　年休の時季指定の請求は，使用者の承諾や許可を要しない行為だが，事前に書面で届け出る制度とすることはできる。たとえば，「年次有給休暇は所定の手続きにより，事前に会社に届け出るものとする」と定めている例である。

　事前の届出制は年休の管理上に必要となるばかりでなく，使用者の時季変更権行使の判断上も必要なことである。また「事前」とするのではなく，さらに具体的に3日前あるいは2日前と定めることも可能である（此花電報電話局事件・最判昭57.3.18労働判例381号20頁）。ただし書面による事前届出手続きを定めても，それに反する年休請求が少なくとも前日（ただし上記判決は年休当日の年休請求まで認めることを前提として使用者の時季変更権を認めた事案である）までになされるかぎり，これをすべて無効として取り扱うことはできない。このような場合でも，実際に請求された年休日について使用者が時季変更権を行使するような事情がなければ，労基法39条による年休は認めざるをえないというのが判例の立場である。したがって時季変更権を行使する事情がなければ，年休届出手続き違反は服務規律上の問題にとどまる。

●年次有給休暇の利用目的申告の可否

　年次有給休暇の請求書面に利用目的を書かせられるか。また利用目的により，一部の者だけに年休を認め，他の者に時季変更権を行使してもよいか。

　年休請求の書面に利用目的欄を設けて，その記入を任意とする取り扱いであれば問題ないが，未記入を理由に年休を拒否することはできない。年次有給休暇の利用目的については，「年次有給休暇の利用目的は労基法の関知しないところであり，休暇をどのように利用するかは，使用者の干渉を許さない労働者の自由である」と解されている（林野庁白石営林署事件・最判昭48.3.2労働判例171号16頁）。労働者は年次有給休暇を取得するにあたり，その取得理由を申告する義務はなく，仮に申告した取得理由と異なる使途にその年次有給休暇を利用したとしても，年次有給休暇の成立には影響は生じない。

　ただし年次有給休暇の取得により事業の正常な運営を妨げるおそれが予見

される場合に，年次有給休暇の取得理由によっては時季変更権の行使を差し控えようとして，この点を判断するために年次有給休暇の取得理由を尋ねることは差し支えなく（此花電報電話局事件・最判昭57.3.18労働判例381号20頁），この場合，労働者が取得理由を申告しなかったために時季変更権が行使され，請求した時季に年次有給休暇を取得できなかったとしても，時季変更権行使の客観的事由が備わっているかぎりは適法である。

　また年休の目的により不当に差別する扱いは許されないが，同一職場で複数の者から同一日あるいは同一期間に年休請求があったため，全員に年休を与えることが事業の正常な運営上困難である場合は，取得理由を聞き，その重大性・緊急性などを考慮して時季変更権を行使する対象者を使用者が決定することは許されると考える。

●年休の買い上げ，退職直前の年休請求

　使用者が未消化年休を買い上げることはできない。年休は労働による疲労の回復を目的とする制度であるから，買い上げは労基法39条違反になる。ただし，法定外年休あるいはすでに時効になっている年休日数分を買い上げることは労基法違反とはならない。

　次に実務では，1ヵ月後に退職する旨の退職届を提出した社員が，年次有給休暇30日を有しているので，翌日より退職日までの年休請求がなされた場合，認めなくてはならないのかという問題がしばしば生ずる。

　この場合，会社はその労働者に対して時季変更権を行使できるか否かが問題となる。時季変更権は労働者の請求した年休日を変更して，他の労働日に休暇をとるよう求める権利なので，他の労働日に年休をとれることが前提とされている。しかし，退職までの労働日をすべて年休とする請求をしている場合，他の労働日はないため，会社は時季変更権も行使できず，年休を認めなくてはならないというのが行政の考え方である（昭49.1.11基収5554号）。

　退職にあたり業務の引き継ぎを就業規則で義務づけているときは，その違反の問題は生じうるが，実務では，業務の引き継ぎ等の必要で出社してもらいたい場合には，あらかじめその労働者と話し合い，年休日の全部または一部を取り下げてもらうか，年休の一部を買い上げる方法をとっている。その場合，会社が未消化年休を買い上げても労基法違反にはならないと解すべきである。

●研修・訓練中の年休，長期年休と使用者の時季変更権行使

　会社の重要な研修や訓練に参加する労働者が研修・訓練日に年休請求をした場合に，使用者は時季変更権を行使できるかが争われた事案がある。

　この点については，会社の事業のデジタル化に備えるための訓練参加者について「事業遂行に必要な技術者の養成と能力向上を図るため，各職場の代表者を参加させて，一箇月に満たない比較的短期間に集中的に高度な知識，技能を修得させ，これを職場に持ち帰らせることによって，各職場全体の業務の改善，向上に資することを目的として行われた訓練の期間中に，訓練に参加している労働者から年次有給休暇が請求されたときは，使用者は，当該休暇期間における具体的な訓練の内容がこれを欠席しても予定された知識，技能の修得に不足を生じさせないものであると認められない限り，事業の正常な運営を妨げるものとして時季変更権を行使することができる」とされている（日本電信電話事件・最判平12.3.31判例時報1709号128頁）。

　またたとえば1ヵ月といった長期連続の年休請求については，使用者と事前の調整をはかるのが通常である。このような調整を経ない年休の請求については，使用者としても事業運営上の支障の有無は正確に判断できないことになる。

　長期連続年休期間の事業運営上の支障内容の判断および年休の時季や期間について使用者がどの程度の修正，変更を行なうかの判断に関しては，使用者にある程度の裁量が認められるというのが判例の見解である（時事通信社事件・最判平4.6.23労働判例613号6頁）。したがって長期連続休暇の請求で労働者が事前調整を経ない場合，使用者は当該業務組織の実情に即して合理的な判断をすることができるので，もし業務運営上の支障が予見できる場合には，時季変更権を行使して長期連続年休請求の一部のみを認め，あるいは分割付与とすることができる。上記時事通信社事件は，労働者が約1ヵ月の連続年休を指定したことに対し，会社が後半の期間について，代替勤務者の確保が困難として行使した時季変更権を有効としたものである。

●年休取得と不利益取り扱い（労基法附則136条）

　労基法附則136条は，労基法上の年次有給休暇を取得した労働者に対して，使用者は，「賃金の減額その他の不利益な取り扱いをしないようにしなければならない」と定めている。この規定を強行法規と解する見解もあるが，最

高裁判決では，労基法附則134条（現行136条）について，「使用者が，従業員の出勤率の低下を防止する等の観点から，年次有給休暇の取得を何らかの経済的不利益と結びつける措置を採ることは，その経営上の合理性を是認できる場合であっても，できるだけ避けるべきであることはいうまでもないが，右の規定は，それ自体としては，使用者の努力義務を定めたものであって，労働者の年次有給休暇の取得を理由とする不利益取扱いの私法上の効果を否定するまでの効力を有するものとは解されない」としている（沼津交通事件・最判平5.6.25労働判例636号11頁）。

このように，労基法附則136条は努力義務規定であり，年休取得を理由とする不利益扱いを民事上すべて無効とするものではないが，労基法の年休権保障の観点から不利益扱いの内容ごとにその有効，無効を判断するというのが判例の考え方となっている。

2　使用者の年5日の年次有給休暇付与義務

●使用者の年5日の年次有給休暇付与義務（労基法39条7項）と運用

年次有給休暇の取得率が低いことから，平成30年の改正労基法により使用者が年5日以上の年次有給休暇付与義務を負う新たな制度が導入された（2019年4月施行，39条7項および8項）。具体的には，年次有給休暇の付与日数が10日以上である労働者を対象に，有給休暇の日数のうち年5日については，1年の間に使用者が時季指定して消化させなければならないことを義務づけた。この義務違反には罰則がある（労基法120条1号違反で30万円以下の罰金）。

たとえば，4月1日入社の従業員について，労基法に従い6ヵ月経過する10月1日に10日の年次有給休暇を付与する場合，使用者には，次のように付与日から1年の間に5日の付与義務がある。

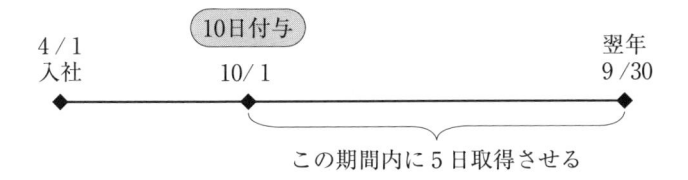

この改正の施行期日は2019年4月1日である。ただし，2019年4月1日以外の日が年休付与の基準日である場合には，2019年4月1日以降の最初の基準日から改正法が適用される（整備法附則4条）。たとえば，毎年1月1日が基準日の場合，2019年1月1日が基準日なので，改正法は2020年1月1日に付与される年休から適用される。

年休の年5日付与（使用者による時季指定）のための運用としては，たとえば年度当初に労働者の意見を聴いたうえで，年次有給休暇取得計画表を作成し，これにもとづき年次有給休暇を付与する運用等が考えられる（平30.9.7基発0907第1号）。また，労使において計画年休制度の促進の取り組みも有用である。

●年5日以上の年次有給休暇の付与制度の要点

❶対象者は年次有給休暇の付与日数が10日以上の労働者である

これは1回の付与日数が10日以上の労働者という意味であり，繰り越される前年の年休は10日にカウントしない。たとえば，基準日におけるパートタイマーに対する年休の比例付与日数が9日以下の者は，前年の繰り越し年休日数を有していても対象外である（平30.12.28基発1228第15号）。

❷1年間の起算日は10日以上の年休を付与した日である

実務では基準日を設けて統一的に年休の付与を行なっている例が多いが，その場合は基準日が起算日になる。たとえば，その年の基準日である4月1日に20日の年休を付与した場合，翌年の3月31日までの1年間に5日の年休を消化させなければならない。

❸対象期間1年間に消化された年休日数および半日年休もカウントされる

対象労働者が起算日前からの繰り越し分の未消化年休を有している場合，その未消化年休を起算日後1年以内に消化（取得）した日数も5日にカウントされる（39条8項）。したがって，起算日に付与された年休およ前年の繰り越し分の年休について，起算日後に労働者が時季指定して年休を取得した場合や計画年休が付与された場合，あるいはその両方が行なわれた場合には，それらの日数の合計を年5日から差し引いた日数になる。そのため，それらの日数の合計が年5日以上に達したときは，使用者の付与（時季指定）の義務はなくなる。なお，半日年休制度を設けている場合には，半日年休も

年休0.5日分にカウントされるが，時間単位年休はまったくカウントされないと解されている（平30.12.28基発1228第15号）。

❹使用者の時季指定の手続き

使用者は対象労働者に対して年５日に達する年休日数について時季指定をすることになるが，その手続きとして，対象労働者に対して，そのことを明らかにして時季に関する意見を聴くとともに，対象労働者の希望に沿った時季指定となるよう，聴取した意見を尊重するよう努めなければならない（改正労基法規則24条の６）。［例１］の２項はこれを定めたものである。使用者が時季指定する対象の年休は起算日前の繰り越し未消化年休でもよいと解する。なお，使用者は指定した時季を事後に同様の手続きにより変更することは可能である（平30.12.28基発1228第15号）。

❺年次有給休暇管理簿

使用者が各労働者の年次有給休暇の取得状況を確実に把握することが重要になるため，使用者に年次有給休暇管理簿の作成および３年間の保存が義務づけられた（改正労基法規則24条の７，55条の２）。年次有給休暇管理簿には使用者の時季指定を含めて実際に労働者が取得した年休日数（半日単位および時間単位で取得した回数・時間数も含む），基準日を記載する必要がある。また，労働者名簿，賃金台帳と同様の要件を満たしたうえで，電子機器を用いて磁気ディスク，磁気テープ，光ディスク等により調製することもできる（平30.12.28基発1228第15号）。

年５日付与制度は就業規則に定めておかなければならない（労基法89条２号）。

なお，上記については厚生労働省「年５日の年次有給休暇の確実な取得・わかりやすい解説（2019年４月施行）」参照。

［例１］　使用者は，第○条第○項および第○項により付与される年次有給休暇（年次有給休暇の付与日数が10日以上の労働者にかかるものに限る）の日数のうち，５日については，付与される基準日から１年以内に，労働者ごとに時季を定めることにより付与しなければならない。ただし，当該労働者が時季指定して取得した年次有給休暇日数ならびに第○条の計画年休および第○条の半日年休制度により取得した年次有給休暇日数の合計日数分（５日を超える場合は５日とする）は時季を定め

ることにより付与することを要しない。

　　2　前項により使用者が年次有給休暇の時季指定をする場合，使用者
　　　は，労働者に対して時季に関する意見を聴くものとし，時季に関する
　　　労働者の意見を尊重するよう努めなければならない。

　［例１］は半日年休制度を設けている事業所の規定例である。時間単位年
休制度による時間単位年休は５日にカウントされないので注意を要する。

　なお，［例１］のように２つの項に分けるのがわかりやすいが，１つの規
定とすることもできる（［例２］参照）。

　［例２］　使用者は，第○条第○項および第○項により付与される年次有給休暇
　　　（年次有給休暇の付与日数が10日以上の労働者にかかるものに限る）の日数の
　　　うち，５日については，付与される基準日から１年以内に，労働者ごとに
　　　意見を聴取し，その意見を尊重するよう努めたうえで，時季を定めるこ
　　　とにより付与しなければならない。ただし，当該労働者が時季指定して
　　　取得した年次有給休暇日数ならびに第○条の計画年休および第○条の半
　　　日年休制度により取得した年次有給休暇日数の合計日数分（５日を超える
　　　場合は５日とする）は時季を定めることにより付与することを要しな
　　　い。

☑ チェックポイント

●年休の前倒し付与と使用者の年５日付与義務の取り扱い

　改正労基法規則24条の５では，「年休の前倒し付与」「年休の比例付与日
数」「みなし基準日の扱い」「年休10日の前倒し一部付与」について定めてい
る（平30.9.7基発0907第１号）。

　❶年休の前倒し付与

　使用者は，年次有給休暇を当該年次有給休暇にかかる基準日より前の日か
ら10日以上付与する場合，その付与の日（第１基準日）から１年以内の期間
に時季を指定して５日の年休を与えなければならない（改正労基法規則24条
の５第１項）。たとえば，10日の年休を入社した４月１日に前倒しで付与す
るケースであれば，付与する４月１日から１年間に５日の年休を与えなけれ
ばならない。

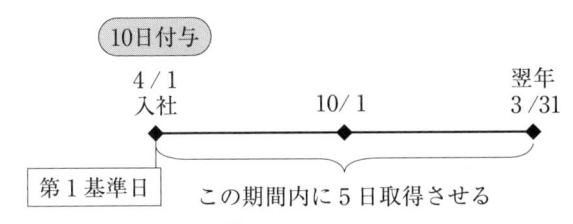

❷ 年休の比例付与日数

次に，労基法に従い10月１日に年休10を付与するケースで，さらに翌年の４月１日の基準日（第２基準日）に新たに年休11を付与するときには，使用者は，翌年の４月１日から１年以内の期間に時季を指定して５日の年休を与えなければならないので，前後それぞれの１年の期間が一部重複する。このような場合，使用者は，前後それぞれの１年の期間ごとに各５日の年休を与えることになるが，この前後の期間を通算して比例的日数（通算月数を12で除した数に５を乗じた日数）を付与することもできる。すなわち，最初の１年間の始期から次の１年間の終期までの通算期間中に，その合計月数に応じた年休の比例的日数を時季指定することにより与えることができるとされている（改正労基法規則24条の５第２項）。

例示すると，以下のとおりである。この場合は，最初の１年間の始期である当年10月１日（基準日）から次の１年間の終期である翌々年の３月31日までの通算月数は18ヵ月なので，年休の比例的日数は7.5日（５日÷12ヵ月×18ヵ月）となる。

なお，比例計算上の端数処理の方法については平成30年12月28日基発1228第15号参照。

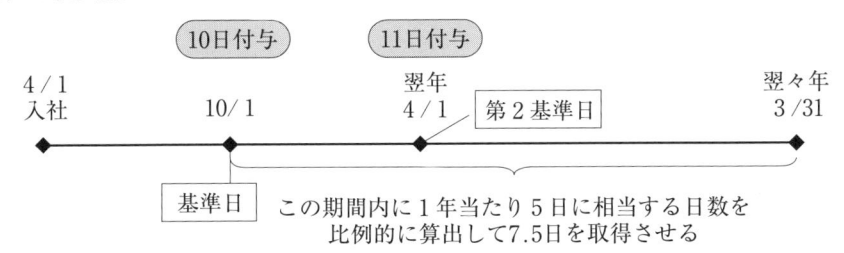

❸「年休の前倒し付与」「年休の比例付与日数」のみなし基準日の扱い

それぞれの期間経過後は当該期間の最終日の翌日から１年ごとに区分した

各期間の初日を基準日とみなして5日の付与が義務づけられる（改正労基法規則24条の5第3項）。「年休の前倒し付与」では翌年の4月1日から，「年休の比例付与日数」のケースでは翌々年の4月1日から，それぞれ1年ごとに区分して年5日の年休付与義務が生じる。

【年休の前倒し付与のケースのみなし基準日】

【年休の比例付与日数のケースのみなし基準日】

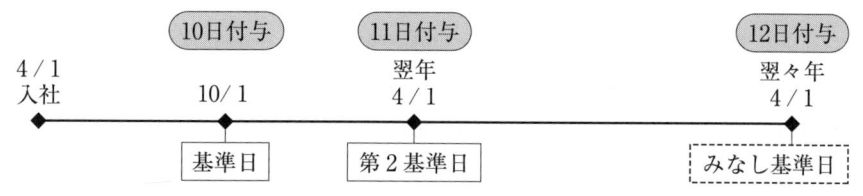

❹年休10日の前倒し一部付与

使用者が年次有給休暇のうち，10日未満の日数について，年休の一部を基準日より前の日（特定日）に前倒しで付与する場合において，特定日が複数あるときは，付与日数の合計が10日以上に達する特定日（第1基準日）から1年以内の期間に時季を指定して5日の年休を与えなければならない。この場合，第1基準日より前に当該労働者が時季指定して取得した年次有給休暇（繰り越し年休の取得も含む）および計画年休により取得した年次有給休暇があれば，その日数分は5日にカウントされる（改正労基法規則24条の5第4項）。例示すると以下のとおりである。

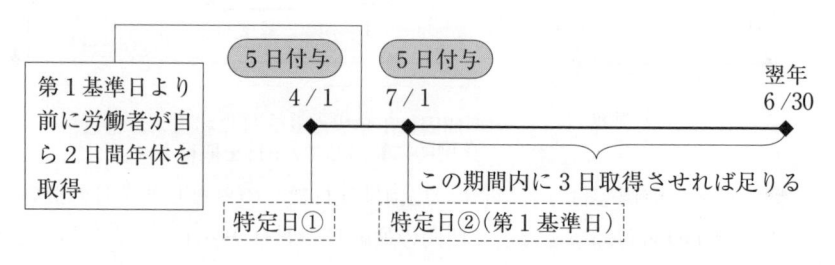

５日にカウントされるのは最初の特定日①から特定日②（第１基準日）までの間に労働者が取得した年休と計画年休の日数であり，これは労働者が２日取得している場合である。なお，考えにくいが，この間の取得年休日数が５日以上の場合は，使用者の年５日の年休付与義務は生じない。

✳ 問題点
●特別休暇の取り扱い

　事業場が独自に設けている特別休暇（たとえば夏季特別休暇）は使途や取得期間等が限定されており，労基法上の年休とは異なるため，特別休暇の取得日数は，年５日の年休付与にはカウントされない（ただし，取得事由および時季を限定せず法定年休と同様の扱いとして法定年休日数に上乗せして付与される，いわゆる法定外年休の取得日数はカウントされる）。そして，使用者の年５日年休付与義務制度を契機に，上記の特別休暇を廃止し，年休に振り替えることは労基法改正の趣旨に沿わないものであるとともに，労働者と合意することなく就業規則を変更して特別休暇を年休に振り替えた後の要件・効果が労働者にとって不利益と認められる場合には，就業規則の不利益変更法理に照らして合理的なものである必要があるとされている（平30.12.28基発1228第15号）。

●年５日の年休付与義務と在籍出向の取り扱い

　在籍出向した従業員の年休についても労基法39条７項の使用者の年５日の年休付与義務は生じるので，この義務を負う使用者は出向元なのか，出向先なのかが問題となる。在籍出向の場合，行政は「出向元，出向先及び出向労働者三者間の取決めによって定められた権限と責任に応じて出向元の使用者又は出向先の使用者が出向労働者について労働基準法等における使用者としての責任を負うものである」（昭61.6.6基発333号）としており，年５日の年休付与義務をどちらが負うかについても「出向元，出向先，出向労働者三者間の取り決めによります（基準日及び出向元で取得した年次有給休暇の日数を出向先の使用者が指定すべき５日から控除するかどうかについても，取り決めによります）」（厚生労働省労働基準局「改正労働基準法に関するQ&A（3-18）」平成31年４月）としている。実務の取り扱いとしては，出向元と出向先との間

で，年5日の年休の時季指定義務を負う者（年休管理者）を出向元とするのか出向先とするのかを取り決めておくことになる。

　たとえば，出向元と出向先との間の出向協定において，出向元と定めておけば，年5日の年休の時季指定義務は出向元が負うと解される（[例3] 参照）。したがって，出向協定にこの点を明確に定めておくべきである。そのうえで，出向者については出向元の出向規程において同様の定めを設けておくことになる（3章末の「出向者取扱規程」参照）。

[例3]　（出向元と出向先との間の出向協定の規定例；出向元とする例）

　　　出向期間中における出向者の年次有給休暇の基準日および付与日数等は出向元の定めにもとづき出向元が管理し，労働基準法第39条第7項に定める年5日の年次有給休暇の付与義務も出向元が負うものとする。

　次に役員出向の場合であるが，それが従業員兼務役員の場合は労働者性があるので，上記の出向者と同じ扱いになる。一方，代表取締役などの専属役員の場合については，出向先とは委任関係であり，就労実態に労働者性もないので，出向中については，年5日の年休の付与義務は生じないと考えるべきである。その場合，出向前に年5日の付与をする必要があるとされている（前掲「Q&A（6-1）」）。

●年5日の年休付与義務と海外出張者，海外駐在者の取り扱い

　短期の海外出張者は国内就労者と同じく年5日の年休付与義務の対象者になるが，海外駐在者（長期海外居住，出向形態の場合もある）については，属地法である労基法の適用がないので，海外駐在期間中は年5日の付与義務の対象者にはならないと考えられる。その場合，駐在前の期間中に年5日の付与をする必要があるとされている（前掲「Q&A（6-1）」）。

●年5日の年休付与義務と育児・介護休業者の取り扱い

　育児介護休業法にもとづく育児・介護休業者の休業期間は出勤したものとみなされる（労基法39条10項）ので，年休が付与されるケースが多い。そこで，たとえば基準日の4月1日に育児休業中の従業員に年休を20日付与したが，翌年3月31日まで休業を続けていた場合には，実質上年休は付与できず，付与の必要性もないので，年5日年休付与義務の不履行は問題にならない。

しかし，年度途中で育児休業を終了し職場復帰する場合，使用者は復帰後から1年の満了する翌年3月31日までに5日の年休を付与しなければならないことになるが，それが短期間しかない場合（たとえば翌年3月1日に職場復帰するような場合）にも年5日の年休付与義務の履行を求めることは，この制度の趣旨からしても不都合であろう。解釈上は，少なくとも残日数に応じた比例的な年休日数を付与していれば可（義務違反の可罰的違法性は認められない）とすべきではないかと考える。

　ただし，行政では，年度途中に育児休業から復帰した労働者等についても，年5日の年休を確実に取得させる必要があるとしたうえ，残りの期間における労働日が，使用者が時季指定すべき年休の残日数よりも少なく，5日の年休を取得させることが不可能な場合には，その限りではないときびしく解釈している（平30.12.28基発1228第15号）。

●年5日の年休付与義務と私傷病休職者，長期欠勤者の取り扱い

　病気等による病気休職者や長期欠勤者については，出勤率8割以上の年休付与要件を満たさないので，10日以上の年休付与をしないことも多いと思われるが，たとえば10日以上の年休付与をした後に長期欠勤や休職となった者や使用者が出勤率の要件を緩和して10日以上の年休を付与する例もある。この場合，私傷病休職については，就業規則上休職期間中は労働義務を免除している場合であれば，その期間中に年休は成立しない（昭24.12.28基発1456号，昭31.2.13基収489号）ので，年5日の年休付与義務については，育児休業者と同様に考えることになる。

　一方，病気等による長期欠勤者については，就業規則上労働義務のある労働日を前提にした欠務扱いの場合であれば年休は成立するので，使用者に年5日の年休付与義務もあるということになるが，それは年5日年休付与制度の趣旨からしても不都合であろう。たとえば，年休20日を付与した4月1日（基準日）から9月まで出勤，10月から翌年3月31日まで病気欠勤のケースでは，年休5日の付与義務が生じないか，生じるとしても義務違反に違法性がないと考えるべきであろう。

生理休暇，産前産後休業，育児介護等の休業,代替休暇,特別休暇

ここでは年次有給休暇以外の法定の休暇・休業と特別休暇を定める。

就業規則で定める事項は，法定されている①生理日の休暇，②産前産後休業，③育児時間，④母性健康管理措置，⑤育児・介護休業等，⑥公務との関係と，⑦労基法37条３項の代替休暇，⑧企業で特に定める特別休暇である。

1　生理日の休暇

■ 基本的な考え方

一般に生理休暇と呼ばれるが，生理日であれば付与される休暇ではなく，「生理日の就業が著しく困難」な場合に，当該女性の請求により与えられる休暇である（労基法68条）。以前は「就業が著しく困難」な場合と「生理に有害な業務に従事する」場合に休暇が与えられていたが，後者の有害業務は考えられないことから，昭和60年の男女雇用機会均等法制定の際に削除された経緯があり，現在の労基法では「生理日の就業が著しく困難な女性に対する措置」として定められている。休暇取得要件は次のとおりである。

- 生理日であり，かつ生理中の就業が著しく困難であること
- 当該女性従業員から休暇の請求がなされること

就業規則の規定としては「女性従業員は，本人の申出により生理休暇を受けることができる」という例もあるが，「生理日」だけでは就業が著しく困難であるという要件を満たさないので，［例１］［例２］のような規定がよい。

［例１］　女性従業員は生理日の就業が著しく困難な場合，請求により必要な時間または必要日数の休暇を取得することができる。

　　　　ただし，取得した日については無給とする。

［例２］　会社は，生理日の就業が著しく困難な女性従業員が所定の届出をした場合，休暇を与える。

　　　　　この場合，１回につき１日を有給休暇とする。

　生理休暇に関する行政通達としては，次のものがある。

「休暇の請求は，就業が著しく困難である事実に基づき行われるものであるから，必ずしも暦日単位で行わなければならないものではなく，半日または時間単位で請求した場合には，使用者はその範囲で就業させなければ足りるものであること」（昭61.3.20基発151号，婦発69号）

「生理期間，その間の苦痛の程度あるいは就労の難易は各日によって異なるものであり，客観的な一般基準は定められない。したがって，就業規則その他によりその日数を限定することは許されない。ただし，有給の日数を定めておくことはそれ以上休暇を与えることが明らかにされていれば差し支えない」（昭63.3.14基発150号，婦発47号）

「生理日の就労が著しく困難な女性が休暇を請求したときは，その者を生理日に就業させてはならないが，その手続を複雑にすると，この制度の趣旨が抹殺されることになるから，原則として特別の証明がなくても女性労働者の請求があった場合には，これを与えることとし，特に証明を求める必要が認められる場合であっても，右の趣旨に鑑み，医師の診断書のような厳格な証明を求めることなく，一応事実を推断せしめるに足れば十分であるから，たとえば同僚の証言程度の簡単な証明によらしめるよう指導されたい」（昭63.3.14基発150号，婦発47号）

2　産前産後休業

■ 基本的な考え方

【産前産後休業の要件】（労基法65条）

> 1　産前：６週間（多胎妊娠の場合14週間）で本人の請求があった場合
>
> 2　産後：８週間は当然に就業禁止。ただし産後６週間を経過した場合は，本人の請求により医師が支障ないと認めた業務に就かせることが

できる。

　3　妊娠中の女性が請求した場合，他の軽易な業務に転換させなければ
　　ならない。

　産前産後休業は，就業規則上も以下の［例］のように労基法65条と同様の
定めをおく場合が多い。

　なお労基法の条文上は，産前産後については「休業」，生理については
「休暇」という表現をとっている。「休暇」と「休業」を区別する定義はない
が，「休暇」のうち連続して取得することが一般的なものを「休業」としてい
る（育児介護休業法の通達：平21.12.28職発1228第4号，雇児発1228第2号）。

［例］　出産する予定の女性従業員がそのことを証明する書面を付して休業
　　　　を請求したときは，出産予定日の6週間前（多胎妊娠の場合は14週間
　　　　前）から出産日まで，および出産日の翌日から8週間を産前産後休業
　　　　として就業させない。ただし産後6週間を経過し，本人が就業を申し
　　　　出て医師が支障ないと認めたときは就業させることがある。

　　2　産前産後休業は無給とする。

　　3　妊娠中の女性が請求した場合，他の軽易な業務に転換させる。ただ
　　　　し，就業に適する軽易な業務がないときには請求しても応じないこと
　　　　がある。

　産前産後休業は母性保護を趣旨に認められた休業である。休業中の給与を
無給とするか有給とするかは自由だが，就業規則で定めておく必要がある。

　休業期間については，産前6週間は出産予定日を基準として計算される。
もし予定日より遅れて出産した場合は，6週間を超えて現実の出産当日まで
が産前休業期間となる。ここでいう出産とは，妊娠4ヵ月（1ヵ月28日）以
上の分娩（流産，人工中絶も含む）を意味する（昭33.9.29婦発113号）。また産後
8週間とは，出産日（上記の流産，人工中絶を含む）の翌日から起算される。

　なお妊娠中の女性保護のため，請求により使用者は軽易業務への転換をし
なければならないが，これは新たに軽易な業務を創設してまで与える義務を
課したものではない（昭61.3.20基発151号，婦発69号）。上記［例］の3項は
そのような趣旨である。

3 育児時間

基本的な考え方

満1歳に達しない生児を育てる女性従業員の請求により，使用者は休憩時間とは別に1日2回，おのおの30分の育児時間を与えなければならない（労基法67条）。これは休憩時間と異なり，始業・終業時刻に接着させてもよい。また育児時間中の給与を無給とするか有給とするかは，就業規則で定めておくべきである。なお1日の労働時間が4時間以内の場合，1日1回の育児時間の付与をもって足りるとされている（昭36.1.9基収8996号）。

[例] 満1歳に達しない生児を育てる女性従業員は，あらかじめ申し出ることにより，就業時間中，休憩時間のほかに1日2回，1回について30分の育児時間を取得することができる。

育児時間は有給とする。

4 母性健康管理

基本的な考え方

事業主は妊産婦（妊娠中または産後1年を経過しない女性労働者）に対して健康管理の措置義務を負っている。その内容は次の2つである。

❶母子保健法にもとづく保健指導または健康診査を受診するために必要な時間を確保するための措置（男女雇用機会均等法12条）

具体的には次のとおりである（同法規則2条の4）。

①妊娠中

妊娠23週までは4週間に1回，妊娠24週から35週までは2週間に1回，妊娠36週以後出産までは1週間に1回。ただし医師または助産師がこれと異なる指示をしたときは，その指示に従って必要な時間を確保することができるようにしなければならない。

②出産後1年以内

医師等が健康診査等を受けることを指示したときは，その指示するところ

により，必要な時間を確保することができるようにしなければならない。

❷医師・助産師による，上記❶の保健指導または健康診査にもとづく指導事項を守ることができるようにするための措置（男女雇用機会均等法13条）

具体的には指針（平9.9.25労働省告示105号）で，①妊娠中の通勤緩和，②妊娠中の休憩に関する措置，③妊娠中または出産後の症状等に対応する措置が定められている。

[例]　妊娠中または出産後1年を経過しない女性従業員は，母子保健法に定める健康診査または保健指導を受診するために必要な時間を請求することができる。この請求は原則として7日前までに所定の申請書を所属長に提出して行なわなければならない。

2　妊娠中または出産後1年を経過しない女性従業員は，医師等から妊娠または出産に関し指導された場合，その指導事項を守ることができるようにするため，所属長に申し出ることにより所定労働時間の短縮，休憩時間の延長，作業の軽減，休業等の措置を受けることができる。

3　前2項の適用を受けた場合，その間の賃金は無給とする。

5　育児・介護休業等

■ 基本的な考え方

育児・介護休業は育児介護休業法にもとづいており，就業規則で①目的，および育児・介護休業それぞれについて②対象者，③取得手続き・撤回等，④休業期間，⑤休業の回数などを定め，さらに⑥子の看護休暇，⑦介護休暇，⑧育児のための所定外労働の免除，⑨育児・介護労働者のための時間外労働の制限，⑩深夜労働の制限，⑪所定労働時間短縮（1日6時間）等の措置，⑫休業中の賃金等の取り扱い，⑬復職後の取り扱いなどを定める。ただし，定める事項が多いので一括して別規程とするのが一般的である。

[例]　育児・介護休業等については別に定める育児・介護休業規程による。

育児介護休業法の相次ぐ改正もあり，育児介護休業規程の内容は多岐にわたり複雑なものとなっているため，本書では割愛し，規定例および解説につ

いては行政の規定例を参照されたい（厚生労働省「育児・介護休業等に関する規則の規定例」https://www.mhlw.go.jp/stf/seisakunitsuite/bunya/000103533.html）。

　なお⑧〜⑩については，５章の「所定労働時間」「時間外，休日，深夜労働」で基本的な規定を設ける形をとった。

6　公務との関係

🔖 基本的な考え方

［例１］　公職に就くための立候補または公職就任の場合は，あらかじめ会社に届出をしなければならない。

［例２］

　　第○条（公民権の行使）　従業員は，あらかじめ所属長に届け出て，就業時間中に選挙権その他の公民権を行使することができる。ただし，業務の都合により，権利の行使を妨げないかぎり，請求した時刻を変更することがある。

　　第○条（公職就任）　従業員は，公職に就任し，あらかじめ所属長に届け出て，就業時間中に公務を執行することができる。ただし，業務の都合により，その公務執行を妨げないかぎり，請求した時刻を変更することがある。

　　２　従業員が公職に就任したときは，すみやかに所属長に届け出なければならない。

　　第○条（立候補の取り扱い）　従業員が衆議院議員・参議院議員・地方公共団体の長および議会の議員，その他の公職に就くために立候補する場合は，あらかじめ所属長に届け出なければならない。

　上記［例１］は届出のみの規定例であるが，労働時間の取り扱いを含めた［例２］のような規定例がよいと考える。また，公職のうち裁判員について，特に定める場合は［例３］を参考にされたい。

［例３］

　　第○条　会社は，従業員が次の各号のいずれかに該当し，当該従業員から請求があった場合には，裁判員休暇を与える。

(1)　裁判員候補者として通知を受け，裁判所に出頭するとき

　(2)　裁判員として選任され，審理に参加するとき

　2　社員は，前項の請求にあたって，事前に会社所定の書面を提出するものとする。また，会社が呼出状，出頭証明書等の提出を要求した場合，社員はこれに従わなければならない。

　3　裁判員休暇中は無給とする。

　なお［例3］の3項は，「有給」とすることもできる。その場合は，以下の条項を追加してもよい。

　「ただし，従業員が法の規定にもとづき日当の支給を受けたときは，その金額を控除する。」

☑ チェックポイント

●公民権行使

　労働者が，公職に立候補したり公職に就任する場合には，一種の兼職や兼職申し込みに該当するので，職務専念義務との関係が問題となるが，他方で労基法7条の公民権行使の保障規定があるので特別な考慮が必要である。

　労基法7条は「使用者は，労働者が労働時間中に，選挙権その他公民としての権利を行使し，又は公の職務を執行するために必要な時間を請求した場合においては，拒んではならない。但し，権利の行使又は公の職務の執行に妨げがない限り，請求された時刻を変更することができる」と定めている。これは，民主主義制度をとる憲法のもとで，労働者にも公的な活動を実質的に保障するために認められたものである。

　公民権行使の保障の対象となるのは次のような場合である。

❶公民としての権利行使

　国または地方公共団体の公務に参加する権利であり，たとえば国または地方公共団体の公職に関する選挙権，被選挙権，最高裁判所裁判官の国民審査権（憲法79条），特別法の住民投票権（同95条），憲法改正の国民投票権（同96条），地方自治法による住民の直接請求権などがこれにあたる。

　このうち公職への立候補（被選挙権）については，当選のための法定の選挙期間中の選挙運動も含まれるが，他の候補者の応援のための選挙運動は含

まれない。また一般の民事上の訴訟提起や，その当事者のなす訴訟活動は含まれない。労働委員会への不当労働行為救済申立も同様に含まれない。

❷公の職務

国または地方公共団体の議員，労働委員会の委員，検察審査員，裁判員，裁判所や労働委員会における証人などがこれにあたる。ただし裁判所や労働委員会における傍聴は含まれない。

労働者がこのような公民権行使のために必要な時間を請求した場合には，使用者はこれを拒んではならないが，公民権行使に支障がない範囲で日時を変更することはできる（労基法7条には「時刻を変更することができる」とあるが，日にちの変更も許されると解する）。ただし労基法は公民権行使のために要した時間を有給とすることまでは要求していないから，無給とするか有給とするかは使用者が自由に定めて差し支えない（昭22.11.27基発399号）。

●公職に就いた場合の取り扱い

公民権行使の保障は労基法上の権利行使であるから，その行使をもって懲戒処分の対象とすることはできない。しかし労基法7条は，あくまで公民権行使と使用者の事業活動の調和をはかる規定であって，労働者が公職に就くことによって企業での本来の職務遂行に支障がある場合には，休職（公務休職）とすることは許される。具体的には，就業規則で休職事由として公職就任を定め，公職期間中を休職期間として公職終了後に復帰とする取り扱いである。また職務遂行上の支障が著しく，公職と企業での職務とが両立しえない場合には，普通解雇にすることも可能である。ただし公務休職制度を設けている場合には，公職就任を解雇事由にしない趣旨と解されるので，休職とすべきである。

7　代替休暇

◤ 基本的な考え方

代替休暇は，平成22年4月施行の労基法改正により導入された制度である。これは，1ヵ月60時間を超える時間外労働部分の割増率が50％に上積みされたことにともない，その上積み部分の割増賃金の支払いに代えて休暇を

付与するものである（労基法37条3項）。図の60時間を超えて5割増しになる部分のうち網かけ部分を，割増賃金ではなく，労働者に休んでもらうという制度が代替休暇制度である。ただし，この制度は非常に複雑で，かつ最終的に代替休暇を取得するかどうかを決めるのは労働者であることから，実際に導入する企業は少ない。導入するか否かは慎重に検討すべきである。

なお，代替休暇は年次有給休暇ではないので，代替休暇を取得し終日出勤しなかった場合は，年休の出勤率8割要件の計算上は全労働日から控除して取り扱う。

【代替休暇の対象】

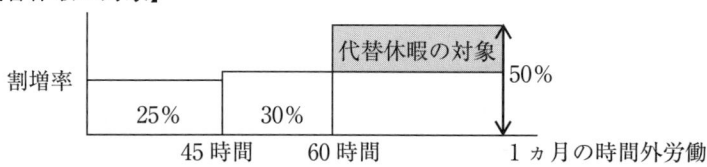

[例]　労使協定の定めにより1ヵ月の法定外時間外労働が60時間を超えた部分について代替休暇を与えることができる。

　　2　代替休暇の時間数は，次のとおり，1ヵ月の法定労働時間を超える時間外労働が60時間を超えた時間数に換算率（従業員が代替休暇を取得しなかった場合の割増賃金率と代替休暇を取得した場合の割増賃金率との差に相当する率）を乗じたものとする。

　　　　1ヵ月の時間外労働が60時間を超えた時間数×換算率

　　　　換算率＝20％（50−30％）。ただし所定休日労働の部分は15％（50−35％）

　　　　（注）時間外労働60時間における割増率30％，所定休日労働の割増率35％の場合

　　3　代替休暇の付与単位は，1日または半日（午前8時30分から12時，午後1時から5時30分）とする。

　　4　代替休暇の取得期間は，1ヵ月の時間外労働が60時間を超えた月の翌日から2ヵ月以内とする。

上記［例］と合わせて，代替休暇と割増賃金の支払いについては，賃金規程に次の条文を入れる。

[賃金規程例]　（賃金計算期間と時間外手当等の支払い日の条文の次に入れる）

前条（時間外手当等の支払い日）にかかわらず，就業規則第○条により代替休暇を与えることができるときは，その月の代替休暇に対応する割増賃金は代替休暇の取得可能期間まで支払わず，代替休暇の取得により支払われたものとする。ただし，代替休暇を取得しないことが確定した場合には，確定した賃金計算期間にかかる賃金支払い日に代替休暇に対応する割増賃金を支払う。

●代替休暇の導入要件

労使協定により，次の事項を定めることが要件である（労基法37条3項，同法規則19条の2）。労使協定例は，章末の参考条文参照。

- 代替休暇の時間数の算定方法（換算率）
- 代替休暇付与の単位
- 代替休暇の取得期間
- 代替休暇の取得日の決定方法および割増賃金の支払い日

代替休暇を入れる場合は，労基法89条1号の「休暇」として就業規則に記載を要する。

●代替休暇付与の運用

代替休暇付与のプロセスは次のようになる。

❶労使協定の締結

まず労使協定で必要な事項を定める。労働基準監督署への届出は不要である。

❷代替休暇の時間数の確認

代替休暇の時間数を算定する。算定方法（換算率）は次のとおりである。

1ヵ月60時間を超える時間外労働時間数×換算率

換算率＝代替休暇をとらない場合の割増率－代替休暇取得の場合の割増率

①60時間までの割増率25%，60時間超の割増率50%：換算率25%の例

60時間超の時間数20時間の場合，代替休暇の時間数は5時間である。

20時間×25%＝5時間

②45時間までの割増率25%，60時間までの割増率30%，60時間超の割増率50%：換算率20%の例

60時間超の時間数20時間の場合，代替休暇の時間数は4時間となる。

20時間×20%＝4時間

③60時間までの割増率30％，所定休日労働40％，60時間超の割増率50％：換算率20％，所定休日労働部分の換算率10％の例

60時間超の時間数20時間，このうち所定休日労働5時間の場合，代替休暇の時間数は3時間30分となる。

15時間×20％＋5時間×10％＝3.5時間

❸時間数を代替休暇の付与単位に充当（1日または半日）

代替休暇の付与単位は1日または半日である（労基法規則19条の2第1項2号）が，労使協定で1日，半日の両方，あるいはどちらか一方を定めることもできる（所定労働時間の2分の1でなくとも可）。

そこで，代替休暇の時間数を付与単位に充当するが，端数が出る場合は次のいずれかの取り扱いをする。なお，端数について労働者の請求により時間単位年休を併用することもできる。

- 代替休暇の付与単位まで切り上げる（切り下げは不可）
- 端数の時間について割増賃金を支払う，あるいは全時間数について割増賃金を支払う

❹代替休暇の取得期間

代替休暇の取得期間は，1ヵ月の時間外労働が60時間を超えた月の翌日から2ヵ月以内である（労基法規則19条の2第1項3号）。

❺労働者の意向を踏まえた代替休暇日の決定

代替休暇の取得日は労働者の意向を踏まえて決めなければならないので，労働者に代替休暇取得の意向がない場合，あるいは意向が確認できない場合には，代替休暇の取得を強制できない。また，労働者の意向をふまえて代替休暇の取得日を決定しても，最終的に代替休暇を労働者が取得しない場合には，代替休暇に対応する割増賃金を支払う必要がある。

その結果，代替休暇に対応する割増賃金の支払いについては次のようになる。

- 代替休暇取得の場合は支払い不要
- 代替休暇取得日が決定しても労働者が実際に取得しなかった場合は，取得しないことが確定した賃金計算期間にかかる賃金支払い日に支払いが必要

- 労働者に代替休暇取得の意向がない場合（意向が確認できない場合を含む）は，割増賃金が発生した賃金計算期間にかかる賃金支払い日に支払いが必要

8 特別休暇

■ 基本的な考え方

　特別休暇は，労基法や育児介護休業法などの法律で使用者に休暇付与を義務づけるものではない。しかし使用者が法定外の特別休暇を制度として労働者に与える場合には，就業規則の絶対的必要記載事項の「休暇」（労基法89条1号）に該当するため，就業規則化しなければならない。その場合，［例1］のように休暇付与の要件（付与事由，付与目的，付与手続き）および有給か無給かを就業規則に定めておく必要がある。有給とするか否かは労使の協議あるいは休暇を与える使用者により決定される。ノーワーク・ノーペイの原則から，特に有給と定めないかぎり無給と解されるが，実務上の取り扱いは明確にしておくべきである。企業で特別休暇としているのは，慶弔休暇，私傷病休暇，赴任休暇が多く，その他ボランティア休暇，リフレッシュ休暇，教育訓練休暇，自己啓発休暇などさまざまである。

　ここでは，［例1］に慶弔休暇，［例2］に赴任休暇の例を掲げる。

［例1］　社員が次の各号に該当するときは，慶弔休暇を与える。

　　(1)　本人が結婚するとき　　　　　　　　　　　　　　　5日
　　(2)　子が結婚するとき　　　　　　　　　　　　　　　　2日
　　(3)　兄弟姉妹が結婚するとき　　　　　　　　　　　　　1日
　　(4)　妻が出産したとき　　　　　　　　　　　　　　　　5日
　　(5)　父母，配偶者，子が死亡したとき　　　　　　　　　7日
　　(6)　祖父母，配偶者の父母，兄弟姉妹が死亡したとき　　3日

　2　慶弔休暇は，妻が出産したときを除き連続取得するものとする。また休暇中の休日は付与日数に算入する。

　3　慶弔休暇を受けようとする者は，原則として事前に所定の休暇申請書を提出し，会社の承認を得なければならない。ただし，やむをえな

い事由によりあらかじめ申請書を提出できないときは，事後遅滞なく提出して承認を受けなければならない。

4　慶弔休暇中の労働日にあたる日は有給とする。

[例2]　転勤を命ぜられ，赴任のため住居の移転を要するときは，次の区分により赴任休暇を受けることができる。

区分		同伴赴任	単身赴任
鉄道キロ程	○○km未満	5日以内	3日以内
	○○km以上	7日以内	4日以内

（以下，略）

特別休暇は，使用者が付与要件を決めることができるものである。従来からの冠婚葬祭や傷病・災害の扶助的なものから，近時は社会貢献，社員の能力開発，あるいはワークライフバランスの観点から積極的な人事施策として特別休暇を位置づける企業が多くなっていることに留意すべきである。

【年次有給休暇1】（基準日を統一する場合）

第1条（年次有給休暇の日数）　毎年4月1日から翌年3月31日までを休暇年度とする。採用初年度は，採用月に応じて次の年次有給休暇日数を継続または分割して与える。

入社月	4月～9月	10月	11月	12月	1月	2月	3月
採用時休暇日数	10日	○日	○日	○日	○日	○日	○日

2　次年度以降は1年ごとの期間において，各期間を継続勤務し，全労働日の8割以上勤務した従業員に対して，4月1日に次の年次有給休暇日数を継続または分割して与える。なお，次年度の対象期間である採用初年度の勤続期間が1年未満でも1年に切り上げて取り扱う。

次年度以降の勤続年数	次年度	2年	3年	4年	5年	6年以上
休暇日数	11日	12日	14日	16日	18日	20日

3　使用者は，第1項および第2項により付与される年次有給休暇（年次有給休暇の付与日数が10日以上の労働者にかかるものに限る）の日数のうち，5日については，付与される基準日から1年以内に，労働者ごとに意見を聴取し，その意見を尊重するよう努めたうえで，時季を定めることにより付与しなければならない。ただし，当該労働者が時季指定して取得した年次有給休暇日数ならびに第3条の計画年休および第4項の半日年休制度により取得した年次有給休暇日数の合計日数分（5日を超える場合は5日とする）は時季を定めることにより付与することを要しない。

4　年次有給休暇は半日単位で取得することができる。ただし，半日単位の取得は年間○回を限度とする。

5　労使協定の定めにより，1年間の年次有給休暇のうち5日分を時間単位で取得することができる。ただし，次の者は除く

　　①工場の製造ライン業務の従事者

②・・・・

(2) 時間単位年休の1日の時間数は8時間とする。

(3) 時間単位年休は1時間を単位として付与する。ただし，時間単位年休の請求は1日の所定労働時間未満とする。

6 当該年度の残存年次有給休暇は次年度末まで繰り越すことができる。ただし，次年度に取得できる時間単位年休は5日の範囲とする。

7 第2項の出勤率の算定にあたり，次の各号の期間は出勤したものとみなすとともに，会社の責に帰すべき事由および不可抗力により休業した期間は全労働日より除外して取り扱う。

(1) 業務上の傷病による休業期間

(2) 産前産後の休業期間

(3) 育児・介護休業制度による休業期間

(4) 年次有給休暇の期間

(5) 第○条に定める特別休暇のうちの○○休暇

8 年次有給休暇については通常の賃金を支給する。

第2条（年次有給休暇の請求） 年次有給休暇を請求しようとする者は所定の手続きによりあらかじめ所属長に届け出なければならない。ただし，請求の時季に年次有給休暇を与えることが事業の正常な運営を妨げる場合は，所属長はその申出の時季を他に変更させることがある。

2 やむをえない事情により年次有給休暇について事前に届け出ることができなかったときは，事後の従業員の申出を会社が承認するときに限り欠勤日を年次有給休暇に振り替えることができる。

第3条（計画的年次有給休暇） 会社は，年次有給休暇の計画的付与に関する労使協定があるときは，第1条で定める年次有給休暇のうち5日を超える部分について労使協定の定めるところにより計画的に付与するものとする。この場合，従業員は労使協定に定められた時季に年次有給休暇を取得しなければならない。

第4条（年次有給休暇の積み立て） 第1条第6項によって繰り越される残存年次有給休暇が次年度末までに使用されなかった場合は，失効する年次有給休暇のうち1年につき○日を限度とし○○休暇として積

み立てる。ただし，合計○○日を超えることはできない。

2　前項の○○休暇は，未消化の年次有給休暇が存しない場合に限り，次の各号により使用することができる。

(1)　私傷病で原則として 1 週間を超える欠勤（休日を含む）が必要な場合

　（中略）

(4)　その他各号に準ずるものとして会社が認めた場合

3　○○休暇を取得する場合は，所定の手続きにより所属長に申請し承認を得なければならない。

【年次有給休暇 2 】（基準日を統一しない場合）

第 1 条（年次有給休暇の日数）　会社は，入社日から起算して，6 ヵ月間継続勤務し，全労働日の 8 割以上勤務した従業員に対して，10 日の年次有給休暇を継続または分割して与える。以後 1 年ごとの期間において，各期間を継続勤務し，全労働日の 8 割以上勤務した従業員に対して，次の年次有給休暇日数を継続または分割して与える。

勤続年数	1 年 6 ヵ月	2 年 6 ヵ月	3 年 6 ヵ月	4 年 6 ヵ月	5 年 6 ヵ月	6 年 6 ヵ月
休暇日数	11 日	12 日	14 日	16 日	18 日	20 日

（以下，上記「基準日を統一する場合」と同様）

〔時間単位年休の労使協定例〕

　○○株式会社と○○労働組合とは，時間単位の年次有給休暇（以下「時間単位年休」という）について次のとおり協定する。

（例 1 ）

第 1 条（対象労働者の範囲）　時間単位年休付与の対象者はすべての社員とする。

（例 2 ）

第 1 条（対象労働者の範囲）　時間単位年休付与の対象者は，次の者を除く，すべての社員とする。

(1)　工場の製造ライン業務の従事者

(2)　・・・・

第2条（時間単位）　時間単位年休は1時間を単位として付与する。

第3条（時間単位年休の日数）　時間単位年休の日数は，1年間の年次有給休暇日数のうち5日とする。ただし，パート社員で年次有給休暇の比例付与がなされる者については3日とする。

（例1：所定労働時間8時間の場合）

第4条（時間単位年休1日の時間数）　時間単位年休の1日の時間数は8時間とする。ただし，パート社員の場合は1日の所定労働時間（1時間未満は切り上げ）とする。

（例2：日により所定労働時間が異なる場合）

第4条（時間単位年休1日の時間数）　日により所定労働時間が異なる社員については，時間単位年休の1日の時間数は1年間における1日平均所定労働時間数とする。

第5条（1年間の取得限度）　使用されなかった時間単位年休は次年度に限り繰り越しできるが，その場合でも次年度に取得できる時間単位年休は5日の範囲とする。

第6条（請求手続きと時季変更権）　時間単位年休を請求しようとするときは，少なくとも前日までに取得日時，取得時間帯を所属長に届け出るものとする。ただし，請求の日時に時間単位年休を与えることが事業の正常な運営を妨げる場合は，所属長はその日時を他に変更させることがある。

2　時間単位年休の請求は1日の所定労働時間未満とする。

第7条（事後振り替え）　やむをえない事情により時間単位年休について事前に届け出ることができなかったときは，事後の社員の申出を会社が承認する場合に限り，遅刻・早退・途中離席を時間単位年休に振り替えることができる。

〔**代替休暇に関する規定例**〕

第○条（代替休暇）　労使協定の定めにより1ヵ月の法定外時間外労働

が60時間を超えた部分について代替休暇を与えることができる。

2　代替休暇の時間数は，次のとおり，1ヵ月の法定労働時間を超える時間外労働が60時間を超えた時間数に換算率（従業員が代替休暇を取得しなかった場合の割増賃金率と代替休暇を取得した場合の割増賃金率との差に相当する率）を乗じたものとする。

　　　1ヵ月の時間外労働が60時間を超えた時間数×換算率

　　換算率＝20％（50－30％）。ただし所定休日労働の部分は15％（50－35％）

　　（注）時間外労働60時間における割増率30％，所定休日労働の割増率35％の場合

3　代替休暇の付与単位は，1日または半日（午前8時30分から12時，午後1時から5時30分）とする。

4　代替休暇の取得期間は，1ヵ月の時間外労働が60時間を超えた月の翌日から2ヵ月以内とする。

〔代替休暇に関する労使協定例〕

　○○株式会社と○○労働組合とは，労働基準法第37条第3項に定める代替休暇の取り扱いについて次のとおり協定する。

第1条（代替休暇）　1ヵ月の法定労働時間を超える時間外労働が60時間を超えた時間数について，労働基準法第37条第1項ただし書きによる割増賃金の支払いに代えて代替休暇を付与することができる。

第2条（代替休暇の時間数の算定方法）　代替休暇の時間数は次の計算による。

　　　1ヵ月の時間外労働が60時間を超えた時間数×換算率

　　換算率＝20％（50－30％）

　　ただし所定休日労働の部分は15％（50－35％）

　　（注）時間外労働60時間における割増率30％，所定休日労働の割増率35％の場合

第3条（代替休暇の単位）　代替休暇の付与単位は，1日または半日（午前8時30分から12時，午後1時から5時30分）とする。代替休暇の対象となる時間数が1日または半日に達しない場合は，端数については時

間外割増賃金を支払う。

（注）代替休暇の対象となる時間数が1日または半日に達しない場合は上記のほか，「1日または半日に切り上げて付与する」と定める方法もある

第4条（代替休暇の取得期間）　代替休暇の取得期間は，1ヵ月の時間外労働が60時間を超えた月の翌日から2ヵ月以内とする。

第5条（代替休暇の取得日および割増賃金の支払い日）　1ヵ月の時間外労働が60時間を超えた場合，会社はすみやかに当該従業員に対して代替休暇の取得時期を示して代替休暇取得の意向を確認し，あらかじめ取得日を定めるものとする。ただし，従業員が代替休暇取得を希望しない場合は代替休暇を付与しないものとする。

2　前項により従業員が代替休暇を取得したときは，代替休暇に対応する第1条の割増賃金は支払われたものとする。

3　第1項による代替休暇を従業員が取得しなかったとき，または代替休暇が付与されなかったときは，それが確定した賃金計算期間にかかる賃金支払い日に，代替休暇に対応する第1条の割増賃金を支払う。

【生理休暇，産前産後等の休業，特別休暇】

第1条（生理日の休暇）　生理日の就業が著しく困難な女性従業員が休暇を請求したときは，必要な時間または必要な日数の休暇を与える。

2　前項の休暇は無給とする。

第2条（産前産後休業等）　出産する予定の女性従業員がそのことを証明する書面を付して休業を請求したときは，出産予定日の6週間前（多胎妊娠の場合は14週間前）から出産日まで，および出産の翌日から8週間までの産前産後休業を与える。ただし，産後6週間を経過し，本人が就業を申し出て医師が支障ないと認めたときは，就業させることがある。

2　前項の休業は無給とする。

3　妊娠中の女性従業員が請求した場合，他の軽易な業務に転換させる。ただし，就業に適する軽易な業務がないときには請求に応じないことがある。

第3条（母性健康管理）　妊娠中または出産後1年を経過しない女性従業員は，母子保健法に定める健康診査または保健指導を受診するために必要な時間を請求することができる。この請求は原則として7日前までに所定の申請書を所属長に提出して行なわなければならない。

2　妊娠中または出産後1年を経過しない女性従業員は，医師等から妊娠または出産に関し指導された場合，その指導事項を守ることができるようにするため，所属長に申し出ることにより，所定労働時間の短縮，休憩時間の延長，作業の軽減，休業等の措置を受けることができる。

3　前2項の適用を受けた場合，その間の賃金は無給とする。

第4条（育児時間）　満1歳に達しない生児を育てる女性従業員は，あらかじめ申し出ることにより就業時間中，休憩時間のほか1日2回，1回について30分の育児時間を取得することができる。

2　前項の育児時間は有給とする。

第5条（育児・介護休業）　育児・介護休業，子の看護休暇，育児・介護労働者のための時間外労働・深夜労働の制限，看護休暇および労働時間短縮等の措置に関する取り扱いについては，別に定める育児・介護休業規程による。

第6条（公民権の行使）　従業員は，あらかじめ所属長に届け出て，就業時間中に選挙権その他の公民権を行使することができる。ただし，業務の都合により，権利の行使を妨げないかぎり，請求した時刻を変更することがある。

2　従業員は，公職に就任し，あらかじめ所属長に届け出て，就業時間中に公務を執行することができる。ただし，業務の都合により，その公務執行を妨げないかぎり，請求した時刻を変更することがある。

3　従業員が公職に就任したときは，すみやかに所属長に届け出なければならない。

4　従業員が衆議院議員・参議院議員・地方公共団体の長および議会の議員，その他の公職に就くために立候補する場合は，あらかじめ所属長に届け出なければならない。

第7条（特別休暇）　従業員が次の各号の一に該当するときは，特別休暇を与える。

(1)　慶弔休暇

本人が結婚するとき	5日
子が結婚するとき	2日
兄弟姉妹が結婚するとき	1日
妻が出産したとき	5日
父母，配偶者，子が死亡したとき	7日
祖父母，配偶者の父母，兄弟姉妹が死亡したとき	3日

(2)　現住する家屋が天災事変その他これに類する災害により全壊または半壊の被害を被り，会社が休暇の必要性を認めたとき　　必要日数

(3)　赴任休暇　　赴任先に応じた所定の日数

(4)　リフレッシュ休暇　　別に定めるリフレッシュ休暇規程による

2　前項の特別休暇は特に定めた場合のほかは，その該当する日より連続して与えるものとする。

3　特別休暇期間中の休日は日数に算入する。

4　特別休暇を請求しようとする者は，原則として事前に所定の手続きにより会社の承認を得なければならない。

5　特別休暇期間中の労働日にあたる日は特に定めた場合のほかは有給とする。

〔リフレッシュ休暇規程〕

第1条（目的）　この規程は，永年勤続の従業員に対し，心身のリフレッシュをはかるための休暇（以下「リフレッシュ休暇」という）を与えることにより，業務への新たな活力を増進することを目的とするものである。

第2条（申請者および休暇日数）　リフレッシュ休暇を申請することが
　できる者およびリフレッシュ休暇の休暇日数は，次のとおりとする。
　⑴　勤続年数5年に達した者　　3日
　⑵　勤続年数10年に達した者　　5日
　⑶　勤続年数20年に達した者　　7日
　⑷　勤続年数30年に達した者　　10日
2　前項の勤続年数は，従業員になった日から通算した年数（試用期間
　を含む）とする。ただし，休職期間は勤続年数に通算しない。
第3条（取得期間等）　リフレッシュ休暇の取得期間は，前条に定める
　勤続年数に達した日から1年以内とする。
2　リフレッシュ休暇は連続して与えるものとする。
第4条（申請手続き）　リフレッシュ休暇の申請は，原則としてリフ
　レッシュ休暇開始予定日の3ヵ月前までに，所定の用紙に必要事項を
　記入し，会社に申請するものとする。
2　前項の申請があった場合，会社は，申請受理後1ヵ月以内にリフ
　レッシュ休暇の時期を申請者に通知する。
　（附則）この規程は，○○年○月○日から施行する。

第 7 章

賃　金

■ 基本的な考え方

●基本的な規定事項

賃金制度は企業によって多様であり，かつ同一企業であっても正社員，専門職社員，契約社員，パートタイマーなど処遇の違う労働者ごとに異なる。このため賃金については就業規則で，「賃金については別に定める」「給与については別に定める給与規程による」という委任規定を設けて別規則化するのが通常である。ここでは，正社員を念頭において賃金に関して定めるべき基本的な事項を掲げる。

賃金（退職金を除く）に関して定めるべき事項は，①適用範囲（適用対象者），②賃金構成（賃金体系），③賃金の締め切りおよび支払い時期（賃金計算期間，支払い日），④支払い方法（直接払い，口座振替など），⑤賃金の計算（賃金控除，欠勤等不就労の扱い，端数処理など），⑥各賃金の算定方法（基本給，諸手当などの算定），⑦昇格・昇給，降格・降給，⑧賞与などである。

労基法は，就業規則で「賃金の決定，計算及び支払の方法，賃金の締切り及び支払の時期並びに昇給に関する事項」を定めなければならないとしている（89条2号）。「賃金の決定」とは賃金決定の要素を明らかにすることであり，労働者の賃金額まで就業規則に定める必要はない。具体的には，賃金決定の考慮要素（たとえば学歴，職歴，年齢，人事評価等）または賃金の構成要素（賃金体系）を示すことであり，上記②にあたる。また「計算及び支払の方法」とは賃金の算出・支払いの仕組みであり，上記④～⑥にあたる。「賃金の締切り及び支払の時期」は上記③にあたる。「昇給に関する事項」とは，上記⑦の昇格・昇給である。近時の成果主義的賃金制度の導入により，昇格・昇給のみならず，降格・降給の定めをおく企業もふえている。

定め方としては，賃金全般に関する総則と，賃金を構成する基本給・諸手当・賞与等の各論に分ける例が多く，これがわかりやすい。本書では上記①～⑤は総則として1節で解説し，2節以降で各論として⑥～⑧をみていく。

●賃金の設計・運用上の規制

賃金の設計・運用については，次の規制があるので留意すべきである。

❶最低賃金

最低賃金法で定められた最低賃金に反する定めは無効となり，最低賃金の

支払い義務が生ずる。最低賃金の規制は毎月支払われる所定労働時間に対する賃金が対象であり，時間外労働や賞与は対象とならない（同法5条）。

❷均等待遇

労働者の国籍，信条または社会的身分を理由として，賃金について差別的取り扱いをしてはならない（労基法3条）。

❸男女同一賃金の原則

労働者が女性であることを理由として，賃金について男性と差別的取り扱いをしてはならない（労基法4条）。

❹正規社員と非正規社員との賃金等の処遇の均等・均衡待遇

賃金は労使によって決定することが基本であるが，正規労働者（無期契約のフルタイム労働者）と非正規労働者（有期雇用労働者，短時間労働者，派遣労働者）との不合理な待遇差を是正するため，平成30年6月に働き方改革関連法によりパート労働法および労働者派遣法が改正され，正規社員と非正規社員との賃金等の処遇の均等・均衡待遇規定が設けられた（パート・有期労働法8条，9条，労働者派遣法30条の3，30条の4および「短時間・有期雇用労働者及び派遣労働者に対する不合理な待遇の禁止等に関する指針」（「同一労働同一賃金ガイドライン」平30.12.28厚生労働省告示430号））。

改正法の施行は2020年4月1日（中小事業主は2021年4月1日）である。改正後のパート・有期労働法8条では，正社員との待遇差について，①職務内容，②人材活用の仕組み（職務内容および配置の変更の範囲），③その他の事情という3要素に照らして不合理な待遇差は禁止される。また，同法9条では，雇用関係終了までの全期間において，①職務内容と②人材活用の仕組みが正社員と同じ場合は，短時間・有期雇用労働者であることを理由とした差別的取り扱いが禁止される。このうち，不合理な待遇差の禁止はどの企業においてもチェックが必要であり，まずは正社員と非正規社員との間で諸手当に差がある場合には，これまでの判例および裁判例に照らして見直しをしておくべきである。

この点については12章2節「チェックポイント」を参照。

●ストックオプションと労基法上の取り扱い

ストックオプションとは，平成9年の商法改正にともない一般の株式会社

で導入できることになった制度で，企業が取締役または従業員に対し，自社の株式を将来においてあらかじめ設定された価格（権利行使価額）で取得する権利を付与（新株予約権の無償付与）する制度である（会社法236条以下）。

　ストックオプションはインセンティブ報酬として付与されるが，労基法との関係について行政解釈（平9.6.1基発412号）では，ストックオプション制度は，権利付与を受けた労働者が権利行使を行なうか否か，また権利行使するとした場合に，その時期や株式売却時期をいつにするかを労働者が決定するものとしていることから，この制度から得られる利益は，それが発生する時期および額ともに労働者の判断に委ねられるため，労働の対償ではなく，労基法11条の「賃金」にあたらず，したがってストックオプションを賃金や賞与の一部の支払いに充てることは労基法24条に違反するとしている。もっともストックオプションは，労働条件の一部を構成するものなので，制度を導入する際には就業規則に記載しなければならないとされている（労基法89条1項10号）。

<h1 style="text-align:center">第1節</h1>

<h1 style="text-align:center">総　　則</h1>

●適用範囲（適用対象者）

　賃金規程は就業規則本体の一部となるので，［例1］のような定めを設けてその適用範囲を明確にする。

［例1］　この規程は，就業規則第○条に定める従業員に適用し，パートタイマー，契約社員，嘱託社員その他の者については適用せず，別に定める。

　上記［例1］は，就業規則で適用対象従業員が定められているので，その対象従業員に関する賃金を定めた規程ということである。したがって就業規則本体の適用対象者（たとえば正社員）が賃金規程の適用対象者となる。ただし念のため，適用対象者以外の労働者に適用されないことを明確にしておくべきである。

　また最近は，同じ正社員従業員でも経営職・管理職（たとえば年俸制対象者）とそれ以外の従業員を区別して，それぞれの賃金規程を作成する例もあり，その場合には［例2］のような定め方をしなければならない。

［例2］　この規程は，就業規則第○条にもとづき従業員の賃金に関する事項を定める。ただし，課長以上およびこれと同等の職にある者の賃金に関しては別に定める。

●賃金構成（賃金体系）

　労基法で定めるべき「賃金の決定」（労基法89条2号）が上記のとおり賃金決定の要素を指すことから，まず［例3］のような定めを設ける例がある。

［例3］　賃金は，社会的水準，会社の支払い能力・業績，本人の知識・能力・経験による職務遂行能力・成果と職務内容・役割・職責等を考慮して決定する。

しかし［例3］のような定めは賃金構成で示される賃金要素により具体化されるので，賃金構成（下記［例4］あるいは［例5］）だけを定める例も多く，それで足りるであろう。賃金構成は正社員の場合，多くは基本的賃金部分（たとえば基本給など）と諸手当に分けられる。

［例4］　賃金は，基本給，家族手当，時間外労働手当，休日労働手当，深夜
　　　　労働手当，通勤手当，宿直手当とする。

　　2　賃金は日給月給制とする。

　上記［例4］は，賃金項目を羅列する記載例である。これに対して人員規模の大きい企業では，基本給部分と手当部分を区分して定めたり，次の［例5］のように「基準内賃金」と「基準外賃金」に区分したり，あるいは「所定内賃金」と「所定外賃金」の2つに分ける例も多い。

［例5］　賃金の種類および構成は次のとおりとする。

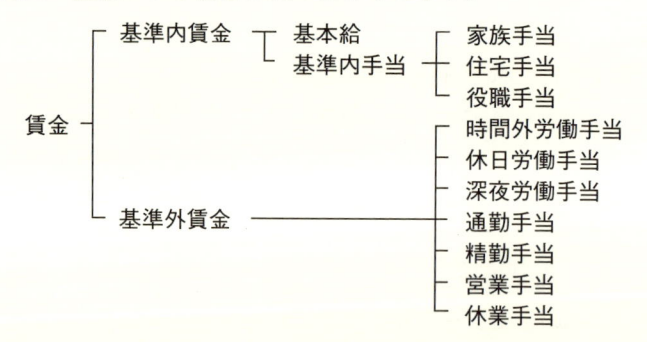

　「基準内賃金」や「所定内賃金」は法律上の定義や定めはなく，実務で使われてきた用語である。一般に，所定内賃金が所定労働時間働いた場合に支払われる賃金を指すのに対し，基準内賃金は所定内賃金のうちの一定範囲の賃金を指すことが多く，各企業によって一様ではない。たとえば割増賃金の算定基礎となる賃金か，賞与の算定基礎となる賃金か，あるいは昇給・ベースアップの対象となる賃金かどうかで，基準内賃金と基準外賃金を区別しているため，一例として通勤手当は所定内賃金に含まれるものの，基準内賃金には含まれないことが多い。

　このように賃金構成の定め方は企業により異なるが，重要なことは，賃金の決定要素と支払いの仕組みをわかりやすく定めることである。

賃金の支払い形態としては，完全月給制，日給月給制，日給制，時給制，出来高制などがあり，正社員の場合は完全月給制か日給月給制が大半である。一般に完全月給制とは，欠勤等の際に月給から賃金減額をしないものをいい，賃金減額をするものを日給月給制と呼んでいる。上記［例4］の2項は日給月給制の採用を定めるものだが，そのような定めをしなくとも，欠勤等の際の賃金減額の仕方を定めておけば足りると考える。

●賃金締め切り（計算期間），支払い時期，支払い方法

労基法24条では，賃金の支払いについて5つの原則を定めている。①通貨払い，②直接払い，③全額払い，④毎月払い，⑤一定期日払いである。このため，④と⑤の関係で賃金締め切り（計算期間）と支払い時期を定め，①〜③の関係で支払い方法を定めなければならない。また支払い時期の特例として退職時払い（労基法23条）と非常時払い（労基法25条）の定めも必要である。

［例6］　毎月の給与の計算期間は次のとおりとする。

　　　　基準内賃金　　　当月1日から当月末日まで

　　　　基準外賃金　　　前月1日から前月末日まで

　　2　前項の給与は毎月25日に支払う。ただし，当日が祝日，休日にあたるときは，その前日に支払う。

　　3　計算期間途中に採用された者，死亡・退職者および解雇された者については，当該計算期間の所定労働日数にもとづき基準内賃金を日割計算して支払う。休職・復職の場合も同様とする。

　　4　給与は，全額を直接本人に支払う。ただし，法令に定められたものおよび従業員の代表者と書面により協定したものは控除する。

　　5　給与は，通貨で本人に支払う。ただし，本人の同意を得た場合には，本人の指定する金融機関の本人名義の預貯金口座に振り込むことにより支払う。

［例7］（退職時払いの特例，労基法23条）

　　　　本人が死亡・退職または解雇された場合には，7日以内に未払いの賃金を支払う。

なお，労基法23条は，「権利者の請求があった場合においては」7日以内に未払い賃金等を支払う義務を定めているが，実務では精算時期を明確にす

るために，「権利者の請求」を条件とせずに，［例7］のように定めることが多い。なお退職金の支払い期日については8章の［例9］参照。

［例8］（非常時払いの特例，労基法25条）

　　　次に掲げる非常時の費用に充てるために，従業員またはその遺族の請求があった場合には，既往の労働に対する賃金をただちに支払う。

　（1）従業員またはその収入によって生計を維持する者が結婚，出産，死亡し，または疾病にかかり，あるいは災害を受けた場合

　（2）従業員またはその収入によって生計を維持する者がやむをえない事由により1週間以上にわたって帰郷する場合

　2　前項における遺族の範囲および順位は，それぞれ民法における相続権者および相続順位とする。

●賃金計算

賃金計算では，賃金の端数処理，不就労と賃金の取り扱いを定める。さらに労基法で休業補償（労基法26条）等の計算に用いられる平均賃金（労基法12条）についても定めておくべきである。

❶賃金の端数処理

［例9］　1ヵ月間の賃金支払い額に100円未満の端数が生じた場合，50円未満の端数を切り捨て，50円以上の端数を100円に切り上げて支払う。

賃金は全額払いの原則上，賃金計算の端数処理が問題となるが，通達では次の取り扱いは全額払いの原則に反しないとしている（昭63.3.14基発150号，婦発47号）。

①1ヵ月の賃金支払い額（賃金の一部を控除して支払う場合には控除した額。以下同じ）に100円未満の端数が生じた場合，50円未満の端数を切り捨て，それ以上を100円に切り上げて支払うこと

②1ヵ月の賃金支払い額に生じた1000円未満の端数を翌月の賃金支払い日に繰り越して支払うこと（前掲通達）。

上記［例9］は，①の取り扱いをすることを定めたものである。

❷不就労と賃金の取り扱い（規定例については章末の「参考条文」参照）

日給月給制の場合，労働者が欠勤，遅刻，早退などをしたときは，その不就労時間に対応して賃金を減額する。このような賃金減額についても減額事

由と計算方法を定めておかなければならない。

　なお実務上，不就労に対して「賃金減額」あるいは「賃金カット」と呼んでいるが，ここでいう減額とは，ノーワーク・ノーペイの原則により不就労時間に対応する賃金請求権が法的には発生しない「賃金の不発生」を意味している。したがってすでに発生した賃金を減額，カットするものではないから，労基法24条の賃金全額払いの原則に反するものではなく，また同法91条の「減給制裁」でいう減額にもあたらない。

　減額事由とならないものは，以下のとおりである。

　①労基法で定める年次有給休暇による不就労

　②使用者の責に帰すべき事由にもとづく労働者の不就労

　これは民法536条2項（危険負担の規定）によるもので，たとえば解雇紛争では，使用者は解雇後，労働者の労務の提供を拒絶するため，労働者は不就労となるが，解雇訴訟において解雇無効が確定した場合，不就労は使用者の責に帰すべき事由にもとづくことから，使用者は解雇時以降の賃金（バックペイ）支払い義務を免れない。

　③業務上傷病による休業

　業務上の傷病については使用者に無過失責任として休業補償（平均賃金の100分の60，労基法76条）が義務づけられるが，さらに傷病については使用者に故意または過失があるときは，上記②と同様の扱いとなる。

　一方，上記「減額事由とならないもの」を除く不就労は減額事由となる。たとえば次のようなものは，減額事由にあたる。

　①欠勤，遅刻，早退，私用外出，業務命令に従わない時間

　②私傷病による欠勤，私傷病休職

　③病者に対する就業禁止（安衛法68条）

　④年次有給休暇以外の労基法等による休暇・休業（生理休暇，育児時間，産前産後休業，育児介護休業法による休業など），慶弔休暇などの特別休暇，公民権行使のための時間

　⑤就業時間中の組合活動，ストライキ

　ただし使用者が有給扱いとすることはできる。たとえば慶弔休暇などの特別休暇，公民権行使のための不就労，通勤時の交通機関混乱による遅刻など

がその例である。

❸平均賃金

休業補償（労基法26条）等の計算に用いられる平均賃金については，労基法12条の計算方法によらなければならない。就業規則には，［例10］のように計算根拠となる労基法の条文だけを掲げる例と，［例11］のように計算方法を詳細に定める例がある。労基法12条に記載されているので［例10］でも足りる。

［例10］　平均賃金の計算は労働基準法12条による。

［例11］　平均賃金は，労働基準法12条にもとづき，次の計算によって算出した額とする。

　　　算定すべき事由の発生した日の属する賃金計算期間の直前の賃金締切日より起算した３ヵ月間の賃金総額を，その３ヵ月間の総日数（暦日）で除した金額

　2　前項に規定する期間中に，次の各号の一に該当する期間がある場合は，その日数およびその期間中の賃金は，前項の期間および賃金の総額から控除する。

　⑴　業務上負傷し，または疾病にかかり療養のために休業した期間

　⑵　産前産後の女性が就業規則第○条の規定によって休業した期間

　⑶　会社の責に帰すべき事由によって休業した期間

　⑷　育児休業を申し出た者が就業規則第○条により育児休業した期間

　⑸　介護休業を申し出た者が就業規則第○条により介護休業した期間

　⑹　就業規則第○条による試用期間

　3　第１項の賃金の総額には，臨時に支払われた賃金および賞与ならびに通貨以外のもので支払われたものは算入しない。

　4　雇入れ後３ヵ月に満たない者については，第１項の期間は雇入れ後の期間とする。

☑ **チェックポイント**

●**賃金支払いの５原則とその例外（労基法24条）**

労基法24条では，賃金の支払いについて５つの原則を定めている。すなわ

ち①通貨払い，②直接払い，③全額払い，④毎月払い，⑤一定期日払いである。

❶通貨払いの原則とその例外

例外は，「法令若しくは労働協約に別段の定めがある場合」または厚生労働省令で定める場合である（24条1項但書）。しかし例外となる法令は現在のところ，存在しない。労働協約で定めれば現物給付も可能だが，この例もほとんどないであろう。

例外となる省令（労基法規則7条の2）は，給与の口座振り込みと退職金の小切手等による支払いである。給与の金融機関への振り込みは，労働者本人の同意と本人の指定する口座へ振り込むことを要件に認められており現在，多くの企業で利用されている。また証券会社の総合口座への振り込みも一定の要件で可能とされている。退職金の小切手等による支払いは，信用力の高い金融機関の支払保証小切手などに限られている。

❷直接払いの原則とその例外

直接払いの原則は，賃金を直接，本人に支払わなければならないというもので，本人から委任を受けた代理人や本人から賃金債権を譲り受けた者に対する支払いも禁止される。また労働者が未成年者の場合も，親権者や後見人に対する支払いは禁止されている（労基法59条）。

例外は本人の使者への支払いである。使者への支払いは本人へ支払うのと同じと考えられるため，直接払いの原則に反しないとされている（昭63.3. 14基発150号）。これは使者が本人の支配領域下のいわば手足とみられるためだが，実務上は慎重な判断を要する。この典型例は，たとえば本人が病気で，事前の本人からの連絡にもとづき，家族などが使者として受け取る場合である。しかし使用者は労働者の私生活を把握できないので，銀行口座振り込みをしている労働者については振り込みによるべきであり，また本人が行方不明などの場合には家族であっても本人確認のないまま使者扱いをすべきではない。退職金についても通常は高額なことから，本人が病気などの特別な場合で本人の意思確認ができるとき以外は，使者を認めるべきではない。

❸全額払いの原則とその例外

例外として，法令の定めおよび労使協定により，賃金の一部を控除して支

払うことができる。法令とは，たとえば所得税や社会保険等で使用者が源泉徴収義務を負う項目，あるいは就業規則の懲戒規定にもとづく一定範囲の減給（労基法91条）などである。労使協定によるものとは，「購買代金，社宅，寮その他の福利・厚生施設の費用，社内預金，組合費等，事理明白なものについてのみ」とされ，控除項目および各項目ごとの控除時期（賃金支払い日）を労使協定に記載することとされている（昭27.9.20基発675号，平11.3.31基発168号）。

❹毎月払い・一定期日払いの原則とその例外

この原則の例外となる賃金（24条2項但書）は，臨時に支払われる賃金，賞与その他これに準ずるもので厚生労働省令で定める賃金である。省令（労基法規則8条）では，1ヵ月を超えて支給要件あるいは支給額が確定する精勤手当，勤続手当，奨励加給，能率手当である。年俸制をとっていても，この原則により分割して毎月一定の期日に支払う方法を定めなければならない。

この原則により特定した支払い日を定めても，その日が休日（金融機関の休業日）の場合には，支払い日を直近あるいは直後の平日に繰り上げ，あるいは繰り下げる扱いは，この原則の趣旨に反しないので許容される。したがって［例12］のような定めをしておくべきである。

［例12］　賃金は毎月25日に支払う。ただし，当日が休日にあたるときは直前の休日でない日とする。

なお［例13］のような定めは，一定期日払いの原則により許されない。

検討を要する実例

［例13］　賃金は毎月25日に支払う。ただし，業務の都合により月末に支払うことがある。

●年俸制

年俸制は人事評価により賃金を決定する成果主義的賃金制度のひとつである。管理職や専門職の社員を対象とする例から，一般社員まで対象としている企業もあるが，正社員の場合は年俸制度として賃金の固定的部分と各従業員の成果・業績を反映した変動部分とを設ける例が多い。年俸制については，もっとも重要なのが制度設計であり，①対象者，②年俸の構成，③年俸

の決定方法と人事評価の内容，基準，手続き，④年俸の支払いに関する定め，⑤欠勤，退職，解雇等の取り扱い，⑥時間外労働等の取り扱いなどの各事項を規程として定める（章末の「参考条文」の年俸制規程参照）。また年俸制導入により賃金等の不利益が発生する場合は，就業規則の不利益変更となることから，本人の同意がなければ導入の合理性（労契法10条）が問題になるので留意すべきである。

第2節

基本給・各種手当・賞与

■ 基本的な考え方

　賃金は，一般に基本給と呼ばれる賃金の中心的部分とそれ以外の付加的部分に分かれる。いずれも支給要件を就業規則で定める。

●基本給

　基本給は年齢給，職能給，職務給，役割給，成果給などを組み合わせたものからなり，その構成は各企業により異なる。また管理職層と一般職層とで異なる構成をとる例もある。いずれにしろ各企業がそれぞれの支払い能力，世間相場，基本給と諸手当の割合なども勘案して，職務と責任・成果に見合った，勤務意欲と能力を向上させる設計をすることが必要である。

　正社員の賃金制度は従来，職能資格等級制度を主流としていた。これは，たとえば「年齢給」と「職能給」を基本給の中核に，職務遂行能力（資格等級）を賃金表と結びつけるものである。職務遂行能力は年齢や勤務年数など所与の条件を重視して判定し，その到達水準は原則として下がることはないという前提をとるため，その運用が年功的になりがちなことに加え，1990年代に入りバブル経済崩壊後の平成長期不況，経済のグローバル化による国際競争の激化，情報技術の高度化などを背景に，賃金制度も企業組織の求める業績目標や役割を重視する成果主義的な仕組みへと変わりはじめた。こうした変化を反映し，賃金規定も役割給，職務給などが重視されるようになってきた。

●各種手当

　各種の手当は，生活補助的要素の部分と仕事に着目した部分に大別できる。具体的には，生活補助に着目する手当（家族手当，住宅手当など），職務・職能・資格に着目する手当（職務手当，役付手当，資格手当など），勤務の特殊性に着目する手当（交替勤務手当，特殊勤務手当，危険手当など），短期

的な勤務実績に着目する手当（精皆勤手当など），労基法で支払いを義務づけられる手当（時間外労働手当，休日労働手当，深夜労働手当，休業手当，年次有給休暇手当）などがある。このうち労基法で支払いを義務づけられる手当はもとより，その他の手当についても，設ける場合は就業規則に定めておかなければならない。

❶家族手当

家族手当は一般に，扶養家族数またはこれを基準として支払われる手当である。配偶者要件としては「所得税法上の控除対象者」が多く，子については年齢制限を設ける例が多い。その他の扶養家族では，所得税法上の控除対象者である親などが多い。支給対象者の定めは男女差別とならないよう注意すべきである。

[例1]　家族手当は従業員が扶養する次の者がある場合に支給する。ただし，子については，3人を限度とする。

配偶者　　　　　　　　　月額○○○○○円
18歳未満の子　　　　　　月額○○○○○円／人
その他の扶養家族　　　　月額○○○○○円／人

❷住宅手当

住宅手当は一般に，従業員およびその家族が住宅に要する費用の全部または一部を補助する目的で支払われる手当である。支給区分としては賃貸住宅の家賃月額，持ち家のローン月額に応じた手当額の設定等が考えられる。

[例2]　次の区分により住宅手当を支給する。

賃貸住宅居住者：家賃月額5万〜10万円未満　2万円
　　　　　　　　　　　　　10万円以上　　　　　3万円

注意すべきは，世帯構成（扶養家族の有無など）や住宅形態（持ち家，借家など）により一律に手当額を設定する住宅手当は，割増賃金の計算基礎から除外されないという点である。次の［例3］がこれにあたり，詳細は後記「チェックポイント」でふれる。

[例3]　次の区分により住宅手当を支給する。

賃貸住宅居住者：2万円
持ち家住居者：1万円

❸役職手当

　役職手当は一定の役職（たとえば部長，次長，課長など）に対して支払われる手当であり，役付手当，職責手当などと呼ばれることもある。実務では，労働時間規制の適用除外者（労基法41条2号の管理監督者）の線引きに対応している場合も多い。

　深夜労働の割増賃金については，管理監督者に対しても支払い義務があるが，あらかじめ役職手当に一定時間の深夜割増賃金を含めることも可能である。その場合は，手当のうち深夜割増賃金にあたる部分（時間数あるいは金額や割合）を明確に定めておかなければならない。［例4］は時間数を明記したものである。

［例4］　課長以上の役職者については，次の役職手当を支給する。

　　　　部長　　○○○○円

　　　　次長　　○○○○円

　　　　課長　　○○○○円

　　　　この役職手当には○時間分の深夜労働手当を含む。

　2　2つ以上の役職を兼務する場合は，上位の役職手当のみを支給する。

　3　第1項の役職者については時間外労働手当，休日労働手当を支給しない。

❹時間外，休日，深夜労働手当

［例5］　時間外労働，休日労働および深夜労働をした従業員に対しては，次の計算により時間外，休日労働手当を支給する。

　　　　深夜労働は午後10時から午前5時までの労働をいう。

$$時間外労働手当 = \frac{割増賃金基礎額}{1ヵ月の平均所定労働時間数} \times 1.25$$

$$\times 時間外労働時間数$$

$$休日労働手当 = \frac{割増賃金基礎額}{1ヵ月の平均所定労働時間数} \times 1.35$$

$$\times 休日労働時間数$$

　　　　ただし，1ヵ月（起算日毎月1日）の時間外労働および所定休日労働のうち，法定外時間外労働となる時間数の合計が60時間を超える部

分は割増率150％とする。

（注）所定休日とは法定休日以外の休日を指す

$$深夜労働手当＝\frac{割増賃金基礎額}{1ヵ月の平均所定労働時間数}×0.25$$

$$×深夜労働時間数$$

2　計算期間（1ヵ月）における時間外，休日，深夜労働のそれぞれの時間数の合計に1時間未満の端数がある場合は，30分未満は切り捨て，30分以上を切り上げる。

上記［例5］の1項ただし書きは，1ヵ月60時間を超える部分50％とする記載例である（5章6節参照）。60時間を超える部分は改正労基法により割増率50％となる（労基法37条1項但書）。2項は，1ヵ月の時間外，休日，深夜労働の各合計時間数に1時間未満の端数がある場合，30分未満を切り捨て，30分以上を1時間に切り上げて計算しても，賃金全額払いの原則，割増賃金支払い義務（労基法24条，37条）に反しないとされているので（昭63.3.14基発150号），そのような取り扱いをする場合の規定である。

また割増賃金基礎額については「チェックポイント」参照。

❺営業手当

営業手当は通常，外勤の営業担当者を対象に支払われ，職位や職務内容等により手当額を区分する例と一律の手当額とする例などがある。問題になるのは営業外勤者の時間外労働等の割増賃金であり，これを営業手当に含める場合には，［例6］のようにその旨を明確に定めておかなければならない。これは定額残業代（固定残業代）といわれるものであり，この点については「チェックポイント」参照。

［例6］　外勤営業職に対して営業手当として月額○○○○円を支給する。外勤営業職が時間外勤務を行なった場合は，営業手当には時間外労働手当○時間分を含むものとする。実際の時間外労働手当額が○時間分を超えたときはその差額を支払う。

営業外勤者の労働時間を事業場外労働のみなし時間（労基法38条の2）で処理している場合でみると，たとえば所定労働時間8時間で，営業外勤者が1日9時間のみなし労働時間の場合，1日1時間の時間外労働の割増賃金が

生ずる。したがって想定される1ヵ月の時間外労働時間を考慮して営業手当額を定めることになる。

❻通勤手当

通勤手当は，利用する交通機関の運賃を現金支給するものと，定期券など現物支給するものとがあり，現物支給の場合は労使協定が要件になる（労基法24条1項但書）ので注意を要する。またマイカー通勤の場合には距離段階別にガソリン価格を参考に手当を出す例が多い。

[例7]　通勤手当は通勤のために要する運賃・時間・距離などの事情からみて，もっとも経済的で合理的と認められる通常の経路および方法による定期乗車券購入費を所得税法の非課税額を限度として支給する。

❼休業手当

[例8]　会社の責に帰すべき事由により従業員を臨時に休業させる場合には，休業手当として，1日につき平均賃金の100分の60を支給する。

休業手当は労基法26条にもとづくものである。

●賞　与

賞与については，本来の賃金と異なり通常の労務提供があっても必ず支給しなければならないものではないが，支給するのであれば就業規則に規定しなければならない（労基法89条4号）。定める事項は，①支給対象者，②支給要件・支給額の計算，③支給時期などである。

[例9]　賞与は会社の業績，各人の勤務成績，会社への貢献度などを考慮して支給する。ただし，会社の業績状況などにより支給しないことがある。

　　　2　賞与支給の時期は原則として毎年6月および12月とする。

　　　3　賞与の受給資格者は賞与支給日の在籍者とする。

上記［例9］3項の支給日在籍者条項については，退職日を選択できない定年退職者について「ただし，賞与支給日前に定年退職した者については，支給対象期間中の在籍日数に応じて賞与を支給する」と定めて取り扱う例もある（下記「チェックポイント」参照）。なお定年後再雇用制度をとる企業では，賞与支給日が定年後となる再雇用者も支給日在籍者と取り扱うかどうかも明確にしておく必要がある。

賞与については，固定的な部分とその期の業績や各従業員の営業成績など

により上積みする部分（たとえばインセンティブボーナス制度）に区分する例や，業績に連動した賞与制度などもある。

[例10]　賞与は会社の業績，各人の勤務成績，会社への貢献度などを考慮して支給する。営業成績によるインセンティブボーナスについては別に定める。

　業績連動型賞与の規程例は章末の「参考条文」参照。

☑ チェックポイント

●割増賃金の算定基礎額

❶割増賃金の計算

　割増賃金は，通常の労働時間または労働日の賃金に割増率を乗じた金額である（労基法37条）。月給の場合は，月における所定労働時間数が異なるので，1年間における1ヵ月平均所定労働時間数を算出し，1ヵ月の「通常の労働時間または労働日の賃金」（算定基礎額）をこの平均所定労働時間数で割った時間単価にもとづき割増賃金額を計算する（同法規則19条1項4号）。したがって

$$割増賃金 = \frac{割増賃金算定基礎額}{月平均所定労働時間数} \times 割増率$$

となる。ここで「割増賃金算定基礎額」とは何かが，次の問題である。

❷算定基礎額と定額残業手当

　算定基礎額は次の方法で求められる。

「所定労働時間働いたときの月給額」（基本給，各手当）から「時間外，休日，深夜労働の割増賃金支払いのために，あらかじめ毎月支払われる一定額の賃金・手当」を控除し（これが「通常の賃金」），さらに「労基法37条5項により除外できる7つの手当」（除外賃金）を控除した後の賃金が，割増賃金の算定基礎額となる。

　すなわちまず，所定労働時間働いたときの賃金に，あらかじめ時間外，休日，深夜労働の割増賃金支払いのために毎月支払われる一定額の賃金が含まれていたら，「通常の賃金」にあたらないのでこれは除く。ただしそのためには，就業規則（賃金規程）でその旨を明確にしておかなければならない。

業務手当を例にすると次のような定めになる。

[例11]　業務手当として月額〇〇〇〇円を支給する。業務手当は時間外労働
　　　　手当に充当し，実際の時間外労働が上回った場合は差額を支給する。

　このように明記していなければ，業務手当は通常の賃金に含まれ，割増賃
金の算定基礎に算入されることになる。しかも，実際の時間外，休日労働手
当額が業務手当額を超えた場合には，差額を支払う必要がある。

　また，裁量労働者に支払う手当（裁量労働手当）については実務上，次の
ような定めを設けることが多い。

[例12]　裁量労働手当として月額〇〇〇〇円を支給する。この手当は労働基
　　　　準法第37条の割増賃金に相当するものとする。

　これは，裁量労働手当が割増賃金の算定基礎額に含まれないことを意味す
る。

　❸通常の賃金から除外してよい手当（除外賃金）

「通常の賃金」のうち，割増賃金の算定基礎に入れなくてもよい手当を除外
賃金と呼び，①家族手当，②通勤手当，③別居手当，④子女教育手当，⑤住
宅手当，⑥臨時に支払われた賃金，⑦１ヵ月を超える期間ごとに支払われる
賃金の７つがそれにあたる（労基法37条５項，同法規則21条）。これは限定列
挙と解されている。

　(1)　毎月支払われる①〜⑤の手当

　上記①〜⑤の手当に該当するかどうかの判断は，手当の名目ではなく，手
当の実質的な内容によるとされている。①〜⑤の除外賃金の趣旨は，実際に
行なう業務内容と関係ない個人的事情にもとづく手当なので，計算基礎に含
めないという点にある。すなわち除外賃金かどうかの判断は，次の２つを充
足するかどうかであり，両者に該当すればその手当は除外賃金といえる。

　　・労働内容と関係のない個人的事情にもとづいて支給内容が定められる手
　　　当であること
　　・個人的事情にもとづいて支給される手当であっても，その個人的事情が
　　　上記①〜⑤の手当で想定している個人的事情の範囲内であること

　したがって，たとえば①の家族手当は扶養家族数またはこれを基礎とする
家族手当額を基準として算定した手当をいい，家族数に関係なく一律に支給

される手当は，たとえ家族手当の名称であっても除外賃金にあたらないとされている（昭22.11.5基発231号，昭22.12.26基発572号）。同様に通勤手当でも，距離・実費にかかわりなく一定額，一定率で支払われれば除外賃金にあたらない（昭23.2.20基発297号）。住宅手当についても，賃貸住宅，持ち家などの住宅の形態ごとに支払われていても支給額が共通で一律であったり，従業員の住宅の状況にかかわらず共通の支給額が一律に支払われている場合は，割増賃金の算定基礎の除外賃金にはあたらない（平11.3.31基発170号）。

(2)　臨時に支払われた賃金

上記⑥の臨時に支払われた賃金とは，平均賃金の算定上で除外される「臨時に支払われた賃金」（労基法12条4項）と同義である。すなわち「臨時的，突発的事由にもとづいて支払われたもの，及び結婚手当等支給条件は予め確定されているが，支給事由の発生が不確定であり，且つ非常に稀に発生するものをいうこと。名称の如何にかかわらず，右に該当しないものは，臨時に支払われた賃金とはみなされないこと」（昭22.9.13発基17号）とされている。たとえば退職金，私傷病手当，加療見舞金等がこれにあたる。

(3)　1ヵ月を超える期間ごとに支払われる賃金

上記⑦の1ヵ月を超える期間ごとに支払われる賃金とは，賃金の毎月1回払いの例外である「賞与その他これに準ずるもので厚生労働省令で定める賃金」（労基法24条2項但書）のことである。具体的には，次の賞与および労基法規則8条各号に掲げられた手当を指す。

【賞　与】

除外賃金と認められる「賞与」とは，「定期又は臨時に，原則として労働者の勤務成績に応じて支給されるものであって，その支給額が予め確定されていないもの」をいい，「定期的に支給されかつその支給額が確定しているものは名称の如何にかかわらず」賞与とみなされない（昭22.9.13発基17号）。したがってたとえば，年俸制で毎月払い部分と賞与部分を合計して，あらかじめ年俸額が確定している場合，賞与部分は除外賃金とならないので留意すべきである（平12.3.8基収78号）。

【労基法規則8条各号の手当】

この手当に該当するのは，次のとおりである。

- 1ヵ月を超える期間の出勤成績によって支給される精勤手当
- 1ヵ月を超える一定期間の継続勤務に対して支給される勤続手当
- 1ヵ月を超える期間にわたる事由によって算定される奨励加給または能率手当

　これらの手当は賞与に準ずる性格を有し，1ヵ月以内では支給額の決定が困難なために除外賃金とされている。したがってこのような事情がなく，毎月払いを回避する目的で支払われるものは，除外賃金にならないとされている（厚生労働省労働基準局編「改訂新版労働基準法（上）」353頁）。

●年俸制と割増賃金

　年俸制を導入している場合，12等分した金額が原則として割増賃金の算定基礎となる。実務では年俸を16等分して，その4等分を賞与として支払う例もあるが，この場合でも年俸額は当初に確定しているので，除外賃金となる賞与にあたらない（平12.3.8基収78号）。

　次に，管理監督者（労基法41条2号）は労働時間の適用除外者なので，時間外労働，休日労働の割増賃金の問題はないが，深夜労働の割増賃金支払い義務はある。このため当初から年俸のうち深夜労働手当に充当する部分を設けておけば，その部分は割増賃金の算定基礎にならず，深夜労働手当の定額払いとして扱える。管理監督者でない場合（たとえば一般の正社員あるいは有期雇用契約の専門職社員など）も同様で，当初から年俸のうち時間外労働手当等に充当する部分を設けておけば，その部分は割増賃金の算定基礎にならず，時間外労働手当等の定額払いとして扱える。

　こうした取り扱いをするためには，その旨を明確に賃金規程で定めておかなければならない。また定めを設けても実際の時間外労働等の各手当額に満たない場合は，その差額を支払わなければならない（この点は次頁参照）。

［例13］　年俸は，基本年俸と付加年俸に区分し，次のとおり支給する。

　　　　　　　年俸はこれを12分し，毎月第○条の定めにより支払う。付加年俸は，時間外労働手当，休日労働手当，深夜労働手当に充当する。ただし，実際の時間外労働，休日労働，深夜労働の各手当額に満たない場合は，その差額を支給する。

　　　2　年俸の決定方法，手続き等については別に定める。

●割増賃金の定額払い（定額残業代・固定残業代）の要件と運用

いわゆる割増賃金の定額払いとは，毎月支払う賃金のなかにあらかじめ一定額の時間外労働等の割増賃金を含める取り扱いを指し，定額残業代ないし固定残業代と呼ばれることもある。割増賃金の定額払いが認められるためには，個別合意または就業規則等により，賃金のなかに時間外労働等の対価としての割増賃金の趣旨の一定額が含まれていると認められること（対価性の要件）およびその一定額と他の賃金部分が明確に区分されていること（判別の要件）の２つが必要とされている（高知県観光事件・最判平6.6.13労働判例653号12頁，テックジャパン事件・最判平24.3.8判例時報2160号135頁，国際自動車事件・最判平29.2.28労働判例1152号５頁）。近時の裁判例では，上記２要件に追加して，実際の残業代が定額残業代を超える場合には差額を支払う旨や労働者に対して毎月の残業代の精算の有無，内容がわかるような精算明細を知らせることなども要件とするものがあったが，日本ケミカル事件（最判平30.7.19労働判例1186号５頁）では，このような追加要件は必須のものではないとして，上記の２要件で足りることを明確にした。

一方で，改正職業安定法（平成30年１月施行）では，時間外労働等の有無にかかわらず一定の手当を支給する制度（「固定残業代」）を採用する場合は，求人に際して，固定残業代の計算方法（固定残業時間数および金額），固定残業代を除いた基本給額，不足を生じた場合には追加で割増賃金を支払うこと等を明示しなければならないとされた（職業安定法５条の３，同法規則４条の２第１項，同法の指針第３，１(3)ハ）。この点から，実務の運用上も残業代の精算について定め（前掲［例６］［例11］［例13］），具体的な内容について労働者に明示することにより透明性をはかるべきである。

●年次有給休暇手当

労基法39条９項では，年休日の賃金について，次の３種類を認めている。

- 所定労働時間労働した場合に支払われる通常の賃金
- 平均賃金（労基法12条）
- 健康保険法40条１項に定める標準報酬日額に相当する金額（この場合は労使協定によらなければならない）

使用者はこれらのうち，いずれかを支払うことになるが，いずれにするか

を就業規則で明定しなければならず，随意に他の方法によることはできない。この点については265頁参照。

●賞与の支給日在籍者条項

賞与の受給対象者を支給日在籍者に限定する例が多い。賞与は通常の賃金と異なり，過去の労働に対する報酬としてだけでなく，将来の労働に対する期待の意味もあるので，支給日在籍者条項は有効と解されている（大和銀行事件・最判昭57.10.7労働判例399号11頁）。

支給日在籍者条項の有効性については，退職日を自ら選択する自己都合退職者や自己の非違行為により解雇された者に対しては問題ないが，退職日を選択できない者（定年退職者など）が賞与支給日前に退職した場合は，賞与の算定期間の在籍日数に応じた賞与額を支払うべきであるという考え方もある。しかし裁判例では，このような場合でも支給日在籍者に限り賞与を支払うという取り扱いを有効としている（定年退職者についてJR東日本事件・東京地判平29.6.29労働判例1164号36頁）。

なお，もっぱら使用者側の事情による整理解雇の場合だけ支給日在籍者条項の適用を無効（民法90条の公序良俗違反）としたものがある（リーマン・ブラザーズ証券事件・東京地判平24.4.10労働判例1055号8頁）。

昇格・昇給，降格・降給

　職能資格等級制度や職務給制度などでは，賃金規程で資格等級，職務等級の格付けを行なうが，この等級の上昇が昇格であり，引き下げが降格である。この格付けを前提に賃金の上昇（昇給）あるいは引き下げ（降給）がなされる。賃金規程で定めるのはこの意味の昇格・昇給，降格・降給であり，毎期の人事評価などにもとづいて行なわれる。昇格・昇給のみを定めている例もあるが，最近は成果主義の観点から降格・降給も定める例がふえている。

　これに対し，役職（部長，課長などの職位）の変更は使用者の人事権の行使であり，本来使用者の裁量で行なうことができるものであるが，役職と等級の格付けが連動しているため，たとえば役職の引き下げにより格付けも引き下げられることが多い。

　さらにこれと別に懲戒処分としての降格（格付けと役職の引き下げを含む）もあり，これは懲戒規定にもとづく制裁としてなされるものである（10章2節参照）。［例2］は以上の点を含めて定めたものである。

　なおベースアップ（賃金表の金額を上方に書き換えること）は，生産性向上による成果の配分という意味もあるが，基本的には企業外の物価変動等による調整であるから，あらかじめ規定する事項ではない。

　以下の［例1］は職能資格制度において昇格・昇給のみを定める例，［例2］は職務等級制度において昇格・昇給と降格・降給を定める例である。

［例1］　職能給の昇給は毎年1回原則として4月に行なうものとする。ただし，評価期間中，本人の責に帰すべき事由により休業期間60日（暦日）を超えた者，人事考課の評点が○以下の者を除く。

　　2　昇給額は別表○に定める標準昇給額を基礎とし，固定昇給率を超える分については，人事考課により決定する。

3　昇格は職能区分に応じて別表○にもとづき人事考課により決定する。

　4　前2項にかかわらず，特に成績優良と認めた場合には特別昇給・昇格を行なうことがある。

［例2］　職務給の昇給・降給は毎年1回，原則として4月に行なうものとする。

　2　昇給・降給は別表○に定める基準にもとづき人事考課により決定する。

　3　昇格・降格は別表○に定める基準にもとづき人事考課により決定する。この場合，昇格・降格後の役職と職務等級にもとづき賃金を決定する。

　4　懲戒処分による降格および勤務成績不良等，職務不適格事由による人事権の行使としての降格の場合も，降格後の役職と職務等級にもとづき賃金を決定する。

なお降格と減給の制限（労基法91条）との関係については393頁参照。

【賃金】就業規則本体

第〇条　給与および賞与については別に定める。

〔**賃金規程**〕

　　第1章　総　則

第1条（目的）　この規程は，就業規則第〇条にもとづき，従業員の給
　　与，賞与に関する事項を定めるものとする。

第2条（適用範囲）　この規程は，就業規則第〇条に定める従業員に適
　　用し，パートタイマー，契約社員，嘱託社員その他については適用せ
　　ず，別に定める。

第3条（種類および構成）　賃金の種類および構成は次のとおりとする。

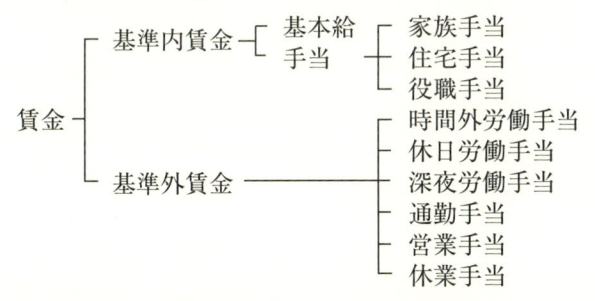

第4条（締切）　毎月の給与の計算期間は次のとおりとする。

　　　基準内賃金　当月1日から当月末日まで

　　　基準外賃金　前月1日から前月末日まで

2　前項にかかわらず，計算期間途中に採用された者，死亡・退職者お
　　よび解雇された者については，当該計算期間の所定労働日数にもとづ
　　き基準内賃金を日割計算して支払う。休職・復職の場合も同様とす
　　る。

　　　また異動等により給与を変更した場合は，それぞれの期間につき日
　　割計算で支払う。

第5条（支払い日）　毎月の給与は毎月25日に支払う。ただし，当日が

金融機関の休日にあたるときは直前の休日でない日とする。

2　本人が死亡・退職または解雇された場合には，7日以内に未払いの賃金を支払う。

3　次に掲げる非常時の費用に充てるために，従業員またはその遺族の請求があった場合には，既往の労働に対する賃金をただちに支払う。

(1)　従業員またはその収入によって生計を維持する者が結婚，出産，死亡し，または疾病にかかり，あるいは災害を受けた場合

(2)　従業員またはその収入によって生計を維持する者がやむをえない事由により1週間以上にわたって帰郷する場合

4　前項における遺族の範囲および順位は，それぞれ民法における相続権者および相続順位とする。

第6条（支払い方法）　給与は，全額を直接本人に支払う。ただし，法令に定められたものおよび従業員の代表者と書面により協定したものは控除する。

2　給与は，通貨で本人に支払う。ただし，本人の同意を得た場合には，本人の指定する金融機関の本人名義の預貯金口座に振り込むことにより支払う。

第7条（端数処理）　1ヵ月間の賃金支払い額に100円未満の端数が生じた場合，50円未満の端数を切り捨て，50円以上の端数を100円に切り上げて支払う。

第8条（減額）　欠勤した場合は，原則としてその日の所定労働時間について次の計算で基準内賃金より減額する。

$$\frac{\text{基準内賃金}\times\text{欠勤した日の所定労働時間}}{\text{1ヵ月平均所定労働時間}}$$

2　遅刻，早退，私用外出，法令にもとづく病者に対する就業禁止，組合活動，ストライキなどの不就労時間および会社の指示，命令または許可にもとづかない活動時間は，原則として次の計算で基準内賃金より減額する。

$$\frac{\text{基準内賃金}\times\text{不就労時間}}{\text{1ヵ月平均所定労働時間}}$$

3　前2項にかかわらず，次の場合は減額しない。

　⑴　年次有給休暇

　⑵　慶弔休暇などの特別休暇（ただし，特に定めのある場合はその取り扱いによる）

　⑶　業務上傷病による遅刻，早退，途中外出（業務上傷病による欠勤に関しては別に定める）

　⑷　天変地異，交通機関の混乱・途絶などの不可抗力の事由による遅刻

　⑸　選挙の投票など公民権行使のための遅刻，早退，途中外出

　⑹　その他特に会社が認めたとき

第9条（平均賃金）　平均賃金の計算は，労働基準法第12条による。

　　　第2章　基準内賃金

　　　　第1節　基本給

第10条（基本給の構成）　基本給は，年齢給，職務給をもって構成する。

第11条（年齢給）　年齢給は，各従業員の各年度4月1日における満年齢および勤続年数（1年に満たない端数は切り捨て）に応じ別表○に定める額とする。

第12条（職務給）　職務給は，職務内容に応じた別表○の等級にもとづいて定める額とする。

第13条（初任基本給）　初任基本給は別表○に定めるとおりとする。なお中途採用者の初任基本給は，社外経験などを勘案しそのつど定める。

第14条（昇降給・昇降格）　職務給の昇給・降給は毎年1回，原則として4月に行なうものとする。

2　昇給・降給は別に定める基準にもとづき人事考課により決定する。

3　職務等級の昇格・降格は別に定める基準にもとづき人事考課により決定する。この場合，昇格・降格後の役職と職務等級にもとづき賃金を決定する。

4　懲戒処分による降格および勤務成績不良等，職務不適格事由による人事権の行使としての降格の場合も，降格後の役職と職務等級にもと

づき賃金を決定する。

第2節　手　当

第15条（家族手当）　家族手当は従業員が扶養する次の者がある場合に支給する。ただし，子については3人を限度とする。

　　配偶者　　　　　　　　月額○○○○○円

　　18歳未満の子　　　　月額○○○○○円／人

　　その他の扶養家族　　月額○○○○○円／人

第16条（住宅手当）　次の区分により住宅手当を支給する。

　　賃貸住宅居住者：家賃月額　5万〜10万円未満　2万円

　　　　　　　　　　　　　　10万円以上　　　　　3万円

第17条（役職手当）　課長以上の役職者については，次の役職手当を支給する。役職手当には○時間分の深夜労働手当を含む。

　　部長　○○○○円

　　次長　○○○○円

　　課長　○○○○円

2　2つ以上の役職を兼務する場合は上位の役職手当のみを支給する。

3　第1項の役職者については時間外労働手当，休日労働手当を支給しない。

第3章　基準外賃金

第1節　時間外，休日，深夜労働手当

第18条（時間外，休日労働手当）　所定労働時間外の勤務をした者に対し，時間外労働手当を支払う。

2　所定の休日に勤務をした者に対し，休日労働手当を支払う。

　（注）休日労働を法定休日に限定する場合は「法定休日に勤務をした者に対し，休日労働手当を支払う」とする

3　役職手当の支給される管理職には，時間外労働手当および休日労働手当は支払わない。また，営業手当の支給される営業職に関する取り扱いについては第23条に定めるところによる。

第19条（深夜労働手当）　22時から翌日5時までの間に勤務をした者に対し，深夜労働手当を支払う。

第20条（併給）　時間外勤務が休日勤務にあたるときは，休日労働手当を支払い，時間外労働手当は支払わない。時間外勤務が深夜勤務にあたるときは，深夜労働手当と時間外労働手当を併給する。

第21条（手当額）　時間外労働手当，休日労働手当および深夜労働手当は，次の計算により算出する。

$$\text{時間外労働手当} = \frac{\text{基本給（割増賃金基礎額）}}{\text{1ヵ月の平均所定労働時間数}} \times 1.25$$

$$\times \text{時間外勤務時間数}$$

$$\text{休 日 労 働 手 当} = \frac{\text{基本給（割増賃金基礎額）}}{\text{1ヵ月の平均所定労働時間数}} \times 1.35$$

$$\times \text{休日勤務時間数}$$

　ただし，1ヵ月（起算日毎月1日）の時間外労働および所定休日労働のうち，法定外時間外労働となる時間数の合計が60時間を超える部分は割増率150％とする。

　（注）所定休日とは法定休日以外の休日を指す

$$\text{深 夜 労 働 手 当} = \frac{\text{基本給（割増賃金基礎額）}}{\text{1ヵ月の平均所定労働時間数}} \times 0.25$$

$$\times \text{深夜勤務時間数}$$

2　計算期間（1ヵ月）における時間外，休日，深夜労働のそれぞれの時間数の合計に1時間未満の端数がある場合は30分未満は切り捨て，30分以上を切り上げる。

第2節　その他の手当

第22条（通勤手当）　通勤手当は通勤のために要する運賃・時間・距離などの事情からみて，もっとも経済的で合理的と認められる通常の経路および方法による定期乗車券購入費を所得税法の非課税額を限度として支給する。

第23条（営業手当）　外勤営業職に対して営業手当として月額○○○○円を支給する。外勤営業職が時間外勤務を行なった場合は，営業手当には時間外労働手当○時間分を含むものとする。実際の時間外労働手当額が○時間分を超えたときは差額を支払う。

第24条（休業手当）　会社の責に帰すべき事由により休業する場合には，休業手当を支給する。

2　休業手当は，休業1日につき第9条に規定する平均賃金の6割を支給する。

第25条（年次有給休暇手当）　年次有給休暇については，通常の賃金を支給する。

第4章　賞　与

第26条（賞与）　賞与は会社の業績，各人の勤務成績，会社への貢献度などを考慮して支給する。ただし，会社の業績状況などにより支給しないことがある。

2　賞与支給の時期は原則として毎年6月および12月とする。

3　賞与の支給対象期間は，次のとおりとする。

上期：前年10月1日〜当年3月31日

下期：当年4月1日〜当年9月30日

4　賞与の支給対象者は賞与支給日の在籍者とする。

〔業績連動型賞与規程〕

第1条（目的）　この規程は，賃金規程第○条に定める賞与の取り扱いについて定める。

第2条（賞与の構成）　賞与は固定部分と業績連動部分で構成する。

第3条（固定部分）　固定部分賞与は，夏季と年末に区分し，それぞれ基本給についてあらかじめ定める一定係数を乗じた額とする。

第4条（業績連動部分）　業績連動部分の賞与の年間支給原資は，前年度の営業利益の○％とする。

2　従業員の業績連動部分の賞与は，業績連動支給月数に個人別係数を乗じた額とする。

3　業績連動支給月数は，第1項の支給原資を支給対象従業員全員の基本給総額で除した数とする。

4　個人別係数は前年度の人事評価にもとづき，別に定める基準により定める。

第5条（支給時期）　賞与支給の時期は原則として毎年6月および12月とする。

第6条（支給対象者）　賞与の支給対象者は賞与支給日の在籍者とする。

（附則）　この規程は，○○年○月○日から施行する。

〔年俸制規程〕

第1条（目的）　この規程は，賃金規程第○条の年俸制の取り扱い基準について定める。

第2条（対象者）　年俸制の適用対象者は，次の各号に掲げる者とする。

(1)　○等級以上の管理職者

(2)　○等級以上の営業職

(3)　技術研究所に勤務する者

第3条（年俸の構成）　年俸は基本年俸と業績年俸により構成する。年俸のほか，賃金規程第○条に定める通勤手当を支払う。

第4条（基本年俸）　基本年俸は，当年度に担当する職務の内容・役割・責任と本人の職務遂行能力の段階により，別紙「基本年俸表」を基準に決定する。

第5条（業績年俸）　業績年俸は，前年度における本人の業績目標の達成度・貢献度を評価することにより決定する。

第6条（評価期間）　年俸の評価期間は，毎年4月1日から翌年3月31日までの1年間とする。

2　業績年俸の評価は別紙「人事評価基準」に定める内容と手続きにもとづき行なう。

第7条（年俸改定）　基本年俸および業績年俸は毎年4月1日に改定する。ただし，評価期間途中において昇進または異動を発令したときは，必要に応じて改定を行なうことがある。

第8条（支払い）　年俸の支払いは次のとおりとする。

(1)　基本年俸は12等分した額を毎月支払う。

(2)　業績年俸は2等分した額を毎年6月と12月の賞与支給日に支払う。

第9条（減額）　欠勤が引き続き15日（休日を含む）を超えたときは，15日を単位として，基本年俸の24分の1を減額する。

2　1年度の全部を欠勤したときは，基本年俸および業績年俸とも支払わない。

第10条（時間外，休日，深夜労働手当）　年俸制対象者が管理監督者である場合は，時間外労働手当，休日労働手当は支払わない。深夜勤務○時間分の深夜労働手当は基本年俸に含まれるものとし，実際の深夜勤務がこれを超えたときは差額を支払う。

2　年俸制対象者が管理監督者でない場合は，基本年俸のうち○○％を時間外労働手当，休日労働手当，深夜労働手当に充当する。実際の時間外勤務，休日勤務，深夜勤務がこれを超えたときは差額を支払う。

第11条（退職等の取り扱い）　年俸制対象者が評価期間途中において退職・解雇・休職となったときは，当該月の基本年俸は当該月の所定労働日数を基準とした日割計算により支払い，翌月以降の基本年俸は支給しない。また，異動等により年俸額が変更となったときは，当該月の基本年俸は上記のとおり日割計算により支払い，翌月以降は変更された基本年俸を支払う。

2　年俸制対象者が評価期間途中において退職・解雇・休職となったときは，業績年俸は，支給日当日に在籍していない者には支給しない。また，異動等により年俸額が変更となったときは，変更後の業績年俸は別に定める。

第12条（その他）　年俸の支払い日，支払い方法などは賃金規程の定めによる。

（附則）この規程は，○○年○月○日より施行する。

（別紙）略

第 8 章

退職金

■ 基本的な考え方

退職金制度は，一般に長期雇用を前提にする正社員について設けられているが，本来は使用者に退職金（退職手当）支払い義務はなく，退職金制度を設けるか否かは使用者の自由である。しかし就業規則（退職金規程）で退職金についてあらかじめ支払い条件を明確に定めていれば，退職金は恩恵的なものではなく，労基法11条の「賃金」にあたる労働の対償とみなされる（昭22.9.13発基17号）。なお通常の賃金債権の消滅時効は2年だが，退職金債権は5年である（労基法115条）。

退職金制度を設ける場合は，就業規則に「適用される労働者の範囲，退職手当の決定，計算及び支払の方法並びに退職手当の支払の時期に関する事項」を記載しなければならない（労基法89条3号の2）。実際には規定が詳細になるので就業規則本体に委任規定をおき，退職金規程を別に定めるのが一般的である。

退職金規程に定めるべき事項は以下のとおりである。
- 目的
- 適用範囲
- 退職金の受給資格
- 退職金の算定方法（算定基礎額・勤続年数別支給係数，職能資格ポイント・単価，退職事由別支給係数）
- 勤続年数の計算方法，上限
- 特別功労加算金
- 支給制限（不支給・減額事由）と退職金の返還
- 支給時期，支給方法
- 端数調整
- 受給資格者死亡の場合の取り扱い
- 受給権の処分（譲渡）禁止
- 従業員の債務の弁済

なお，企業内に退職年金制度を設ける場合には，退職年金にもとづく給付額との調整規定も必要となるが，年金制度は企業によりさまざまであるため，ここではふれない。

●退職金算定方法の見直し

近年，高齢化が進んでいることに加え，低金利や成果主義的賃金制度の導入などにより退職金・年金制度を見直す例が多い。

退職金（一時金）についてみると，従来型の「退職時基本給×勤続年数別支給率」を基本とする退職金制度から，ポイント制あるいは定額方式，別テーブル方式などの退職金制度へ変更する例のほか，退職一時金制度を廃止し確定拠出年金や前払い退職金制度へ移行する例もある。こうした動きは成果主義的賃金制度の導入とも関連するものである。すなわち従来型退職金制度が年功的な退職金上昇（基本給上昇）と退職時金額確定方式を特徴とするのに対し，新しい制度は基本給を計算基礎とせずに毎年の成果，人事評価を基礎としたいわば退職金の現在時価確定方式を志向するものともいえよう。

●ポイント制退職金

ポイント制退職金とは，資格等級や勤続年数を基準に1年当たりの点数（ポイント）を設定し，退職時にその累積ポイントに1ポイント当たりの単価を乗じて退職金を算出する制度である。

ポイント制を導入する理由としては，以下の項目があげられる。

- 基本給を用いないので，労働者の給与や昇給分の影響を受けず，また賃金変更にも対応できる
- より早く昇給した者が，より高いポイントを獲得するので，成果主義的な人事制度と適合しやすい
- 長期勤続者が過度に優遇される上昇カーブとならず，雇用の流動化に対応できる

退職金の算定方式については，従来型はたとえば

退職時基本給×勤続年数別支給率×退職事由別係数＋功労加算

と計算していたが，ポイント制では以下のように算出する。

（累積職能ポイント＋累積勤続ポイント）×ポイント単価×退職事由別係数

新しい退職金の計算方法としては，ポイント制以外にも，別テーブル方式（賃金とは別に退職金の算定基礎額表を設ける）や定額方式（一定要件，たとえば勤続年数別に退職金額を決める）などがある。章末の「参考条文」では，従来型の退職金規程と導入事例の多いポイント制の退職金規程を掲げた。

以上のほか，中小・零細企業において，単独で退職金制度を設けることが困難な場合などに，中小企業退職金共済制度（中退共）を利用している例もある。これは「中小企業退職金共済法」にもとづくもので，事業主が行政の運営法人と退職金共済契約を締結し，従業員ごとに毎月掛金を支払い，退職従業員に対して同法人から退職金が支払われる仕組みであり，国の助成も行なわれている。

●退職金不支給・減額と懲戒解雇

　懲戒解雇など一定の事由に該当するために退職金を不支給や減額にする場合は，その旨を就業規則に規定しておかなければならない（昭63.1.1基発1号，平11.3.31基発168号）。

　退職金は賃金の後払い的性格を有するといわれるが，使用者が退職金不支給規定（不支給要件）を設けることは，退職金に功労報償的な性格を付加するものと考えられる。したがって在職中の功労を抹消するような背信行為があった場合には退職金を支給しないという意味で，不支給規定の合理性が認められることになる（ポイント制の退職金は在職中のポイントにより算出されるが，それもあくまで算出方法であり，退職金に功労報償的な性格を付加することができるから，不支給条項を設けることもできると考える）。したがって不支給事由は本来，従業員の背信行為自体とすべきものである。

　一方，懲戒解雇処分というのは使用者の企業秩序維持・回復を目的とする懲戒権の発動であり本来，退職金不支給と論理必然的に結びつくものではない。したがって下記［例1］のように懲戒解雇処分だけを退職金不支給事由とする規定では不十分である。

　また［例1］の定めでは，在職中に懲戒解雇に相当する行為があっても，使用者が懲戒解雇をする前にその従業員が退職してしまえば，不支給要件に該当しないことになる。なぜなら，懲戒解雇は労働契約が存続していることを前提として，その労働契約を解約し終了させる行為である。したがって，すでに退職し労働契約が終了した段階では懲戒解雇もできないため（たとえ懲戒解雇の意思表示をしても懲戒規定に定める懲戒解雇ではなく事実行為でしかない），退職金の不支給・減額要件に該当しないことになるからである。その結果，たとえば退職直後に懲戒解雇に相当する行為が判明した場合に懲戒

解雇はできず，退職金を支払わなければならないという不都合が生じる。

検討を要する実例

［例１］　懲戒処分によって解雇された場合は，退職金は不支給とする。ただ
　　　　し，情状により一部減額して支給することがある。

　そこで，［例２］のように懲戒解雇処分だけでなく，懲戒解雇事由を不支
給事由とする規定を設けておくべきである。あわせて事情により不支給措置
を緩和したいのであれば，使用者の裁量で不支給措置を減額措置とすること
ができる旨を定めておけば，より適切な運用ができるだろう。

［例２］　懲戒解雇された者，または懲戒解雇事由に相当する背信行為を行
　　　　なった者には，退職金の全額を支給しない。ただし，情状により一部
　　　　減額して支給することがある。

　退職金の不支給・減額条項としては，上記の在職中の背信行為だけでな
く，退職後の背信行為（多くは競業行為）を定める例もある。

［例３］　同業他社へ就職したときは自己都合退職金の２分の１の乗率とす
　　　　る。

［例４］　退職後６ヵ月以内に同業他社に就職した場合は退職金を支給しない。

［例５］　退職後に同業他社に就職し，または競業活動を行なうなどの背信行
　　　　為があった場合は，退職金を不支給あるいは減額する。

　上記［例３］のように退職後に同業他社に就職する場合に自己都合退職金
の半額とする定めは，勤務中の功労に対する評価が減殺される趣旨から有効
とされている（三晃社事件・最判昭52.8.9労働経済判例速報958号25頁）。［例４］
のような退職金不支給規定についても規定自体は有効であるが，退職労働者
の職業選択の自由にとって重大な制約となるので，単に退職後６ヵ月以内に
同業他社に就職しただけでは足らず，顕著な背信性がある場合に限り不支給
規定に該当すると解されているので注意を要する。［例５］は背信性を加え
て不支給・減額規定としたものである。

● **退職金の返還規定**

　上記のように懲戒解雇事由を退職金の不支給要件にしておけば，退職後に
懲戒解雇に該当する事実が判明した場合には，退職金不支給要件は満たされ
ているのですでに支給した退職金は労働者にとって不当利得であり，返還を

請求できる（上記の三晃社事件最高裁判決は退職金返還を認めた例である）。この返還規定も設けておくべきである。

[例6]　従業員が退職または解雇された後，その在職期間中に第〇条（退職金不支給事由）に該当する事実があったことが明らかとなったとき，会社はすでに支給した退職金の返還を当該従業員に求めることができる。

●退職金の支払い方法，支払い時期

❶通貨払いとの関係

労基法24条1項では，賃金は通貨で支払わなければならないとされているが，この例外として，退職金については労働者の同意を得た場合，労働者が指定する銀行その他の金融機関の口座への振り込み，あるいは信用力のある銀行振出小切手，銀行支払保証小切手，郵便為替などの方法により支払うこともできる（同法規則7条の2）。

❷直接払いとの関係

労基法24条では，賃金は直接労働者に支払うよう規定されており，本人以外に支払うことは禁止されている。例外として使者は差し支えないとされているが，退職金額は多額となるので，本人が病気などのやむをえない事情のもとで，本人の意思を確認し配偶者などの近親者に支払うような特別な場合に限るべきである。失踪の場合などは本人の意向が不明なので，本人からの請求があった段階で支払える状態にしておくべきである。

[例7]　退職金は退職の日から起算し，1ヵ月以内に直接本人に通貨で支払う。ただし，本人の書面による申出にもとづき，本人名義の金融機関口座への振り込み，または銀行振出小切手，銀行支払保証小切手，郵便為替により支払うことができる。

❸退職金の端数調整

[例8]　退職金の計算において100円未満の端数が生じたときは，100円単位に切り上げるものとする。

退職金の計算上の便宜として端数調整規定を設けることもできる。これは退職金額算出上の処理であり，いったん発生した退職金額を減額する問題ではないので，労基法上の規制はない（法定の割増賃金額の計算とも異なる）。したがって合理的な端数調整を定めればよい。

❹支払い時期と労基法23条の関係

　労基法23条１項は，「使用者は，労働者の死亡又は退職の場合において，権利者の請求があった場合においては，７日以内に賃金を支払い」と定めているが，退職金は退職前は単なる期待権にすぎないため，あらかじめ退職金規程で定めた退職金の支払い期日が到来するまでは，請求があっても支払わなくてよい（同旨昭26.12.27基収5483号，昭63.3.14基発150号，婦発47号）。退職金の支払い期日については，退職金規程で「労働契約の終了時に支払う」と定める例もある。ただし背信行為の嫌疑があり退職金の不支給・減額事由の該当性について慎重な調査を要するケースも考えると，［例９］のように退職後１ヵ月程度が望ましいだろう（調査を要しないケースはすみやかに支払えばよい）。

［例９］　退職金は，退職後１ヵ月以内に本人に支給する。

●勤続年数算定における休職・休業期間の取り扱い

　退職金は，能力・実績にもとづくポイントや基本給の額のほか，勤続年数によって支給率が変動する算定式になっているのが一般的である。この場合，育児・介護休業期間，また私傷病による欠勤・休職期間などは，在籍はしているものの直接的には企業に貢献していないので，勤続年数に含めるべきかという問題が生じる。

　退職金制度の内容については，労基法上の特段の規制はなく，どのように決めるかは使用者の自由であることから，勤続年数に算入する期間としない期間を分けて明示しておくことが必要である。

　勤続年数から控除すべきと思われる期間には，①私傷病休職，②留学・ボランティアほか自己都合の休職（私事休職）の期間などが考えられるが，企業によっては当該期間の２分の１を算入するなどの規定を設けている場合もある。

　これに対して，勤続年数に算入すべきと考えられる期間は，①業務上災害による欠勤・休職期間，②社命による出向期間などが考えられる。特に業務上災害による欠勤・休職期間は，業務に起因するものだから勤続年数に算入すべきであろう。実務上も，業務上災害による療養期間は勤続年数に算入する場合が多くみられる。

　なお，育児・介護休業期間については，本来無給期間であり，従業員間の

公平の観点から勤続年数に算入しない例と育児・介護支援等の観点から算入する例，育児休業について復職後1年以上勤務を条件に導入する［例10］などがある。

［例10］　勤続年数の計算は，入社の日から起算して退職の日までとする。勤続年数に1年未満の端数が生じたときは，月割計算するものとし，1ヵ月未満の日数は1ヵ月に切り上げる。

　　　　2　前項にかかわらず，次の各号に該当する期間は勤続年数に算入しない。

　　　　⑴　私傷病による休業期間

　　　　⑵　私事休職期間

　　　　⑶　留学休職期間

　　　　⑷　育児休業期間（ただし，復職後1年以上勤務した場合は算入する）

　　　　⑸　介護休業期間

検討を要する実例

［例11］　勤続年数の計算は，入社の日より退職の日までとし，1年未満の端数は切り捨てる。

　上記［例11］は，入社日から退職日までのすべての期間が自動的に勤続年数となると解釈されるので適切でない。

●受給資格者死亡の場合の扱い

　従業員が死亡した場合に，退職金を支給する旨の規定を設ける場合には，受給権者を明確にする必要がある。

　退職金債権は民法896条にいう「被相続者の財産に属した一切の権利」に該当するものではなく，受給権者をあらかじめ就業規則で定めておけば相続財産と切り離された当該受給権者固有の権利になると考えられている（日本貿易振興会事件・最判昭55.11.27労働判例366号18頁）。ただし就業規則で受給権者を定めていない場合は，民法の一般原則による相続人に支払うことになり（昭25.7.7基収1786号），親族間のトラブルに巻き込まれる可能性もあるので，受給権者についてあらかじめ退職金規程で範囲と順位を明確にしておくべきである。実務上は遺族補償に関する労基法施行規則（42条〜45条）に沿った内容とする例が多く，それが望ましい。

［例12］　従業員が死亡した場合において，その退職金は，労働基準法施行規

則第42条から第45条の定めるところに従って支払う。

労基法施行規則（42条〜45条）の受給権者は次の者である（同順位の者が2人以上いる場合は人数により等分）。

- 第1順位　配偶者（事実婚の内縁関係の相手方を含む）。戸籍上の配偶者は内縁関係の相手方より優先する（昭23.5.14基収1642号）
- 第2順位　労働者の収入により生活を維持または労働者と生計を一つにしていた子，父母（養父母は実父母より優先），孫，祖父母の順序に従い該当する者
- 第3順位　第2順位に該当しない子，父母，孫，祖父母，兄弟姉妹（労働者の収入により生活を維持または生計を一つにしていた兄弟姉妹が優先）の順序に従い該当する者

検討を要する実例

[例13]　退職金は原則として直接本人に支給する。死亡した者の退職金は，その遺族または本人の収入により生計を維持した者のうち，会社が適当と認めた者にこれを支給する。

[例14]　退職金は退職者に支給する。ただし，本人が死亡したときは遺族に支給する。

上記［例13］［例14］は，遺族の範囲が定められておらず，また「会社が適当と認めた者」というのも不適である。

☑ チェックポイント

●退職事由による支給率格差

支給率については，自己都合の場合には会社都合と比べ支給率を下げるのが一般的である。これは，①若年社員は企業への貢献度が少ないこと，②中堅社員は経験・技能などが習熟し戦力の中心としての期待があり，退職は損失につながることが多いなどの理由によるものである。ただ，一定年齢以上（たとえば勤続20年あるいは25年以上）であれば自己都合であっても定年と同様の退職金支給率を適用するケースもみられる。これは，企業に対する貢献度という点では，定年とほとんど差がないという考慮からと思われる。

実務では，会社都合と自己都合の区分は企業により異なり，必ずしも同一

ではない。たとえば次のとおりであるが，支給率と退職事由については明確に定めておかなければならない。

- 定年，死亡，業務上傷病，役員就任，私傷病休職期間満了による退職，普通解雇，その他会社都合による退職（たとえば社命による転籍など）は，会社都合扱いとすることが多い
- 自己都合扱いとするのは，自己都合退職だけとする例もあれば，私傷病休職期間満了による退職，普通解雇のうち心身障害を理由とするものを含める例もある

●社内貸付金・損害賠償金と退職金との相殺

相殺は，使用者による一方的な相殺と合意相殺とを区別して考える。

賃金全額払いの原則は，使用者による賃金との一方的な相殺の禁止も含むものである（日本勧業経済会事件・最判昭36.5.31民集15巻5号1482頁）。したがって使用者が労働者に対して有する債権があっても，一方的に賃金支払い債務と相殺することはできない。例外として，労使協定で賃金控除を定める事項については賃金との相殺は可能とされているが（労基法24条1項但書），その場合でも賃金の一定部分（退職金の場合はその4分の3）は差し押さえ禁止となっているので（民事執行法152条2項），使用者は差し押さえ禁止部分の賃金との相殺はできない（民法510条）。

以上は使用者が一方的になす相殺の場合であるが，これと異なり，使用者と労働者が合意により相殺する合意相殺（相殺契約）については，制約はない。判例でも「労働者の自由な意思によって行われたものであると認めるに足りる合理的理由が客観的に存在するときは，全額払の原則に反しない」（日新製鋼事件・最判平2.11.26民集44巻8号1085頁）とされている。この関係を示すと次のようになる。

【退職金の相殺規制】

規制内容／相殺方法	賃金全額払いの規制（労基法24条）	民法上の規制（民法510条，民事執行法152条2項）
使用者による一方的相殺	あり（相殺につき労使協定必要）	あり（退職金の4分の1まで）
合意相殺	なし	なし

したがって合意相殺は退職金全額についても有効である。

　たとえば社内住宅貸付金の退職時残金を退職金と相殺する合意も有効である。社内住宅貸付金の貸付契約書にその旨の記載をする例は多く，これは合意相殺（相殺契約）の予約（相殺契約の予約）と考えられる。また労働者が横領などにより会社に損害を与えた場合，懲戒解雇により退職金を不支給とすれば退職金との相殺はできないが，論旨解雇あるいは普通解雇にとどめ，支給される退職金と会社の当該労働者に対する損害賠償請求権とを相殺することがある。このようなときは合意相殺によることになるので，書面に損害額の確認と相殺の合意を明確に記載して労働者の同意を得ておくべきである。

　なお上掲の日新製鋼事件最高裁判決が，合意相殺について「労働者の自由な意思によって行われたものであると認めるに足りる合理的理由が客観的に存在する」ことを要件にしているので，相殺する客観的合理的事情を欠くときは，労働者の自由な意思によることが否定されるおそれがあるので留意すべきである。

参考条文

〔従来型の退職金規程〕

第1条（目的）　この規程は，就業規則第○条にもとづき，従業員が退職するときの退職金に関し必要な事項を定める。

第2条（適用範囲）　この規程は，就業規則第○条に定める従業員のうち，勤続3年以上の者に適用する。

　　ただし，次のいずれかに該当する者には適用しない。

(1)　役員

(2)　日々雇入れられる者

(3)　臨時に期間を定めて雇入れられる者

(4)　顧問・嘱託

(5)　パートタイマー

第3条（受給資格）　退職金は，次の各号の一に該当する事由により退職または解雇された場合に支給する。

(1)　定年による退職

(2)　本人の死亡による退職

(3)　役員就任による退職

(4)　業務上の傷病による退職

(5)　休職期間満了による退職

(6)　会社都合による退職または解雇

(7)　自己都合による退職

第4条（退職金の計算および算定基礎額）　退職金は退職時の基本給（算定基礎額）に別表「退職金支給率表」の支給率を乗じて算出する。

第5条（退職事由別支給率）　退職金の支給率は「退職金支給率表」において次のとおり定める。

　　退職事由が第3条第1号ないし第6号に該当する場合には，「退職金支給率表」のA欄の支給率を適用する。

　　退職事由が第3条第7号に該当する場合には，「退職金支給率表」のB欄の支給率を適用する。

第6条（勤続年数の計算）　勤続年数の計算は，入社の日から起算して退職の日までとする。勤続年数に1年未満の端数が生じたときは，月割計算するものとし，1ヵ月未満の日数は1ヵ月に切り上げる。

2　前項にかかわらず，次の各号に該当する期間は勤続年数に算入しない。

(1)　私傷病による休業期間

(2)　私事休職期間

(3)　留学休職期間

(4)　育児休業期間（ただし，復職後1年以上勤務した場合は算入する）

(5)　介護休業期間

第7条（特別功労加算）　従業員が退職するにあたり，その在職中の功績が特に顕著であり，会社が特に認めた者に対しては，特別功労加算金を支給することがある。

2　特別功労加算金の支給額は，会社においてそのつど定める。

第8条（退職金の支給制限）　就業規則第○条に定める懲戒規定にもとづき懲戒解雇された者または懲戒解雇事由に相当する背信行為を行なった者には，退職金の全額を支給しない。

2　就業規則第○条に定める懲戒規定にもとづき諭旨解雇され自己都合退職した者には，退職金を一部支給しないことがある。

3　退職後に同業他社に就職し，または競業活動を行なうなどの背信行為があった場合は，退職金を不支給あるいは減額する。

第9条（支給時期・支給方法）　退職金は退職の日から1ヵ月以内に直接本人に通貨で支払う。ただし，本人の書面による申出にもとづき，本人名義の金融機関口座への振り込み，または銀行振出小切手，銀行支払保証小切手，郵便為替により支払うことができる。

第10条（退職金の端数調整）　退職金の計算において100円未満の端数が生じたときは，100円単位に切り上げるものとする。

第11条（死亡退職の場合の受給者）　死亡退職した従業員の退職金は，遺族に対し労働基準法施行規則第42条から第45条に定める支給順位により支払う。

2　会社は，前項により退職金を受領する者に対して戸籍関係書類，住

民票記載事項の証明書その他会社が必要と認める証明書類を提出させることがある。

第12条（受給権の処分禁止）　退職金を受ける権利はこれを譲渡し，または担保に供してはならない。

第13条（債務の弁済）　従業員が退職，死亡，または解雇された場合で，会社に対し弁済すべき債務があるときは，従業員は支給された退職金の一部または全部をもって弁済を行なうものとする。

第14条（退職金の返還）　従業員が退職または解雇された後，その在職期間中に第8条第1項または第3項に該当する事実があったことが明らかとなったときは，会社はすでに支給した退職金の返還を当該従業員に求めることができる。

（附則）この規程は，○○年○月○日から施行する。

（別表）退職金支給率表

	支給率				支給率	
	A欄	B欄			A欄	B欄
3 年	○○○	○○○	21年		○○○	○○○
4 年	○○○	○○○				
5 年	○○○	○○○				
6 年	○○○	○○○	:			
:			42年		○○○	○○○
20年	○○○	○○○	以上			

〔ポイント制退職金規程〕

第1条（目的）　就業規則第○条の規定にもとづき，従業員が退職したときはこの規程の定めるところにより退職金を支給する。

第2条（適用範囲）　この規程は，就業規則第○条に定める従業員のうち，勤続1年以上の者に適用する。

　　ただし，次のいずれかに該当する者には適用しない。

(1)　勤続3年未満の自己都合退職者（第3条第7号）

(2)　役員

(3)　日々雇入れられる者

(4)　臨時に期間を定めて雇入れられる者

　(5)　顧問・嘱託

　(6)　パートタイマー

第3条（受給資格）　退職金は，次の各号の一に該当する事由により退
　　職または解雇された場合に支給する。

　(1)　定年による退職

　(2)　本人の死亡による退職

　(3)　役員就任による退職

　(4)　業務上の傷病による退職

　(5)　休職期間満了による退職

　(6)　会社都合による退職または解雇

　(7)　自己都合による退職

第4条（支給制限）　就業規則第○条に定める懲戒規定にもとづき懲戒
　　解雇された者または懲戒解雇事由に相当する背信行為を行なった者に
　　は退職金の全額を支給しない。

2　就業規則第○条に定める懲戒規定にもとづき諭旨解雇され自己都合
　　退職した者には，退職金を一部支給しないことがある。

3　退職後に同業他社に就職し，または競業活動を行なうなどの背信行
　　為があった場合は，退職金を不支給あるいは減額する。

第5条（算定方式）　退職金の算定は次の算式により計算する。

　　　　退職金額＝ポイント単価×（勤続ポイント＋職能ポイント）

　　　　　　　　　　　　　×退職事由別係数

2　前項の勤続ポイントおよび職能ポイントは，勤続年数と職能等級別
　　在級年数にもとづき，別表「ポイント付与基準」により算出された各
　　ポイントの累積ポイントとする。

第6条（勤続ポイント）　勤続ポイントは，1年を一単位とし，1年未
　　満の端数は月割とする。月割計算は，小数点以下第3位を四捨五入
　　し，第2位までの数字により算出する。

第7条（職能ポイント）　職能ポイントは，職能等級別在級年数1年を
　　一単位とし，1年未満の端数は月割とする。月割計算は，小数点以下

第3位を四捨五入し，第2位までの数字により算出する。

2　職能等級別在級年数の算定は，各職能等級における滞留年数とし，1ヵ月に満たない日数で15日以上の場合は1ヵ月とし，15日未満の場合は切り捨てるものとする。

　　ただし，就業規則第○○条（休職）第○号から第○号に定める事由による休職期間については，勤続年数に算入しない。

第8条（ポイント数の告知）　毎期4月に，その前月時点の累積退職ポイント数を従業員に告知する。

第9条（ポイント単価）　ポイント単価は，○○○○円とする。ただしポイント単価は諸情勢を総合的に勘案し，改定することがある。

第10条（退職事由別支給係数）　退職事由別による支給係数は次のとおりとする。

　　　第3条第1号〜第6号該当者　　1.0

　　　第3条第7号該当者　　　　　　別表「自己都合支給係数」

第11条（勤続年数の計算）　勤続年数の計算は，入社の日から起算して退職の日までとする。勤続年数に1年未満の端数が生じたときは，月割計算するものとし，1ヵ月未満の日数は1ヵ月に切り上げる。

2　前項にかかわらず，次の各号に該当する期間は勤続年数に算入しない。

(1)　私傷病による休業期間

(2)　私事休職期間

(3)　留学休職期間

(4)　育児休業期間（ただし，復職後1年以上勤務した場合は算入する）

(5)　介護休業期間

第12条（功労金加算）　在職中，特段の功労があった者については，第5条により計算された退職金に功労金を加算することがある。

第13条（支給日）　退職金は，退職の日から1ヵ月以内に直接本人に通貨で支給する。ただし，本人の書面による申出にもとづき，本人名義の金融機関口座への振り込み，または銀行振出小切手，銀行支払保証小切手，郵便為替により支払うことができる。

第14条（退職金の端数調整）　退職金の計算において100円未満の端数が

生じたときは，100円単位に切り上げるものとする。

第15条（死亡退職の場合の受給者）　死亡退職した従業員の退職金は，遺族に対し労働基準法施行規則第42条から第45条に定める支給順位により支払う。

2　会社は，前項により退職金を受領する者に対して戸籍関係書類，住民票記載事項の証明書その他会社が必要と認める証明書類を提出させることがある。

第16条（受給権の処分禁止）　退職金を受ける権利はこれを譲渡し，または担保に供してはならない。

第17条（債務の弁済）　従業員が退職，死亡，または解雇された場合で，会社に対し弁済すべき債務があるときは，従業員は支給された退職金の一部または全部をもって弁済を行なうものとする。

第18条（退職金の返還）　従業員が退職または解雇された後，その在職期間中に第4条第1項または第3項に該当する事実があったことが明らかとなったときは，会社はすでに支給した退職金の返還を当該従業員に求めることができる。

（附則）この規程は，○○年○月○日より施行する。

（別表）ポイント付与基準

職能等級	A	B	C	D	E	F	G	H
職能ポイント	○	○	○	○	○	○	○	○

勤続年数	1年以上5年未満	5年以上10年未満	10年以上15年未満	15年以上20年未満	20年以上25年未満	25年以上30年未満	30年以上35年未満	35年以上
勤続ポイント	○	○	○	○	○	○	○	○

（別表）自己都合支給係数

勤続年数	1年以上3年未満	3年以上5年未満	5年以上10年未満	10年以上15年未満	15年以上20年未満	20年以上25年未満	25年以上
支給係数	○	○	○	○	○	○	○

第 9 章

安全衛生・災害補償

第1節

安全衛生

　職場における安全衛生と業務上の災害補償とは表裏の関係にある。安全衛生や災害補償に関する事項は相対的必要記載事項であり，これを定める場合には就業規則に記載しなければならない（労基法89条6号，8号）。多くの企業では一般に，就業規則本体では基本的な事項を定め，詳細な定めを必要とする場合に別規程を設けている。

■ 基本的な考え方

　安全衛生に関しては，労働安全衛生法および関係政省令により，安全衛生の詳細な体系化がなされ，事業場の規模，設備機械や作業類型，災害類型ごとに具体的な基準が定められている。

　就業規則で規定する共通事項としては，①遵守義務，②安全衛生管理体制，③安全衛生教育，④健康診断，⑤医師による面接指導，⑥ストレスチェック制度，⑦自己保健義務，⑧就業制限・禁止などであり，さらに⑨各企業，事業場で必要となる安全衛生基準，健康管理制度などである。定め方としては，次の方法がある。

- 就業規則本体では①のみを定め，その余を別規程（たとえば安全衛生規程，健康管理規程など）とするもの
- ①〜⑧の全部または一部について就業規則に規定を設け，さらに別規程を設けるもの
- 特別な安全衛生基準を設ける必要がない場合には，別規程を設けず就業規則で①〜⑧の全部または一部を定めるもの

　いずれにするかは，各企業で労働安全衛生法等の規制の有無，内容や，社内の重要な基準，制度などとの関係で選択すべきである。

なお就業規則や別規程において労働安全衛生法上の諸基準を網羅的に定める必要はない。

　安全衛生に関する規定の作成については，安全委員会および衛生委員会の付議事項とされているので（安衛法17条1項3号，18条1項4号，規則21条1号，22条1号），就業規則化する場合には，安全委員会または衛生委員会の審議を経なければならない。さらに労働安全衛生法で安全・衛生委員会の設置が義務づけられていない事業場においても関係労働者の意見を聴取する機会を設けることが求められているので留意すべきである（規則23条の2）。

　以下では，平成30年改正労働安全衛生法（2019年4月施行）の内容の説明も加えて，上記①〜⑧に関する規定を掲げる（⑨の別規程は業種や規模等によりその内容は異なる）。

●遵守義務

　職場の安全衛生に関する事項や措置については，労働者に協力義務があるが（安衛法4条，26条），さらに就業規則で労働者の遵守義務を定めておくべきである。

［例1］　従業員は，安全衛生に関する諸法令および会社の諸規程を守り，災害の防止ならびに健康保持・増進に努めなければならない。

　　2　安全衛生に関する必要事項は別に定める安全衛生規程による。

　上記［例1］は一般的な遵守義務を定め，その他の事項は一括して別規程とする例である。一方，次の［例2］は遵守事項を具体的に掲げた例である。

［例2］　従業員は，安全衛生についての法令，会社の規則・規程等を守り，災害の防止，健康の維持・増進に努めなければならない。

　　2　従業員は次の事項を遵守しなければならない。

　　⑴　作業能率および非常の際のために整理整頓に努め，特に通路，非常口，消火設備のある場所等に物品をおいてはならない。

　　⑵　指定された者以外，火気および危険物を取り扱ってはならない。また，会社施設内では，所定の場所以外では喫煙しないこと。

　　⑶　指定された危険有害な場所に許可なく立ち入ってはならない。

　　⑷　会社の定めた服装で就業しなければならない。

　　⑸　その他，作業に関する指示・指導を守らなければならない。

【基本的な安全管理体制に関する担当者の選任一覧】（企業規模別）

規模 ＼ 業種	林業，鉱業，建設業，運送業，清掃業（令2条1号）	製造業，電気業，ガス業，熱供給業，水道業，通信業，各種商品卸・小売業，家具・建具・什器卸小売業，燃料小売業，旅館業，ゴルフ場業，自動車整備業，機械修理業（令2条2号）	その他の業種
1000人以上	統括安全衛生管理者　産業医　安全管理者	統括安全衛生管理者　産業医　安全管理者	統括安全衛生管理者　産業医　衛生管理者
300〜999人	衛生管理者	衛生管理者	産業医
100〜299人		産業医	衛生管理者
50〜99人	産業医　安全管理者　衛生管理者	安全管理者　衛生管理者	
10〜49人	安全衛生推進者	安全衛生推進者	衛生推進者
9人以下	（事業者）	（事業者）	（事業者）

注：9人以下規模での（事業者）という表現は，9人以下の規模の事業場では，10
　　〜49人の規模の事業場における安全衛生推進者または衛生推進者の職務を事
　　業者（具体的には経営首脳者）が行なうという意味である
出典：大関親「新しい時代の安全管理のすべて（第6版）」112頁

●安全衛生管理体制

　安全衛生管理体制としては，労働安全衛生法（10条以下）の安全委員会，
衛生委員会等の諸組織，総括安全衛生管理者等の管理者，推進者，産業医な
どをおくことが義務づけられているが，事業場の規模や業種によりその要件
は異なっている（図表参照）。規模の大きい企業では詳細を別規程とする例
が多い。

[例3]（安全衛生委員会）

　　　　会社は，安全・衛生に関し従業員の意見を聴き，災害の防止と従業
　　　員の健康を保持するため，安全衛生委員会を設ける。その組織・運営

方法などについては，別に定める安全衛生委員会規程による。

　労働安全衛生法で定める安全管理体制の担当者については，図表のとおりである。

●安全衛生教育

　安全衛生教育は労働安全衛生法（59条以下等）で義務づけられるものとそれ以外のものがある。就業規則本体では次のような簡単な規定例が多い。

[例４]　会社は安全衛生に関して教育，訓練および行事を行なう。

[例５]　従業員は会社が実施する安全衛生教育を受けなければならない。

●平成30年改正労働安全衛生法と安全衛生体制

　次の事項が改正法（2019年４月施行）により定められた。就業規則本体でこれら事項について規定しなければならないものではないが，❶および❸については規定する場合の参考例も掲げておく。

❶産業医との連携

　産業医を選任した事業主は，産業医に対して，労働時間の情報等産業医が労働者の健康管理等を適切に行なうために必要な情報を提供しなければならない。また産業医は，あらかじめ事業者の意見を求めたうえで，健康管理等について必要な勧告をすることができ，事業主はこれを尊重しなければならず，勧告内容などの事項を衛生委員会または安全衛生委員会に報告をしなければならない（安衛法13条４項〜６項，規則14条の２，14条の３）。

[例６]　会社は産業医に対して，労働時間の情報など産業医が従業員の健康管理等を適切に行なうために必要な情報を提供しなければならない。また会社は，産業医から健康管理等について勧告を受けた場合，これを尊重し，勧告内容などを衛生委員会または安全衛生委員会に報告する。

❷健康相談体制の整備

　事業主は，産業医等が労働者からの健康相談に応じるための体制整備に努めなければならない（改正安衛法13条の３）。

❸労働者の心身の状態に関する情報の適正な取り扱い

　労働安全衛生法では健康診断や医師による面接指導など，さまざまな場面で事業者が従業員の心身の状態に関する情報を収集することがあり，その情

報のほとんどは「要配慮個人情報」（個人情報保護法2条3項）であるため，心身の状態に関する情報の取り扱いに関する規定を設け（2019年4月施行の改正安衛法104条），同条3項にもとづき「労働者の心身の状態に関する情報の適正な取扱いのために事業者が講ずべき措置に関する指針」（2019年4月1日適用）が定められた。この指針では事業者に対して心身の状態の情報に関する適正管理のための取扱規程の作成が要請されている（厚生労働省「事業場における労働者の健康情報等の取扱規程を策定するための手引き」（2019年3月）参照）。

[例7]　従業員の心身の状態に関する情報の取り扱いについては，適正に管理をするため，別に定める規程による。

●健康診断

❶健康診断実施義務

事業者は，常時使用する労働者に対しては年1回の健康診断実施義務があり，その他特定業務従事者および有害業務従事者に対しては特別な健康診断実施義務等がある（安衛法66条1項〜4項）。

【一般健康診断】（安衛法66条1項）
- 雇入れ時健康診断（規則43条）
- 定期健康診断（規則44条）
- 特定業務従事者の健康診断（規則45条，同13条1項2号）

【特殊健康診断】（安衛法66条2項，3項，同法施行令22条）
- 石綿関係（石綿障害予防規則）
- 有機溶剤関係（有機溶剤中毒予防規則）
- 鉛関係（鉛中毒予防規則）
- 電離放射線関係（電離放射線障害防止規則）
- 特定化学物質関係（特定化学物質障害予防規則）
- 高気圧関係（高気圧作業安全衛生規則）
- 四アルキル鉛関係（四アルキル鉛中毒予防規則）
- 歯科健診（安衛法66条3項，同法施行令22条3項）など

【その他，行政指導上の健康診断】
- VDT作業健康診断など

さらに健康診断の結果にもとづき医師から意見聴取を行ない，その意見を勘案し必要があると認めるときは，従業員の実情を考慮して就業場所の変更，作業の転換，労働時間の短縮等の措置を講ずる義務が生じる（安衛法66条の4，66条の5第1項）。

　これに対応して労働者にも受診義務があるが（安衛法66条5項本文），労働契約においてもこれを義務づけるため，就業規則に健康診断受診義務を規定しておくことが必要である。ただし健康診断に関しては，労働者に医師選択の自由があり，労働者が事業主の指定医師による診断を希望しない場合は，他の医師による診断結果証明書の提出でもよいとされているので（安衛法66条5項但書），この点も定めておくべきである。健康診断については，その従事者に秘密保持義務がある（安衛法105条）。なお派遣労働者の場合は派遣元が事業者として上記の義務を負う。

［例8］　会社は，従業員に対し年1回定期に健康診断を行なう。

　　2　法令に定める特定業務および有害業務に従事する従業員については，法令による特別な健康診断を行なうものとする。

　　3　従業員は前2項の健康診断を受けなければならない。ただし，従業員が自ら希望する医師により前2項の健康診断に相当する健康診断を受け，その結果を証明する書面を会社に提出したときを除く。

　　4　第1項および第2項に定める健康診断にもとづく医師の意見および当該従業員の実情等からその必要があると認めるときは，就業場所の変更，作業の転換，労働時間の短縮，深夜業の回数制限等の措置を講ずる。

　　5　従業員は，前項の措置に従わなければならない。

　　6　第1項および第2項の健康診断実施の事務に従事した者は，その実施に関して知り得た従業員の秘密を漏らしてはならない。

　上記［例8］の1項は一般健康診断（安衛法66条1項），2項は特殊健康診断（安衛法66条1項から3項），3項は労働者の受診義務（安衛法66条5項本文），4項および5項は健康診断の事後措置（安衛法66条の4，66条の5第1項），6項は秘密保持（安衛法105条）の定めである。

❷法定外の健康診断受診義務

　使用者は，安衛法上の健康診断以外についても，［例9］のように業務上必

要ある場合には法定外の検診を労働者に義務づけることができる。

　判例では，就業規則および健康管理規程で健康管理従事者の指示に従う義務が定められている事案で，頸肩腕症候群の要管理者に対する検診命令を有効としている（電電公社帯広局事件・最判昭61.3.13労働判例470号6頁）。この判決は，検診命令は労働者の診察の自由や医師選択の自由を侵害するものではないとして労働者の受診義務を肯定し，指定医による精密検査拒否を理由とする戒告処分を有効としたものである。

　ただし，検診命令は使用者が業務上特に健康状態を把握する必要がある場合に認められると解すべきであり，そのような特別の必要性がなければ労働者を義務づけられないと考える。たとえば一般の健康管理サービスとして行なう人間ドックへの受診は本人同意にもとづいて行なうべきである。

［例9］　会社は，就業に影響のある心身の故障，傷病の疑いのある場合には，従業員に対し，指定する医師の検診を命ずることがある。

●医師による面接指導

❶医師による面接指導

　長時間労働に対する健康確保措置として，安衛法上の医師による面接指導制度がある。従前の面接指導実施の要件は，①1週間当たり40時間を超える労働（時間外労働だけでなく休日労働も含む）が1ヵ月当たり100時間を超え，かつ②疲労の蓄積が認められる労働者から申出があった場合である（労働者から申出があれば②の要件に該当する取り扱いとされている。平18.2.24基発0224003号）。ただし，それ以前1ヵ月以内に面接指導を受けた者その他これに類する者で医師が必要ないと認めた者は除かれる（安衛法66条の8，規則52条の2第1項）。

　しかし，労働安全衛生規則の改正（2019年4月施行）により，上記要件のうち①が変更され，1ヵ月当たり100時間超が80時間超となり，疲労の蓄積が認められる労働者から申出があった場合に事業者は当該労働者に対して医師による面接指導の実施義務を負うことになった。また，事業者は80時間超の算定を行なったときはすみやかに（おおむね2週間以内）当該労働者にその情報を通知する義務も定められた（改正安衛法66条の8，規則52条の2第1項，3項，平30.12.28基発1228第16号）。

ただし，新技術，新商品等の研究開発の業務従事者（労基法36条11項）については，１週間当たり40時間を超えて労働させた場合の超過時間が１ヵ月当たり100時間を超える場合は，疲労の蓄積および労働者からの申出がなくとも，事業者は医師による面接指導を行なわなければならない（改正安衛法66条の８の２，規則52条の７の２第１項）だけでなく，１ヵ月当たり100時間を超えない場合であっても上記の一般的な１ヵ月当たり80時間超などの要件を具備すれば面接指導を行なわなければならないとされている（平30.12.28基発1228第16号）。

　また，高度プロフェッショナル制度対象者（改正労基法41条の２）についての医師による面接指導の要件は，１ヵ月当たり100時間超（同41条の２第１項３号の健康管理時間数−「事業場内にいた時間」と「事業場外で業務に従事した場合における労働時間」の合計）として上記と別に定められている（改正安衛法66条の８の４，66条の９）。

　なお派遣労働者については，健康診断と同様，派遣元事業主が上記の面接指導の実施義務を負う。

❷努力義務（面接指導またはこれに準ずる措置）

　上記の医師による面接指導の対象者にならない労働者であっても，健康への配慮が必要な者に対しては，事業者は面接指導ないしこれに準ずる措置を講ずるよう努めることとされている（努力義務）。ここで「健康への配慮が必要な者」とは，事業場で定める基準（衛生委員会等の調査審議にもとづき決定すべきものとされている）にあたる労働者を指している（安衛法66条の９，規則52条の８）。基準としては，たとえば次のようなものが考えられる。

【事業場で定める基準例】

- 週40時間を超える労働が１ヵ月当たり45時間を超えた労働者で，産業医が必要と認めた者には面接指導を実施する
- 週40時間を超える労働が１ヵ月当たり45時間を超えた労働者にかかる作業環境，労働時間等の情報を産業医に提出し，事業者が産業医から助言指導を受ける

❸労働時間の状況の把握

　面接指導の適切な実施をはかるため，事業者は，管理監督者を含むす

べての労働者（労基法41条の２第１項の高度プロフェッショナル制度適用者を除く）を対象として，労働時間の状況を把握する義務が定められた（2019年４月施行の改正安衛法66条の８の３，規則52条の７の３第１項）。これは医師による面接指導の要件となる労働時間数の把握方法に関するものであるため，労基法上の労働時間の把握方法と同様，就業規則に特に規定を設けなくとも足りる。労働時間の状況の把握方法については「チェックポイント」参照。

［例10］　会社は，次の各号にあたる従業員に対して医師による面接指導を行なう。

 (1)　週40時間を超える労働が１ヵ月当たり80時間を超え，疲労の蓄積が認められる者から申出があったとき（ただし，前１ヵ月以内に面接指導を受けた者その他これに類する者で医師が必要ないと認めた者は除く）

 (2)　週40時間を超える労働が１ヵ月当たり100時間を超える新技術，新商品等の研究開発の業務従事者（労基法第36条第11項の適用対象者）

 (3)　高度プロフェッショナル制度（労基法第41条の２）適用対象者については，健康管理時間（労基法41条の２第１項３号の健康管理時間数）が１ヵ月当たり100時間を超えるとき

 (4)　前号のほか事業場で定める基準に該当する者

２　前項の面接指導は，従業員から所定の申出書を所属長に提出することにより行なう。ただし，前項２号および３号の場合は別に定める。

３　従業員は第１項の面接指導を受けなければならない。ただし，従業員が自ら希望する医師により面接指導を受け，その結果を証明する書面を会社に提出したときを除く。

４　第１項に定める面接指導にもとづく医師の意見および当該従業員の実情等からその必要があると認めるときは，就業場所の変更，作業の転換，労働時間の短縮，深夜業の回数制限等の措置を講ずる。

５　従業員は，前項の措置に従わなければならない。

６　第１項の面接指導実施の事務に従事した者は，その実施に関して知り得た従業員の秘密を漏らしてはならない。

上記［例10］の１項は事業主の面接指導実施義務を定めたものである。そ

のうち1号は従業員の一般的な要件（安衛法66条の8），2号は新技術，新商品等の研究開発の業務従事者の要件（同法66条の8の2），3号は高度プロフェッショナルの要件（同法66条の8の4），4号は努力義務（同法66条の9）を規定化したものであり，4号については具体的な基準をつくって運用することになる。2項は1項の各面接指導が本人の申出を要件とする規定であるが，2号および3号の場合は従業員からの申出は要件ではないので別に定めるとした。3項は面接指導を受ける義務，4項および5項は使用者の事後措置である（同法66条の8第2項から5項，66条の8の2第2項，66条の8の4第2項）。6項は面接指導従事者の秘密保持（同法105条）であり，3項以下は上記「健康診断」の規定例（［例8］）と同趣旨である。

●ストレスチェック

ストレスチェック制度は，従業員のメンタル不調を未然に防止するため，医師・保健師等による心理的負担の程度を把握するための検査およびその結果にもとづく医師等による面接指導を内容とする制度である（2015年12月1日施行，安衛法66条の10）。事業者（産業医の選任義務のない50人未満の事業場については当分の間，努力義務）は，常時使用する労働者に対して年1回のストレスチェックを行なわなければならない。ストレスチェックの実施者（医師，保健師等）はその結果を本人に通知し（労働者の同意なく事業者は結果情報を取得できない），実施者が面接指導が必要であると認めたときには，事業者は当該労働者の申出に応じて医師による面接指導を行なう義務等がある。

［例11］　会社は，従業員に対して，毎年1回，定期に医師，保健師等による心理的な負担の程度を把握するための検査（ストレスチェック）を行なう。

　　2　会社は，前項のストレスチェックの結果にもとづき，面接指導が必要であると医師，保健師等が認めた労働者に対し，その者の申出に応じて医師による面接指導を行なう。

　　3　会社は，前項の面接指導の結果，医師の意見を勘案し，必要と認めるときは，労働者の実情を考慮して，就業場所の変更，作業の転換，労働時間の短縮，深夜業の回数の減少等，必要な措置を講ずる。

●労働者の自己保健義務

事業主には健康診断後，医師の意見を勘案し，労働者に対し必要と認めら

れる適切な措置を講ずる義務があるが（安衛法66条の5），本来，労働者にも健康保持に関する自己保健義務があると考えられる。しかし使用者は，労働者のプライバシーにかかる健康状態に立ち入ることはできないから，就業規則において労働者自身に関する自己保健義務も規定すべきである。

[例12]　従業員は，勤務に支障のないよう自らの健康の維持・増進に努め，健康上必要な事項について医師その他の健康管理者の指示・指導等を受けなければならない。

　　2　従業員は，健康状態に異常がある場合は，すみやかに会社に申し出るとともに医師等の診察を受け，その回復に努めなければならない。

●就業制限・禁止

　主な就業制限・禁止を掲げると，①免許等を必要とする業務の就業制限（安衛法61条），②危険有害業務の年少者に対する就業制限（労基法62条），③年少者の坑内労働禁止（労基法63条），④妊産婦等にかかる危険有害業務の就業制限（労基法64条の3），⑤病者に対する就業禁止（安衛法68条，規則61条）などである。このほかに産前産後休業（労基法65条），母性健康管理措置（男女雇用機会均等法12条，13条）などをここに入れる例もあるが，本書ではいずれも休暇・休業の範疇とした（6章参照）。

[例13]　（就業制限）

　　　　法令に定める危険または有害な業務もしくは重量物を取り扱う業務に妊産婦および年少者である従業員を就かせない。

[例14]　（就業禁止）

　　　　次に掲げる者は，会社の指定する医師の認定により就業を禁止する。

　⑴　他人に感染するおそれのある疾病にかかった者

　⑵　精神障害のため，現に自身を傷つけ，または他人に害を及ぼすおそれのある者

　⑶　心臓，腎臓，肺等の疾病で労働のため病状が著しく増悪するおそれのある者

　⑷　その他就業を不適当とする疾病にかかった者

　(1)では伝染（病）という用語は使わず，現行感染症法（「感染症の予防及び

感染症の患者に対する医療に関する法律」）にある感染（症）という用語が適当である。

病者に対する就業禁止については，給与（有給・無給）の取り扱いが問題となるが，私傷病であるからノーワーク・ノーペイの原則により一般的には賃金規程で欠勤扱い，無給とする例が多い。

✅ チェックポイント

●労働時間の状況の把握の方法

医師による面接指導の適切な実施をはかるため，事業者は労働者の労働時間の状況を把握しなければならない（改正安衛法66条の8の3）が，その対象者は高度プロフェッショナル制度適用者（労基法41条の2第1項）を除くすべての雇用労働者であり，管理監督者，労働時間みなし制の裁量労働者および事業場外労働者なども含まれる。

労働時間の状況を把握する方法は，タイムカードによる記録，パソコン等の電子計算機の使用時間の記録等の客観的な方法その他の適切な方法によるとされている（改正安衛法規則52条の7の3第1項）。このうち「その他の適切な方法」とは，「やむを得ず客観的な方法により把握し難い場合における労働者の自己申告による方法」とされており，労基法の労働時間把握についての「労働時間の適正な把握のために使用者が講ずべき措置に関するガイドライン」（平29.1.20基発0120第3号）と同様の考え方が示されている。「やむを得ず客観的な方法により把握し難い場合」とは事業場外の業務で直行または直帰する場合など，事業者の現認を含め，労働時間の状況を客観的に把握する手段がない場合であるとされている。以上の労働時間の状況を把握する方法の詳細は行政の解釈通達（平30.12.28基発1228第16号）を参照。

●裁量労働者・事業場外労働者，管理監督者と労働時間の状況の把握の方法

労働時間みなし制適用の裁量労働者（労基法38条の3，38条の4）および事業場外労働者（労基法38条の2）について，医師による面接指導の要件である週40時間を超える時間数が1ヵ月80時間超か否かを判断する場合，みなし労働時間数ではなく，上記の客観的な方法その他の適切な方法で把握した時間数で判断することになるので，この安衛法上の労働時間の把握による労働

時間数と労基法上のみなし労働時間数とは異なり，ダブルスタンダードになる。すなわち，裁量労働者および事業場外労働者に対する安衛法の労働時間の状況の把握は，みなし時間数ではできず，客観的な方法その他の適切な方法によらなければならない。実際にはパソコン等の電子機器を利用するとしても，自己申告により把握せざるをえない場合が多いと思われる。裁量労働者および管理監督者は，在社時間を中心に出退勤時刻，入退出時刻などの申告や記録等による把握になるであろう。この点は企画業務型裁量労働者に関する指針（平11.12.27労働省告示149号，改正平15.10.22厚生労働省告示353号）の「労働時間の状況に応じた健康福祉措置」（労基法38条の4第1項4号）が参考になる。

●一般健康診断の対象者

安衛法にもとづく一般健康診断（66条1項，規則43条，44条）は「常時使用する労働者」であり，これには常時使用する短時間労働者も含まれる。常時使用する短時間労働者とは，以下の2つの要件を満たす者とされている（平26.7.24基発0724第2号）。

- 期間の定めのない労働契約により使用される者（有期労働契約により使用される者であって，契約期間が1年以上の者，契約更新により1年以上使用されることが予定されている者および1年以上引き続き使用されている者を含む）
- 1週間の労働時間数が当該事業場の同種の業務に従事する通常の労働者の1週間の所定労働時間の4分の3以上である者

●育児休業者等と健康診断，ストレスチェック

安衛法66条にもとづく一般健康診断等の法定健診の対象労働者であっても，たとえば育児休業や私傷病休職中の者まで法定健診を義務づけることは実際に困難なことも多い。このため，行政通達では育児休業，療養等による休業中の労働者については，法定健診を実施しなくても差し支えないとしたうえ，休業終了後はすみやかに健診を実施しなければならないとしている（平4.3.13基発115号）。ストレスチェックの対象労働者についても同様に解すべきである。

第2節

災害補償

■ 基本的な考え方

労基法第8章（災害補償）は，労働者が業務上負傷し，または疾病にかかった場合，使用者に災害補償義務を課している。使用者の災害補償義務は無過失責任であり，実際には政府管掌の労働者災害補償保険法（以下「労災保険法」ともいう）による保険給付により補償がなされる（労基法84条）。ただし休業補償は休業する最初の3日間は保険給付の対象とならないので，使用者は労基法76条にもとづき平均賃金の60％以上の補償をする責任がある。

就業規則で定める事項は，①法定労災補償，②通勤災害給付，③企業が法定補償以外でいわゆる上積み補償（法定外補償）を設ける場合はその定めなどである。③については上積み補償の支給要件，支給内容，支給対象者（遺族の場合），第三者行為災害の処理，民事損害賠償・示談との関係，質入れ・譲渡禁止などを定めておくべきである。

上積み補償は制度を設ける場合は別規程とすることが多く，上積み補償制度を設けない場合は，使用者の法定労災補償責任について次のように定める。

[例1]　従業員が業務上，負傷，疾病または死亡した場合は，労働者災害補償保険法により補償を行なう。従業員がこの給付を受ける場合は，その価額の限度において，会社は同一の事由について労働基準法上の災害補償の義務を免れる。

[例2]　従業員が業務上，負傷し，疾病にかかり，または死亡した場合は，労働者災害補償保険法により補償を行なう。ただし，同法によって休業補償給付が支給されない休業の最初の3日間（待機期間）については会社が労働基準法による補償をする。

上記［例1］は労災保険による補償と使用者の免責（労基法84条1項）を

定めたものである。［例2］は特に休業補償の待機期間を明示したものである。いずれでもよいが，使用者の免責を定めた［例1］を参考条文とした。

1　法定災害補償責任と通勤災害

通勤災害は，業務上の災害ではなく，したがって労基法の災害補償条項の適用はない。しかし労災保険法では，労働者保護のために通勤途上の災害について特に保険給付をすることになっているため，労災保険は業務上災害の補償給付と通勤災害の給付の二本建てとなっている。

［例］　従業員が通勤により負傷または疾病にかかり，または死亡した場合，労働者災害補償保険法の定めるところにより保険給付を受けるものとする。

労災保険法の給付は次のとおりである（12条の8，21条，29条）

業務災害	通勤災害	社会復帰促進等事業の特別支給金
医療補償給付	医療給付	
休業補償給付	休業給付	休業特別支給金
障害補償給付	障害給付	障害特別支給金，障害特別年金，障害特別一時金
遺族補償給付	遺族給付	遺族特別支給金，遺族特別年金，遺族特別一時金
傷病補償年金	傷病年金	傷病特別支給金，傷病特別年金
葬祭料	葬祭給付	
介護補償給付	介護給付	

このように業務上災害と通勤災害は異なるので，次のとおり労基法の適用関係にも差異がある。

項　　目	業務災害	通勤災害
災害補償（75条以下）	対象となる	対象とならない
解雇制限の適用（19条）	あり	なし
休業期間中の年次有給休暇の出勤率の取り扱い	出勤したものとして取り扱われる（39条7項）	出勤したものとは取り扱わなくてもよい

2　上積み補償（法定外補償，企業内労災補償）

　各企業において，①業務上災害，通勤災害における損害の補塡，②労働者またはその家族の生活扶助を目的に，法定補償に上乗せする形で各種の補償を定めていることがある。上積み補償制度は企業独自の制度であり，制度を設けるか否かは自由であり，その内容についても，支給の要件，金額，対象事由，対象者は公序良俗に反しないかぎり自由に設定できる。したがって支給対象事由を通勤災害を除き業務災害のみ，あるいは死亡災害のみとすることも可能である。各企業では上積み補償について任意保険に加入して支給を確保している例が多い。

　上積み補償規定の例は，以下のとおりである。

[例1]　従業員が業務上，負傷，疾病または死亡した場合は，第○条の補償
　　　　（法定災害補償）のほか，本人またはその遺族に対して次の特別補償を
　　　　行なう。特別補償の支給要件については別に定める規程による。

　　⑴　休業補償（内容は略）

　　⑵　障害補償

　　⑶　遺族補償

　法定補償と上積み補償の支給調整については，「原則として保険給付の支給調整を行わない」が，保険給付相当分を含むことが明らかな場合は「保険給付に相当する額の範囲で保険給付の支給調整を行う」（労災保険法64条2項に関する昭56.10.30基発696号）とされているので，[例1]のように，法定補償以外の補償であることを明確に定めておかなければならない。

●**上積み補償の支給要件，支給対象者**

　支給要件については，[例2]のように労働基準監督署長の業務上認定，通勤災害の認定を要するものが多く，客観的判断という点でもそうすべきである。

[例2]　前項（上積み補償）の業務上の認定は労働者災害補償保険法の保険
　　　　給付に関する行政官庁の認定に従う。

　支給対象者は当該労働者本人となるが，問題は，本人死亡の場合である。

実例では，法定相続人とする［例3］と労災保険法の遺族補償についての受給権者と同一にする［例4］とがある。労災保険法16条以下では遺族補償の受給権者について遺族の範囲と順位等が規定されている（たとえば遺族補償年金の受給権者の第一順位は配偶者）。

［例3］　第〇条による補償金は死亡した従業員の相続人に支給する。

［例4］　第〇条による遺族補償の支給対象者は労働者災害補償保険法の遺族補償に関する受給権者の定めによる。

　上積みする遺族補償は通常，労災保険法の遺族補償と同じ目的（本人の収入に依存してきた家族の生活維持など）で支給すると考えられるので，［例4］とするのがよいであろう。

●第三者行為災害と支給調整規定

　第三者の行為によって業務・通勤災害が発生した場合，労災保険法では「保険給付を受けるべき者が当該第三者から同一の事由について損害賠償を受けたときは，政府は，その価額の限度で保険給付をしないことができる」（12条の4第2項）と定めているので，企業内の上積み補償についても同様に規定すべきである。

［例5］　第三者の行為により生じた業務災害，通勤災害であって，本規定による補償を行なったときは，会社はその補償の価額を限度として，補償を受けた者が第三者に対して有する損害賠償請求権を取得する。その災害につき本人がその第三者と和解するときは，あらかじめ会社の許可を受けなければならない。

　　2　第三者の行為により生じた業務災害，通勤災害であって，本人が第三者から同一事由により損害賠償を受けたときは，会社はその価額を限度として本規定による補償を行なわない。

　　3　第1項において取得する会社の第三者に対する損害賠償請求権，または第2項において本人が第三者から受けた損害賠償額には，それぞれ保険会社に対する保険金請求権，または保険会社より受けた保険金額を含むものとする。

●民事損害賠償との調整規定

　業務上災害により労働者に損害が発生した場合，一方で労災保険法による

補償がなされるが，他方で使用者に故意または過失があると民事上，安全配慮義務（労契法5条）違反あるいは不法行為（民法709条，715条）により使用者は損害賠償債務を負うことになる。この点について法定の労災補償との関係では，労基法84条2項が「使用者は，この法律による補償を行った場合においては，同一の事由については，その価額の限度において民法による損害賠償の責を免れる」としている。同様に，使用者から支払われた上積み補償金が損害賠償債務の全部または一部に充当されることを明確にしておくことが必要である。

[例6]　会社は本規定による補償を行なった場合，補償の価額を限度として，同一の事由にもとづく民法による損害賠償の責を免れる。

●上積み補償請求権の譲渡・質入れ禁止規定

上積み補償は本人または遺族の損害補塡と生活扶助を目的とするものであるから，上積み補償に関する権利の譲渡や質入れなどの担保提供を禁止する規定を設けておくべきである。同様の定めが，労災保険法の保険給付にある（12条の5第2項）。

なお債権の譲渡・質入れ等の禁止は当事者間では有効だが，善意かつ無重大過失の第三者には対抗できないとされている（民法466条2項，最判昭48.7.19民集27巻7号823頁）。

[例7]　この規定に定める補償金等を受ける権利は，これを譲渡しまたは担保に供してはならない。

【安全衛生】

第1条（安全衛生）　従業員は，安全衛生に関する諸法令および会社の諸規程を守り，災害の防止ならびに健康保持・増進に努めなければならない。

第2条（安全衛生委員会）　会社は，安全・衛生に関し従業員の意見を聴き，災害の防止と従業員の健康を保持するため，安全衛生委員会を設ける。その組織・運営方法などについては，別に定める安全衛生委員会規程による。

第3条（安全衛生教育）　従業員は会社が実施する安全衛生教育を受けなければならない。

（注）安全衛生体制に関する次の規定を入れてもよい。

第○条（産業医への情報提供）　会社は産業医に対して，労働時間の情報など産業医が従業員の健康管理等を適切に行なうために必要な情報を提供しなければならない。また会社は，産業医から健康管理等について勧告を受けた場合，これを尊重し，勧告内容などを衛生委員会または安全衛生委員会に報告する。

第○条（心身の状態に関する情報）　従業員の心身の状態に関する情報の取り扱いについては，適正に管理をするため，別に定める規程による。

第4条（健康診断）　会社は，従業員に対し年1回定期に健康診断を行なう。

2　法令に定める特定業務および有害業務に従事する従業員については，法令による特別な健康診断を行なうものとする。

3　従業員は前2項の健康診断を受けなければならない。ただし，従業員が自ら希望する医師により前2項の健康診断に相当する健康診断を受けその結果を証明する書面を会社に提出したときを除く。

4　第1項および第2項に定める健康診断にもとづく医師の意見および当該従業員の実情等からその必要があると認めるときは，就業場所の変更，作業の転換，労働時間の短縮，深夜業の回数制限等の措置を講ずる。

5　従業員は，前項の措置に従わなければならない。

6　第1項および第2項の健康診断実施の事務に従事した者は，その実施に関して知り得た従業員の秘密を漏らしてはならない。

第5条（検診命令）　会社は，就業に影響のある心身の故障，傷病の疑いのある場合には，従業員に対し，指定する医師の検診を命ずることがある。

第6条（面接指導）　会社は，次の各号にあたる従業員に対して医師による面接指導を行なう。

(1)　週40時間を超える労働が1ヵ月当たり80時間を超え，疲労の蓄積が認められる者から申出があったとき（ただし，前1ヵ月以内に面接指導を受けた者その他これに類する者で医師が必要ないと認めた者は除く）

(2)　週40時間を超える労働が1ヵ月当たり100時間を超える新技術，新商品等の研究開発の業務従事者（労基法36条11項の適用対象者）

(3)　高度プロフェッショナル制度（労基法41条の2）適用対象者については，健康管理時間（同41条の2第1項3号の健康管理時間数）が1ヵ月当たり100時間を超えるとき

(4)　前号のほか事業場で定める基準に該当する者

　（注）第6条第1項第4号の事業場で定める基準例

　　- 週40時間を超える労働が1ヵ月当たり80時間を超えたすべての労働者に面接指導を実施する

　　- 週40時間を超える労働が1ヵ月当たり45時間を超えた労働者で，産業医が必要と認めた者には面接指導を実施する

　　- 週40時間を超える労働が1ヵ月当たり45時間を超えた労働者にかかる作業環境，労働時間等の情報を産業医に提出し，事業者が産業医から序言指導を受ける

2　前項の面接指導は，従業員から所定の申出書を所属長に提出することにより行なう。ただし，前項2号および3号の場合は別に定める。

3　従業員は第1項の面接指導を受けなければならない。ただし，従業員が自ら希望する医師により面接指導を受け，その結果を証明する書

面を会社に提出したときを除く。

4　第1項に定める面接指導にもとづく医師の意見および当該従業員の実情等からその必要があると認めるときは，就業場所の変更，作業の転換，労働時間の短縮，深夜業の回数制限等の措置を講ずる。

5　従業員は，前項の措置に従わなければならない。

6　第1項の面接指導実施の事務に従事した者は，その実施に関して知り得た従業員の秘密を漏らしてはならない。

第7条（ストレスチェック）　会社は，従業員に対して，毎年1回，定期に医師，保健師等による心理的な負担の程度を把握するための検査（ストレスチェック）を行なう。

2　会社は，前項のストレスチェックの結果にもとづき，面接指導が必要であると医師，保健師等が認めた労働者に対し，その者の申出に応じて医師による面接指導を行なう。

3　会社は，前項の面接指導の結果，医師の意見を勘案し，必要と認めるときは，労働者の実情を考慮して，就業場所の変更，作業の転換，労働時間の短縮，深夜業の回数の減少等，必要な措置を講ずる。

4　従業員は，前項の措置に従わなければならない。

5　第2項の面接指導実施の事務に従事した者は，その実施に関して知り得た従業員の秘密を漏らしてはならない。

第8条（自己保健義務）　従業員は，勤務に支障のないよう自らの健康の維持・増進に努め，健康上必要な事項について医師その他の健康管理者の指示・指導等を受けなければならない。

2　従業員は，健康状態に異常がある場合は，すみやかに会社に申し出るとともに医師等の診察を受けその回復に努めなければならない。

第9条（就業制限）　法令に定める危険または有害な業務もしくは重量物を取り扱う業務に妊産婦および年少者の従業員を就かせない。

第10条（就業禁止）　次に掲げる者は，会社の指定する医師の認定により就業を禁止する。

(1)　他人に感染するおそれのある疾病にかかった者

(2)　精神障害のため，現に自身を傷つけ，または他人に害を及ぼすお

それのある者

(3)　心臓，腎臓，肺等の疾病で労働のため病状が著しく増悪するおそれのある者

(4)　その他就業を不適当とする疾病にかかった者

【災害補償】

第1条（災害補償および通勤災害）　従業員が業務上の負傷，疾病または死亡した場合は，労働者災害補償保険法により補償を行なう。従業員がこの給付を受ける場合は，その価額の限度において，会社は同一の事由について労働基準法上の災害補償の義務を免れる。

2　従業員が通勤により負傷，疾病，または死亡した場合，労働者災害補償保険法の定めるところにより保険給付を受けるものとする。

第2条（上積み補償）　従業員が業務上負傷，疾病または死亡した場合，前条の補償のほか，本人またはその遺族に対して次の補償を行なう。特別補償の支給要件については別に定める規程による。

(1)　障害補償

(2)　遺族補償

〔特別災害補償規程〕

第1条（目的）　この規程は就業規則第○条にもとづき，従業員が業務上，傷病または死亡した場合（以下「業務災害」という）に，労働者災害補償保険法の保険給付とは別に会社が行なう補償に関する事項を定める。

第2条（障害補償）　従業員が業務上の災害により負傷，疾病にかかり治癒したとき，身体に障害がある場合はその障害等級に応じて，別表○に定める金額を障害補償として支給する。

第3条（遺族補償）　従業員が業務上の災害により死亡した場合は，労働者災害補償保険法の遺族補償に関する受給権者の定めに従って，別表○に定める金額を遺族補償として支給する。

第4条（業務上の認定）　業務災害の認定および障害補償の障害等級の

認定は労働者災害補償保険法の保険給付に関する行政官庁の認定に従う。

第5条（第三者の行為による事故）　第三者の行為により生じた業務災害であって，本規程による補償を行なったときは，会社はその補償の価額を限度として，補償を受けた者が第三者に対して有する損害賠償請求権を取得する。その災害につき本人が第三者と和解するときは，あらかじめ会社の許可を受けなければならない。

2　第三者の行為により生じた業務災害であって，本人が第三者から同一事由により損害賠償を受けたときは，会社はその価額を限度として本規程による補償を行なわない。

3　第1項において取得する第三者に対する損害賠償請求権，または第2項において本人が第三者から受けた損害賠償額には，それぞれ保険会社に対する保険金請求権，または保険会社より受けた保険金額を含むものとする。

第6条（民事損害賠償との関係）　会社は本規程による補償を行なった場合，補償の価額を限度として同一の事由にもとづく民事上の損害賠償の責を免れる。

第7条（質入れ，譲渡の禁止）　この規程に定める補償金等を受ける権利は，これを譲渡しまたは担保に供してはならない。

（附則）この規程は，○○年○月○日より施行する。

第10章

表彰・懲戒

第1節

表　彰

🐢 基本的な考え方

多くの企業では，社業に貢献した従業員や他の従業員の模範となる行為を行なった従業員に対して表彰する制度を設けている。表彰制度を設ける場合には必ず就業規則に定めなければならず（労基法89条9号），表彰の対象事由（要件），②表彰の方法，③表彰の手続きなどを規定する。

［例］　会社は，従業員が次の各号の一に該当するときは表彰する。

(1)　成績優秀で他の従業員の模範となる者

(2)　業務上有益な改良考案または工夫をし，会社の業績に貢献した者

(3)　事故災害を未然に防ぎ，または非常の際に特に功労のあった者

(4)　永年（10年および20年）勤続して勤務成績優良な者

(5)　社会的功績があり，会社の名誉となる行為があった者

(6)　その他前各号に準ずる善行または功労があった者

2　表彰は，賞状および記念品の授与により行なう。

具体的内容については特に法律上の制限はなく，使用者の裁量に委ねられている。表彰の方法は，賞状の授与および記念品または賞金の授与が一般的だが，このほかに特別休暇（褒賞休暇）などを定める場合もある。表彰の手続きは，［例］のように特に定めないで使用者に委ねる場合が多いが，使用者の恣意によらず公平に行なわれることを明らかにするため，委員会（たとえば賞罰委員会）の審議により決定すると定める場合もある。

なお，職務発明に関しては，発明した従業員に支払う対価などについて争われることもあるので，職務発明が想定される企業では別途規程を設けておくべきである（11章3節参照）。

第2節

懲　戒

📖 基本的な考え方

　懲戒（制裁）制度を設ける場合は必ず，就業規則に懲戒の種類・程度に関する事項を定めなければならない（労基法89条9号）。就業規則で定める事項は，①懲戒の種類，程度，②懲戒事由，手続きなどである。さらに懲戒処分の量定については，就業規則に定める必要はないが，その目安となるガイドラインをつくることが望ましい。

1　意義，根拠

●懲戒処分の意義

　懲戒処分とは，企業秩序・職場規律に違反した労働者に対して使用者が行なう制裁としての不利益措置である。企業はその事業目的の達成に向けて多くの労働者を組織的，効率的に活用するため，組織内の秩序や服務規律の遵守を労働者に義務づけることになる。そこで，労働者がこれらの義務に反した場合に，秩序・規律の回復をはかるためになされるのが懲戒処分であり，労働者は「企業秩序遵守義務を負い，使用者は労働者に対し，制裁罰である懲戒を課すことができる」と表現されている（関西電力事件・最判昭58.9.8労働判例415号29頁）。

　このように懲戒は企業内の制裁罰であるが，あわせて教育的機能を有していることを忘れてはならない。教育的機能とは，懲戒処分により本人に改善の機会を与え，今後の再発を防止する効果のことである。ただし懲戒解雇や諭旨解雇には改善の機会はなく，教育的機能がともなわない。これはもはや改善の機会を与える余地のないほど重大な秩序・規律違反の場合だからであ

る。

　したがって懲戒処分の量定にあたっては，制裁的機能とともに教育的機能も念頭におくべきである。

● **懲戒処分の根拠**

　懲戒処分は就業規則の定めに従ってなされなければならない。使用者が懲戒処分を行なうことのできる根拠については諸説あるが，実務上は，就業規則の懲戒処分規定の定めが懲戒処分の法的根拠と解しておくべきであり，就業規則の懲戒処分規定において懲戒の種類および懲戒事由，手続きについて整備しておかなければならない。

2　懲戒の種類・程度

　労基法89条9号は「制裁の定め」に関して「種類及び程度に関する事項」を定めるとしているので，懲戒規定では懲戒の重さに応じた懲戒の種類を就業規則に具体的に定める必要がある。

　懲戒の種類の呼称については法律上決められていないが，一般に実務では，軽い順に譴責から懲戒解雇まで次のように定めている。

● **譴責，戒告**

　口頭または文書（始末書）で反省を求め，将来に向けて戒めるもので，もっとも軽い処分である。

［例1］　譴　　責：始末書をとり，将来を戒める

　なお以下の「減給」「出勤停止」「懲戒休職，停職」「昇給停止，降職・降格，降給」の懲戒処分内容としても始末書の提出を求めることが多い。

● **減　給**

　従業員の賃金を一方的に減額する処分である。減給処分については労基法91条に「1回の額が平均賃金の1日分の半額を超え，総額が一賃金支払期における賃金の総額の十分の一を超えてはならない」という制限がある。この制限も規定しておくべきである。

［例2］　減　　給：始末書をとり将来を戒めるとともに賃金を減ずる。この場合，減給の額は一事案について平均賃金の1日分の半

額とし，複数事案に対しては減給総額が当該賃金支払い
　期間における賃金総額の10分の 1 を超えないものとする。

検討を要する実例

［例3］　減給は，始末書をとり， 1 回の額は当該支払い期の賃金総額の10%
を限度とし，これを賃金から控除する。

　上記［例3］は，「 1 回の額」が10%を限度とすると定めているので，労
基法91条の減給の制限に反する定めである。

●**出勤停止**

　従業員の就労を一定期間禁止する処分で，その間の賃金を支給しない扱い
が一般的である。賃金の不支給は出勤停止にともなうものなので（ノーワー
ク・ノーペイ），就労しつつ賃金減額をする「減給」と異なり，労基法91条の
制限は適用されない（昭23.7.3基収2177号）。出勤停止期間の上限については
法律上の定めはないが，一般には 7 日から30日以内で定める例が多い。

［例4］　出勤停止：30日以内の期間を定めて出勤を停止し，その期間の賃金
　　　　は支払わない。

●**懲戒休職，停職**

　出勤停止より重い処分として，出勤停止の上限期間より長期間就労を禁止
する処分である。実例としては， 1 ヵ月以上 6 ヵ月以内と定めるものなどが
あり，その間の賃金を支給しない扱いが一般的である。

　民間企業では，懲戒休職，停職を定める例は少ないが，懲戒処分の量定の
選択肢を広げる意味で有用である。

［例5］　懲戒休職： 3 ヵ月以内の期間を定めて休職とする。

［例6］　停　　職： 6 ヵ月以内の期間を定めて休職とし，その期間の賃金は
　　　　　　　　　支払わない。

●**昇給停止，降格（降職），降給**

　昇給停止とは，定期昇給やベースアップなどの給与改定時における昇給を
停止する処分である。

　降格は，従業員の職位（たとえば課長，係長，主任などの役職）または資格
制度上の等級，格付け（たとえば職能等級，職務等級）の一方，あるいは両方
を引き下げる処分である。職位の引き下げを降職と呼ぶこともある。これに

より役職手当や基本給などが減額される。降格は各企業の人事組織および賃金制度とリンクしているので，規定する際は，降格処分の内容がわかるように記載すべきである。たとえば，懲戒処分の種類として「降格」とし，その内容を「職位を引き下げる」とだけ記載すると，資格制度における等級の引き下げは含まれない処分のように誤解されるからである。

[例7]　昇給停止：定期昇給を1回，停止する。

[例8]　降　　格：役職の罷免・引き下げ，および資格等級の引き下げのいずれか，または双方を行なう。

　また実務では「降給」を定める例もある。これは降職・降格と同じ意味の場合と，減給（役職・担当職務および資格等級を変えずに賃金を下げる）を意味する場合があり，前者であれば上記のとおり，その意味を明らかにしておくべきである。後者であれば労基法91条の減給の制限が適用されるので（昭37.9.6基発917号），降格の定めとしては適切ではない。

　なお降格は懲戒処分としてではなく，人事権の行使としても行なうことができる（3章3節3項参照）。

検討を要する実例

[例9]　降　　格：役職または資格等級を引き下げる。

　これは役職と資格等級いずれかを選択して引き下げるので，双方の引き下げができるのかという問題が生ずるため，［例8］のように明確に定めておくべきである。

●**諭旨解雇（諭旨退職）**

　一定期間内に退職願の提出を勧告し，提出があれば依頼退職扱いとし，所定期間内に提出がない場合に懲戒解雇とする処分である。諭旨退職と呼ぶこともある。これは退職願の勧告も含めて一つの処分の内容になっているので，退職願を提出した場合でも，その労働者は処分を争うことができる（りそな銀行事件・東京地判平18.1.31労働判例912号5頁）。

　また勧告に応じて退職願が提出された場合は自己都合退職とするものの，所定の退職金の一部を支給しない扱いをする例が多い。諭旨解雇は懲戒解雇一歩手前の処分であるが，自ら退職する機会を与え，退職の場合は自己都合退職金の全額あるいは一部を支給する点で懲戒解雇より軽い処分と位置づけ

られる。

[例10]　諭旨退職：退職願を提出させて退職させる。ただし，退職を通告されてから7日以内に退職願を提出しないときは懲戒解雇とする。

[例11]　諭旨解雇：退職願を提出するように勧告する。ただし，所定期間内に勧告に従わないときは懲戒解雇とする。諭旨解雇となる者には，情状を勘案して退職金の一部を支給しないことがある。

　規定例としては上記［例10］［例11］が典型例である。そのほか実例として次のような曖昧な定めもある。

検討を要する実例

[例12]　諭旨解雇：訓戒を与えて解雇する。

[例13]　諭旨解雇：予告期間を設けないで解雇する。この場合，退職金の一部を支給しないことがある。

[例14]　諭旨退職：依頼退職をもって退職させるが，退職金は減額する。

　上記［例12］と［例13］は，いずれも諭旨解雇として定めているが，退職願の提出については記載がないため，懲戒解雇との区別が文言上曖昧で（［例13］では退職金不支給か一部不支給かで区別している），処分内容がわかりにくく，記載としては望ましくない。［例14］も同様である。

　なお実務では諭旨解雇処分の方法について問い合わせもあるので，参考までに次頁に通知文例を掲げておく。

●懲戒解雇

　従業員との労働契約を一方的に解約する処分で，所定の退職金の全部または一部を支給しないものである。これはもっとも重い懲戒処分である。懲戒解雇も解雇の一種であるから，労契法16条（解雇権濫用法理）の適用があり，また解雇に関する労基法上の制約がある。

　懲戒解雇と解雇予告，除外認定の関係も問題となる。

　懲戒解雇の場合も，労基法20条の解雇予告の規定が適用されるが，20条1項但書で「労働者の責に帰すべき事由に基づいて解雇する場合」は解雇予告義務が免除されている。懲戒解雇事由はこの但書に該当するので，一般に予

【諭旨解雇処分通知例】

○○○○　殿

懲戒処分通知

　貴殿の下記行為は会社就業規則○条○号に該当するので，同○条○号にもとづき，貴殿を諭旨解雇とする。

　よって，○月○○日までに退職願を提出することを勧告する。

　同日までに退職願が提出されない場合は，貴殿を○月○○日付をもって懲戒解雇とする。

記
（具体的な懲戒対象行為を記載）

○○年○月○日
○○株式会社
代表取締役○○○○　印

告期間を設けずに即時解雇すると定める例である。ただし，労基法20条１項但書による場合は，その事由について労働基準監督署長の認定（いわゆる除外認定）を事前に受けなければならないとしているので（20条１項，３項），懲戒解雇の場合も，事前に除外認定を受けるか，予告に代えて予告手当を支払わなければならない。そこで，次のように定めるべきである。

　なお除外認定と解雇の効力との関係については，３章５節１項の「問題点」参照。

［例15］　懲戒解雇：予告期間を設けることなく即時解雇する。この場合，所
　　　　　　　　　　轄労働基準監督署長の認定を受けたときは，第○条に定
　　　　　　　　　　める解雇予告手当を支給しない。

　これ以外に次のような定め方をしている例もあるが，不十分である。

［例16］　懲戒解雇は，予告期間を設けず即時解雇する。

［例17］　懲戒解雇は，所轄労働基準監督署長の除外認定を得たうえで予告期
　　　　　間を設けず即時解雇とする。

　上記［例16］は除外認定にふれていない点が不十分である。［例17］は，事前の除外認定を懲戒解雇の要件とするような定め方である。実務や裁判例ではこのような定め方でも除外認定を解雇の要件と解釈しないのが一般的であるが（グラバス事件・東京地判平16.12.17労働判例889号52頁），もともと労基法の除外認定は行政監督上の取締規定であり，懲戒解雇の効力要件ではないと解されているので，就業規則で懲戒解雇について除外認定を要件とするような定め方をするのは望ましくない。

●懲戒処分の併科

　以上７種類の懲戒のほか，懲戒処分として複数の懲戒を併科する例もある。

［例18］　懲戒は，その程度により譴責，減給，出勤停止，降格，諭旨解雇お
　　　　　よび懲戒解雇の６種類とし，その一つまたは二つ以上を科する。

　この場合，併科された内容が一つの懲戒処分であるから，二重の処分ではない。実際には，諭旨解雇や懲戒解雇の併科の例はないであろうが，たとえば譴責と減給の併科などである。これは懲戒処分の程度をより柔軟化しようというねらいがあり，上記の例では譴責と減給の併科は出勤停止よりも軽い

処分に位置づけられる。ただし併科は，懲戒処分の量定を考えた場合，基準が曖昧になるという難点があり実務上，本来の量定により定まる懲戒処分を情状の範囲で加減する際に用いられるものというべきである。

●懲戒処分に至らない措置

懲戒処分と区別し，懲戒処分に至らない措置を定める例もある。

[例19]　前条（懲戒の種類）の定めにかかわらず，日常の勤務成績その他情状を考慮して訓戒にとどめることがある。

服務規律違反が軽微で懲戒処分では重すぎる場合，あるいは情状酌量の余地がある場合に，実務では事実上の口頭注意あるいは書面による厳重注意をすることがあり，これを懲戒処分一歩手前の措置として「訓告」や「厳重注意」として就業規則で制度化する例がある。本人の自覚を促し今後の改善を期待するという点を重視するものであり，教育的機能を念頭においた措置である。実例としては人員規模の大きい事業場で用いられることが多い。

●自宅待機

懲戒処分に関する調査に時間を要し，しかもその間，出社に適しない事案（たとえば金品の不正，暴力・セクハラ・パワハラ）では，懲戒処分の前段階で自宅待機（自宅謹慎，出勤禁止）を命ずることがあるので，［例20］のような規定を設けておくべきである。これは懲戒処分ではなく，業務命令による自宅待機である。

問題は，使用者において自宅待機期間中の賃金を支払う義務があるかどうかである。この点については，自宅待機命令は使用者の業務命令によるものであるから賃金支払い義務があり（民法536条2項），それを無給とするためには，労働者に帰すべき責任事由として「当該労働者を就労させないことにつき，不正行為の再発，証拠隠滅のおそれなどの緊急かつ合理的な理由が存する」ことが必要とされている（日通名古屋製鉄作業事件・名古屋地判平3.7.22労働判例608号59頁）。したがって労働者に上記の責任事由がある場合に無給とすべきである。

実例としては，［例21］の2項のように休業補償（労基法26条）と同様の定めをおく例もある。裁判例では，民法536条2項は任意規定であり，自宅待機について実質的な理由および期間も限定され，金額も休業手当（労基法26

条）と同額であることに鑑みれば，［例21］の2項の規定も合理的で有効と
したものがある（ほけんの窓口グループ事件・大阪地判平28.12.15労働判例
ジャーナル61号22頁）。ただし，このような規定を設けると，労働者に上記の
責任事由がある場合でも6割の支給をしなければならない。

［例20］　懲戒に該当する行為があった者について，事実調査のため必要があ
　　　　　る場合は，その処分が決定されるまでの間，自宅待機を命ずることが
　　　　　ある。

［例21］　懲戒に該当する行為があった者について，事実調査のため必要があ
　　　　　る場合は，その処分が決定されるまでの間，自宅待機を命ずることが
　　　　　ある。

　　　　2　前項の期間中は，1日につき平均賃金の6割に相当する金額を支給
　　　　　する。

●その他の規定

❶教唆および幇助

［例22］　従業員が，他人を教唆しまたは幇助して第○条（懲戒事由）に掲げ
　　　　　る行為をさせたときは，その行為者に準じて懲戒に処す。

　この規定は違法な組合活動や争議行為の責任追及にあたって適用されるこ
とが多いといわれるが，この規定がなくとも教唆，幇助行為自体が企業の秩
序・規律違反と認められれば懲戒処分は可能である。ただし教唆，幇助者の
懲戒には明文の規定を要するという見解もあるので，章末の「参考条文」で
は入れておいた。

❷管理監督者の責任

［例23］　（懲戒事由の条項として）

　　　　　　部下の管理監督，業務上の指導，または必要な指示注意を怠ったと
　　　　　き。

［例24］　従業員が懲戒処分を受けたときは，その管理監督に不行き届きの
　　　　　あった責任者に対しても懲戒処分をすることがある。

　懲戒事由としては規律違反の直接の実行行為者の責任とその管理監督責任
とは一応，別類型といえる。定め方としては，［例23］のように懲戒事由の
ひとつとして定めるものと，［例24］のように懲戒事由の条項と別に独立し

て定める例がある。いずれでもよいが，章末の「参考条文」では前者とした。

❸懲戒の軽減

[例25]　情状酌量の余地があり，または改悛の情が明らかに認められる場合
　　　　は懲戒を軽減し，または免除することがある。

　この規定は，懲戒処分の量定にあたって軽減，免除を定めるものである。
このような規定がなくとも各事案にもとづく使用者の合理的な裁量で軽減，
免除は可能だが，念のためその根拠を定めておく意味はある。

❹懲戒の加重

　これはいわゆる累犯加重の規定である。懲戒処分の量定においては前の懲
戒処分を考慮できるが，実際にどの程度考慮するかは一律に決めがたい。
[例26]では，「その後1年以内」という期間を要件とし「一等重く処罰す
る」と機械的に定めているが，不適ではないかと考える。むしろ前の懲戒処
分をどの程度考慮するかは事案ごとに使用者の合理的裁量で判断するとし
て，画一的な懲戒の加重規定はおかないほうがよい。

検討を要する実例

[例26]　懲戒処分を受けた者がその後1年以内にさらに懲戒に該当する行為
　　　　をしたとき，または同時に2つ以上の懲戒に該当する行為をしたとき
　　　　は，そのうちのいずれか重い懲戒処分よりさらに一等重く処罰するこ
　　　　とがある。

❺損害賠償

[例27]　従業員が故意または過失によって会社に損害を与えたときは，懲戒
　　　　されたことによって損害の賠償を免れることはできない。

　これは非違行為を行ない会社に損害を及ぼした労働者は，懲戒処分とは別
に損害賠償責任を負うことを念のため定めたものである。

　なお労働者の損害賠償責任については服務規律で規定している（4章1節
参照）。

✳ 問題点

●始末書の不提出と新たな懲戒処分

　論旨解雇および懲戒解雇以外の懲戒処分では，たとえば「譴責は始末書を

とり，将来を戒める」として始末書の提出を求めるものが多い。そこで，懲戒を受けた者が始末書を提出しない場合，そのことを理由として新たな懲戒処分ができるかが問題となる。

　始末書の内容としては，①事実経過や顛末を報告するものと，②事実経過のみならず規律違反行為について本人の反省・謝罪などを表明するものがある。①の報告は本来，業務命令としても可能であり，通常は懲戒処分の前段階で提出を求め（たとえば始末書あるいは状況報告書，顛末書などといった名称で徴求する），提出がない場合は新たな規律違反と考えることができる。

　一方，実務で懲戒処分内容とされる始末書は通常，②が多い。②については反省や謝罪の強制が，良心の自由や個人の意思決定の自由との関係で問題とされる。裁判例では，労働者は使用者から身分的，人格的支配を受けるものではなく個人の意思は最大限に尊重されるべきであること等から，②の始末書提出（懲戒処分として行なう業務上の指示）を命じられないという考え方もある。しかし始末書は懲戒対象者が服務規律違反を自覚して反省し，将来の再発防止を約束する点にその必要性と合理性があるので，その限りで始末書の提出を命じるのであれば，そのことをもって身分的，人格的支配や個人の自由意思，良心の自由を不当に制限するものではないと考えるべきである。裁判例においても，就業規則で始末書提出を求める旨を定めれば，謝罪や反省の表明を求める始末書の提出を命じることができ，これに応じないことを新たな懲戒処分の理由にできるとしたものがある。したがって②の始末書不提出も新たな規律違反と考えられる。

　ただし，始末書提出は上記の必要性と合理性から命じられると解されるので，始末書不提出自体を唯一の理由として新たな懲戒処分を行なうことは過剰であり，その後の非違行為（特に同種行為の反復の場合が多いだろう）と合わせて懲戒の対象とするのを原則とすべきである。

●**懲戒規定に定められていない懲戒処分**

　懲戒規定で懲戒の種類を定めている場合，それは，使用者の懲戒権の行使は懲戒規定に従うということだから，そこに定められていない懲戒処分はできないと考えておくべきである。たとえば懲戒処分の種類として「降格」を定めていない場合は，「降格」の懲戒処分はできない。

●減給処分の制限

減給処分については労基法91条に「1回の額が平均賃金の1日分の半額を超え，総額が一賃金支払期における賃金の総額の十分の一を超えてはならない」という制限がある。ここでいう「1回」とは，懲戒対象となる1回の事案に対して減給の総額が平均賃金の1日分の半額以内でなければならないという意味であり（昭23.9.20基収1789号），平均賃金の算定は減給処分の意思表示が本人に到達した日を基準として行なう（昭30.7.19基収5785号）。

総額の制限は，一賃金支払い期に発生した数事案に対する減給の総額が，当該賃金支払い期における賃金の総額の10分の1以内でなければならないということであり（昭23.9.20基収1789号），「一賃金支払期における賃金の総額」とは，「当該賃金支払期に対し現実に支払われる賃金の総額」をいう（昭25.9.20基収1338号）。したがってその月に欠勤や早退があり賃金が減額されたとすれば，少額となった賃金総額を基礎として，その10分の1が減給額の制限となる。

実務では，たとえば「3ヵ月間，毎月10％の減給」という処分を行なう例もあるが，この場合は，労基法91条の制限のなかで，毎月10％，3ヵ月間に対応する複数回の懲戒事案がなければならない。

●減給処分と賞与からの減額

行政解釈では，「制裁として賞与から減額することが明らかな場合は，賞与も賃金であり，法91条の減給制裁に該当する」（昭63.3.14基発150号）とされているが，疑問である。行政解釈によれば，懲戒の種類として賞与の減給を規定している場合は，1回の事由については平均賃金の2分の1，総額については賞与額の10分の1を超えてはならないことになるが，賞与からの減額についての懲戒規定を設ける例はほとんどないのではなかろうか。

なお懲戒としてではなく，勤務評価などの査定結果を計算要素として賞与額を算出した結果，賞与額が低くなっても，労基法91条の「減給制裁」には該当しない。

●出勤停止処分の取り扱い

出勤停止は本来，出勤すべき日の出勤を停止する処分であるから，出勤停止にする日数は労働日を意味している。しかし実務では，これを暦日と間違

えやすいので，処分通知には単に「出勤停止５日間」だけではなく，休日を除く労働日の日数を「○月１日から５日まで」あるいは「○月１日から７日まで（休日を含む）」と明確にしておくべきである。また出勤停止期間は一般に無給とするが，使用者の裁量で一定の賃金を支払う規定をおく例もある。以上は懲戒休職や停職についても同様である。

［例28］　出勤停止：30日以内の期間を定めて出勤を停止し，その期間中の給与の一部を支給しないことがある。

●**降格と減給の関係**

　一般に降格処分にともない賃金は減額となるが，行政解釈では賃金の低下も，職務の変更にともなう結果であれば労基法91条の減給制裁に抵触しないとし（昭26.3.14基収518号），従前の職務に従事せしめつつ賃金のみを減ずる趣旨であれば，同条の適用があるとしている（昭37.9.6基発917号）。したがって職務変更をともなう降職・降格の場合は，変更後の職務に対応する賃金が減額となっても91条の適用はないので問題ないが，職務変更をともなわずに，たとえば職能等級や職務等級を引き下げる場合は，91条の減給制裁の適用があるかどうかが問題となる。

　一般には，上記行政解釈を引用して適用があると考えるようであるが，これは担当職務と賃金が直接，単純に結びついている単一給の場合（たとえば担当職務の基本給は○○円）に適用があるのであって，担当職務に対応する賃金が一定の金額幅のなかで決定される範囲給（たとえば担当職務の基本給は職能，職責，役割による等級により○○〜△△円の範囲内で決定される）の場合には，その範囲給の枠内で等級を引き下げ，その結果として賃金が減額されるのであれば，91条の適用はないと考えるべきであろう。これは，担当職務により発生する賃金が減額される減給ではなく，降格により担当職務の職責，役割等が変わり，その結果発生する賃金自体が変更されたと考えられるからである。

3　懲戒事由，懲戒手続き

●**懲戒事由**

　懲戒事由は大別すると，①経歴詐称，②就業に関する非違行為（職務怠

慢，業務命令違反，業務妨害，職務に関連した不正行為，職場規律違反，セクハラなど），③施設管理に関する非違行為（施設・備品の無許可使用，無許可の政治活動・組合活動など），④業務外活動に関する非違行為（私生活上の非行，無許可兼業，名誉・信用毀損など），⑤管理者の監督責任，⑥包括条項などである。

　就業規則で懲戒事由を定めている場合，それは懲戒事由を限定列挙したものと解釈する裁判例が多いので，懲戒事由は具体的に詳細に定め，さらに必ず⑥の包括条項（列挙した具体的な懲戒事由以外の懲戒事由を包括的に定める条項）を入れておくべきである。具体的な懲戒事由は章末「参考条文」参照。

❶包括条項

[例1]　従業員が次の各号の一に該当するときは，第○条（懲戒の種類）に定める懲戒処分を行なう。

　　⑴

　　：　（略）

　　⑽　以上のほか，前各号に準ずる行為があったとき

❷経歴詐称

　経歴詐称とは，採用の際，履歴書などにより申告された経歴・職歴等と事実とが食い違っていることである。たとえば学歴，職歴，犯罪歴などの詐称である。

[例2]　重要な経歴を偽り，その他不正な方法を用いて採用されたとき。

　経歴詐称を懲戒事由とすることに否定的な考え方もあるが，裁判例は肯定している（懲戒解雇の事案について炭研精工事件・最判平3.9.19労働判例615号16頁）。経歴詐称が懲戒事由になるのは，採用の際の労働力評価を誤らせる点，および労働契約上の信頼関係を損ない企業秩序を侵害する点にあり，したがって重大な背信行為として懲戒解雇にすることが多い。

　[例2]の「その他不正な方法を用いて採用されたとき」とは，たとえば採用試験問題の不正入手などである。

❸セクハラ，マタハラ，パワハラと懲戒規定

　セクシュアル・ハラスメント（セクハラ）は，職場における性的な言動に対する労働者の対応により労働者が不利益を受けるもの（対価型セクハラ）

と，性的言動により就業環境が害されるもの（環境型セクハラ）がある。マタニティ・ハラスメント（マタハラ）は，妊娠・出産，育児休業等の「制度等の利用への嫌がらせ型」と「状態への嫌がらせ型」がある（4章1節参照）。

男女雇用機会均等法11条および11条の2，育児介護休業法25条は，事業主にセクハラ，マタハラに関し雇用管理上，必要な措置を講ずべき義務を定めている。その措置内容のひとつに「事業主の方針の明確化及びその周知・啓発」があり，セクハラ，マタハラについて就業規則，服務規律等において，セクハラ，マタハラを行なった者に対する懲戒規定を定め，その内容を労働者に周知することが例示されている（「事業主が職場における性的な言動に起因する問題に関して雇用管理上講ずべき措置についての指針」平18厚生労働省告示615号，「事業主が職場における妊娠，出産等に関する言動に起因する問題に関して雇用管理上講ずべき措置についての指針」平28厚生労働省告示312号，「子の養育又は家族の介護を行い，又は行うこととなる労働者の職業生活と家庭生活との両立が図られるようにするために事業主が講ずべき措置に関する指針」平21厚生労働省告示509号）。したがって懲戒事由としてセクハラ，マタハラを入れておくべきである。同様に，服務規律でも述べたが，最近増加しているパワー・ハラスメントも入れておくべきである。

[例3]（セクハラの懲戒事由として）

 (1) 性的言動により，他の労働者に不快な思いをさせ職場の環境を悪化させたとき

 (2) 職務中の他の従業員の業務に支障を与えるような性的関心を示したり，交際や性的関係を要求したとき

 (3) 性的な言動に起因する問題により，会社の秩序・規律を乱し，またはそのおそれのあったとき

 (4) 職務上の地位を利用して，他の労働者に性的な不快感を与え，または性的な強要を行なったとき

[例4]（マタハラの懲戒事由として）

 妊娠・出産等に関する言動および妊娠・出産，育児・介護等に関する制度または措置の利用等についての嫌がらせ等の言動により，就業環境を悪化させたとき。

パワハラについては，「労働施策総合推進法」の改正により，「職場において行われる優越的な関係を背景とした言動であって，業務上必要かつ相当な範囲を超えたものによりその雇用する労働者の就業環境が害されること」と定義され，事業主のパワハラ防止措置義務が定められた（31条の2）。この点については4章1節を参照。

[例5]（パワハラの懲戒事由として）

　　　　　職務上の地位や人間関係などの職場内の優位性を背景に，業務の適正な範囲を超えて，他の従業員その他の関係者に精神的・身体的苦痛を与え，または職場環境を悪化させたとき。

●企業外非行

企業外非行については4章3節の「問題点」を参照。

●懲戒事由の定め方と量定

　懲戒は企業内の制裁であるから，あらかじめ何が懲戒事由となり，それに対してどのような懲戒処分（懲戒の種類）をするのかを定めておくことが原則である。そのため懲戒の種類と懲戒事由の対応関係を就業規則で定めることになるが，その定め方には実務でみると，おおむね3つの方法がある。

❶個別対応型

　これは，懲戒処分の種類ごとに懲戒事由を定めるやり方である。

[例6]　次の各号の一に該当する行為があったときは，譴責に処する。

  (1)　正当な理由なく遅刻・早退または欠勤したとき

  (2)　届出手続きを怠ったとき

  （以下，略）

❷グループ対応型

　これは，軽い懲戒処分と重い懲戒処分を2グループあるいは3グループに分けて，そのグループごとに懲戒事由を定めるやり方である。

[例7]　次の各号の一に該当するときは，その程度に応じて譴責，減給，出勤停止または降格に処する。

  (1)　勤務が怠慢であると認めたとき

  (2)　正当な事由がなく無断欠勤をしたとき

  (3)　勤務に関する諸手続きを怠り，または不正をしたとき

（以下，略）

2 次の各号の一に該当するときは，懲戒解雇に処する。ただし，情状により，諭旨解雇または前項の降格以下の処分とすることがある。

(1) 重要な経歴を偽り，または詐術を用いて雇用されたとき

(2) 会社の機密を漏らし，または漏らそうとしたとき

(3) ２週間以上無断欠勤を続けたとき

（以下，略）

❸包括対応型

これは，懲戒となる具体的事由をまとめて包括的に定め，懲戒処分の種類ごとの対応を直接示さないやり方である。章末の「参考条文」参照。包括対応型の場合は，懲戒規定とは別に懲戒処分の量定についてのガイドライン（目安）を作成しておくべきである。

[例8] 次の各号に該当する行為があったときは，その軽重に応じて第○条（懲戒の種類）に定める懲戒処分を行なう。

（以下，略）

理屈からいえば，個別対応型は懲戒処分の種類ごとに事由が定められるので，労働者にとってどのような行為に対し，どのような処分がなされるのかがわかりやすく，また使用者にとっても処分量定が決めやすいという利点がある。グループ対応型も，グループごとではあるが同様の利点がある。

しかし実務では，懲戒の対象となる外形的行為が仮に同一であっても，個別事案の具体的事情を考慮して懲戒処分の種類を選択している。たとえば無断欠勤といっても，家族の急病による場合と勤務怠慢による場合とでは量定上大きく異なる。まして実際に起こる懲戒事案は外形的にも多種多様であり，それに至る事情は千差万別であるから，懲戒事由の定めにおいて，懲戒行為に至るさまざまな原因・事情をあらかじめ書き分けて，懲戒処分の種類と対応させておくことは困難である。

加えて近時，懲戒対象行為も以前には想定していない形態（セクハラ，パワハラ，パソコンやインターネット利用による企業秩序違反行為など）も加わり，単純に懲戒対象の外形的行為だけでは適切な量定ができないのが実情である。そのため，個別対応型やグループ対応型では，重い懲戒処分事由の定め

において，「ただし，情状酌量の事情あるいは改悛の情が明らかなときはそれより軽い処分にとどめることがある」といった規定をおくことが多い（[例7]）。また懲戒事由の定めは限定列挙と解するのが大勢であるから，個別対応型やグループ対応型では，懲戒処分の種類・程度ごとに違いを書き分けつつ，それぞれの懲戒事由をますます詳細化すべきことになり，実際にこれを満足させる書き分け方や詳細化は困難と思われる。

　このような点から考えると，個別対応型は，懲戒処分の種類ごとに懲戒事由を定めるので，相互の事由の区別およびあてはめに柔軟性がなく，実際の懲戒事実の実情をふまえた適切な懲戒処分の選択がむずかしい場合が多い。この点を考えるとグループ対応型は，3グループ以上であると個別対応型と同様の難点があるので，[例7]のような2グループ型（懲戒解雇とそれ以外の2グループ，あるいは懲戒解雇・諭旨解雇とそれ以外の2グループ）がよく，相互の懲戒処分事由も一応書き分けやすいので，実務でも多く用いられている。厚生労働省労働基準局監督課のモデル就業規則（平成31年3月）でも2グループ型が採用されている。2グループ型の規定をつくる場合，相互の懲戒事由を対比して区別できるよう留意すべきである。そして，就業規則で定める懲戒事由に柔軟性をもたせるという意味では包括対応型がもっとも望ましいと考える。

　ただし，包括対応型では懲戒処分の量定について使用者の裁量幅が広くなり，従業員にとってどのような処分になるのか予測できないという問題があるので，この点は，使用者が懲戒規定とは別に，懲戒処分の量定のガイドライン（目安）をつくることにより，公平・妥当な量定を担保すべきである。ガイドラインは，たとえば主な行為類型ごとに，本人の故意・過失，会社の事業活動に関する支障・損害，会社の名誉・信用に関する影響などを判断要素として作成する（次頁の図表参照）。

　特にセクハラ，パワハラ，マタハラについては，事業主の措置義務（138頁以下）として，ハラスメントに係る言動を行なった者に対する懲戒規定を定める必要があるとされている。したがって就業規則で上記のような包括対応型の定めをする場合は，性的言動の類型と懲戒の種類との対応関係を量定のガイドラインまたは社内パンフレット，研修テキストなどに明記して労働

【法令・規則等違反類型の懲戒処分の目安例】

主な判断要素			懲戒処分					
故意過失	事業活動の支障・損害額	会社の名誉・信用への影響	譴責	減給	出勤停止	降格	論旨解雇	懲戒解雇
過失	小	小	○	△				
過失	小	大	△	△	○			
過失	大	小		△	○	△		
過失	大	大			○	△	△	
故意	小	小		△	○	△	△	
故意	小	大			△	○	△	
故意	大	小			△	○	△	△
故意	大	大			△	△	○	○

注：1) 損害額については100万円以下を「小」，100万円超を「大」とする
　　2) ○は適用する処分，△は処分の許容範囲。上記はあくまで目安であり，個別具体的な事情により○△以外の処分をすることがある

者に明らかにしておくことが望ましい。

　公務員の懲戒制度は民間企業とは異なるが，参考になるので人事院の公務員に関する「懲戒処分の指針」を掲げておく（次頁参照）。なお国家公務員の懲戒は「戒告」（譴責に相当）「減給」「停職」（期間は1年以内）「免職」（懲戒解雇に相当）の4種類である。

●懲戒手続き

　懲戒処分の手続きは特に定めない例も多い。労働組合との労働協約で事前通知，事前協議，組合の同意などを定める例もあるが，就業規則では賞罰委員会あるいは懲戒委員会などを社内に設置して処分の公平・適正を確保する例があげられる。その場合，すべての懲戒処分について委員会の付議事項にする［例9］と，重い懲戒処分のみを付議事項にする［例10］などがある。規模の大きい企業では委員会で審議するのに相当な時間を要することもあり，重い懲戒処分のみを付議事項にする例が多い。委員会のメンバーは，担当役員・人事関係管理者など使用者側だけの構成と，労働者側（労働組合の役員や従業員代表者など）を入れた構成があるが，各企業の労使関係の実情により決定すべきである。

［例9］　会社は，懲戒委員会の意見を徴したうえで懲戒処分を行なう。

【人事院の懲戒処分の指針】

懲戒処分の指針について
（平成12年3月31日職職－68）
（人事院事務総長）

最終改正：平成30年9月7日職審－185

　人事院では，この度，懲戒処分がより一層厳正に行われるよう，任命権者が懲戒処分に付すべきと判断した事案について，処分量定を決定するに当たっての参考に供することを目的として，別紙のとおり懲戒処分の指針を作成しました。
　職員の不祥事に対しては，かねて厳正な対応を求めてきたところですが，各省庁におかれては，本指針を踏まえて，更に服務義務違反に対する厳正な対処をお願いいたします。
　特に，組織的に行われていると見られる不祥事に対しては，管理監督者の責任を厳正に問う必要があること，また，職務を怠った場合（国家公務員法第82条第1項第2号）も懲戒処分の対象となることについて，留意されるようお願いします。

以上

別紙
懲戒処分の指針

第1　基本事項
　本指針は，代表的な事例を選び，それぞれにおける標準的な懲戒処分の種類を掲げたものである。
　　具体的な処分量定の決定に当たっては，
①　非違行為の動機，態様及び結果はどのようなものであったか
②　故意又は過失の度合いはどの程度であったか
③　非違行為を行った職員の職責はどのようなものであったか，その職責は非違行為との関係でどのように評価すべきか
④　他の職員及び社会に与える影響はどのようなものであるか
⑤　過去に非違行為を行っているか
等のほか，適宜，日頃の勤務態度や非違行為後の対応等も含め総合的に考慮の上判断するものとする。
　　個別の事案の内容によっては，標準例に掲げる処分の種類以外とすることもあり得るところである。例えば，標準例に掲げる処分の種類より重いものとすることが考えられる場合として，
①　非違行為の動機若しくは態様が極めて悪質であるとき又は非違行為の結果が極めて重大であるとき

② 非違行為を行った職員が管理又は監督の地位にあるなどその職責が特に高いとき

③ 非違行為の公務内外に及ぼす影響が特に大きいとき

④ 過去に類似の非違行為を行ったことを理由として懲戒処分を受けたことがあるとき

⑤ 処分の対象となり得る複数の異なる非違行為を行っていたとき

がある。また，例えば，標準例に掲げる処分の種類より軽いものとすることが考えられる場合として，

① 職員が自らの非違行為が発覚する前に自主的に申し出たとき

② 非違行為を行うに至った経緯その他の情状に特に酌量すべきものがあると認められるとき

がある。

　なお，標準例に掲げられていない非違行為についても，懲戒処分の対象となり得るものであり，これらについては標準例に掲げる取扱いを参考としつつ判断する。

第2　標準例

1　一般服務関係

(1)　欠勤

ア　正当な理由なく10日以内の間勤務を欠いた職員は，減給又は戒告とする。

イ　正当な理由なく11日以上20日以内の間勤務を欠いた職員は，停職又は減給とする。

ウ　正当な理由なく21日以上の間勤務を欠いた職員は，免職又は停職とする。

(2)　遅刻・早退

　勤務時間の始め又は終わりに繰り返し勤務を欠いた職員は，戒告とする。

(3)　休暇の虚偽申請

　病気休暇又は特別休暇について虚偽の申請をした職員は，減給又は戒告とする。

(4)　勤務態度不良

　勤務時間中に職場を離脱して職務を怠り，公務の運営に支障を生じさせた職員は，減給又は戒告とする。

(5)　職場内秩序を乱す行為

ア　他の職員に対する暴行により職場の秩序を乱した職員は，停職又は減給とする。

イ　他の職員に対する暴言により職場の秩序を乱した職員は，減給又は戒告とする。

(6)　虚偽報告

　事実をねつ造して虚偽の報告を行った職員は，減給又は戒告とする。

(7) 違法な職員団体活動

ア　国家公務員法第98条第2項前段の規定に違反して同盟罷業，怠業その他の
　　争議行為をなし，又は政府の活動能率を低下させる怠業的行為をした職員
　　は，減給又は戒告とする。

イ　国家公務員法第98条第2項後段の規定に違反して同項前段に規定する違法
　　な行為を企て，又はその遂行を共謀し，そそのかし，若しくはあおった職員
　　は，免職又は停職とする。

(8) 秘密漏えい

ア　職務上知ることのできた秘密を故意に漏らし，公務の運営に重大な支障を
　　生じさせた職員は，免職又は停職とする。この場合において，自己の不正な
　　利益を図る目的で秘密を漏らした職員は，免職とする。

イ　具体的に命令され，又は注意喚起された情報セキュリティ対策を怠ったこ
　　とにより，職務上の秘密が漏えいし，公務の運営に重大な支障を生じさせた
　　職員は，停職，減給又は戒告とする。

(9) 政治的目的を有する文書の配布

　　政治的目的を有する文書を配布した職員は，戒告とする。

(10) 兼業の承認等を得る手続のけ怠

　　営利企業の役員等の職を兼ね，若しくは自ら営利企業を営むことの承認を
　　得る手続又は報酬を得て，営利企業以外の事業の団体の役員等を兼ね，その
　　他事業若しくは事務に従事することの許可を得る手続を怠り，これらの兼業
　　を行った職員は，減給又は戒告とする。

(11) 入札談合等に関与する行為

　　国が入札等により行う契約の締結に関し，その職務に反し，事業者その他
　　の者に談合を唆すこと，事業者その他の者に予定価格等の入札等に関する秘
　　密を教示すること又はその他の方法により，当該入札等の公正を害すべき行
　　為を行った職員は，免職又は停職とする。

(12) 個人の秘密情報の目的外収集

　　その職権を濫用して，専らその職務の用以外の用に供する目的で個人の秘
　　密に属する事項が記録された文書等を収集した職員は，減給又は戒告とす
　　る。

(13) 公文書の不適正な取扱い

ア　公文書を偽造し，若しくは変造し，若しくは虚偽の公文書を作成し，又は
　　公文書を毀棄した職員は，免職又は停職とする。

イ　決裁文書を改ざんした職員は，免職又は停職とする。

ウ　公文書を改ざんし，紛失し，又は誤って廃棄し，その他不適正に取り扱っ
　　たことにより，公務の運営に重大な支障を生じさせた職員は，停職，減給又
　　は戒告とする。

⑭　セクシュアル・ハラスメント（他の者を不快にさせる職場における性的な言動及び他の職員を不快にさせる職場外における性的な言動）

ア　暴行若しくは脅迫を用いてわいせつな行為をし，又は職場における上司・部下等の関係に基づく影響力を用いることにより強いて性的関係を結び若しくはわいせつな行為をした職員は，免職又は停職とする。

イ　相手の意に反することを認識の上で，わいせつな言辞，性的な内容の電話，性的な内容の手紙・電子メールの送付，身体的接触，つきまとい等の性的な言動（以下「わいせつな言辞等の性的な言動」という。）を繰り返した職員は，停職又は減給とする。この場合においてわいせつな言辞等の性的な言動を執拗に繰り返したことにより相手が強度の心的ストレスの重積による精神疾患に罹患したときは，当該職員は免職又は停職とする。

ウ　相手の意に反することを認識の上で，わいせつな言辞等の性的な言動を行った職員は，減給又は戒告とする。

（注）処分を行うに際しては，具体的な行為の態様，悪質性等も情状として考慮の上判断するものとする。

2　公金官物取扱い関係

(1)　横領

公金又は官物を横領した職員は，免職とする。

(2)　窃取

公金又は官物を窃取した職員は，免職とする。

(3)　詐取

人を欺いて公金又は官物を交付させた職員は，免職とする。

(4)　紛失

公金又は官物を紛失した職員は，戒告とする。

(5)　盗難

重大な過失により公金又は官物の盗難に遭った職員は，戒告とする。

(6)　官物損壊

故意に職場において官物を損壊した職員は，減給又は戒告とする。

(7)　失火

過失により職場において官物の出火を引き起こした職員は，戒告とする。

(8)　諸給与の違法支払・不適正受給

故意に法令に違反して諸給与を不正に支給した職員及び故意に届出を怠り，又は虚偽の届出をするなどして諸給与を不正に受給した職員は，減給又は戒告とする。

(9)　公金官物処理不適正

自己保管中の公金の流用等公金又は官物の不適正な処理をした職員は，減給又は戒告とする。

(10)　コンピュータの不適正使用

　　職場のコンピュータをその職務に関連しない不適正な目的で使用し，公務の運営に支障を生じさせた職員は，減給又は戒告とする。

　3　公務外非行関係

(1)　放火

　　放火をした職員は，免職とする。

(2)　殺人

　　人を殺した職員は，免職とする。

(3)　傷害

　　人の身体を傷害した職員は，停職又は減給とする。

(4)　暴行・けんか

　　暴行を加え，又はけんかをした職員が人を傷害するに至らなかったときは，減給又は戒告とする。

(5)　器物損壊

　　故意に他人の物を損壊した職員は，減給又は戒告とする。

(6)　横領

ア　自己の占有する他人の物を横領した職員は，免職又は停職とする。

イ　遺失物，漂流物その他占有を離れた他人の物を横領した職員は，減給又は戒告とする。

(7)　窃盗・強盗

ア　他人の財物を窃取した職員は，免職又は停職とする。

イ　暴行又は脅迫を用いて他人の財物を強取した職員は，免職とする。

(8)　詐欺・恐喝

　　人を欺いて財物を交付させ，又は人を恐喝して財物を交付させた職員は，免職又は停職とする。

(9)　賭博

ア　賭博をした職員は，減給又は戒告とする。

イ　常習として賭博をした職員は，停職とする。

(10)　麻薬等の所持等

　　麻薬，大麻，あへん，覚醒剤，危険ドラッグ等の所持，使用，譲渡等をした職員は，免職とする。

(11)　酩酊による粗野な言動等

　　酩酊して，公共の場所や乗物において，公衆に迷惑をかけるような著しく粗野又は乱暴な言動をした職員は，減給又は戒告とする。

(12)　淫行

　　18歳未満の者に対して，金品その他財産上の利益を対償として供与し，又は供与することを約束して淫行をした職員は，免職又は停職とする。

⒀　痴漢行為

　　公共の場所又は乗物において痴漢行為をした職員は，停職又は減給とする。

⒁　盗撮行為

　　公共の場所若しくは乗物において他人の通常衣服で隠されている下着若しくは身体の盗撮行為をし，又は通常衣服の全部若しくは一部を着けていない状態となる場所における他人の姿態の盗撮行為をした職員は，停職又は減給とする。

4　飲酒運転・交通事故・交通法規違反関係

(1)　飲酒運転

ア　酒酔い運転をした職員は，免職又は停職とする。この場合において人を死亡させ，又は人に傷害を負わせた職員は，免職とする。

イ　酒気帯び運転をした職員は，免職，停職又は減給とする。この場合において人を死亡させ，又は人に傷害を負わせた職員は，免職又は停職（事故後の救護を怠る等の措置義務違反をした職員は，免職）とする。

ウ　飲酒運転をした職員に対し，車両若しくは酒類を提供し，若しくは飲酒をすすめた職員又は職員の飲酒を知りながら当該職員が運転する車両に同乗した職員は，飲酒運転をした職員に対する処分量定，当該飲酒運転への関与の程度等を考慮して，免職，停職，減給又は戒告とする。

(2)　飲酒運転以外での交通事故（人身事故を伴うもの）

ア　人を死亡させ，又は重篤な傷害を負わせた職員は，免職，停職又は減給とする。この場合において措置義務違反をした職員は，免職又は停職とする。

イ　人に傷害を負わせた職員は，減給又は戒告とする。この場合において措置義務違反をした職員は，停職又は減給とする。

(3)　飲酒運転以外の交通法規違反

　　著しい速度超過等の悪質な交通法規違反をした職員は，停職，減給又は戒告とする。この場合において物の損壊に係る交通事故を起こして措置義務違反をした職員は，停職又は減給とする。

(注)　処分を行うに際しては，過失の程度や事故後の対応等も情状として考慮の上判断するものとする。

5　監督責任関係

(1)　指導監督不適正

　　部下職員が懲戒処分を受ける等した場合で，管理監督者としての指導監督に適正を欠いていた職員は，減給又は戒告とする。

(2)　非行の隠ぺい，黙認

　　部下職員の非違行為を知得したにもかかわらず，その事実を隠ぺいし，又は黙認した職員は，停職又は減給とする。

	事　由	免職	停職	減給	戒告
1 **一般服務関係**	(1)　欠勤				
	ア　10日以内			●	●
	イ　11日以上20日以内		●	●	
	ウ　21日以上	●	●		
	(2)　遅刻・早退				●
	(3)　休暇の虚偽申請			●	●
	(4)　勤務態度不良			●	●
	(5)　職場内秩序を乱す行為				
	ア　暴行		●	●	
	イ　暴言			●	●
	(6)　虚偽報告			●	●
	(7)　違法な職員団体活動				
	ア　単純参加			●	●
	イ　あおり・そそのかし	●	●		
	(8)　秘密漏えい				
	ア　故意の秘密漏えい	●	●		
	自己の不正な利益を図る目的	●			
	イ　情報セキュリティ対策のけ怠による秘密漏えい		●	●	●
	(9)　政治的目的を有する文書の配布				●
	(10)　兼業の承認等を得る手続のけ怠			●	●
	(11)　入札談合等に関与する行為	●	●		
	(12)　個人の秘密情報の目的外収集			●	●
	(13)　公文書の不適正な取扱い				
	ア　偽造・変造・虚偽公文書作成，毀棄	●	●		
	イ　決裁文書の改ざん			●	●
	ウ　公文書の改ざん・紛失・誤廃棄等		●	●	●
	(14)　セクシュアル・ハラスメント				
	ア　強制わいせつ，上司等の影響力利用による 　　　性的関係・わいせつな行為	●	●		
	イ　意に反することを認識の上での性的な言動 　　　の繰り返し		●	●	
	執拗な繰り返しにより強度の心的ストレス 　　　の重積による精神疾患に罹患	●	●		
	ウ　意に反することを認識の上での性的な言動			●	●
2 **公金官物取扱い**	(1)　横領	●			
	(2)　窃取	●			
	(3)　詐取	●			
	(4)　紛失				●
	(5)　盗難				●
	(6)　官物損壊			●	●
	(7)　失火				●
	(8)　諸給与の違法支払・不適正受給			●	●

区分	項目				
	(9) 公金官物処理不適正			●	●
	(10) コンピュータの不適正使用			●	●
3 公務外非行関係	(1) 放火	●			
	(2) 殺人	●			
	(3) 傷害		●	●	
	(4) 暴行・けんか			●	●
	(5) 器物損壊			●	
	(6) 横領				
	ア 横領	●	●		
	イ 遺失物等横領			●	●
	(7) 窃盗・強盗				
	ア 窃盗	●	●		
	イ 強盗	●			
	(8) 詐欺・恐喝	●	●		
	(9) 賭博				
	ア 賭博			●	●
	イ 常習賭博		●		
	(10) 麻薬等の所持等	●			
	(11) 酩酊による粗野な言動等			●	●
	(12) 淫行	●	●		
	(13) 痴漢行為		●	●	
	(14) 盗撮行為		●	●	
4 飲酒運転・交通事故・交通法規違反	(1) 飲酒運転				
	ア 酒酔い	●	●		
	人身事故あり	●			
	イ 酒気帯び	●	●	●	
	人身事故あり	●	●		
	措置義務違反あり	●			
	ウ 飲酒運転者への車両提供，飲酒運転車両への同乗行為等	●	●	●	●
	※飲酒運転をした職員の処分量定，飲酒運転への関与の程度等を考慮し決定				
	(2) 飲酒運転以外での人身事故				
	ア 死亡又は重篤な傷害	●	●	●	
	措置義務違反あり	●	●		
	イ 傷害			●	●
	措置義務違反あり		●	●	
	(3) 飲酒運転以外の交通法規違反				
	著しい速度超過等悪質な交通法規違反		●		●
	物損・措置義務違反あり		●	●	
5 監督責任	(1) 指導監督不適正			●	●
	(2) 非行の隠ぺい，黙認		●	●	

[例10]　会社は，出勤停止，降格，諭旨解雇または懲戒解雇にあたっては懲戒委員会の諮問を経て行なう。

　　2　懲戒委員会の構成・運営については，別に定める。

　懲戒処分を行なうにあたっては手続き上，以下の点に注意する。

　第1に，懲戒処分の種類・事由等を就業規則に定め，周知されていること。使用者が労働者を懲戒するには，あらかじめ就業規則において懲戒の種類および事由を定めておくことが必要である（フジ興産事件・最判平15.10.10労働判例861号5頁）。前記のとおり，たとえば懲戒規定に「降格」がなければ懲戒処分としての降格はできない。そして就業規則が拘束力を生ずるためには，その内容を，適用を受ける事業場の労働者に周知させる手続きがとられていることを要する。

　第2に，懲戒となる具体的な事実が就業規則の懲戒事由に該当していること。懲戒となる対象事実とその裏づけ（本人の自認，関係証拠など）を確認し，就業規則の懲戒事由に該当すること，および懲戒規定の該当条項を整理しておかなければならない。特に懲戒解雇については，本人の請求があれば解雇事由を記載した文書を遅滞なく交付しなければならない（労基法22条）。

　第3に，不遡及・一事不再理の原則に反しないこと。懲戒規定で新たに懲戒の種類や事由を追加した場合，新たな追加規定は従業員に周知した後に効力が生じ，それ以前の非違行為には適用されない（不遡及）。またいったん懲戒処分をした非違行為は再度，懲戒の対象とできない（一事不再理）。なお懲戒処分の量定（懲戒処分の重さ）の判断において，過去の懲戒処分歴およびその対象事実を考慮することは一事不再理に反するものではなく，許容される。

　第4に，平等に取り扱うこと。同種同程度の事案に対しては懲戒処分も同様で均衡を失しないようにしなければならない。この点では，企業内の懲戒処分の先例にも留意しなければならない。また従来は黙認してきた規律違反について懲戒処分をする場合は，事前の十分な周知や警告を必要とする。

　第5に，手続き違反がないこと。就業規則や労働協約により，賞罰委員会への諮問手続き，弁解の機会付与手続き，あるいは労働組合との事前協議（協議約款），同意（同意約款）などがある場合には，定められた手続きを経なければ，懲戒処分は原則として懲戒権の濫用になる。就業規則や労働協約

に上記のような手続きが定められていない場合には手続き要件はないが，弁解の機会付与手続きは原則として行なうことが望ましい。その場合の弁解の機会付与手続きとは，懲戒処分に際して行なう場合に限らず，それ以前の事情聴取などで本人の言い分を聞くものでもよい。なお裁判例では，弁解の機会付与を懲戒処分の要件とするものと要件としないものがあるが，懲戒対象者が行方不明や重大な規律違反が明らかで緊急に懲戒処分をする必要がある場合等を考えると，弁解の機会付与を懲戒処分の絶対的要件とすることは妥当でないと考える。

　第6に，懲戒権の濫用にならないこと。使用者の懲戒権行使は，当該具体的事情のもとで，それが客観的に合理的理由を欠き社会通念上相当として是認することができない場合には権利の濫用として無効になる（労基法15条）。

✳ 問題点

●懲戒処分理由（事由）の追加

　懲戒処分当時に使用者が認識していなかった非違行為は，たとえ処分後の調査で判明した場合でも，特段の事情のないかぎり懲戒処分理由に追加し，懲戒処分の根拠づけに用いることはできない（山口観光事件・最判平8.9.26労働判例708号31頁）。この場合の「特段の事情」とは，懲戒事由と密接に関連する同種行為などを指している（富士見交通事件・東京高判平13.9.12労働判例816号11頁）。同様に，処分後に判明した事実をもって懲戒処分理由を差し替えることも原則としてできない。

●懲戒処分の公表

　再発防止の目的で懲戒処分を社内に公示する取り扱いをすることも多い。
　[例11]　懲戒処分は文書により行ない，原則として社内に公示する。

　懲戒処分の公表は，他の従業員に対して，懲戒となった規律違反内容を周知して，再発防止をはかる点に目的があるから，懲戒対象者の氏名を記載する必要はなく，また記載することは過剰な制裁ともいえる。さらに，セクハラのような場合は被害者のプライバシーにも配慮する必要がある。人事院でも，次頁の指針に示す要件を掲げている。

　したがって企業においても，懲戒処分の社内公表については原則として当

該労働者の氏名を出さないこと（例外として実名を出すのは，懲戒事実が悪質重大で企業内外への影響が大きい場合に限る），および懲戒対象事実のみを記載することとし，人事院の指針を参考にした運用をすべきである。

●懲戒処分の時間的制約

懲戒権の行使について時間的な制約はないが，懲戒事実から7年以上経過した後になされた諭旨退職処分の事案について，処分時点において企業秩序維持の観点から重い懲戒処分を必要とする客観的に合理的な理由を欠き，社会通念上相当なものと是認できず，諭旨退職処分による懲戒解雇が権利濫用とされた例がある（ネスレ日本懲戒解雇事件・最判平18.10.6労働判例925号11頁）。

【人事院の懲戒処分公表指針】

総参－786
平成15年11月10日

1　公表対象
　次のいずれかに該当する懲戒処分は，公表するものとする。
　(1)　職務遂行上の行為又はこれに関連する行為に係る懲戒処分
　(2)　職務に関連しない行為に係る懲戒処分のうち，免職又は停職である懲戒処分
2　公表内容
　事案の概要，処分量定及び処分年月日並びに所属，役職段階等の被処分者の属性に関する情報を，個人が識別されない内容のものとすることを基本として公表するものとする。
3　公表の例外
　被害者又はその関係者のプライバシー等の権利利益を侵害するおそれがある場合等1及び2によることが適当でないと認められる場合は，1及び2にかかわらず，公表内容の一部又は全部を公表しないことも差し支えないものとする。
4　公表時期
　懲戒処分を行った後，速やかに公表するものとする。ただし，軽微な事案については，一定期間ごとに一括して公表することも差し支えないものとする。
5　公表方法
　記者クラブ等への資料の提供その他適宜の方法によるものとする。

●定年前の懲戒事由にもとづく定年後再雇用中の懲戒処分

　定年前に懲戒処分の対象となる不祥事（秩序・規律違反行為）を行なった従業員について，定年後再雇用時にその不祥事が発覚した場合，使用者は再雇用している当該従業員に対して，その不祥事をもって懲戒処分をすることは可能かについて，裁判例では懲戒処分を可能とするが，次の4点を満たすことが必要としている（平河工業事件・東京地判平17.2.22労働法令通信2040号33頁）。

　　- 定年までの労働契約とその後の再雇用の労働契約において，いずれも使用者と労働者が同一であること
　　- 定年後再雇用の労働契約が定年までの労働契約と手続き的および時間的に実質上継続していると認められること
　　- 定年前の不祥事について，定年前に懲戒処分ができなかったことに合理的理由があること
　　- 定年前の正社員に適用される就業規則と定年後再雇用者に適用される就業規則において，いずれも同内容の懲戒に関する規定があること

●懲戒解雇と退職金不支給

　この問題については，8章参照。

【表　彰】

第1条（表彰）　会社は，従業員が次の各号の一に該当するときは表彰する。

(1)　成績優秀で他の従業員の模範となる者

(2)　業務上有益な改良考案または工夫をし，会社の業績に貢献した者

(3)　事故災害を未然に防ぎ，または非常の際に特に功労のあった者

(4)　永年（10年および20年）勤続して勤務成績優良な者

(5)　社会的功績があり，会社の名誉となる行為があった者

(6)　その他前各号に準ずる善行または功労があった者

2　表彰は，賞状および記念品の授与により行なう。

【懲　戒】

第1条（懲戒の種類および程度）　懲戒は，次の区分に従って行なう。

(1)　譴　責

　　始末書をとり，将来を戒める

(2)　減　給

　　始末書をとり，将来を戒めるとともに賃金を減ずる。

　　この場合，減給の額は一事案について平均賃金の1日分の半額とし，複数事案に対しては減給総額が当該賃金支払い期間における賃金総額の10分の1を超えないものとする。

(3)　出勤停止

　　始末書をとり，将来を戒めるとともに，30日以内の期間を定めて出勤を停止し，その期間の賃金は支払わない。

(4)　停　職

　　始末書をとり，将来を戒めるとともに，6ヵ月以内の期間を定めて休職とし，その期間の賃金は支払わない。

(5)　降　格

　　始末書をとり，将来を戒めるとともに，役職の罷免・引き下げ，

および資格等級の引き下げのいずれか，または双方を行なう。

(6)　諭旨解雇

　　退職願を提出するように勧告する。ただし，所定期間内に勧告に従わないときは懲戒解雇とする。諭旨解雇となる者には，情状を勘案して退職金の一部を支給しないことがある。

(7)　懲戒解雇

　　予告期間を設けることなく即時解雇する。この場合，所轄労働基準監督署長の認定を受けたときは，第○条に定める解雇予告手当を支給しない。

　　懲戒解雇となる者には，退職金を支給しない。

2　前項の懲戒の定めにかかわらず，日常の勤務成績その他情状を考慮して懲戒に至らない訓戒にとどめることがある。

第2条（懲戒事由）　従業員が次の各号の一に該当するときは，審議のうえ，その軽重に応じ，第1条に定める懲戒処分を行なう。

(1)　重要な経歴を偽り，その他不正な方法を用いて採用されたとき

(2)　正当な理由なくしばしば遅刻，早退し，あるいはみだりに任務を離れるなど誠実に勤務しないとき

(3)　正当な理由なく無断欠勤したとき

(4)　会社の業務上の指示，命令に対し再三注意を受けても従わなかったとき

(5)　正当な理由なく，配転，転勤，出向などを拒否したとき

(6)　第○条に定める服務規律に関する事項に違反したとき

(7)　会社の秘密を漏らし，または漏らそうとしたとき

(8)　会社の金品を盗み，または横領するなど不正行為に及んだとき

(9)　職務を利用して私利をはかったとき

(10)　取引先に対し金品等の利益を要求し，または受領するなど職務上の不正行為をなしたとき

(11)　会社内で，暴行，脅迫，傷害，暴言またはこれに類する行為をなしたとき

(12)　故意に会社の業務を妨害し，または妨害しようとしたとき

⒀　違法な争議により，会社の業務の運営に重大な影響を与えたとき

⒁　性的言動により，他の労働者に不快な思いをさせ，職場の環境を悪くしたとき

⒂　職務中の他の従業員の業務に支障を与えるような性的関心を示したり，交際や性的関係を要求したとき

⒃　性的な言動に起因する問題により，会社の秩序・規律を乱し，またはそのおそれのあったとき

⒄　職務上の地位を利用して，他の労働者に性的な不快感を与え，または性的な強要を行なったとき

⒅　妊娠・出産等に関する言動および妊娠・出産，育児・介護等に関する制度または措置の利用等についての嫌がらせ等の言動により，就業環境を悪化させたとき

⒆　職務上の地位や人間関係などの職場内の優位性を背景に，業務の適正な範囲を超えて，他の従業員その他の関係者に精神的・身体的苦痛を与え，または職場環境を悪化させたとき

⒇　故意または過失によって会社の建物・施設・物品・商品等を汚損し，または破壊したとき

㉑　会社の施設内で，許可なく集会をし，または文書の配布・掲示，演説，放送を行なったとき

㉒　故意または重大な過失により会社に損害を与え，または会社の信用を失墜させたとき

㉓　会社外において，会社または役員，従業員の名誉・信用を毀損したとき

㉔　会社を誹謗・中傷し，または虚偽の風説を流布喧伝し，会社業務に重大な影響を与えたとき

㉕　会社の承認を受けず在籍のまま他に雇われたとき

㉖　飲酒運転（酒気帯び運転を含む），ひき逃げ，その他刑罰法規に違反したとき

㉗　部下および職場の管理監督，業務上の指導，または必要な指示注意を怠ったとき

⒅　前各号に準ずる行為があったとき

第3条（自宅待機）　懲戒に該当する行為があった者について，事実調査のため必要がある場合は，その処分が決定されるまでの間，自宅待機を命ずることがある。

第4条（懲戒の軽減）　情状酌量の余地があり，または改悛の情が明らかに認められる場合は，懲戒を軽減し，または免除することがある。

第5条（教唆および幇助）　従業員が，他人を教唆しまたは幇助して第2条に掲げる行為をさせたときは，その行為者に準じて懲戒を行なう。

第6条（損害賠償）　従業員が故意または重大な過失によって会社に損害を与えたときは，懲戒されたことによって損害の賠償を免れることはできない。

第7条（懲戒委員会）　会社は，出勤停止，降格，諭旨解雇または懲戒解雇にあたっては懲戒委員会の諮問を経て行なう。

2　懲戒委員会の構成・運営については，別に定める。

第8条（公示）　懲戒処分は文書により行ない，原則として社内に公示する。

第**11**章
第 章

教育・研修，福利厚生，職務発明

第1節

教育・研修

📷 基本的な考え方

　経済のグローバル化や通信技術の革新などを背景に，人材の育成，能力開発が近年，ますます重要となってきている。したがって企業としては，業務命令としての教育・研修のみならず，労働者への能力開発，自己啓発のための機会付与も考えるべきであり，こうした従業員の教育・研修や能力開発について体系的かつ多様な仕組みを考えて実施することが必要である。職業能力開発促進法では，事業主は労働者に対し，職業能力の開発・向上をはかる多様な職業訓練の機会を与えるよう配慮すべきことを定めている（8条以下）。

　企業における教育・研修は，職場内で実際に仕事を通じて行なうOJTと，仕事を離れた集団学習などのOff-JTに大別される。OJTでは上司・先輩による指導，面接等を職場の配置や異動も考慮して行なう。Off-JTは階層別研修が基本となっているが，最近はそれに限らずさまざまな内容が盛り込まれている。教育訓練の運用にあたっては，男女雇用機会均等法の規制があることに注意すべきである（後記「チェックポイント」参照）。また，パートタイマー，有期契約者との関係については12章で述べる。

　就業規則の相対的必要記載事項としては「職業訓練に関する定めをする場合においては，これに関する事項」（労基法89条7号）があり，これは行なうべき職業訓練の種類，訓練にかかる職種等，訓練の内容・期間，訓練を行なうことができる資格等，職業訓練中の労働者に対し特別な権利義務を設定する場合にはそれに関する事項，訓練終了者に対し特別に処遇する場合にはそれに関する事項等を意味するとされている（昭44.11.24基発776号）。

　もとより体系的な教育訓練の仕組みを就業規則に設けておくことは望ましいが，それを必要的な記載事項とするのは疑問である。使用者が命じる教育

訓練・研修は業務遂行の一環として随時行なわれ，その内容もOJT同様，さまざまであり画一的とは限らないので，あらかじめ規定化するに適しないことも多いと思われる。加えて教育訓練自体が一般に，労働者の具体的な権利ではないことからすると，［例1］のように職業能力開発促進法を受けた一般的な定めと，教育・研修（OJTおよびOff-JT）を受ける義務を規定しておけば，労基法89条7号との関係では最低限足りると考える。実務でも［例1］や［例2］のような一般的な規定だけの例が大半と思われる。

［例1］　会社は，従業員に対して，業務に関する知識を高め，能力の向上をはかるため必要な教育・研修を行なう。

　　2　従業員は，会社が行なう教育・研修を受けなければならない。

　　3　会社は特に必要がある場合，外部の教育機関・研究機関などに従業員を派遣し一定期間，専門知識・技能の習得を行なわせることがある。

［例2］　従業員は自らの知識・技能の向上に努めるとともに，会社の行なう教育・研修を受けなければならない。

●留学費用の返還に関する規程

留学費用の返還については，就業規則本体ではなく別規程で定める例が多い。

留学などの研修は，企業が人材育成のために多額の費用と時間を与えて，職場復帰後の企業への貢献を期待して行なうものであるから，研修後に退職されるとその目的を達しえず，同業に転職した場合などには損失も大きく，また企業内におけるモラールの低下にもつながりかねない。そこで実務では，「○年間は退職しません」といった誓約書をとり，復職後の一定期間の退職禁止を合意する例もある。しかし労働者には辞職の自由があり（民法627条），雇用期間の定めのない従業員の場合，2週間前の労働契約解約の申し入れにより退職できるので，上記誓約書はこの自由を制約するものとして無効視する考え方が有力である。

そこで実務上は，研修後一定期間以内に退職した場合は研修費用を返還させる取り扱いをすべきである。この場合の費用返還については，労基法16条（賠償予定の禁止）に抵触するかが問題とされる。特に，使用者が費用を負担

し，復職後一定期間，使用者のもとで勤務しない場合は労働義務の不履行として その全額を支払わせるという定め方は，損害賠償の予定と考えられやすい。このため使用者は研修・留学費用を金銭消費貸借契約として労働者に貸し付け，復帰後一定期間の勤務を貸付金返還の免除要件として取り扱えば，労働契約の履行・不履行と無関係であり，原則として労基法16条違反とならない。

裁判例からみると，人材育成確保の目的で企業が支出する研修・留学費用の返還については，次の点に留意する必要がある。

第1に，対象となる研修・留学はもっぱら労働者個人の能力向上に資するものであり，業務の遂行でないことが必要である。研修・留学といってもその内容が会社の業務遂行にあたり，あるいは業務の一環であれば，その費用は会社負担となるからである。たとえば裁判例では，美容指導を受ける新入社員について，勝手に退職する場合は講習手数料を支払う旨の特約が労基法16条違反とされた事案で，新入社員に対する指導の実態は一般社員の新入社員教育と異ならないため，指導に要する費用は当然，使用者が負担すべきものと判断した例がある。また海外派遣中に関連企業で業務に従事していたり，留学先で業務に関連する学科を専攻するように定め，留学中の待遇も勤務に準じて定めているなどの実態があることから，留学費は業務遂行の費用であって返還を求めることは労基法16条違反とした例がある。

第2に，労働者の自由意思を基本とするため，研修・留学は労働者の申出により行なう制度とすべきである。

第3に，返還すべき費用は研修・留学にかかる合理的な実費ないし援助金の範囲とする必要がある。

第4に，費用支出についてはあらかじめ従業員と書面で合意をしておくべきである。そこでは雇用契約と別個の立替金または貸与金（金銭消費貸借）としてその返還を定め，あわせて一定期間，会社に勤務することを条件に返済免除をする場合は，その旨を具体的に明記しておく必要がある。この場合の「一定期間」は実例でも5年以内が多く，雇用期間は5年を超えられない（民法626条，労基法14条）こととの均衡からも5年以内にすべきである。

以上から，留学等については［例3］のような規程を設けて運用すべきで

ある。さらに［例3］の2条と3条は使用者と留学従業員との間の貸付金に関する約定なので，規程とは別に留学従業員の個別の同意書もとっておくべきである。

［例3］（社内留学制度の規程例）

　　第1条　社内留学制度の対象者は次の資格を具備する希望者から選考により決定する。

　　　(1)　……

　　　(2)　……

　　　(3)　当社に永年勤続の意思を有する者

　　第2条　会社は留学生に対し次の各号の費用を貸与するものとし，貸与は必要に応じて随時行なう。この貸与金は無利子とする。留学生は，第3条の場合を除き貸与金の総額を退職後1年以内に会社に返還しなければならない。

　　　(1)　留学先への授業料等の納入金

　　　(2)　その他勉学にともない必要と認められる諸経費

　　第3条　留学生が，帰任後5年以上勤務した場合には第2条に定めた貸与金の返還を免除する。また留学生が留学中もしくは帰任後5年以内に死亡またはその他の理由により貸与金の返還が不能となった場合，および健康上の理由により留学の辞退がやむをえないと会社が認めた場合には貸与金の全部または一部の返済を免除することがある。

検討を要する実例

［例4］

　　第1条　留学に要する費用の取り扱いは，次の各号による。

　　　(1)　学費（入学金，授業料），入学手続き費は会社が負担する。

　　　(2)　その他，特に必要と認めたものについては会社が負担する。

　　第2条　留学終了後，会社に復帰して，5年未満で自己都合退職の場合は，第1条により留学に関して会社が負担した全額を返済しなければならない。

　上記［例4］は，金銭の貸付という形をとっていないので望ましくない。

●**男女雇用機会均等法との関係**

男女雇用機会均等法6条1号では，教育訓練について性別を理由とする差別取り扱いを禁止している。この点について指針（平18.10.11厚生労働省告示614号）では，次のように例示している。

【平成18年10月11日厚生労働省告示614号】

> 教育訓練に関し，一の雇用管理区分において，例えば，次に掲げる措置を講ずることは，法第6条第1号により禁止されるものである。
> イ　教育訓練に当たって，その対象から男女のいずれかを排除すること。
> 　（排除していると認められる例）
> 　①　一定の職務に従事する者を対象とする教育訓練を行うに当たって，その対象を男女のいずれかのみとすること。
> 　②　工場実習や海外留学による研修を行うに当たって，その対象を男性労働者のみとすること。
> 　③　接遇訓練を行うに当たって，その対象を女性労働者のみとすること。
> ロ　教育訓練を行うに当たっての条件を男女で異なるものとすること。
> 　（異なるものとしていると認められる例）
> 　①　女性労働者についてのみ，婚姻したこと，一定の年齢に達したこと又は子を有していることを理由として，将来従事する可能性のある職務に必要な知識を身につけるための教育訓練の対象から排除すること。
> 　②　教育訓練の対象者について，男女で異なる勤続年数を条件とすること。
> 　③　女性労働者についてのみ，上司の推薦がなければ教育訓練の対象としないこと。
> 　④　男性労働者については全員を教育訓練の対象とするが，女性労働者については希望者のみを対象とすること。
> ハ　教育訓練の内容について，男女で異なる取扱いをすること。
> 　（異なる取扱いをしていると認められる例）
> 　教育訓練の期間や課程を男女で異なるものとすること。

ただし以下については，使用者がポジティブ・アクションを講ずる場合には許容され，男女雇用機会均等法6条1号違反にならない。

ポジティブ・アクションとは，雇用の分野における男女の均等な機会および待遇の確保の支障となっている事情を改善することを目的とする措置のことである（8条）。教育訓練については「一の雇用管理区分における女性労

働者が男性労働者と比較して相当程度少ない職務又は役職に従事するに当たって必要とされる能力を付与する教育訓練に当たって，その対象を女性労働者のみとすること，女性労働者に有利な条件を付すことその他男性労働者と比較して女性労働者に有利な取扱いをすること」（上記指針）とされている。ここでいう「相当程度少ない」とは，職務または役職ごとにみて40％を下回る場合である（平18.10.11雇児発1011002号）。たとえば女性部長がいないため，部長になるための研修を女性のみに実施するのはポジティブ・アクションとして許容される。

第2節

福利厚生

☞ 基本的な考え方

就業規則本体で，次のような規定にもとづき別規程や内規により具体的な福利厚生の内容，利用手続き等を設ける例が多い。別規程や内規は，たとえば社内預金規程，従業員財産形成貯蓄規程，住宅資金融資規程，慶弔見舞金規程，社宅入居規程，従業員ユニホーム規程などである。

[例] 従業員は別に定めるところにより福利厚生施設の利用および諸制度の適用を受けることができる。

2 従業員およびその家族の慶弔・罹災ならびに従業員の疾病に対して慶弔見舞金を支給する。慶弔見舞金については別に定める慶弔見舞金規程による。

福利厚生は本来，使用者の恩恵的な取り扱いなので，就業規則に記載しなければならないのかが問題であろう。この点について，就業規則の相対的必要記載事項である「事業場の労働者のすべてに適用される定めをする場合においては，これに関する事項」（労基法89条10号）には，一定の範囲の労働者のみに適用される事項ではあるが，労働者のすべてがその適用を受ける可能性があるものも含まれ，財産形成制度等の福利厚生に関する事項等も89条10号にあたるとされている。また本来，恩恵的な給付，たとえば慶弔見舞金であっても，就業規則で支給条件が明確にされていれば使用者に支払い義務が生じるため，見舞金は労働の対価である賃金として扱われる（昭22.9.13発基17号）。したがって福利厚生に関して，具体的な給付や利用の条件を画一的に定めて行なう場合には，就業規則に上記［例］の１項のような包括的な規定を設けて，具体的には別規程で規定し運用することになる。［例］では特に金銭支給を行なう慶弔見舞金を２項で掲げるものである。

☑ チェックポイント

●男女雇用機会均等法との関係

　男女雇用機会均等法6条2号では，福利厚生について性別を理由とする差別
取り扱いを禁止している。対象となるのは，住宅資金の貸付（6条2号），生活
資金，教育資金その他労働者の福祉増進のための資金の貸付（規則1条1号），
労働者の福祉増進のために定期的になされる金銭の給付（規則1条2号），労働
者の資産形成のための金銭の給付（規則1条3号），住宅の貸与（規則1条4号）
であり，指針（平18.10.11厚生労働省告示614号）は次のように例示している。

【平成18年10月11日厚生労働省告示614号】

　福利厚生の措置に関し，一の雇用管理区分において，例えば，次に掲げる措置
を講ずることは，法第6条第2号により禁止されるものである。

イ　福利厚生の措置の実施に当たって，その対象から男女のいずれかを排除する
　　こと。
　（排除していると認められる例）
　　男性労働者についてのみ，社宅を貸与すること。

ロ　福利厚生の措置の実施に当たっての条件を男女で異なるものとすること。
　（異なるものとしていると認められる例）
　　①　女性労働者についてのみ，婚姻を理由として，社宅の貸与の対象から排
　　　　除すること。
　　②　住宅資金の貸付けに当たって，女性労働者に対してのみ，配偶者の所得
　　　　額に関する資料の提出を求めること。
　　③　社宅の貸与に当たり，世帯主であることを条件とする場合において，男
　　　　性労働者については本人の申請のみで貸与するが，女性労働者に対しては
　　　　本人の申請に加え，住民票の提出を求め，又は配偶者に一定以上の所得が
　　　　ないことを条件とすること。

第3節

職務発明

🖥 基本的な考え方

　職務発明とは，従業者等が「その性質上，当該使用者等の業務範囲に属し，かつ，その発明をするに至った行為が，その使用者等における従業者等の現在又は過去の職務に属する発明」をいうと定義されている（特許法35条1項）。特許法は，一方で従業者等がした職務発明について，契約，勤務規則等においてあらかじめ使用者等に特許を受ける権利を取得させることを定めたときは，その特許を受ける権利はその発生時から使用者等に帰属し（35条3項），他方で従業者等は使用者等に特許を受ける権利を取得させた場合等は，相当の金銭その他の経済上の利益（相当の利益）を受ける権利を有するとした（35条4項）。

　特許法では，契約，勤務規則等において職務発明の相当の利益を定める場合には，相当の利益の内容を決定するための基準の策定に際して，使用者等と従業者等との間で行なわれる協議の状況，策定された当該基準の開示の状況，相当の利益の内容の決定について行なわれる従業者等からの意見の聴取の状況等を考慮して，その定めたところにより相当の利益を与えることが不合理と認められるものであってはならないとされている（35条5項）。ここでいう勤務規則には当然，就業規則も含まれる。

　相当の利益に関しては，「特許法第35条第6項に基づく発明を奨励するための相当の金銭その他の経済上の利益について定める場合に考慮すべき使用者等と従業者等との間で行われる協議の状況等に関する指針」（平28.4経済産業省告示131号）が公表されている。

［例］　従業員が行なった発明の取り扱いに関する事項は，職務発明取扱規程の定めるところによる。

職務発明の取り扱いに関する規定は，上記［例］のように別規程にする場合が多い。また以下の項目などを規定する。

- 規程作成の目的
- 用語の定義
- 発明の届出手続き
- 職務発明か否かの認定手続き
- 権利の帰属
- 相当の利益の算定方法および支払い時期
- 発明者からの意見聴取
- 発明委員会の設置および審議事項
- 制限行為
- 秘密保持
- 職務発明にあたらない発明の取り扱い
- 社外の者との共同発明の取り扱い
- 退職者または出向者の発明の取り扱い
- 外国における権利の取り扱い
- 実用新案権および意匠権に関する準用
- 規程の開示および改定

【教育・研修，福利厚生】

第1条（教育・研修）　会社は，従業員に対して，業務に関する知識を高め，能力の向上をはかるため必要な教育・研修を行なう。

2　従業員は，会社が行なう教育・研修を受けなければならない。

3　会社は特に必要がある場合，外部の教育機関・研究機関などに派遣し一定期間，専門知識・技能の習得を行なわせることがある。

第2条（福利厚生）　従業員は別に定めるところにより福利厚生施設の利用および諸制度の適用を受けることができる。

2　従業員およびその家族の慶弔・罹災ならびに従業員の疾病に対して，慶弔見舞金を支給する。慶弔見舞金については別に定める慶弔見舞金規程による。

〔慶弔見舞金規程〕

第1条（目的）　この規程は，就業規則第○条により従業員に関する事項について定める。

第2条（種類）　慶弔見舞金の種類は，結婚祝金，出産祝金，弔慰金，傷病見舞金，災害見舞金の5種類とする。

第3条（手続き）　慶弔見舞金を受けるときは，その事由発生のときに，これを証する資料を添付して所定の申請書に必要事項を記入し，所属長に提出するものとする。

第4条（重複不支給）　この規程による慶弔見舞金は，1家族2人以上勤務している者に対しては，重複して支給しない。

第5条（結婚祝金）　従業員が在職中に結婚した場合には，○万円の結婚祝金を支給する。

第6条（出産祝金）　従業員または従業員の配偶者が出産した場合には，出産児1人につき○万円を支給する。

第7条（弔慰金）　従業員またはその家族が死亡した場合には，次の弔慰金を支給する。

(1) 本人　　　　　　　　　　業務上　〇万円の範囲で定める金額

　　　　　　　　　　　　　　業務外　〇万円の範囲で定める金額

(2) 配偶者　　　　　　　　　〇万円

(3) 本人の父母，子，配偶者の父母　　〇万円

(4) 本人の祖父母，兄弟姉妹，孫　　〇万円

第8条（花環，供物）　前条第1号から第3号までに該当する場合には，同時に花環または供物を贈る。

第9条（業務外傷病見舞金）　従業員が業務外の事由により負傷し，または疾病にかかり休業が引き続き1ヵ月以上に及んだときは，その程度により〇万円の範囲で傷病見舞金を支給する。

第10条（業務上傷病見舞金）　従業員が業務上の事由により負傷し，または疾病にかかり，休業が引き続き7日以上に及んだときは，その程度により〇万円の範囲で傷病見舞金を支給する。

第11条（災害見舞金）　従業員が天災・火災その他の災害にあったときはその程度により〇万円の範囲で災害見舞金を支給する。

（附則）この規程は，〇〇年〇月〇日から施行する。

【職務発明】

第1条（職務発明）　従業員が行なった発明の取り扱いに関する事項は，職務発明取扱規程の定めるところによる。

第 12 章

パート・有期契約社員，無期転換社員

第1節

就業規則作成上の留意点

■ **基本的な考え方**

　正社員は，長期雇用を予定し，期間の定めのない労働契約を締結してフルタイムで就労する雇用形態であるが，それ以外の雇用形態（いわゆる非正規雇用）も近時拡大して正社員との労働条件・処遇の相違（格差）が法的にも問題とされてきた。平成30年6月に成立した働き方改革関連法により，パート労働法（短時間労働者の雇用管理の改善等に関する法律）が改正され，パートとともに有期労働者も同法の対象者となったため，法律の名称が「短時間労働者及び有期雇用労働者の雇用管理の改善等に関する法律」（以下「パート・有期労働法」という）となり，パート労働者および有期労働者とフルタイムの無期雇用労働者との労働条件の均等・均衡等をはかることになった。

　パート・有期労働法は，大企業は2020年4月1日施行，中小企業への適用は2021年4月1日である。中小企業とは，以下の①または②のいずれかに該当する事業主である。

主たる事業	①資本金額	②常時使用労働者数
小売業	5000万円以下	50人以下
サービス業	5000万円以下	100人以下
卸売業	1億円以下	100人以下
その他	3億円以下	300人以下

　したがって，ここではパート・有期労働法の適用対象となるパート（短時間）労働者および有期労働者の就業規則を扱う。

　なお，平成25年4月施行の労契法18条により，有期労働者に通算5年を超える有期契約の更新から無期契約への転換権を付与する制度が導入され，平成30年4月から無期契約への転換者が生じている。無期転換者のうち，所定労働

時間の短いパート労働者はパート・有期労働法の適用対象者であるが，無期契約でフルタイム労働者は非正規雇用労働者ではなく，正規雇用労働者に分類されてパート・有期労働法の適用対象者ではない点に留意すべきである。

【パート・有期労働法の適用対象者】
 ・所定労働時間が短いパート労働者で有期契約：適用
 ・所定労働時間が短いパート労働者で無期契約：適用
 ・フルタイム労働者で有期契約：適用
 ・フルタイム労働者で無期契約（正規雇用労働者）：適用なし

（注）パート・有期労働法の適用がない正規雇用労働者（フルタイム＋無期）には，職種・労働時間・勤務場所に限定のない正社員型，いずれかの限定がある限定正社員型，「有期」の非正規雇用から無期転換により「フルタイム＋無期」となった無期転換型がある

 以下では，いわゆる正社員（採用当初からフルタイムで長期雇用を予定し，期間の定めのない無期の労働契約を締結している労働者）との対比でパート・有期労働者の就業規則について述べる（有期契約からの無期転換者については本章3節で扱う）。

 ❶パート労働者および有期労働者についても就業規則を作成する義務がある
 労基法89条では，常時10人以上の労働者を使用する事業場について，使用者に就業規則の作成義務があるので，その労働者のなかに非正規雇用労働者がいれば，パート・有期労働者いずれについても就業規則を作成しなければならない。就業規則の必要的記載事項は労基法89条に定められており，正社員と同様である（1章1節2項参照）。

 ❷パート・有期労働者については，正社員の就業規則と別に独自の就業規則を作成すべきである
 非正規雇用労働者であるパート・有期労働者の就業規則作成については，実務上2つの方法がある。一つは正社員の就業規則と別に独自の就業規則を作成する方法であり，もう一つは正社員の就業規則を原則としてパート・有期労働者にも適用し，例外としてパート・有期労働者に適用されない部分を明記する方法である。後者の場合は正社員の就業規則のなかにパート・有期労働者の就業規則も含まれることになる。

パート・有期労働者の雇用形態，労働条件は多様化し，実務上正社員との違いを明確にすることが重要であるから，別に独自の就業規則を作成すべきである。たとえば，非正規労働者については，有期労働者を基本と位置づけて，そのうちでフルタイムとパートタイムに区分することとして１つの就業規則を作成して運用管理を行なう。この場合，有期契約から無期転換がなされた場合の処遇については，当該就業規則に入れる方法か，別途無期転換後の処遇について別の就業規則を設ける方法のいずれかが考えられる。

　[例１]は正社員就業規則と別に独自の就業規則を作成する例である。[例２]も独自の就業規則例であるが，正社員就業規則において非正社員の種類も定めて雇用者の全体を明示した規定にもとづいて非正社員就業規則が定められていることを明示したものであり，このほうが正社員との区別はより明確となる。

[例１]（非正社員就業規則）

　　第○条　この規則は，パート・有期従業員の就業に関する事項を定める。

　　2　パート・有期従業員は次の者をいう。

　　　１年以内の期間を定めて雇用され，１週間の所定労働時間が正社員の所定労働時間と同じまたはそれ未満の者

[例２]　この規則は，正社員就業規則第○条第２項のパート・有期契約従業員の就業に関する事項を定める。

　　2　（略）

[参考]（正社員就業規則）

　　第○条　この規則は社員に適用する。この規則でいう社員とは，第○章（採用）に定める手続きを経て採用され，期間の定めのない労働契約を締結した者をいい，試用期間中の者を含む。

　　2　社員以外の会社で雇用されるパート・有期従業員，有期契約従業員，労働契約法第18条により無期労働契約に転換した者などの就業に関する事項についてはこの規則を適用せず，別に定める。

❸パート・有期労働者の就業規則の意見聴取手続き

　就業規則の作成手続きは，非正規労働者と正規労働者で違いはない（作成

手続きについては 1 章 1 節参照）。

　ただし同一事業場にパート・有期労働者と正社員がいる場合，パート・有期労働者の就業規則は正社員に適用されないので，就業規則作成上必要とされる意見聴取手続き（労基法90条）も，パート・有期労働者の代表者から意見を聴けばよいのかという問題がある。労基法はあくまでその事業場の従業員代表者から意見を聴くことを義務づけているので，もし従業員代表（過半数組合または過半数従業員により選ばれた代表者）が正社員である場合には，パート・有期労働者の就業規則であっても従業員代表となった正社員から意見聴取をしなければならない。そのうえで，事業主は，さらにパート・有期労働者の過半数を代表する者と認められる者の意見を聴くように努めなければならない（パート・有期労働法 7 条）。

　❹正社員の労働条件との相違点を整理することが必要

　正社員の労働条件は就業規則により決めるのが基本であるが，パート・有期労働者の場合は長期雇用を予定しないため，まず正社員の労働条件との相違点を整理することが必要である。特に正社員（フルタイム・無期）と賃金等の待遇に差がある場合，パート・有期労働法では，その待遇差が不合理か否かが問題になり，また新たに説明義務も設けられたので，相違点とその理由等を整理しておかなければならない（後記「チェックポイント」参照）。そのうえで，パート・有期労働者に適した具体的な条項を設けることになる。その際，たとえばパート・有期労働者の間でも賃金や勤務日・労働時間等が同一でない場合は，個別の労働契約により労働条件を決めることが多いので，パート・有期労働者の就業規則の内容も，次の❺のように個別労働契約との対応関係を意識して記載する必要がある。

　正社員の労働条件との相違点に関する主なチェック項目は，第 2 節の各項目のとおりである。

　❺個別の労働契約書または労働条件通知書の必要性

　パート・有期労働者の場合は，正社員のように長期雇用を予定しないので，労働条件は個別の労働契約書により定めることが一般的であり，就業規則があっても，労働時間や賃金等について［例 3 ］のように個別の労働契約に委ねる例が多い。

[例3] 所定労働時間および賃金については，個別の労働契約において定める。

実務では，口頭の合意で個別の労働契約書を作成しない例を見受けるが，これは就業規則作成義務や労働条件明示義務（労基法15条。特に書面明示事項）などに違反しているばかりでなく，当事者間の労働条件が不明確となり紛争の原因にもなるので，基本的な労働条件は必ず就業規則および個別労働契約書か労働条件通知書により書面化しておくべきである。

同様に，有期労働契約を更新するときは必ず事前に労働者の意思を確認して，更新ごとに新たに労働契約書を締結すべきである。パート・有期労働者に関する労働契約書については，これに代わり労働条件通知書を労働者に交付する方法も実務で行なわれている。労働条件通知書のひな型（厚生労働省作成）を章末に掲げる。このひな型で，パート・有期労働者の労働条件として定めるべき事項を確認しておくべきである。

❻労働条件の明示

労働契約締結の際に，使用者は所定の労働条件を明示しなければならない（労基法15条1項，労基法規則5条1項）。さらにパート・有期労働法にも留意すべきである。

実務では，正社員のようなフルタイム・無期労働者の場合，労働条件の明示は就業規則の交付により行なわれることが多い。一方，パート・有期労働者に対しては，就業規則および個別の労働契約書（あるいは労働条件通知書）の交付により行なわれることが多い。したがって，パート・有期労働者の場合は，就業規則のみならず個別の労働契約書（あるいは労働条件通知書）の記載事項をチェックし，労働条件明示義務を怠らないように留意すべきである。

①労働基準法の明示事項（労基法規則5条1項）

明示事項のうち，書面の交付により明示すべき事項は以下のとおりである（労基法規則5条3項）。明示方法は書面交付が原則であるが，労働者本人が希望すれば書面交付に代えてファクシミリあるいは書面化できる電子メール等の電気通信の方法でもよい（2019年4月施行の改正労基法規則5条4項）。

- 労働契約の期間に関する事項

- 有期労働契約の場合の更新の基準に関する事項
- 就業の場所および従事すべき業務
- 始業・終業時刻，所定労働時間を超える残業の有無，休憩，休日，休暇，交替制勤務の就業時転換に関する事項
- 賃金の決定，計算および支払い方法，賃金の締め切りおよび支払い時期に関する事項
- 退職に関する事項（解雇の事由を含む）

　一方，書面交付まで要しない明示事項は以下のとおりである（ただし「昇給」以外は，その定めをおかない場合は明示不要）。

- 昇給
- 退職手当の規定の適用対象者，決定，計算および支払い方法ならびに支払いの時期
- 退職手当以外の臨時に支払われる賃金，賞与およびこれらに準ずる賃金（労基法規則8条）ならびに最低賃金額に関する事項
- 労働者に負担させる食費，作業用品その他に関する事項
- 安全および衛生に関する事項
- 職業訓練に関する事項
- 災害補償および業務外の傷病扶助に関する事項
- 表彰および制裁に関する事項
- 休職に関する事項

②パート・有期労働法の文書明示事項

　パート・有期労働法では，パート労働者だけでなく有期労働者を雇い入れるときにも，昇給，賞与および退職金の有無と相談窓口を文書の交付（労働者本人が希望すればファクシミリ，電子メールその他の受信者を特定して情報を伝達し，書面化できる電気通信方法も可）により明示しなければならない（6条，規則2条）。

❼有期労働契約に関する告示

「有期労働契約の締結，更新及び雇止めに関する基準」（平15.10.22厚生労働省告示357号）は，行政指導の根拠となり，実務上も重要であるから，その内容に従った取り扱いをすべきである（次頁参照）。

【有期労働契約の締結，更新及び雇止めに関する基準】

> 労働基準法第14条第2項の規定に基づき，有期労働契約の締結，更新及び雇止めに関する基準（平成15年10月22日厚生労働省告示第357号）の一部を次のように改正し，平成25年4月1日から適用する。
>
> （雇止めの予告）
> 第1条　使用者は，期間の定めのある労働契約（当該契約を3回以上更新し，又は雇入れの日から起算して1年を超えて継続勤務している者に係るものに限り，あらかじめ当該契約を更新しない旨明示されているものを除く。次条第2項において同じ。）を更新しないこととしようとする場合には，少なくとも当該契約の期間の満了する日の30日前までに，その予告をしなければならない。
> （雇止めの理由の明示）
> 第2条　前条の場合において，使用者は，労働者が更新しないこととする理由について証明書を請求したときは，遅滞なくこれを交付しなければならない。
> 2　期間の定めのある労働契約が更新されなかった場合において，使用者は，労働者が更新しなかった理由について証明書を請求したときは，遅滞なくこれを交付しなければならない。
> （契約期間についての配慮）
> 第3条　使用者は，期間の定めのある労働契約（当該契約を1回以上更新し，かつ，雇入れの日から起算して1年を超えて継続勤務している者に係るものに限る。）を更新しようとする場合においては，当該契約の実態及び当該労働者の希望に応じて，契約期間をできる限り長くするよう努めなければならない。

✔ チェックポイント

●パート・有期労働法の主な内容

　改正法であるパート・有期労働法は，正規労働者と比べ賃金等の待遇が低いパート労働者だけでなく有期労働者も同様に扱うこととし，旧パート労働法の内容を有期労働者にも拡大している。この改正を同一労働同一賃金関係の改正と呼ぶことがあるが，それは欧州の職務給のように同一の労働に対して同一の賃金を支払うという原則とは異なり，正規労働者と比べ非正規労働者（パート・有期労働者）の不合理な待遇差を是正するものであり，同一労働同一賃金の名称は誤解を与えかねない。パート・有期労働法の新たな内容は次のとおりである。詳細はパート・有期労働法の施行通達（平31.1.30基発

0130第1号，職発0130第6号，雇均発0130第1号，開発0130第1号）参照。

❶均衡待遇（8条）

パート・有期労働者について，不合理な待遇差の禁止規定（パート労働法8条，労契法20条）があったが，改正により労契法20条は廃止され，パート・有期労働法8条に合体させて，明確化をはかった。すなわち，パート・有期労働者と通常の労働者との間で賃金その他の待遇に相違がある場合，①職務内容（業務内容およびこれにともなう責任の程度），②職務内容および配置の変更の範囲，③その他の事情のうち，当該待遇の性質および目的に照らして適切と認められるものを考慮して，不合理と認められる相違は違法となる。

❷均等待遇（9条）

パート労働者についてはすでに均等待遇規定があったが，有期労働者にも拡大された。すなわち，①職務内容が通常の労働者（フルタイム・無期労働者）と同一で，②事業場における慣行その他の事情からみて，雇用関係が終了するまでの全期間において，職務内容および配置の変更の範囲が正規雇用労働者と同一であると見込まれるパート・有期労働者については，通常の労働者との差別取り扱いは禁止され，均等待遇が義務化された。

❸事業主の明示義務，説明義務（14条）

改正前のパート労働法において特定事項（昇給・賞与・退職手当の有無）の明示義務（6条，規則2条），雇入れ時の説明義務（ただし，改正後は8条から13条により措置を講ずべきこととされている事項）およびパート労働者から求めがあったときの待遇決定等に際しての考慮事項に関する説明義務が定められていたが，改正法のパート・有期労働法では有期労働者に対しても義務づけられた（14条1項，2項）。そして，新たに事業主はパート・有期労働者から求めがあったときは，通常の労働者との待遇差の内容・理由に関する説明義務を負うことになった（14条2項，それによる解雇その他不利益な取り扱いの禁止は14条3項）。

❹指　針（15条）

改正後のパート・有期労働法の全般については，平成30年厚生労働省告示429号により内容が改正（更新）された「事業主が講ずべき短時間労働者及

び有期雇用労働者の雇用管理の改善等に関する措置等についての指針」（短時間・有期雇用労働指針：平19厚生労働省告示326号）があり，また新たに上記の均等待遇（9条），均衡待遇（8条）に関して「短時間・有期雇用労働者及び派遣労働者に対する不合理な待遇の禁止等に関する指針」（同一労働同一賃金ガイドライン：平30厚生労働省告示430号）がある。

❺行政による履行確保措置および裁判外紛争解決手続（行政ADR）

改正前のパート労働法において，行政が必要と認めた場合の事業主に対する報告徴収・助言・指導・勧告（履行確保措置）の規定があり，労働局長による紛争解決援助や調停制度も設けられている（23条以下）。一方，有期契約労働者には，こうした行政による履行確保や行政ADRの規定がなかったため，改正後のパート・有期労働法では，有期契約労働者についても，行政による履行確保措置の対象とするとともに，行政ADRが利用できることになった（改正法24条以下）。

なお，改正前のパート労働法では，均等待遇規定については報告徴収・助言・指導・勧告の対象としていたが，均衡待遇規定は報告徴収・助言・指導・勧告の対象としていなかった。しかし，改正後のパート・有期労働法では均等待遇規定（9条）だけでなく，均衡待遇規定（8条）に関しても対象としている。ただし，均等待遇規定および均衡待遇規定は民事的効力を有するので，本来は裁判所による判断基準をふまえて行なわれるべきことから，行政は上記の指針（同一労働同一賃金ガイドライン）があっても，判断基準が明確でないグレーゾーンの場合には謙抑的な対応をすべきである。

●**均衡待遇**（パート・有期労働法8条）

同一事業場における正社員のような通常の労働者（フルタイム・無期労働者）との比較で非正規であるパート・有期労働者の賃金その他の待遇に相違がある場合（パート・有期労働者の待遇が低い場合に限る），その相違が不合理であってはならないという均衡待遇の規定がある（8条）。不合理か否かの判断は，相違する待遇のそれぞれについて，①「業務の内容及び当該業務に伴う責任の程度」（以下「職務の内容」という），②「当該職務の内容及び配置の変更の範囲」，③「その他の事情」のうち，当該待遇の性質および当該待遇を行なう目的に照らして適切と認められるものを考慮してなされる。この

待遇の相違には，賃金や労働時間等の労働条件のみならず，労働契約の内容となっている災害補償，服務規律，教育訓練，付随義務，福利厚生等労働者に対する一切の待遇が含まれる。

　相違する待遇が不合理とされた場合には，有期契約者の不合理とされた待遇の定めは無効となり，少なくとも使用者の故意・過失による不法行為として，使用者に損害賠償責任が生じる。

　不合理かどうかの考慮要素である上記①は労働者が従事している具体的な業務の内容および当該業務にともなう責任の程度（たとえば職務権限，緊急対応，時間外労働など），②は今後の見込みも含め，転勤，昇進といった人事異動や本人の役割の変化等（配置の変更をともなわない職務の内容の変更を含む）の有無や範囲，③は合理的な労使の慣行や労使交渉の経緯，職務の成果，能力，経験などの諸事情が想定されている。

　改正法前は有期契約労働者に関する労働条件の不合理な相違の禁止規定（労契法20条）の不合理性について裁判例や2つの最高裁判決（平成30年6月1日。ハマキョウレックス事件（労働判例1179号20頁），長澤運輸事件（労働判例1179号34頁））も出されており，パート・有期労働法8条の不合理性の裁判例が出されるのは相当先になるが，パート・有期労働法8条の不合理性の判断はこれまでの最高裁判決などの考え方と基本的には同様であろうと思われる。そこで，パート・有期労働者の賃金その他の待遇については，これら判例をふまえて，労使により合理的な賃金等の処遇を検討していくべきであり，まずは裁判例でも不合理とされることの多い賃金のうちの手当についての相違とその不合理性の検証を行なうべきである。

　なお，パート・有期労働法8条および9条の均衡・均等待遇については，同法15条にもとづく指針（「同一労働同一賃金ガイドライン」平30厚生労働省告示430号）が出されている。不合理な待遇差があるかどうか，判例・裁判例も少なく，その判断はむずかしいので，「同一労働同一賃金ガイドライン」（「第2　基本的な考え方」）では，「この指針は，通常の労働者と短時間・有期雇用労働者及び派遣労働者との間に待遇の相違がある場合に，いかなる待遇の相違が不合理と認められるものであり，いかなる待遇の相違が不合理と認められるものでないのか等の原則となる考え方及び具体例を示したもので

ある」としている。一方で，「事業主が……原則となる考え方等に反した場合，当該待遇の相違が不合理と認められる等の可能性がある」としているのは，ガイドラインはあくまで行政の解釈指針にとどまり，民事上の不合理性の判断は裁判所に委ねる趣旨を述べたものである。したがって，裁判所の判例や裁判例の集積により不合理性の判断基準が示されれば，ガイドラインもそれに沿って解釈されるべきものである。この意味で，行政の同一労働同一賃金ガイドラインは，いまだ裁判所において先例的な裁判基準が出ていない待遇類型についても扱っている点で問題があると考える。

●待遇の相違の内容・理由に関する説明義務

　上記のとおり，パート・有期労働法では，事業主はパート・有期労働者から求めがあったときは，速やかに通常の労働者との待遇の相違の内容および理由の説明義務を負う（14条2項）。この点について，上記「短時間・有期雇用労働指針」（平19厚生労働省告示326号）では，①比較の対象となる通常の労働者とは，正社員が典型例であるが，「職務の内容，職務の内容及び配置の変更の範囲等が，短時間・有期雇用労働者の職務の内容，職務の内容及び配置の変更の範囲等に最も近いと事業主が判断する」者とされている。したがって，転勤のないパート・有期労働者を例に考えてみると，たとえば地域限定正社員（フルタイム・無期）がいれば，その者と比較することになる。②待遇の相違の内容に関する説明としては，「待遇に関する基準の相違の有無」および「通常の労働者及びパート・有期労働者の待遇の個別具体的な内容又は通常の労働者及びパート・有期労働者の待遇に関する基準」とされている。③待遇の相違の理由については，通常の労働者およびパート・有期労働者の「職務の内容，職務の内容及び配置の変更の範囲その他の事情のうち，待遇の性質及び待遇を行う目的に照らして適切と認められるものに基づき，待遇の相違の理由を説明」し，説明の方法はパート・有期労働者が「内容を理解することができるよう，資料を活用し，口頭により説明することを基本とする」が，説明事項（上記②および③）をすべて記載した資料を交付する等の方法でも差し支えないとされている。説明資料例については厚生労働省都道府県労働局「パートタイム・有期雇用労働法対応のための取組手順書」の説明書モデル様式（https://www.mhlw.go.jp/content/000468444.pdf）参照。

第2節

就業規則の記載事項

　パート・有期労働者の就業規則について，以下では正社員就業規則と相違する事項を中心に説明する。その他の条項の説明は正社員就業規則を参照されたい。実務では，パート・有期労働者の就業規則の名称は，「有期契約社員就業規則」「パートタイム就業規則」などさまざまである。ここでは，典型的な有期雇用でパートタイム労働者を対象とする就業規則を念頭に述べる。

1　基本的労働条件

●採用手続き

［例1］　会社は，選考審査に合格し，所定の手続きを経た者を有期契約従業員として採用する。

　　2　パート・有期従業員は，労働契約に際して，次の書類を提出しなければならない。

　　(1)　履歴書

　　(2)　その他，会社が提出を求めた書類

　パート・有期労働者の採用手続きは，正社員と比べ簡易であるが，正社員との区別を明確にすることが重要であるから，パート・有期労働者のための採用手続きの規定を設けておくべきである。

●雇用期間の有無，有期契約の場合の更新の有無と更新基準

［例2］　パート・有期従業員の雇用期間は，1年以内において個別の労働契約により定める。

　　2　前項の期間満了後，労働契約を更新することがある。

　　3　期間満了後に更新する場合または更新しない場合の判断基準は，次

のとおりとする。

 (1) 契約期間満了時の業務量

 (2) 勤務成績，勤務態度，健康状態

 (3) 業務遂行能力

 (4) 会社の経営状況

 (5) 従事している業務の進捗状況

［例３］（更新の期間制限の例）

 第○条 パート・有期従業員の雇用期間は，１年以内において個別の労働契約により定める。

 2 前項の期間満了後，勤務成績，勤務態度，健康状態および業務上の必要性を基準に労働契約を更新することがある。ただし，更新は雇入れの日から通算して３年間を限度とする。

［例４］（更新回数制限の例）

 第○条 雇用期間は，１年とする。

 2 前項の期間満了後，勤務成績，勤務態度，健康状態および業務上の必要性を基準に労働契約を更新することがある。ただし，更新は３回を限度とする。

［例５］（更新しない例）

 第○条 雇用期間満了により労働契約は終了する。期間満了後の更新は行なわない。

 実務では，［例２］のように雇用期間を１年以内で定める例が多い。労基法では労働契約の期間の上限は原則３年とされている（労基法14条１項）。

 使用者は，有期労働契約の締結に際し，労働者に対して，期間満了後の更新の有無，更新することがあるときには更新する場合またはしない場合の判断基準を書面で明示しなければならないとしている（労基法15条，規則５条１項１号の２，２項）。［例２］の２項および３項は同条にもとづくものである。

 ［例２］３項の更新に関する判断基準(1)〜(5)は行政通達（平15.10.22基発1022001号）で例示されているものであるが，そこに「健康状態」がないので，(2)の「勤務成績，勤務態度」に「健康状態」を加えている。実務上も更新基準とすべき事項を網羅しているので，上記を用いるべきである。

また，実務では，更新による継続勤務期間を制限する場合や更新回数を制限する場合もある。これは，パート・有期労働者の雇用が一時的，臨時的であることを明確にするとともに，労働者に更新の期待の限度を認識させる意味をもつ。［例3］［例4］が典型的な規定例である。更新制限を設ける場合でも，その間に何度か更新することがあるときには，更新に関する判断基準を明記しなければならない。［例3］［例4］では更新制限を設けるので，判断基準として勤務成績，勤務態度，健康状態と業務上の必要性だけで足りるという考え方である。もちろん，［例2］の3項のように判断基準を網羅的に記載してもよい。

　［例5］は，更新を1回もしない場合の規定例である。更新の有無，基準や回数制限等については，後日の紛争を避けるためにも就業規則の規定とともに個別の有期労働契約にも明記しておくべきである。特に通算契約期間5年を超える有期労働契約を締結した場合，労働者に無期労働契約への転換申込権が生じるので（労契法18条），期間制限や更新回数制限を設ける場合には，通算契約期間5年以内とすべきである。

●試用期間を設けるべきか

　試用期間は通常，期間の定めのない労働契約を締結している正社員について設けられる。正社員は長期雇用を前提にしているので，入社後の実際の勤務状況により正社員としての適格性を判定する目的で試用期間が設けられる。判例も，新規学卒の正社員について，その適格性判定の趣旨から，試用期間中の解雇（本採用取り消し）と本採用後の通常の解雇とを区別し，試用期間中の解雇は本採用後の通常の解雇よりも広い範囲で認められるとしている（三菱樹脂事件・最判昭48.12.12労働判例189号16頁）。

　一方，有期労働契約の場合には，試用期間を設けることは法的には可能であるが，実務では労働者に不適格行為があった場合は，雇用期間途中の通常の解雇，懲戒解雇または期間満了による退職（雇止め）により対応するのが基本であるから，試用期間を設けないことが多い。

　有期労働契約において［例6］のような試用期間を設けた場合，試用期間中の不適格行為による採用取り消しは法的には解雇である。したがって，試用期間中の解雇と試用期間後の解雇を区別し，正社員と同様に解雇の範囲に

ついて広狭があると解することができれば意味があるが，いずれの解雇も有期労働契約の解雇要件（労契法17条1項の「やむを得ない事由」の存在）では差異がないと考えておいたほうが無難である。そのうえで，実務上は有期労働契約において試用期間を設ける場合は，適格性のテスト期間というよりも労働者に対する研修，習熟期間として位置づけておくべきである。

検討を要する実例

[例6]　新たに採用した者については，入社後2ヵ月間を試用期間とする。

　　2　試用期間中に勤務成績，勤務態度等により有期契約従業員として不適格と認めた場合は採用を取消す。

　なお，有期労働契約自体を試用期間の目的で締結する場合の問題点については，3章2節の「問題点」（中途採用者の試用期間）を参照。

●所定労働時間，休憩，休日，時間外・休日労働の取り扱い

　所定労働時間（始業・終業時刻），休憩，休日については，企業の非正規雇用労働者の実際の勤務内容にもとづいて，一部または全部を一律に決められる部分を就業規則に記載し，その余を個別の契約に委ねることになる。実務でも，個別の労働契約に委ねるもの（[例7]），労働時間，休日の大枠のみを定めるもの（[例8]），あるいは基本的な労働時間のパターンを定めたうえ，具体的には個別の労働契約で定めるもの（[例9]），就業規則で具体的に定める例（[例10]）などがある。なお，[例10]3項の「国民の祝日・休日」とは「国民の祝日に関する法律」で定める祝日および休日のことである。

　始業・終業時刻，休憩，休日は就業規則の絶対的必要記載事項（労基法89条1号）であり，行政通達では，「パートタイム労働者等のうち本人の希望等により勤務態様，職種等の別ごとに始業及び終業の時刻を画一的に定めないこととする者については，就業規則には，基本となる始業及び終業の時刻を定めるとともに，具体的には個別契約等で定める旨の委任規定を設けることで差し支えない」「休憩時間及び休日についても同様である」（昭63.3.14基発150号，平11.3.31基発168号）としている。[例9][例10]はこれに沿うものである。しかし，[例7][例8]のように就業規則に委任規定があり，個別労働契約が書面でなされ，具体的な始業・終業時刻，休憩，休日を明記する方法も許容されるべきであり，労基法89条1号違反にはならないと考える。

時間外・休日労働については，2019年4月（中小企業は2020年4月）施行の改正労基法により時間外労働等の上限規制がなされた（この点については5章6節参照）。パート・有期労働者についても，この上限規制以内で３６協定を締結し，３６協定の範囲で時間外労働や休日労働をさせることになる。［例7］以下の時間外・休日労働に関する規定は，パート・有期労働者なので時間外労働等が少ないことを想定している。しかし，時期等により相当の時間外労働等があるのであれば，「業務の都合により労働基準法所定の労使協定の範囲内で時間外労働，休日労働を命ずることがある」および「時間外労働と法定休日労働を合計した労働時間が1ヵ月100時間未満，2～6ヵ月の間で平均80時間以内でなければならない」という規定をおいておくべきである。

［例7］　所定労働日，始業・終業時刻および休憩時間ならびに休日については，個別の労働契約により定める。

　　2　業務上の都合により所定労働時間を超え，または休日に勤務を命ずることがある。

［例8］　所定労働日および労働時間は，1日8時間以内，週35時間以内とし，個別の労働契約により定める。

　　2　始業・終業時刻および休憩時間は個別の労働契約により定める。

　　3　休日は週1日または4週4日（週の起算日は毎週日曜日）以上とし，個別の労働契約により定める。

　　4　業務の都合その他やむをえない事由により，始業および終業時刻ならびに休憩時間を繰り上げ，または繰り下げることがある。

　　5　休日については，業務の都合により，あらかじめ他の日と振り替えることがある。

　　6　業務上の都合により所定労働時間を超え，または休日に勤務を命ずることがある。

［例9］　始業・終業時刻および休憩時間は，次の勤務のなかから個別の労働契約により定める。

	始業時刻	終業時刻	休憩時間
A	7時	15時	12時～13時

B	9時	17時	12時～13時
C	11時	19時	13時～14時

2　前項にかかわらず，業務の都合その他やむをえない事由により，始業および終業時刻ならびに休憩時間を繰り上げ，または繰り下げることがある。

3　休日は次のとおりとする。

　日曜日，土曜日

　その他会社が指定する日

4　休日については，業務の都合により，あらかじめ他の日と振り替えることがある。

5　業務上の都合により所定労働時間を超え，または休日に勤務を命ずることがある。

[例10]　始業および終業時刻ならびに休憩時間は，次のとおりとする。

　始業時刻　　8時30分

　終業時刻　　17時

　休憩時間　　12～13時

2　前項にかかわらず，業務の都合その他やむをえない事由により，始業および終業時刻ならびに休憩時間を繰り上げ，または繰り下げることがある。

3　休日は次のとおりとする。

　日曜日，土曜日

　国民の祝日・休日

　その他会社が指定する日

4　休日については，業務の都合により，あらかじめ他の日と振り替えることがある。

5　業務上の都合により所定労働時間を超え，または休日に勤務を命ずることがある。

●休暇・休業

　休暇・休業には，法定の休暇・休業等（年次有給休暇，生理休暇，産前産後休業，育児時間，母性健康管理，育児介護休業）と，これとは別に企業が設け

る特別休暇がある。法定の休暇・休業等は非正規雇用労働者についてもその要件を満たせば当然認められる。このうち，年次有給休暇に関しては，短時間勤務のパート労働者について年休日数の比例付与制度（労基法39条３項）がある。また，2019年４月施行の改正労基法により，10日以上の年次有給休暇を付与された場合，使用者は１年以内に年５日以上の年次有給休暇付与義務を負う（39条７項）ので，この点も規定化しなければならない。就業規則の記載例は章末の参考条文を参照されたい。

　特別休暇については，長期雇用である正社員と同様の取り扱いをしていない例が多いが，正社員との均衡を考慮して一定の特別休暇を認める場合には，就業規則に定めを設けなくてはならない（労基法89条１号）。

● **異動，職種・職場の変更（配転）の有無**

　非正規労働者は，正社員のように遠隔地への転勤対象者にすることはほとんどないが，同じ事業所内で職種や職場を変更する場合もあれば，職種や職場を特定して本人の同意がないかぎり変更しない場合もある。したがって，非正規雇用労働者の採用にあたっては就業規則でこの点を明確にしておく必要があり，これは紛争予防の点からも重要である。

［例11］　会社は，業務の都合により，職種および職場を変更することがある。ただし，○○事業所以外への職場の変更は行なわない。

［例12］　会社は，業務の都合により，指定した地域内において配置転換をすることがある。

　上記［例11］は，業務上の必要性にもとづき，同じ事業所内で職種や職場を変更できる規定である。［例12］は，地域限定の例であり，実務では非正規雇用労働者に限らず正社員の類型のひとつ（全国転勤のある総合職正社員に対して地域限定の正社員）としても見受けられる。

検討を要する実例

［例13］　会社は，業務の都合により，職種および職場を変更することがある。

　［例13］は，職種および職場を限定することなく変更できる規定であるが，これは通常の正社員と同様の異動範囲となる。しかし，非正規雇用労働者，特に有期労働契約の非正社員の場合は，定められた一定期間での就労であるから無限定の異動をさせる必要性も乏しく，本人の意向にも反するおそれが

ある。さらに，解雇や期間満了の退職（雇止め）に際しては，異動による雇用継続の可能性も生じてくるので，解雇や雇止めが争われたときにマイナス要素となる。

●非正規社員の私傷病休職制度

正社員の私傷病等の休職制度の規定については3章4節で述べたが，パート・有期という非正規労働者について休職制度を設ける例は少ないうえ，私傷病休職制度は適しないといえる。私傷病休職制度は長期雇用を前提にしたものであり，非正規労働者については長期雇用を予定せず，雇用期間満了ごとに更新するかどうかを決めるため，長期の休職と両立しないからである。パート・有期労働者について傷病欠勤が続いている場合は，それを理由に解雇か雇用期間満了により雇止め・退職とすることになる。

しかし，正規と非正規労働者との不合理な待遇の禁止（パート・有期労働法8条の均衡待遇）との関係で，正社員に私傷病休職制度を設け，非正規労働者に設けないことが不合理か否かが問題とされ，「同一労働同一賃金ガイドライン」（平30厚生労働省告示430号）では，病気休職について，「有期雇用労働者にも，労働契約が終了するまでの期間を踏まえて，病気休職の取得を認めなければならない」（短時間・無期のパートについては通常の労働者と同一の病気休職の取得を認めなければならない）としている。このような一律の考え方は司法判断で認められたものではなく問題であるが，今後は均衡待遇の観点から労使によりパート・有期労働者について私傷病休職制度を設けることもあると思われる。その場合は［例14］のような定めとすべきである。

［例14］　私傷病により1ヵ月間欠勤を継続し，なお復職できない場合には休職とする。休職期間は当該雇用期間の満了までとし，当該雇用期間の満了までに復職できないときには退職とする。

［例14］のように，私傷病休職期間の終期を当該雇用期間の終期までとする設計をしている場合であれば，休職期間満了退職は（同時に雇止めであり）問題なく成立する。

検討を要する実例

［例15］　私傷病により1ヵ月間欠勤を継続し，なお復職できない場合には休職とする。休職期間は3ヵ月とし，3ヵ月満了までに復職できないと

きには退職とする。ただし，3ヵ月に満たない間に雇用期間が満了するときには，休職期間は当該雇用期間の満了までとする。

[例16]　次の各号のいずれかに該当するときは，それぞれの期間について休職とする。

　　(1)　業務外の傷病により欠勤が引き続き1ヵ月を超えたときは，36ヵ月以内

　　(2)　家事都合その他傷病以外の事由で欠勤が引き続き1ヵ月を超えたときは，会社の許可により3ヵ月以内

　　(3)　……

　[例15]のように，私傷病休職期間の終期を一定期間（たとえば3ヵ月）とし，当該雇用期間の途中に休職期間が満了し退職とする場合，退職の実質は解雇なので，労契法17条1項の解雇要件である「やむを得ない事由」に当たるか否かが問題になる。この点について「やむを得ない事由」に該当するという考え方もあるが，裁判例は見当たらない。具体的な諸事情をふまえて「やむを得ない事由」に当たるか否かを個別事案ごとに判断するものと思われるので，そうであれば特に［例15］のような休職制度を設けず，私傷病欠勤として解雇あるいは期間満了による退職という対応でもよいと考えられる。

　[例16]のような規定は，たとえば雇用期間1年の有期労働者でも休職期間を正社員と同様の休職期間（たとえば3年）とする例である。休職中に1年の雇用期間が満了しても，3年までは更新しなければならない（いわゆるカラ更新）。したがって，このような設計はすべきではないと考える。

　なお，私傷病休職制度を設けない場合には，特に非正規雇用労働者の就業規則にその旨を記載する必要もない。ただし，非正規雇用労働者の就業規則に「この就業規則に記載のない事項については，正社員就業規則を準用する」という規定がある場合には，正社員就業規則の私傷病等の休職制度が準用されることになるので，このような規定は設けるべきではない。

●給与，賞与，退職金

　非正規雇用労働者の給与については時給，日給が多い。［例17］はその規定であり，具体的な時給額は個別契約で定める場合が多い。昇給，賞与およ

び退職金については，その有無を明示しなければならない（パート・有期労働法6条，同法規則2条）。［例17］はこれを受けて，いずれもないことを記載したものである。昇給，賞与，退職金を支給しない場合は，就業規則で定めずに個別の労働契約書で明記してもよいが，支給する場合は就業規則に記載しなければならない（労基法89条2号，3号の2，4号）。［例18］［例19］は賞与，退職金の例である。

　なお，有期労働契約の場合，昇給とは雇用期間中における給与の加給を意味する。雇用期間満了後の更新時に給与を見直し加給するのは更新契約における給与決定であり，昇給ではない。［例17］の3項で「雇用期間中の昇給は行なわない」と記載しているのは，この点を明確にしたものである。

［例17］　給与は原則として時給とし，1時間当たりの金額は個別の労働契約により定める。

　　2　会社の定める基準により通勤手当を支給する。

　　3　雇用期間中の昇給は行なわない。

　　4　賞与および退職金は支給しない。

［例18］　（賞与）

　　第○条　1年以上の勤務者に対して，会社の業績および本人の勤務成績等を考慮して賞与を支給する。ただし，賞与支給日に在籍していない者には支給しない。

　　2　賞与は，原則として年2回とし，毎年6月および12月に支給する。

［例19］　（退職金）

　　第○条　退職金は，退職または解雇されたときまでの勤続年数に応じて別表（略）に定める基準により支払う。ただし，懲戒解雇事由に該当する行為を行なった者には支給しない。

　　2　退職金は，退職後7日以内に支払う。

●割増賃金

　労基法で定める時間外，休日，深夜労働の割増賃金については，正社員と変わらない（章末の「参考条文」参照）。

●服務規律

　服務規律については，正社員の場合と同様の定めをおく例もあるが，配転

拒否，競業行為，業務にかかる著作・講演等の規律違反事由についてはその根拠や必要性に乏しいので，［例20］のようにこれらを定めない例も多い。［例20］を基本に，非正社員の業務内容や職場環境等を検討して具体的内容を定めておくべきである。なお，［例20］の(7)〜(11)はハラスメント関係の規定である（4章1節参照）。

［例20］　パート・有期従業員は，次の事項を遵守し，職務に精励しなければならない。

 (1) 勤務時間中は，定められた業務に専念し，所属長の許可なく職場を離れ，または他の者の業務を妨げるなど，職場の風紀・秩序を乱さないこと。

 (2) 正当な理由なく，無断欠勤および遅刻，早退をしないこと。

 (3) 会社の内外を問わず，会社の名誉・信用を傷つけまたは会社の利益を害してはならないこと。

 (4) 会社の許可なく，会社施設において，集会，演説，文書配布，組合活動，政治活動，宗教活動，その他業務に関係のない活動は行なわないこと。

 (5) 職務に関連して，自己または第三者のために，会社の取引先等から金品，飲食など不正な利益供与を受けないこと。

 (6) 在職中または退職後においても業務上の秘密事項のほか，会社の不利益となる事項を他に漏らさないこと。

 (7) 職務上の地位を利用して，他の従業員に対し性的な言動により不快な思いをさせ，あるいは交際等を強要するなどの行為をしてはならないこと。

 (8) 性的な言動により他の従業員の業務に支障を与え，職場環境を悪化させるような行為をしてはならないこと。

 (9) 職務上の地位や人間関係などの職場内の優位性を背景に，業務の適正な範囲を超えて，他の従業員その他の関係者に精神的・身体的苦痛を与え，または職場環境を悪化させてはならないこと。

 (10) 妊娠・出産等に関する言動および妊娠・出産・育児・介護等に関する制度または措置の利用等についての嫌がらせ等の言動により，

就業環境を害するようなことをしてはならないこと。

　⑾　(7)から⑽に定めるもののほか，性的指向・性自認に関する言動によるものなど職場におけるあらゆるハラスメントにより，就業環境を害するようなことをしてはならないこと。

　⑿　その他，会社の規程，掲示・命令，通知事項を遵守すること。

●表　彰

　表彰制度については設ける例と設けない例がある。設ける場合は［例21］のようなものが一般的であり，正社員によくある永年勤続表彰などはない。

［例21］　パート・有期従業員が次の各号の一に該当するときは選考のうえ表彰する。

　⑴　勤務成績が優秀で業務に著しい貢献をした者

　⑵　業務上有益な提案，改良を行ない業績の向上に貢献した者

　⑶　事故災害を未然に防ぎ，または非常の際に特に功労のあった者

　⑷　その他前各号に準ずる功労があった者

　　2　表彰は，賞状および記念品の授与により行なう。

●懲　戒

　懲戒の種類および程度については［例22］に，懲戒事由については［例23］に示す。

［例22］　パート・有期従業員の懲戒は次の区分に従って行なう。

　⑴　譴　　責　始末書をとり，将来を戒める。

　⑵　減　　給　始末書をとり将来を戒めるとともに賃金を減ずる。
　　　　　　　　この場合，減給の額は1事案について平均賃金の1日分の半額とし，複数事案に対しては減給総額が当該賃金支払い期間における賃金総額の10分の1を超えないものとする。

　⑶　出勤停止　始末書をとり将来を戒めるとともに，10日以内の期間を定めて出勤を停止し，その期間の賃金は支払わない。

　⑷　降　　格　始末書をとり将来を戒めるとともに，役職の罷免・引き下げ，および資格等級の引き下げのいずれか，また

　　　　　　　は双方を行なう。

　(5)　諭旨解雇　　退職願を提出するよう勧告する。ただし，所定期間内
　　　　　　　　　に勧告に従わないときは懲戒解雇とする。

　(6)　懲戒解雇　　予告期間を設けることなく即時解雇する。この場合，
　　　　　　　　　所轄労働基準監督署長の認定を受けたときは，第○条
　　　　　　　　　に定める解雇予告手当を支給しない。

[例23]　パート・有期従業員が次の各号の一に該当するときは，審議のう
　　え，その軽重に応じ，第○条に定める懲戒処分を行なう。

　(1)　正当な理由なくしばしば遅刻，早退し，あるいはみだりに任務を
　　離れるなど誠実に勤務しないとき

　(2)　正当な理由なく無断欠勤したとき

　(3)　会社の業務上の指示，命令に対し再三注意を受けても従わなかっ
　　たとき

　(4)　第○条に定める服務規律に関する事項に違反したとき

　(5)　会社の秘密を漏らし，または漏らそうとしたとき

　(6)　会社の金品を盗み，または横領するなど不正行為に及んだとき

　(7)　職務を利用して私利をはかったとき

　(8)　取引先に対し金品等の利益を要求し，または受領するなど職務上
　　の不正行為をなしたとき

　(9)　会社内で，暴行，脅迫，傷害，暴言またはこれに類する行為をな
　　したとき

　(10)　故意に会社の業務を妨害し，または妨害しようとしたとき

　(11)　性的言動により，他の労働者に不快な思いをさせ，職場の環境を
　　悪くしたとき

　(12)　職務中の他の従業員の業務に支障を与えるような性的関心を示し
　　たり，交際や性的関係を要求したとき

　(13)　性的な言動に起因する問題により，会社の秩序・規律を乱し，ま
　　たはそのおそれのあったとき

　(14)　職務上の地位を利用して，他の労働者に性的な不快感を与え，ま
　　たは性的な強要を行なったとき

⒂　職務上の地位や人間関係などの職場内の優位性を背景に，業務の適正な範囲を超えて，他の従業員その他の関係者に精神的・身体的苦痛を与え，または職場環境を悪化させたとき

⒃　妊娠・出産等に関する言動および妊娠・出産・育児・介護等に関する制度または措置の利用等についての嫌がらせ等の言動により，就業環境を害するようなことをしたとき

⒄　⑾から⒃に定めるもののほか，性的指向・性自認に関する言動によるものなど職場におけるあらゆるハラスメントにより，就業環境を害するようなことをしたとき

⒅　故意または過失によって会社の建物・施設・物品・商品等を汚損し，または破壊したとき

⒆　会社の施設内で，許可なく集会をし，または文書の配布・掲示，演説等，業務と関係ない活動を行なったとき

⒇　故意または重大な過失により会社に損害を与え，または会社の信用を失墜させたとき

㉑　会社または役員，従業員の名誉・信用を毀損したとき

㉒　飲酒運転（酒気帯び運転を含む），ひき逃げ，その他刑罰法規に違反したとき

㉓　前各号に準ずる行為があったとき

　非正規雇用労働者の懲戒については，懲戒規定をおく例とおかない例がある。懲戒規定をおかない例は，パート・有期労働者の場合で，服務規律違反があったときは，期間途中の普通解雇または退職勧奨による退職，あるいは期間満了による雇止めで対応するという考え方である。しかし，パート・有期労働契約の場合でも，懲戒規定を設けておくべきである。期間途中の解雇（労契法17条1項）が簡単に認められないこと，雇止めについても解雇権濫用法理が類推適用される可能性があることからすれば（労契法19条），労働契約終了以外の対応として懲戒処分を用意しておく必要があるからである。

　懲戒規定をおく場合，懲戒の種類については，［例22］のように正社員と同じ種類を定める例と「降格」や「諭旨解雇」を設けない例がある。設けない例では，パート・有期労働者に昇進，昇格がないので「降格」を設ける必

要がないからであり，また，退職金制度がなければ「懲戒解雇」と区別して「諭旨解雇」を設ける実益がない（実務上，退職金を支払う点で懲戒解雇と大きく異なる。また退職勧奨による退職という選択肢もある）という考え方である。一方で，パート・有期の非正規雇用労働者は増加し，その処遇も多様化しているので，懲戒の種類も正社員と同様に定める必要性が多い企業においては［例22］のような定めをおくべきである。

　非正規雇用労働者の懲戒事由については，正社員とおおむね同様であるが，配転拒否，競業行為，業務にかかる著作・講演等の規律違反事由についてはその根拠や必要性に乏しいので，［例23］では具体的に定めず，もし問題が生じた場合は［例23］の⑳の包括条項の適用により対応するという考え方である。

●教育訓練・福利厚生

　教育訓練や福利厚生については，特に規定を設けない例も多い。これは，非正規雇用労働者は短期間の雇用を想定しているためと考えられる。しかし，教育訓練と福利厚生の運用については，2019年4月（中小企業は2020年）4月）施行のパート・有期労働法に定めがある。

　すなわち，通常の労働者に対して実施する教育訓練であって，その者が従事する職務の遂行に必要な能力を付与するためのものについては，その職務と同一の職務に従事しているパート・有期労働者に同じ教育訓練を実施しなければならない（11条1項）。たとえば，経理担当で同じ業務に従事している正社員とパート・有期労働者がいる場合，正社員に簿記の訓練をするときには，パート・有期労働者にも同じ訓練を実施しなければならない。また，通常の労働者との均衡を考慮しつつ，パート・有期労働者の職務内容，職務の成果，意欲，能力および経験その他の就業の実態に関する事項に応じた教育訓練を実施するよう努めるものとされている（11条2項）。

　福利厚生については，通常の労働者に利用の機会を与えている給食施設，休憩室および更衣室をパート・有期労働者にも利用の機会を与えなければならない（12条，規則5条）。

［例24］　会社は，パート・有期従業員の職務内容，能力，経験等に応じて必要な教育訓練を行なう。

2　パート・有期従業員は，別に定めるところにより福利厚生施設の利用，その他の諸制度の適用を受けることができる。

●安全衛生・災害補償

［例25］　パート・有期従業員は安全衛生に関する諸法令および会社の諸規程を守り，災害の防止ならびに健康保持・増進に努めなければならない。

［例26］　パート・有期従業員が業務上の負傷，疾病または死亡した場合は，労働者災害補償保険法により補償を行なう。従業員がこの給付を受ける場合は，その価額の限度において，会社は同一の事由について労働基準法上の補償の義務を免れる。

　　2　従業員が通勤により負傷または疾病にかかり，または死亡した場合，労働者災害補償保険法の定めるところにより保険給付を受けるものとする。

　安全衛生・災害補償については，［例25］［例26］のように正社員と比べて簡略にする例が多い。なお，2019年4月施行の改正労働安全衛生法では，面接指導の適切な実施をはかるため，事業者は，管理監督者を含むすべての労働者（労基法41条の2第1項の高度プロフェッショナル制度適用者を除く）を対象として，労働時間の状況を把握する義務が定められた（66条の8の3，同法規則52条の7の3第1項）。この点については9章1節参照。

2　労働契約の終了に関する規定

　非正規雇用労働者の労働契約終了に関しては，解雇，退職，有期契約の雇止め，定年の規定について検討を要する。

　ここでは，パート・有期労働者の例を掲げる。非正規雇用労働者でも，雇用期間の定めのないパート（短時間）労働者もいるが，その場合は正社員と同様の解雇，退職，定年の規定例（3章5節）を参照されたい。

　なお有期労働契約に特有の契約終了事由として「雇止め」（雇用期間満了による労働契約の終了を意味する）がある。雇止めにも法的規制（労契法19条）があるので，注意が必要である（「チェックポイント」参照）。

●解雇規定

[例1] パート・有期従業員が次の各号の一に該当するときは，解雇とする。

　　(1) 精神もしくは身体の故障により，業務の遂行にはなはだしく支障があると認められたとき

　　(2) 職務遂行能力，勤務成績が著しく劣り，または業務に怠慢で向上の見込みがないと認められたとき

　　(3) 懲戒解雇事由に該当するとき

　　(4) 事業の縮小・廃止その他経営上やむをえない事由のあるとき

　　(5) その他前各号に準ずるやむをえない事由のあるとき

検討を要する実例

[例2] 会社は，雇用期間途中においても，業務の都合により，1ヵ月前の予告により労働契約を解約することができる。

[例3] 契約当事者双方は，雇用期間途中においても，いつでも1ヵ月前の予告により労働契約を解約することができる。

　有期労働契約における解雇とは，使用者が労働者に対して雇用期間途中に一方的に有期労働契約を終了させる意思表示を指し，有期労働契約においては，「やむを得ない事由がある場合」でなければ解雇することができない（労契法17条1項）。この「やむを得ない事由」とは，正社員のように期間の定めのない労働契約における解雇規制（労契法16条の解雇権濫用法理。3章5節1項参照）よりも厳しいとされているので，留意すべきである（平20.1.23基発0123004号）。

　したがって，「検討を要する実例」で掲げた［例2］［例3］のように，雇用期間の途中でも，使用者が一定期間の予告をすれば簡単に有期労働契約を解約（解雇）できるような規定は設けるべきではない。そのような規定を設けても，労契法17条1項の解雇要件である「やむを得ない事由」を必要とするからである。

「やむを得ない事由」に当たるのは，労働者の重大な非違行為，使用者側の事業経営上の理由としては天災事変等による事業継続不可能，その他有期契約締結時に予測できない重大な経営上の障害に限られると解釈すべきであり，「やむを得ない事由」のハードルは非常に高い。

●退職規定

有期契約労働者の退職パターンは，①期間満了，②合意退職，③労働者の死亡の３つに，行方不明による退職規定も加えた。なお，有期契約の場合，雇用期間中，労働者の辞職（一方的な退職）を認めなくてもよいので，②の合意退職（［例４］１項(2)）のみとした。ただし雇用期間が１年を超える場合には，労働者は１年経過後であれば，使用者に申し出ていつでも辞職できる（労基法附則137条）とされている。ここでは雇用期間１年以内の場合を前提にしたものである。

①の期間満了による退職は，いわゆる「雇止め」と呼ばれるものである。雇止めについては，１節で掲げた告示「有期労働契約の締結，更新及び雇止めに関する基準」１条において，有期労働契約（ただし，更新３回以上または雇入れの日から１年を超えて継続勤務している場合に限る）を更新せず，期間満了で雇止めとする場合には，少なくとも期間満了の30日前までに本人に予告しなければならないと定めている。［例４］の２項はこれにもとづく規定である。

上記のとおり，同基準１条で予告が必要なのは，有期労働契約のうち，更新３回以上または雇入れの日から１年を超えて継続勤務している場合に限られているが，それ以外でも，実務上は紛争予防という点から予告をすることが望ましいので，［例４］の２項は特に更新回数や継続勤務期間の限定を付さない例とした。［例４］１項(4)については３章５節５項参照。

［例４］　パート・有期従業員が次の各号の一に該当するときは，退職とする。

(1)　契約期間が満了し，更新をしないとき

(2)　本人から退職の申出があり，会社が承諾したとき

(3)　死亡したとき

(4)　届出および連絡なく欠勤を続け，その欠勤期間が30日を超え，所在が不明のとき

2　前項(1)の退職の場合には，少なくとも期間満了の30日前までに本人に通知する。

●雇止め理由の証明制度

［例５］　パート・有期従業員が期間満了により退職する場合において，使用期間，業務の種類，その事業における地位，賃金または は退職の事由

（退職の事由が解雇の場合はその理由を含む）について，証明書を請求した場合には，遅滞なくこれを交付する。

　［例5］は，1節に掲載した告示「有期労働契約の締結，更新及び雇止めに関する基準」2条にもとづくもので，解雇の場合の使用者の証明書交付義務（労基法22条）と同じ趣旨である。このような規定を設けない例も多いが，労使間のルールであるから，規定をおいて労使ともに共通認識をもつべきである。

●正社員への転換措置

　［例6］　会社は，正社員を募集する場合（新規学卒者の募集を除く），1年以上勤続したパート・有期従業員に対し，応募の機会を与える。

　［例7］　3年以上勤続したパート・有期従業員については，別に定める選考基準により正社員登用試験を受験することができる。

　正社員への転換措置については，パート・有期労働法13条において，使用者は通常の労働者（正社員）への転換を推進するために，次のいずれかの措置を講じなければならないとされている。

　①正社員を募集する場合，その募集内容（業務，賃金，労働時間等）をすでに雇用しているパート・有期労働者に周知する

　②正社員のポストを社内公募する場合，すでに雇用しているパート・有期労働者にも応募の機会を与える

　③パート・有期労働者が正社員に転換するための試験制度を設けるなどの転換制度を導入する

　④その他，正社員への転換を推進するための措置を講ずる。たとえば正社員として必要な能力を取得するための教育訓練に関する援助制度があげられる

　［例6］は上記①の例であり，「新規学卒者の募集を除く」としているのは，パート・有期労働者に新規学卒者がいないことを前提とするものである。［例7］は③の例である。

●無期転換制度

　労契法18条の有期労働契約から無期労働契約への転換制度および規定例については，3節を参照。

☑ チェックポイント
●雇止め法理（労契法19条）
　有期労働契約の期間満了による雇止めについては，判例法で一定の規制が
なされていたが，平成24年8月10日施行の労契法19条で判例法が明文化され
た。すなわち，有期労働契約が反復して更新されたことにより，雇止めをす
ることが解雇と社会通念上同視できると認められる場合（同条1号。東芝柳
町工場事件・最判昭49.7.22民集28巻5号927頁），または労働者が有期労働契約
の契約期間の満了時にその有期労働契約が更新されるものと期待することに
ついて合理的な理由が認められる場合（同条2号。日立メディコ事件・最判昭
61.12.4労働判例486号6頁）に，労働者が期間満了までに更新の申し込みある
いは期間満了後遅滞なく有期契約の申し込みをしたときに使用者が雇止めを
することが客観的に合理的な理由を欠き，社会通念上相当であると認められ
ないときは，雇止めは認められず，使用者は従前の有期労働契約と同一の労
働条件で労働者による有期労働契約の更新または締結の申し込みを承諾した
ものとみなされ，有期労働契約が同一の労働条件（契約期間を含む）で成立
すると定められた。なお，労働者の「更新の申し込み」および「締結の申し
込み」は，要式行為ではなく，使用者による雇止めの意思表示に対して，労
働者による何らかの反対の意思表示が使用者に伝わるものでもよいとされて
いる。
　19条1号または2号の要件に該当するか否かは，これまでの裁判例と同
様，当該雇用の臨時性・常用性，更新の回数，雇用の通算期間，契約期間管
理の状況，雇用継続の期待をもたせる使用者の言動の有無などを総合考慮し
て，個々の事案ごとに判断されるが，有期契約の雇止めを行なう際には，必
ず19条をチェックすべきである。
●妊娠，出産等を理由とする解雇，雇止めの禁止
　男女雇用機会均等法では，女性労働者の妊娠，出産等を理由とする解雇そ
の他の不利益取り扱いが禁止されている。また，妊娠中および出産後1年以
内の女性労働者に対する解雇は，使用者が同法で禁止されている妊娠，出産
等以外の理由で解雇したことを証明しなければ，無効とされる（9条，規則
2条の2）。

特に有期労働契約の非正社員については，妊娠，出産等を理由に契約を更新せず雇止めとすることも不利益取り扱いになるとされているので注意を要する（「指針」平18.10.11労働省告示614号）。したがって，妊娠や出産により就労が十分にできないことを理由とする雇止めは無効であり，更新しなければならない（いわゆるカラ更新であり，就労できなければ賃金の支払いは不要）。

第3節

有期契約の無期契約への転換制度

1　無期転換制度

平成25年4月1日施行の改正労契法18条では，有期契約が更新されて，通算契約期間5年を超える有期契約を締結した場合，労働者に無期転換の申込権が発生し，期間満了までに申し込みがなされれば，自動的に期間満了日の翌日から期間の定めのない労働契約（無期労働契約）が成立するという無期転換制度が創設された。これは，有期労働契約の濫用的な利用を抑制し，労働者の雇用の安定をはかるための制度とされており，平成30年4月から無期転換事例が実際に出ている。

❶無期契約への転換の要件

無期契約への転換の要件は次の2つである。

①同一の使用者との間で締結された有期契約が，1回以上更新され，通算契約期間が5年を超えていること

②5年を超える有期契約労働者が，使用者に対し，現に締結している有期労働契約の契約期間が満了する日までの間に，無期労働契約の締結の申し込みをすること

上記①および②の要件を満たしたときは，使用者が有期契約労働者からの申し込みを承諾したものとみなされ，現に締結している有期労働契約の契約期間が満了する日の翌日から労務が提供される無期労働契約が成立する。

無期契約への転換申込権は，無期転換申込権が生じている有期労働契約の契約期間満了日までに行使しなければ消滅するが，再度有期労働契約が更新された場合は，①を満たし新たに無期転換申込権が発生し，有期契約労働者

は，更新後の有期労働契約の契約期間の満了日までの間に，無期転換申込権を行使することができる。

❷通算契約期間とクーリング期間

通算契約期間は，改正労契法18条が施行された平成25年4月1日以降に締結（契約の更新を含む）した有期労働契約の契約期間の初日から起算して，現在締結している有期労働契約の契約期間の満了日までを通算する。したがって，平成25年3月31日までに有期契約を更新してきても，それは通算契約期間にカウントされず，同年4月1日以降初めて締結（更新）した有期契約からカウントされる。たとえば，1年の有期契約で更新を繰り返した後，平成25年10月1日に有期契約を締結（更新）した場合は，同年10月1日から5年が起算される。

複数の有期契約の間に一時的な空白（無契約の期間）がある場合，空白の前の契約期間（通算契約期間も含む）に応じた空白期間（クーリング期間）がおかれていればリセットされて，その空白期間前後の契約期間（通算契約期間も含む）は通算されない。しかし，空白期間（クーリング期間）に満たない期間しかおかれていない場合には，空白の前後の契約期間は通算されるので留意すべきである。

空白前の有期労働契約の契約期間（通算契約期間含）	空白期間（クーリング期間）
2ヵ月以下	1ヵ月以上
2ヵ月超〜4ヵ月以下	2ヵ月以上
4ヵ月超〜6ヵ月以下	3ヵ月以上
6ヵ月超〜8ヵ月以下	4ヵ月以上
8ヵ月超〜10ヵ月以下	5ヵ月以上
10ヵ月超	6ヵ月以上

✓ チェックポイント

●無期転換制度の特例

❶有期雇用特別措置法（平成27年4月施行）

専門的知識等を有し，高収入で一定プロジェクトに従事する有期雇用労働者（第1種計画の高度専門職）と定年到達後引き続いて雇用される有期雇用労

働者（第2種計画の継続雇用の高齢者）を対象に，その特性に応じた雇用管理に関する特別の措置が講じられる場合に，無期転換申込権発生までの期間に関する特例が適用される。実務では，このうち定年後再雇用の「継続雇用の高齢者」について事業主が特例適用手続きを行なう例が多く，特例が適用されると，その事業主に定年後引き続き雇用される期間は5年を超えても無期転換権が発生しない（3章5節6項参照）。詳細は厚生労働省の資料(https://www.mhlw. go. jp/file/06-Seisakujouhou-11200000-Roudoukijunkyoku/0000075676. pdf)参照。この特例の適用を受けている場合は就業規則に記載が必要である。

[参考文例]

　　　使用者が有期雇用特別措置法にもとづき，同法に定める特定有期雇用労働者に係る第1種計画または第2種計画について都道府県労働局の認定を受けた場合には，第1種計画の特定有期雇用労働者に該当する従業員については，労働契約法18条第1項に定める「5年」を第1種計画の特定有期業務の開始日から完了日までの期間（当該期間が10年を超える場合には10年）とし，第2種計画の特定有期雇用労働者に該当する従業員については，定年後引き続き雇用されている期間は労働契約法18条第1項に定める通算契約期間に算入しないものとする。

❷研究開発力強化法および大学教員等任期法（平成26年4月施行）

　大学等および研究開発法人における有期雇用の研究者，技術者，教員に関しては，契約期間通算5年を超えるという無期転換の要件を延長して，契約期間通算10年を超えることを要件とした。詳細は厚生労働省の資料（https://www.mhlw.go.jp/file/06-Seisakujouhou-11200000-Roudoukijunkyoku/0000043387.pdf）参照。

●無期契約への転換申込権の取り扱い

　無期契約への転換申込権が発生する場合，使用者は労働者が申込権を行使するか否かをあらかじめ確定しておきたい場合が多いので，合理的な長さの申し込み期間を設けることは可能である。合理的な長さの申し込み期間については，有期契約の契約期間の長短にもよるが，たとえば「申し込みは期間満了日の2ヵ月前までに行なう」という定めは問題ないと考える。

　また，申し込みの有無を明確にするため所定の書面で行なわせることも可

能であり，実務上は必要なことである。

●無期契約への転換後の労働条件

　無期契約への転換後の労働条件については，転換直前の有期契約の労働条件と同一の労働条件，あるいは「別段の定め」により新たな労働条件を選択することもできる（18条１項）。ただし，改正法の施行通達では「無期労働契約への転換に当たり，職務の内容などが変更されないにもかかわらず，無期転換後における労働条件を従前よりも低下させることは，無期転換を円滑に進める観点から望ましいものではないこと」とされている（次項の「問題点」参照）。したがって，無期契約への転換が行なわれることが予想される場合には，あらかじめ無期契約への転換後の労働条件について定めておく必要がある（以下の規定例参照）。

2　無期契約への転換に関する規定

　無期契約への転換後の労働条件を，それ以前の有期労働契約の労働条件と同一とし，有期契約労働者が適用される就業規則を引き続き適用する場合が［例１］である。無期契約になるので定年の定めはしておくべきである。［例１］の３項では60歳定年とし，もし無期転換の時点で60歳を超えている場合には65歳とする例である。４項は60歳定年者についての再雇用を定めたものである。

［例１］　有期労働契約で雇用されるパート・有期従業員のうち，通算契約期間が５年を超える従業員は，所定の書式により申し込むことにより，現在締結している有期労働契約の契約期間の満了日の翌日から，期間の定めのない無期労働契約での雇用に転換することができる。ただし，所定の書式による申し込みは，現在締結している有期労働契約の契約期間の満了日の２ヵ月前までに行なうものとする。

　２　前項の通算契約期間は，平成25年４月１日以降に開始する有期労働契約の契約期間を通算するものとし，現在締結している有期労働契約の契約期間の満了日までの期間とする。ただし，労働契約が締結されていない空白期間が連続して６ヵ月以上（空白期間以前の通算契約期間が10ヵ月以下の場合は，その通算契約期間に応じて労働契約法第18条第２

項で定める月数以上）ある従業員については，それ以前の契約期間は通算契約期間に含めない。

3　第1項の規定により無期労働契約へ転換した後の従業員の労働条件については，現在締結している有期労働契約に定める労働条件と同一とし，この就業規則を引き続き適用する。ただし，有期労働契約の更新の際に見直していた賃金，所定労働日および労働時間等の労働条件については，無期労働契約へ転換した後も同様に定期的に見直すものとする。また，無期労働契約へ転換した従業員に係る定年は，満60歳とし，60歳に達した月の末日をもって退職とする。ただし，満60歳を超えて無期労働契約へ転換した従業員についての定年は満65歳とし，65歳に達した月の末日をもって退職とする。

4　無期労働契約へ転換し，満60歳で定年退職する者で，本人が希望する場合は，別に定める「定年後再雇用規程」にもとづき，再雇用する。ただし，就業規則の解雇事由または退職事由（年齢は除く）に該当する者は再雇用の対象外とする。

［例2］　有期労働契約で雇用されるパート・有期従業員のうち，通算契約期間が5年を超える従業員で，労働契約法第18条により無期労働契約へ転換する者の転換後の労働条件については，この就業規則を適用しない。
この場合の無期労働契約への転換手続きおよび転換後の無期労働契約の労働条件については，別に定める無期転換従業員就業規則を適用する。

［例2］は，無期労働契約への転換後の労働条件について，それ以前の有期労働契約の労働条件と異なる定めをおき，就業規則も別に作成して適用する場合の規定例である。別に作成する就業規則を，たとえば「無期転換従業員就業規則」とし，正社員に適用される「従業員就業規則」と明確に区別しておく必要がある。

「無期転換従業員就業規則」については，章末の「参考条文」参照。

✱ 問題点
●無期転換申込権の放棄

無期転換申込権を有する労働者が，無期転換申込権がすでに発生した後に

その申込権を放棄することは認められる。問題は，無期転換申込権が発生していない時期において，労働者の事前の放棄が認められるかである。この点については，労働者が任意の自由な意思にもとづき放棄をするのであれば問題ないという考え方と，事前の放棄は問題であるという考え方がある。

改正法の施行通達は後者の見解をとり，「無期転換申込権が発生する有期労働契約の締結以前に，無期転換申込権を行使しないことを更新の条件とする等有期契約労働者にあらかじめ無期転換申込権を放棄させることを認めることは，雇止めによって雇用を失うことを恐れる労働者に対して，使用者が無期転換申込権の放棄を強要する状況を招きかねず，法第18条の趣旨を没却するものであり，こうした有期契約労働者の意思表示は，公序良俗に反し，無効と解されるものであること」としている。私見では，申込権発生前の放棄であっても，合理的事情による労働者の真意にもとづく放棄の意思表示であれば有効とすべきものと考える。ただし，事前放棄の意思表示はそれがなされた諸事情に照らして慎重に判断されるべきであり，特に使用者において，無期転換申込権の意味および無期契約後の労働条件について具体的な説明がなされることが前提と考える。

●転換後の労働条件の不利益変更の可否

無期契約への転換後の労働条件については，別段の定めをすれば，有期契約と同一の労働条件でなくてもよい。別段の定めは，労働協約，就業規則および個々の労働契約の合意のいずれかにより有期契約の労働条件を変更することになる。問題は就業規則による別段の定めによる労働条件が有期契約の労働条件と比べ労働者にとって不利な場合である。

この点については，大別して無期契約への転換を新たな採用の場面とみて，就業規則の労働条件についての合理性を幅広く認める（労契法7条の合理性で足りる）考え方と，就業規則の不利益変更の場面とみてきびしい合理性を要求する（労契法10条を類推適用）考え方がある。私見は合理性を幅広く認める前者の考え方であり，その根拠は第1に，有期契約と無期契約では契約の同一性がないので，無期転換による無期契約の締結は同一性のない新たな契約であること，第2に，18条の解釈として，無期転換後の労働条件については，それまでの有期契約の労働条件と同一であることが原則ではな

く，別段の定めと選択的・並列的であり，同一の労働条件が既得の権利・利益とはいえないこと，第3に，無期転換により使用者は無期契約を強制されるが，労働者は無期転換するか，それまでと同一の労働条件により有期契約を更新するかの選択権を実質上有していること（この場合の更新については労契法19条の範囲で保護されることになる）から，労働者にこのような選択権がある以上，同一の契約継続中の労働条件の一方的な不利益変更の場面ではないこと，第4に，無期転換権は，労働者のための権利であり，無期契約により新たに雇用の安定という大きな利益を得るので，それまでの有期契約の労働条件と無期契約後の労働条件との有利・不利を単純に比較できないはずであり，ミクロ的に双方の労働条件部分ごとに不利益性を判断して労契法10条の不利益変更法理を類推するのは適当でないと考える。

たとえば，有期契約では職場の異動はなく，転換される無期契約では一定エリアの配転があるが賃金が相応に高くなるというケースにおいて，労働者は配転を不利益と考えれば有期契約の更新を選択することができるのであり，さらにより安定的な無期契約を得てかつ配転なしという労働条件を求めることまでは認める必要はないのではないかということである。

したがって，別段の定めにより，無期契約への転換後の労働条件として，配転などがある正社員に近いものとすることも可能と考える。ただし，有期契約からの転換という点を考慮すれば，たとえば無期転換後もそれまでの担当職務と同一内容であるにもかかわらず，賃金のみが低下するような場合は，無期転換の抑制的効果もありうるので，労契法7条の合理性も否定される可能性があると考える。

●無期契約への転換と解雇・雇止め，解雇予告

有期契約労働者が無期契約への転換申込権を行使した場合，現に締結している有期契約と，その期間満了日の翌日からの無期契約という2つの契約が併存する。

そこで，たとえば有期契約の期間中に労働者の重大な非違行為があり，解雇する場合には，同時に成立している無期契約も解約（解雇）しなければ契約関係は解消しない。したがって使用者は，労働者を解雇するには有期契約と無期契約の2つについて解雇の意思表示をする必要がある。実際は1つの

解雇の意思表示が2つの契約についての解雇を含んでいると解釈されること
が多いと考えられる。もちろん，解雇の有効性については，有期契約では
「やむを得ない事由」（労契法17条1項），無期契約では解雇権濫用法理（労契
法16条）に照らして判断される。

　一方，有期契約労働者が無期契約への転換申込権を行使した場合，使用者
が現に締結している有期契約の期間満了日で労働者を雇止めとするときも，
同時に無期契約について解雇の意思表示が必要となる。

　そして，以上のうち解雇をする場合には，労基法20条の解雇予告（あるい
は予告手当）の適用が問題になる。有期契約の解雇については，同条の適用
はあるが，無期契約の解雇については，いまだ就労前の段階であるから，就
労14日以下の試用の者が解雇予告の適用除外となっていること（労基法21条）
との均衡上，解雇予告は不要と考える。

（注）特別休暇等を設けていない場合の例

【パート・有期従業員就業規則】

　　第1章　総　則

第1条（目的）　この就業規則（以下「規則」という）は，正社員就業規則第〇条第1項にもとづき，パート・有期従業員の就業に関する事項を定めたものである。

2　この規則および個別の労働契約に定めのない事項は，労働基準法その他の法令による。

第2条（適用範囲，定義）　パート・有期従業員とは，第2章（採用）に定める手続きを経て採用され，1年以内の期間を定めて労働契約を締結し，1週間の所定労働時間が正社員の所定労働時間未満の者をいう。

第3条（遵守事項）　会社およびパート・有期従業員は，この規則を守り，誠実にその義務を履行しなければならない。

第4条（労働条件の変更）　この規則に定める労働条件等については，法令の制定・改廃または経営上の必要性により変更することがある。

　　第2章　採用および労働契約

第5条（採用手続き）　会社は，選考審査に合格し，所定の手続きを経た者をパート・有期従業員として採用する。

2　パート・有期従業員は，労働契約に際して，次の書類を提出しなければならない。

⑴　履歴書

⑵　その他，会社が提出を求めた書類

第6条（雇用期間および更新）　パート・有期従業員の雇用期間は，1年以内において個別の労働契約により定める。

2　前項の期間満了後，労働契約を更新することがある。

3　期間満了後に更新する場合または更新しない場合の判断基準は，次のとおりとする。

<ul>
<li>(1) 契約期間満了時の業務量</li>
<li>(2) 勤務成績, 勤務態度</li>
<li>(3) 業務遂行能力</li>
<li>(4) 会社の経営状況</li>
<li>(5) 従事している業務の進捗状況</li>
</ul>

第7条（解雇） パート・有期従業員が次の各号の一に該当するときは, 解雇とする。

<ul>
<li>(1) 精神もしくは身体の故障により, 業務の遂行にはなはだしく支障があると認められたとき</li>
<li>(2) 職務遂行能力, 勤務成績が著しく劣り, また業務に怠慢で向上の見込みがないと認められたとき</li>
<li>(3) 懲戒事由に該当するとき</li>
<li>(4) 事業の縮小・廃止その他経営上やむをえない事由のあるとき</li>
<li>(5) その他前各号に準ずるやむをえない事由のあるとき</li>
</ul>

第8条（解雇予告） 前条により解雇するときは, 次に掲げる場合を除き, 30日前に予告するか, または平均賃金の30日分の予告手当を支給する。

<ul>
<li>(1) 本人の責に帰すべき事由により解雇する場合で, 行政官庁の認定を受けたとき</li>
<li>(2) やむをえない事由のため事業の継続が不可能となった場合で, 行政官庁の認定を受けたとき</li>
<li>(3) 2ヵ月以内の雇用期間で, その期間以内に解雇するとき</li>
</ul>

2 前項の予告日数は, 1日につき平均賃金を支払った場合においては, その日数を短縮する。

第9条（退職） パート・有期従業員が次の各号の一に該当するときは, 退職とする。

<ul>
<li>(1) 契約期間が満了し, 更新をしないとき</li>
<li>(2) 本人から退職の申出があり, 会社が承諾したとき</li>
<li>(3) 死亡したとき</li>
<li>(4) 届出および連絡なく欠勤を続け, その欠勤期間が30日を超え, 所</li>
</ul>

在が不明のとき

2　前項(1)の退職の場合には，少なくとも期間満了の30日前までに本人
　に通知する。

第10条（退職事由等の証明）　パート・有期従業員が期間満了により退
　職する場合において，使用期間，業務の種類，その事業における地
　位，賃金または退職の事由（退職の事由が解雇の場合はその理由を含む）
　について，証明書を請求した場合には，遅滞なくこれを交付する。

　　第3章　服務規律

第11条（服務規律）　パート・有期従業員は，次の事項を遵守し，職務
　に精励しなければならない。

(1)　勤務時間中は，定められた業務に専念し，所属長の許可なく職場
　　を離れ，または他の者の業務を妨げるなど，職場の風紀・秩序を乱
　　さないこと。

(2)　正当な理由なく，無断欠勤および遅刻，早退をしないこと。

(3)　会社の内外を問わず，会社の名誉・信用を傷つけまたは会社の利
　　益を害さないこと。

(4)　会社の許可なく，会社施設において，集会，演説，文書配布，組
　　合活動，政治活動，宗教活動，その他業務に関係のない活動は行な
　　わないこと。

(5)　職務に関連して，自己または第三者のために，会社の取引先等か
　　ら金品，飲食など不正な利益供与を受けないこと。

(6)　在職中または退職後においても業務上の秘密事項のほか，会社の
　　不利益となる事項を他に漏らさないこと。

(7)　職務上の地位を利用して，他の従業員に対し性的な言動により不
　　快な思いをさせ，あるいは交際等を強要するなどの行為をしてはな
　　らないこと。

(8)　性的な言動により他の従業員の業務に支障を与え，職務環境を悪
　　化させるような行為をしてはならないこと。

(9)　職務上の地位や人間関係などの職場内の優位性を背景に，業務の
　　適正な範囲を超えて，他の従業員その他の関係者に精神的・身体的

苦痛を与え，または職場環境を悪化させてはならないこと。

⑽　その他，会社の規程，掲示・命令，通知事項を遵守すること。

第4章　勤　務

第12条（労働時間，休憩，休日）　所定労働日および労働時間は，1日8時間以内，週35時間以内とし，個別の労働契約により定める。

2　始業・終業時刻および休憩時間は個別の労働契約により定める。

3　休日は週1日または4週4日（週の起算日は毎週日曜日）以上とし，個別の労働契約により定める。

4　業務の都合その他やむをえない事由により，始業および終業時刻ならびに休憩時間を繰り上げ，または繰り下げることがある。

5　休日については，業務の都合により，あらかじめ他の日と振り替えることがある。

6　業務上の都合により所定労働時間を超え，または休日に勤務を命ずることがある。

（注：以下の12条は労働時間，休憩および休日が定まっている場合の記載例）

第12条（労働時間，休憩，休日）　始業および終業時刻ならびに休憩時間は，次のとおりとする。

　　始業時刻　　8時30分
　　終業時刻　　16時30分
　　休憩時間　　12時〜13時

2　前項にかかわらず，業務の都合その他やむをえない事由により，始業および終業時刻ならびに休憩時間を繰り上げ，または繰り下げることがある。

3　休日は次のとおりとする。

　　日曜日，土曜日
　　国民の祝日・休日
　　その他会社が指定する日

4　休日については，業務の都合により，あらかじめ他の日と振り替えることがある。

5　業務上の都合により所定労働時間を超え，または休日に勤務を命ず

ることがある。

第13条（配置の変更）　会社は，業務の都合により，職種および職場を変更することがある。ただし，○○事業所以外への職場の変更は行なわない。

　　　第5章　休　暇

第14条（休暇）　6ヵ月以上継続して勤務し，所定労働日数の8割以上出勤したときは，次のとおり年次有給休暇を付与する。

週所定労働時間	週所定労働日数	勤続期間と年休付与日数						
		6ヵ月	1年6ヵ月	2年6ヵ月	3年6ヵ月	4年6ヵ月	5年6ヵ月	6年6ヵ月以上
30時間以上		10日	11日	12日	14日	16日	18日	20日
30時間未満	5日							
	4日	7日	8日	9日	10日	12日	13日	15日
	3日	5日	6日	6日	8日	9日	10日	11日
	2日	3日	4日	4日	5日	6日	6日	7日
	1日	1日	2日	2日	2日	3日	3日	3日

2　年次有給休暇を受けようとするときは，所定手続きによりあらかじめ所属長に届け出なければならない。ただし，請求の時季に年次有給休暇を与えることが事業の正常な運営を妨げる場合は，所属長はその時季を他に変更させることがある。

3　やむをえない事情により事前に届け出ることができなかったときは，事後の申出を会社が承認するときに限り，欠勤日を年次有給休暇に振り替えることができる。

4　会社は，年次有給休暇の計画的付与に関する労使協定があるときは，第1項で定める年次有給休暇のうち5日を超える部分について労使協定の定めるところにより計画的に付与するものとする。この場合，パート・有期従業員は労使協定に定められた時季に年次有給休暇を取得しなければならない。

5　年次有給休暇は半日単位で取得することができる。ただし，半日単

位の取得は年間○回を限度とする。

（注：6項は時間単位年休を導入している場合の規定例）

6　労使協定の定めにより，1年間の年次有給休暇のうち5日分を時間単位で取得することができる。

　(1)　次の者は除く。

　　①　工場の製造ライン業務の従事者

　　②　……

　(2)　時間単位年休の1日の時間数は所定労働時間数（端数は切り上げ）とする。

　(3)　時間単位年休は1時間を単位として付与する。ただし，時間単位年休の請求は1日の所定労働時間未満とする。

7　会社は，第1項により付与される年次有給休暇（年次有給休暇の付与日数が10日以上の労働者に係るものに限る）の日数のうち，5日については，付与される基準日から1年以内に，パート・有期従業員ごとに意見を聴取し，その意見を尊重するよう努めたうえで，時季を定めることにより付与しなければならない。ただし，当該従業員が時季指定して取得した年次有給休暇日数ならびに第4項の計画年休および第5項の半日年休制度により取得した年次有給休暇日数の合計日数分（5日を超える場合は5日とする）は時季を定めることにより付与することを要しない。

8　当該年度の残存年次有給休暇は次年度末まで繰り越すことができる。ただし，次年度に取得できる時間単位年休は5日の範囲とする。

9　第1項の出勤率の算定にあたり，次の各号の期間は出勤したものとみなすとともに，会社の責に帰すべき事由および不可抗力により休業した期間は全労働日より除外して取り扱う。

　(1)　業務上の傷病による休業期間

　(2)　産前産後の休業期間

　(3)　育児・介護休業制度による休業期間

　(4)　年次有給休暇の期間

10　年次有給休暇については通常の賃金を支給する。

第15条（生理日の就業が著しく困難な場合の休暇）　生理日の就業が著しく困難な女性パート・有期従業員が当該期間に休暇を請求したときは必要日数の休暇を与える。

2　前項の休暇は無給とする。

第16条（産前産後休業等）　出産する予定の女性パート・有期従業員がそのことを証明する書面を付して休業を請求したときは，出産予定日の6週間前（多胎妊娠の場合は14週間前）から出産日まで，および出産の翌日から8週間までの産前産後休業を与える。ただし，産後6週間を経過し，本人が就業を申し出て医師が支障ないと認めたときは，就業させることがある。

2　前項の休業は無給とする。

第17条（母性健康管理）　妊娠中または出産後1年を経過しない女性パート・有期従業員は母子健康法に定める健康診査または保健指導を受診するために必要な時間を請求することができる。この請求は原則として7日前までに所定の申請書を所属長に提出して行なわなければならない。

2　妊娠中または出産後1年を経過しない女性パート・有期従業員は，医師等から妊娠または出産に関し指導された場合，その指導事項を守ることができるようにするため，所属長に申し出ることにより，所定労働時間の短縮，休憩時間の延長，作業の軽減，休業等の措置を受けることができる。

3　前2項の適用を受けた場合，その間の賃金は無給とする。

第18条（育児時間）　満1歳に達しない生児を育てる女性パート・有期従業員は，あらかじめ申し出て就業時間中，休憩時間のほか，1日2回，1回について30分の育児時間を取得することができる。

2　前項の育児時間は有給とする。

第19条（育児・介護休業）　育児・介護休業，子の看護休暇，育児・介護労働のための時間外労働・深夜労働の制限，看護休暇および労働時間短縮等の措置等に関する取り扱いについては，別に定める育児・介護休業規程による。

第6章　賃　金

第20条（賃金）　給与は原則として時給とし，1時間当たりの金額は個別の労働契約により定める。

2　会社の定める基準により通勤手当を支給する。

3　雇用期間中の昇給は行なわない。

4　賞与および退職金は支給しない。

第21条（時間外，休日，深夜労働手当）　所定労働時間外の勤務をした者に対し，次のとおり，時間外労働手当，休日労働手当を支払う。

$$時間外労働手当＝\frac{基本給（割増賃金基礎額）}{1ヵ月の平均所定労働時間数}×1.25×時間外勤務時間数$$

$$休日労働手当＝\frac{基本給（割増賃金基礎額）}{1ヵ月の平均所定労働時間数}×1.35×休日勤務時間数$$

　ただし，1ヵ月（起算日毎月1日）の時間外労働および法定休日以外の休日労働のうち，法定外時間外労働となる時間数の合計が60時間を超える部分は割増率150％とする。

（注）ただし書は改正労基法（平成22年4月施行）にもとづくものである

2　22時から翌日5時までの間に勤務をした者に対し，次のとおり，深夜労働手当を支払う。

$$深夜労働手当＝\frac{基本給（割増賃金基礎額）}{1ヵ月の平均所定労働時間数}×0.25×深夜勤務時間数$$

第22条（計算期間）　毎月の給与の計算期間は次のとおりとする。

　　　月の給与，通勤手当　　　　　　　当月1日から当月末日まで

　　　時間外，休日，深夜労働手当　　　前月1日から前月末日まで

第23条（支払い日）　毎月の給与は毎月25日に支払う。ただし，当日が金融機関の休日にあたるときは直前の休日でない日とする。

2　本人が死亡・退職または解雇された場合には，7日以内に未払いの賃金を支払う。

3　次に掲げる非常時の費用にあてるために，パート・有期従業員またはその遺族の請求があった場合には，既往の労働に対する賃金をただちに支払う。

(1) パート・有期従業員またはその収入によって生計を維持する者が結婚，出産，死亡し，または疾病にかかり，あるいは災害を受けた場合

(2) パート・有期従業員またはその収入によって生計を維持する者がやむをえない事由により1週間以上にわたって帰郷する場合

4　前項における遺族の範囲および順位は，それぞれ民法における相続権者および相続順位とする。

第24条（支払い方法）　給与は，全額を通貨で直接本人に支払う。ただし，法令に定められたもの，および労使協定により定めたものは除く。

2　給与は，通貨で直接本人に支払う。ただし，本人の同意を得た場合は，本人の指定する金融機関の本人名義の預貯金口座に振り込むことにより支払う。

第7章　表彰および懲戒

第25条（表彰）　パート・有期従業員が次の各号の一に該当するときは選考のうえ表彰する。

(1) 勤務成績が優秀で業務に著しい貢献をした者

(2) 業務上有益な提案，改良を行ない業績の向上に貢献した者

(3) 事故災害を未然に防ぎ，または非常の際に特に功労のあった者

(4) その他前各号に準ずる功労があった者

2　表彰は，賞状および記念品の授与により行なう。

第26条（懲戒）　パート・有期従業員の懲戒は次の区分に従って行なう。

(1) 譴　　責　始末書をとり，将来を戒める

(2) 減　　給　始末書をとり将来を戒めるとともに賃金を減ずる。この場合，減給の額は1事案について平均賃金の1日分の半額とし，複数事案に対しては減給総額が当該賃金支払い期間における賃金総額の10分の1を超えないものとする。

(3) 出勤停止　始末書をとり将来を戒めるとともに，10日以内の期間を定めて出勤を停止し，その期間の賃金は支払わな

　　　　　　　い。

　　(4)　降　　格　始末書をとり将来を戒めるとともに，役職の罷免・引
　　　　　　　　　　き下げ，および資格等級の引き下げのいずれか，また
　　　　　　　　　　は双方を行なう。

　　(5)　諭旨解雇　退職願を提出するよう勧告する。ただし，所定期間内
　　　　　　　　　　に勧告に従わないときは懲戒解雇とする。

　　(6)　懲戒解雇　予告期間を設けることなく即時解雇する。この場合，
　　　　　　　　　　所轄労働基準監督署長の認定を受けたときは，第○条
　　　　　　　　　　に定める解雇予告手当を支給しない。

2　パート・有期従業員が次の各号の一に該当するときは，審議のう
　え，その軽重に応じ，第1項に定める懲戒処分を行なう。

　(1)　正当な理由なくしばしば遅刻，早退し，あるいはみだりに任務を
　　　離れるなど誠実に勤務しないとき

　(2)　正当な理由なく無断欠勤したとき

　(3)　会社の業務上の指示，命令に対し再三注意を受けても従わなかっ
　　　たとき

　(4)　第○条に定める服務規律に関する事項に違反したとき

　(5)　会社の秘密を漏らし，または漏らそうとしたとき

　(6)　会社の金品を盗み，または横領するなど不正行為に及んだとき

　(7)　職務を利用して私利をはかったとき

　(8)　取引先に対し金品等の利益を要求し，または受領するなど職務上
　　　の不正行為をなしたとき

　(9)　会社内で，暴行，脅迫，傷害，暴言またはこれに類する行為をな
　　　したとき

　(10)　故意に会社の業務を妨害し，または妨害しようとしたとき

　(11)　性的言動により，他の労働者に不快な思いをさせ，職場の環境を
　　　悪くしたとき

　(12)　職務中の他の従業員の業務に支障を与えるような性的関心を示し
　　　たり，交際や性的関係を要求したとき

　(13)　性的な言動に起因する問題により，会社の秩序・規律を乱し，ま

たはそのおそれのあったとき

⒁　職務上の地位を利用して，他の労働者に性的な不快感を与え，または性的な強要を行なったとき

⒂　職務上の地位や人間関係などの職場内の優位性を背景に，業務の適正な範囲を超えて，他の従業員その他の関係者に精神的・身体的苦痛を与え，または職場環境を悪化させたとき

⒃　妊娠・出産等に関する言動及び妊娠・出産・育児・介護等に関する制度または措置の利用等についての嫌がらせ等の言動により，就業環境を害するようなことをしたとき

⒄　⑾から⒃に定めるもののほか，性的指向・性自認に関する言動によるものなど職場におけるあらゆるハラスメントにより，就業環境を害するようなことをしたとき

⒅　故意または過失によって会社の建物・施設・物品・商品等を汚損し，または破壊したとき

⒆　会社の施設内で，許可なく集会をし，または文書の配布・掲示，演説等，業務と関係ない活動を行なったとき

⒇　故意または重大な過失により会社に損害を与え，または会社の信用を失墜させたとき

㉑　会社または役員，従業員の名誉・信用を毀損したとき

㉒　飲酒運転（酒気帯び運転を含む），ひき逃げ，その他刑罰法規に違反したとき

㉓　前各号に準ずる行為があったとき

　　第8章　安全衛生・教育訓練等

第27条（安全衛生・災害補償）　パート・有期従業員は安全衛生に関する諸法令および会社の諸規程を守り，災害の防止ならびに健康保持・増進に努めなければならない。

2　パート・有期従業員が業務上の負傷，疾病または死亡した場合は，労働者災害補償保険法により補償を行なう。従業員がこの給付を受ける場合は，その価額の限度において，会社は同一の事由について労働基準法上の補償の義務を免れる。

3　パート・有期従業員が通勤により負傷または疾病にかかり，または死亡した場合，労働者災害補償保険法の定めるところにより保険給付を受けるものとする。

第28条（教育訓練・福利厚生）　会社は，パート・有期従業員の職務内容，能力，経験等に応じて必要な教育訓練を行なう。

2　パート・有期従業員は，別に定めるところにより福利厚生施設の利用，その他の諸制度の適用を受けることができる。

第29条（正社員への転換措置）　3年以上勤続したパート・有期従業員については，別に定める選考基準により正社員登用試験を受験することができる。

第30条（無期転換制度）　有期労働契約で雇用されるパート・有期従業員のうち，通算契約期間が5年を超える従業員は，所定の書式により申し込むことにより，現在締結している有期労働契約の契約期間の満了日の翌日から，期間の定めのない無期労働契約での雇用に転換することができる。ただし，所定の書式による申し込みは，現在締結している有期労働契約の契約期間の満了日の2ヵ月前までに行なうものとする。

2　前項の通算契約期間は，平成25年4月1日以降に開始する有期労働契約の契約期間を通算するものとし，現在締結している有期労働契約の契約期間の満了日までの期間とする。ただし，労働契約が締結されていない空白期間が連続して6ヵ月以上（空白期間以前の通算契約期間が10ヵ月以下の場合は，その通算契約期間に応じて労働契約法第18条第2項で定める月数以上）ある従業員については，それ以前の契約期間は通算契約期間に含めない。

3　第1項の規定により無期労働契約へ転換した後の従業員の労働条件については，現在締結している有期労働契約に定める労働条件と同一とし，この就業規則を引き続き適用する。ただし，有期労働契約の更新の際に見直していた賃金，所定労働日および労働時間等の労働条件については，無期労働契約へ転換した後も同様に定期的に見直すものとする。また，無期労働契約へ転換した従業員に係る定年は，満60歳

とし，60歳に達した月の末日をもって退職とする。ただし，満60歳を超えて無期労働契約へ転換した従業員についての定年は満65歳とし，65歳に達した月の末日をもって退職とする。

4　無期労働契約へ転換し，満60歳で定年退職する者で，本人が希望する場合は，別に定める「定年後再雇用規程」に基づき，再雇用する。ただし，就業規則の解雇事由又は退職事由（年齢は除く）に該当する者は再雇用の対象外とする。

（附則）この規則は，○○年○月○日から施行する。

（注：無期転換前の有期労働契約の労働条件と異なる定めをする場合，上記パート・有期従業員就業規則30条を次のように変更する）

第30条（無期転換制度）　有期労働契約で雇用されるパート・有期従業員のうち，通算契約期間が5年を超える従業員で，労働契約法第18条により無期労働契約へ転換する者の転換後の労働条件については，この就業規則を適用しない。この場合の無期労働契約への転換手続きおよび転換後の無期労働契約の労働条件については，別に定める無期転換従業員就業規則を適用する。

（注）以下の参考条文はあくまで一例である（パート・有期従業員就業規則との相違点については注記した）。各企業において正社員就業規則のなかで必要な条項をさらに追加してもよい。

【無期転換従業員就業規則】

　　第1章　総　則

第1条（目的）　この就業規則は，パート・有期従業員就業規則第○条にもとづき，労働契約法第18条による期間の定めのない労働契約（以下「無期契約」という）への転換手続きおよび転換後の無期転換従業員（以下「無期契約従業員」という）の労働条件について定めるものである。

2　この規則および個別の無期契約に定めのない事項は，労働基準法その他の法令による。

第2条（適用範囲，定義）　この規則の適用対象者は，第2章に定める

手続きを経て無期契約従業員になった者とする。

第3条（遵守事項）　会社および無期契約従業員は，この規則を守り，誠実にその義務を履行しなければならない。

第4条（労働条件の変更）　この規則に定める労働条件等については，法令の制定・改廃または経営上の必要性により変更することがある。

　　第2章　無期契約従業員

第5条（無期契約への転換手続き）　有期労働契約で雇用されるパート・有期従業員のうち，通算契約期間が5年を超える従業員は，所定の書式により申し込むことにより，現在締結している有期労働契約の契約期間の満了日の翌日から，無期契約従業員として雇用する。ただし，所定の書式による申し込みは，現在締結している有期労働契約の契約期間の満了日の2ヵ月前までに行なうものとする。

2　前項の通算契約期間は，平成25年4月1日以降に開始する有期労働契約の契約期間を通算するものとし，現在締結している有期労働契約の契約期間の満了日までの期間とする。ただし，労働契約が締結されていない空白期間が連続して6ヵ月以上（空白期間以前の通算契約期間が10ヵ月以下の場合は，その通算契約期間に応じて労働契約法第18条第2項で定める月数以上）ある従業員については，それ以前の契約期間は通算契約期間に含めない。

第6条（解雇）　無期契約従業員が，次の各号の一に該当するときは，解雇とする。

(1)　精神もしくは身体の故障により，業務の遂行にはなはだしく支障があると認められたとき

(2)　職務遂行能力，勤務成績が著しく劣り，または業務に怠慢で向上の見込みがないと認められたとき

(3)　懲戒事由に該当するとき

(4)　事業の縮小・廃止その他経営上やむをえない事由のあるとき

(5)　その他前各号に準ずるやむをえない事由のあるとき

第7条（解雇予告）　前条により解雇するときは，次に掲げる場合を除き，30日前に予告するか，または平均賃金の30日分の予告手当を支給

する。

(1)　本人の責に帰すべき事由により解雇する場合で，行政官庁の認定を受けたとき

(2)　やむをえない事由のため事業の継続が不可能となった場合で，行政官庁の認定を受けたとき

(3)　第5条による無期契約への転換後，いまだ無期契約の就労が開始していないとき

2　前項の予告日数は，1日につき平均賃金を払った場合においては，その日を短縮する。

(注)　1項(3)については本文3節2項の「問題点」参照

第8条（退職）　無期契約従業員が，次の各号の一に該当するときは，退職とする。

(1)　本人の都合により退職を申し出て会社の承諾があったとき

(2)　本人の都合により退職を申し出て2週間を経過したとき

(3)　死亡したとき

(4)　定年に達したとき

(5)　届出および連絡なく欠勤を続け，その欠勤期間が30日を超え，所在が不明のとき

(注)　パート・有期従業員と異なり(2)の辞職規定を追加している

　　第3章　服務規律

第9条（服務規律）　無期契約従業員は，次の事項を遵守し，職務に精励しなければならない。

(1)　勤務時間中は，定められた業務に専念し，所属長の許可なく職場を離れ，または他の者の業務を妨げるなど，職場の風紀・秩序を乱さないこと

(2)　正当な理由なく，無断欠勤および遅刻，早退をしないこと

(3)　会社の内外を問わず，会社の名誉・信用を傷つけまたは会社の利益を害してはならないこと

(4)　会社の許可なく，会社施設において，集会，演説，文書配布，組合活動，政治活動，宗教活動，その他業務に関係のない活動は行な

わないこと

(5)　職務に関連して，自己または第三者のために，会社の取引先等から，金品，飲食など不正な利益供与を受けないこと

(6)　在職中または退職後においても業務上の秘密事項のほか，会社の不利益となる事項を他に漏らさないこと

(7)　職務上の地位を利用して，他の従業員に対し性的な言動により不快な思いをさせ，あるいは交際等を強要するなどの行為をしないこと

(8)　性的な言動により他の従業員の業務に支障を与え，職務環境を悪化させるような行為をしないこと

(9)　職務上の地位や人間関係などの職場内の優位性を背景に，業務の適正な範囲を超えて，他の従業員その他の関係者に精神的・肉体的苦痛を与え，または職場環境を悪化させてはならないこと

(10)その他，会社の規程，掲示・命令，通知事項を遵守すること

第4章　勤　務

(注) 勤務関係はパート・有期従業員の所定労働時間より長い

第10条（労働時間，休憩，休日）　始業および終業時刻ならびに休憩時間は，次のとおりとする。

　　　始業時刻　　8時30分

　　　終業時刻　　17時30分

　　　休憩時間　　12時から13時

2　前項にかかわらず，業務の都合その他やむをえない事由により，始業および終業時刻ならびに休憩時間を繰り上げ，または繰り下げることがある。

3　休日は次のとおりとする。

　　　日曜日，土曜日

　　　国民の祝日・休日

　　　その他会社が指定する日

4　休日については，業務の都合により，あらかじめ他の日と振り替えることがある。

5　業務上の都合により所定労働時間を超え，または休日に勤務を命ず
　ることがある。

第11条（配置の変更）　会社は，業務の都合により，職種および職場を
　変更することがある。ただし，○○地域内の各事業所以外への職場の
　変更は行なわない。

　（注）事業所限定のパート・有期従業員と異なり，一定地域内での配転を行
　　なう

　　第5章　休　暇

第12条（休暇）　年次有給休暇については，有期労働契約のパート・有
　期従業員の入社日からの継続勤務年数にもとづき，1年ごとの期間に
　おいて，各期間を継続勤務し，全労働日の8割以上勤務した無期契約
　従業員に対して，労働基準法所定の年次有給休暇日数を継続または分
　割して与える。

2　年次有給休暇を受けようとするときは，所定手続きにより，あらか
　じめ所属長に届け出なければならない。ただし，請求の時季に年次有
　給休暇を与えることが事業の正常な運営を妨げる場合は，所属長はそ
　の時季を他に変更させることがある。

3　やむをえない事情により事前に届け出ることができなかったとき
　は，事後の申出を会社が承認するときに限り，欠勤日を年次有給休暇
　に振り替えることができる。

4　会社は，年次有給休暇の計画的付与に関する労使協定があるとき
　は，第1項で定める年次有給休暇のうち5日を超える部分について労
　使協定の定めるところにより計画的に付与するものとする。この場
　合，無期契約従業員は労使協定に定められた時季に年次有給休暇を取
　得しなければならない。

5　年次有給休暇は半日単位で取得することができる。ただし，半日単
　位の取得は年間○回を限度とする。

6　会社は，第1項により付与される年次有給休暇（年次有給休暇の付
　与日数が10日以上の労働者に係るものに限る）の日数のうち，5日につ
　いては，付与される基準日から1年以内に，無期契約従業員ごとに意

見を聴取し，その意見を尊重するよう努めたうえで，時季を定めることにより付与しなければならない。ただし，当該従業員が時季指定して取得した年次有給休暇日数ならびに第4項の計画年休および第5項の半日年休制度により取得した年次有給休暇日数の合計日数分（5日を超える場合は5日とする）は時季を定めることにより付与することを要しない。

7　当該年度の残存年次有給休暇は次年度末まで繰り返すことができる。ただし，第1項の年次有給休暇を取得できる期間は発効の日から2年間とする。

8　第1項の出勤率の算定にあたり，次の各号の期間は出勤したものとみなすとともに，会社の責に帰すべき事由および不可抗力により休業した期間は全労働日より除外して取り扱う。

(1)　業務上の傷病による休業期間

(2)　産前産後の休業期間

(3)　育児・介護休業制度による休業期間

(4)　年次有給休暇の期間

9　年次有給休暇については通常の賃金を支給する。

第13条（生理日の就業が著しく困難な場合の休暇）　生理日の就業が著しく困難な女性無期契約従業員が当該期間に休暇を請求したときは必要日数の休暇を与える。

2　前項の休暇は無給とする。

第14条（産前産後休業）　6週間（多胎妊娠の場合は14週間）以内に出産する予定の女性無期契約従業員が休業を申し出たとき，および産後8週間を経過しない女性無期契約従業員には出産休業を与える。ただし，産後6週間を経過した女性無期契約従業員が就業することを請求した場合において，医師が支障ないと認めたときは，就業させることがある。

2　前項の休業は無給とする。

第15条（母性健康管理）　妊娠中または出産後1年を経過しない女性無期契約従業員は母子健康法に定める健康診査または は保健指導を受診す

るために必要な時間を請求することができる。この請求は原則として7日前までに所定の申請書を所属長に提出して行なわなければならない。

2　妊娠中または出産後1年を経過しない女性無期契約従業員は，医師等から妊娠また出産に関し指導された場合，その指導事項を守ることができるようにするため，所属長に申し出ることにより，所定労働時間の短縮，休憩時間の延長，作業の軽減，休業等の措置を受けることができる。

3　前2項の適用を受ける場合，その間の賃金は無給とする。

第16条（育児時間）　満1歳に達しない生児を育てる女性無期契約従業員は，あらかじめ申し出ることにより就業時間中，休憩時間のほか，1日2回，1回について30分の育児時間を取得することができる。

2　前項の育児時間は有給とする。

第17条（育児・介護休業）　育児・介護休業，子の看護休暇，育児・介護労働者のための時間外労働，深夜労働の制限，看護休暇および労働時間短縮等の措置に関する取り扱いについては，別に定める育児・介護休業規程による。

　　　第6章　賃　金

第18条（賃金）　給与は原則として日給とし，1日当たりの金額は個別に定める。

2　毎年4月に日給の金額を見直す。

3　会社の定める基準により通勤手当を支給する。

4　賞与および退職金は支給しない。

（注）パート・有期従業員は時給制とし，無期転換者は日給制としている

第19条（時間外，休日，深夜労働手当）　所定労働時間外の勤務をした者に対し，次のとおり，時間外労働手当，休日労働手当を支払う。

$$時間外労働手当＝\frac{基本給（割増賃金基礎額）}{1ヵ月の平均所定労働時間数}×1.25×時間外勤務時間数$$

$$休日労働手当＝\frac{基本給（割増賃金基礎額）}{1ヵ月の平均所定労働時間数}×1.35×休日勤務時間数$$

ただし，1ヵ月（起算日毎月1日）の時間外労働および法定休日以外の休日労働のうち，法定外時間外労働となる時間数の合計が60時間を超える部分は割増率150％とする。

2　22時から翌日5時までの間に勤務をした者に対し，次のとおり，深夜労働手当を支払う。

$$\text{深夜労働手当} = \frac{\text{基本給（割増賃金基礎額）}}{\text{1ヵ月の平均所定労働時間数}} \times 0.25 \times \text{深夜勤務時間数}$$

第20条（計算期間）　毎月の給与の計算期間は次のとおりとする。

　　　月の給与，通勤手当　　　　　　　当月1日から当月末日まで

　　　時間外，休日，深夜労働手当　　　前月1日から前月末日まで

第21条（支払い日）　毎月の給与は毎月25日に支払う。ただし，当日が金融機関の休日に当たるときは直前の休日でない日とする。

2　本人が死亡・退職または解雇された場合には，7日以内に未払いの賃金を支払う。

3　次に掲げる非常時の費用に当てるために，無期契約従業員またはその遺族の請求があった場合には，既往の労働に対する賃金をただちに支払う。

　(1)　無期契約従業員またはその収入によって生計を維持する者が結婚，出産，死亡し，または疾病にかかり，あるいは災害を受けた場合

　(2)　無期契約従業員またはその収入によって生計を維持する者がやむをえない事由により1週間以上にわたって帰郷する場合

4　前項における遺族の範囲および順位は，それぞれ民法における相続権者および相続順位とする。

第22条（支払い方法）　給与は，全額を通貨で直接本人に支払う。ただし，法令に定められたもの，および労使協定により定めたものは除く。

2　給与は，通貨で直接本人に支払う。ただし，本人の同意を得た場合は，本人の指定する金融機関の本人名義の預貯金口座に振り込むことにより支払う。

　　　第7章　表彰および懲戒

第23条（表彰）　無期契約従業員が次の各号の一に該当するときは選考

のうえ表彰する。

  (1) 勤務成績が優秀で業務に著しい貢献をした者

  (2) 業務上有益な提案，改良を行ない業績の向上に貢献した者

  (3) 事故災害を未然に防ぎ，または非常の際に特に功労のあった者

  (4) その他前各号に準ずる功労があった者

2   表彰は，賞状および記念品の授与により行なう。

第24条（懲戒） 無期契約従業員の懲戒は，次の区分に従って行なう。

  (1) 譴   責   始末書をとり，将来を戒める。

  (2) 減   給   始末書をとり将来を戒めるとともに賃金を減ずる。この場合，減給の額は1事案について平均賃金の1日分の半額とし，複数事案に対しては減給総額が当該賃金支払い期間における賃金総額の10分の1を超えないものとする。

  (3) 出勤停止   始末書をとり将来を戒めるとともに，10日以内の期間を定めて出勤を停止し，その期間の賃金は支払わない。

  (4) 降   格   始末書をとり将来を戒めるとともに，役職の罷免・引き下げ，および資格等級の引き下げのいずれか，または双方を行なう。

  (5) 諭旨解雇   退職願を提出するよう勧告する。ただし，所定期間内に勧告に従わないときは懲戒解雇とする。

  (6) 懲戒解雇   予告期間を設けることなく即時解雇する。この場合，所轄労働基準監督署長の認定を受けたときは，解雇予告手当を支給しない。

（注）一定の役職を想定して降格も入れている

2   無期契約従業員が次の各号の一に該当するときは，審議のうえ，その軽重に応じ，前項に定める懲戒処分を行なう。

  (1) 正当な理由なくしばしば遅刻，早退し，あるいはみだりに任務を離れるなど誠実に勤務しないとき

  (2) 正当な理由なく無断欠勤したとき

(3) 会社の業務上の指示，命令に対し再三注意を受けても従わなかったとき

(4) 第9条に定める服務規律に関する事項に違反したとき

(5) 会社の秘密を漏らし，または漏らそうとしたとき

(6) 会社の金品を盗み，または横領するなど不正行為に及んだとき

(7) 職務を利用して私利をはかったとき

(8) 取引先に対し金品等の利益を要求し，または受領するなど職務上の不正行為をなしたとき

(9) 会社内で，暴行，脅迫，傷害，暴言またはこれに類する行為をなしたとき

(10) 故意に会社の業務を妨害し，または妨害しようとしたとき

(11) 性的言動により，他の労働者に不快な思いをさせ職場の環境を悪くしたとき

(12) 職務中の他の従業員の業務に支障を与えるような性的関心を示したり，交際や性的関係を要求したとき

(13) 性的な言動に起因する問題により，会社の秩序・規律を乱し，またはそのおそれのあったとき

(14) 職務上の地位を利用して，他の労働者に性的な不快感を与え，または性的な強要を行なったとき

(15) 職務上の地位や人間関係などの職場内の優位性を背景に，業務の適正な範囲を超えて，他の従業員その他の関係者に精神的・肉体的苦痛を与え，または職場環境を悪化させたとき

(16) 故意または過失によって会社の建物・施設・物品・商品等を汚損し，または破壊したとき

(17) 会社の施設内で，許可なく集会をし，または文書の配布・掲示，演説等，業務と関係ない活動を行なったとき

(18) 故意または重大な過失により会社に損害を与え，または会社の信用を失墜させたとき

(19) 会社または役員，従業員の名誉・信用を毀損したとき

(20) 飲酒運転（酒気帯び運転を含む），ひき逃げ，その他刑罰法規に違

反したとき

(21)　前各号に準ずる行為があったとき

第25条（自宅待機）　懲戒に該当する行為があった者について，事実調査のため必要がある場合は，その処分が決定されるまでの間，自宅待機を命ずることがある。

第26条（懲戒の軽減）　情状酌量の余地があり，または改悛の情が明らかに認められる場合は，懲戒を軽減し，または免除することがある。

第27条（教唆および幇助）　従業員が，他人を教唆しまたは幇助して第24条第2項に掲げる行為をさせたときは，その行為者に準じて懲戒に処す。

第28条（損害賠償）　従業員が故意または重大な過失によって会社に損害を与えたときには，懲戒されたことによって損害の賠償を免れることはできない。

第29条（懲戒委員会）　会社は，出勤停止，降格，諭旨解雇または懲戒解雇にあたっては懲戒委員会の諮問を経て行なう。

2　懲戒委員会の構成運営については，別に定める。

第30条（公示）　懲戒処分は文書により行ない，原則として社内に公示する。

　　第8章　安全衛生・教育訓練等

第31条（安全衛生・災害補償）　無期契約従業員は，安全衛生に関する諸法令および会社の諸規程を守り，災害の防止ならびに健康保持・増進に努めなければならない。

2　無期契約従業員が業務上の負傷，疾病または死亡した場合は，労働者災害補償保険法により補償を行なう。従業員がこの給付を受ける場合は，その価額の限度において，会社は同一の事由について労働基準法上の補償の義務を免れる。

3　無期契約従業員が通勤により負傷または疾病にかかり，または死亡した場合，労働者災害補償保険法の定めるところにより保険給付を受けるものとする。

第32条（福利厚生・教育訓練）　無期契約従業員は，別に定めるところ

により福利厚生施設の利用，その他の諸制度の適用を受けることができる。

2　会社は，無期契約従業員の職務内容，能力，経験等に応じて必要な教育訓練を行なう。

第33条（正社員への転換措置）　3年以上勤続した無期契約従業員については，別に定める選考基準により正社員登用試験を受験することができる。

第34条（定年）　定年は満60歳とし，60歳に達した月の末日をもって退職とする。ただし，満60歳を超えて無期労働契約へ転換した従業員についての定年は満65歳とし，65歳に達した月の末日をもって退職とする。

2　満60歳で定年退職する者で，本人が希望する場合は，別に定める「定年後再雇用規程」にもとづき，再雇用する。ただし，就業規則の解雇事由または退職事由（年齢は除く）に該当する者は再雇用の対象外とする。

（注）1項のただし書きでは満60歳を超えて無期労働契約へ転換した従業員についての定年を満65歳としているが，あらかじめ有期契約の更新の上限を満60歳にして満60歳を超えて無期転換する従業員をなくす場合もある

（附則）この規則は，○○年○月○日より施行する。

【労働条件通知書】（一般労働者用；常用，有期雇用型）（厚生労働省作成）

<table>
<tr><td colspan="2"></td><td>年　　月　　日</td></tr>
<tr><td colspan="3">＿＿＿＿＿＿＿　殿
　　　　　　　　事業場名称・所在地
　　　　　　　　使用者職氏名</td></tr>
<tr><td>契約期間</td><td colspan="2">期間の定めなし，期間の定めあり（　　年　　月　　日～　　年　　月　　日）
※以下は，「契約期間」について「期間の定めあり」とした場合に記入
1　契約の更新の有無
　［自動的に更新する・更新する場合があり得る・契約の更新はしない・その他（　　　　　）］
2　契約の更新は次により判断する。
　　・契約期間満了時の業務量　　・勤務成績，態度　　　・能力
　　・会社の経営状況　　・従事している業務の進捗状況
　　・その他（　　　　　　　　　　　　　　　　　　　）

【有期雇用特別措置法による特例の対象者の場合】
無期転換申込権が発生しない期間：Ⅰ（高度専門）・Ⅱ（定年後の高齢者）
　Ⅰ　特定有期業務の開始から完了までの期間（　　　年　　　か月（上限10年））
　Ⅱ　定年後引き続いて雇用されている期間</td></tr>
<tr><td>就業の場所</td><td colspan="2"></td></tr>
<tr><td>従事すべき
業務の内容</td><td colspan="2">【有期雇用特別措置法による特例の対象者（高度専門）の場合】
・特定有期業務（　　　　　　開始日：　　　　　完了日：　　　　　）</td></tr>
<tr><td>始業，終業の
時刻，休憩時
間，就業時転
換（(1)～(5)
のうち該当す
るもの一つに
○を付けるこ
と。），所定時
間外労働の有
無に関する事
項</td><td colspan="2">1　始業・終業の時刻等
　(1)　始業（　　時　　分）　終業（　　時　　分）
　【以下のような制度が労働者に適用される場合】
　(2)　変形労働時間制等；（　　　）単位の変形労働時間制・交替制として，次の勤務時間の
　　　組み合わせによる。
　┌─始業（　時　分）　終業（　時　分）（適用日　　　　　）
　├─始業（　時　分）　終業（　時　分）（適用日　　　　　）
　└─始業（　時　分）　終業（　時　分）（適用日　　　　　）
　(3)　フレックスタイム制；始業及び終業の時刻は労働者の決定に委ねる。
　　　　　　（ただし，フレキシブルタイム（始業）　　時　分から　　時　分，
　　　　　　　　　　　　　　　　　　　（終業）　　時　分から　　時　分，
　　　　　　　　　　コアタイム　　　　　　時　分から　　時　分）
　(4)　事業場外みなし労働時間制；始業（　時　分）　終業（　時　分）
　(5)　裁量労働制；始業（　時　分）　終業（　時　分）を基本とし，労働者の決定に委ねる。
　○詳細は，就業規則第　条～第　条，第　条～第　条，第　条～第　条
2　休憩時間（　　）分
3　所定時間外労働の有無（　有　，　無　）</td></tr>
<tr><td>休　　日</td><td colspan="2">・定例日；毎週　　曜日，国民の祝日，その他（　　　　　　　　　）
・非定例日；週・月当たり　　日，その他（　　　　　　　　　）
・1年単位の変形労働時間制の場合 ─ 年間　　　日
○詳細は，就業規則第　条～第　条，第　条～第　条</td></tr>
<tr><td>休　　暇</td><td colspan="2">1　年次有給休暇　6か月継続勤務した場合→　　　　　　　日
　　　　　　　　　継続勤務6か月以内の年次有給休暇（有・無）
　　　　　　　　　→　か月経過で　　　日
　　　　　　　　　時間単位年休（有・無）
2　代替休暇（有・無）
3　その他の休暇　有給（　　　　　　　　）
　　　　　　　　　無給（　　　　　　　　）
○詳細は，就業規則第　条～第　条，第　条～第　条</td></tr>
</table>

（次頁に続く）

賃　　金	1　基本賃金　イ　月給（　　　　　　　円），ロ　日給（　　　　　　円）
	ハ　時間給（　　　　　円），
	ニ　出来高給（基本単価　　　円，保障給　　　円）
	ホ　その他（　　　　　円）
	ヘ　就業規則に規定されている賃金等級等
	2　諸手当の額又は計算方法
	イ（　　　手当　　　円　　／計算方法：　　　　　　　）
	ロ（　　　手当　　　円　　／計算方法：　　　　　　　）
	ハ（　　　手当　　　円　　／計算方法：　　　　　　　）
	ニ（　　　手当　　　円　　／計算方法：　　　　　　　）
	3　所定時間外，休日又は深夜労働に対して支払われる割増賃金率
	イ　所定時間外，法定超　月60時間以内（　　　　）％
	月60時間超　（　　　　）％
	所定超　（　　　）％
	ロ　休日　法定休日（　　　）％，法定外休日（　　　　）％
	ハ　深夜（　　　）％
	4　賃金締切日（　　　）―毎月　日，（　　　）―毎月　　　日
	5　賃金支払日（　　　）―毎月　日，（　　　）―毎月　　　日
	6　賃金の支払方法（　　　　　　　　　）
	7　労使協定に基づく賃金支払時の控除（無　，　有（　　　　））
	8　昇給（時期等　　　　　　　　　　　　　　　　）
	9　賞与（　有（時期，金額等　　　　　　　），　無　）
	10　退職金（　有（時期，金額等　　　　　　　），　無　）
退職に関する事項	1　定年制　　（　有（　　歳），　無　）
	2　継続雇用制度（　有（　　歳まで），　無　）
	3　自己都合の退職の手続（退職する　　日以上前に届け出ること）
	4　解雇の事由及び手続
	○詳細は，就業規則第　条〜第　条，第　条〜第　条
その　他	・社会保険の加入状況（　厚生年金　健康保険　厚生年金基金　その他（　　　　））
	・雇用保険の適用（　有　，　無　）
	・その他
	※以下は，「契約期間」について「期間の定めあり」とした場合についての説明です。
	労働契約法第18条の規定により，有期労働契約（平成25年4月1日以降に開始するもの）の契約期間が通算5年を超える場合には，労働契約の期間の末日までに労働者から申込みをすることにより，当該労働契約の期間の末日の翌日から期間の定めのない労働契約に転換されます。ただし，有期雇用特別措置法による特例の対象となる場合は，この「5年」という期間は，本通知書の「契約期間」欄に明示したとおりとなります。

※以上のほかは，当社就業規則による。
※労働条件通知書については，労使間の紛争の未然防止のため，保存しておくことをお勧めします。

巻末資料

◆通常の３６協定届の記載例（様式第９号（第 16 条第 1 項関係））
◆特別条項付き３６協定届の記載例（様式第９号の２(第 16 条第 1 項関係)）

［いずれも厚生労働省］

（３６協定については本書 223 頁以下参照）

◆３６協定で締結した内容を協定届（本様式）に転記して届け出てください。

—３６協定届（本様式）を用いて３６協定を
は，労働者代表の署名又は記名・押印が必
—必要事項の記載があれば，協定届様式以外

時間外労働
休日労働 に関

様式第９号（第16条第1項関係）

事業場（工場，支店，営業所等）ごとに協定してください。

事業の種類	事業の名称
金属製品製造業	○○金属工業株式会社　○○工場

対象期間が3か月を超える1年単位の変形労働時間制が適用される労働者については，②の欄に記載してください。

		時間外労働をさせる必要のある具体的事由	業務の種類	労働者数（満18歳以上の者）
時間外労働	① 下記②に該当しない労働者	受注の集中	設計	10人
		臨時の受注，納期変更	機械組立	20人
		製品不具合への対応	検査	10人
	② 1年単位の変形労働時間制により労働する労働者	月末の決算事務	経理	5人
		棚卸	購買	5人

事由は具体的に定めてください。

業務の範囲を細分化し，明確に定めてください。

	休日労働をさせる必要のある具体的事由	業務の種類	労働者数（満18歳以上の者）
休日労働	受注の集中	設計	10人
	臨時の受注，納期変更	機械組立	20人

上記で定める時間数にかかわらず，時間外労働及び休日労働を合算した時間数は，1箇月について100

労働者の過半数で組織する労働組合が無い場合には，36協定の締結をする者を選ぶことを明確にした上で，投票・挙手等の方法で労働者の過半数代表者を選出し，選出方法を記載してください。
使用者による指名や，使用者の意向に基づく選出は認められません。

協定の成立年月日　　○○○○年　　3　月　　12日

協定の当事者である労働組合の名称（事業場の労働者の過半数で組織する労働組合）又は労働者の過半数を代表する者の

協定の当事者（労働者の過半数を代表する者の場合）の選出方法（　　**投票による選挙**　　　）

　　○○○○年　　3　月　　15日

　　　　　　　　　　　　　　　　　　　　　　　　　使用者

　　○○　労働基準監督署長殿

労働時間の延長及び休日の労働は必要最小限にとどめられるべきであり，労使当事者はこのことに十分留意した上で協定するようにしてください。なお，使用者は協定した時間数の範囲内で労働させた場合であっても，労働契約法第5条に基づく安全配慮義務を負います。

締結することもできます。その場合に
要です。
の形式でも届出できます。

◆ ３６協定の届出は電子申請でも行うことができます。
◆ （任意）の欄は，記載しなくても構いません。

	労働保険番号	□□□□ □□ □□□□□□ □□□□□ □ □
する協定届		都道府県 所掌 管轄 基幹番号 枝番号 被一括事業場番号
	法人番号	□□□□□□□□□□□□□

→ 労働保険番号・法人番号を記載してください。

事業の所在地（電話番号）	協定の有効期間
（〒○○○ － ○○○○） ○○市○○町1－2－3 （電話：○○○ － ○○○○ － ○○○○）	○○○○年4月1日から1年間

→ この協定が有効となる期間を定めてください。1年間とすることが望ましいです。

延長することができる時間数

所定労働時間 （1日） （任意）	1日		1箇月（①については45時間まで，②については42時間まで）		1年（①については360時間まで，②については320時間まで）	
					起算日 （年月日）	○○○○年4月1日
	法定労働時間を超える時間数	所定労働時間を超える時間数 （任意）	法定労働時間を超える時間数	所定労働時間を超える時間数 （任意）	法定労働時間を超える時間数	所定労働時間を超える時間数 （任意）
7.5時間	3 時間	3.5時間	30時間	40時間	250時間	370時間
7.5時間	2 時間	2.5時間	15時間	25時間	150時間	270時間
7.5時間	2 時間	2.5時間	15時間	25時間	150時間	270時間
7.5時間	3 時間	3.5時間	20時間	30時間	200時間	320時間
7.5時間	3 時間	3.5時間	20時間	30時間	200時間	320時間

→ 1年間の上限時間を計算する際の起算日を記載してください。その1年間においては協定の有効期間にかかわらず，起算日は同一の日である必要があります。

1日の法定労働時間を超える時間数を定めてください。

1か月の法定労働時間を超える時間数を定めてください。①は45時間以内，②は42時間以内です。

1年の法定労働時間を超える時間数を定めてください。①は360時間以内，②は320時間以内です。

所定休日 （任意）	労働させることができる法定休日の日数	労働させることができる法定休日における始業及び終業の時刻
土日祝日	1 か月に 1 日	8:30～17:30
土日祝日	1 か月に 1 日	8:30～17:30

時間未満でなければならず，かつ2箇月から6箇月までを平均して80時間を超過しないこと。 ☑
（チェックボックスに要チェック）

→ 時間外労働と法定休日労働を合計した時間数は，月100時間未満，2～6か月平均80時間以内でなければいけません。これを労使で確認の上，必ずチェックを入れてください。チェックボックスにチェックがない場合には，有効な協定届とはなりません。

職名	検査課主任	管理監督者は労働者代表にはなれません。
氏名	山田花子	
職名	工場長	協定書を兼ねる場合には，労働者代表の署名又は記名・押印が必要です。
氏名	田中太郎	印㊞

→ 押印も必要です。

様式第9号（第16条第1項関係）（裏面）

（記載心得）

1　「業務の種類」の欄には，時間外労働又は休日労働をさせる必要のある業務を具体的に記入し，労働基準法第36条第6項第1号の健康上特に有害な業務について協定をした場合には，当該業務を他の業務と区別して記入すること。なお，業務の種類を記入するに当たつては，業務の区分を細分化することにより当該業務の範囲を明確にしなければならないことに留意すること。

2　「労働者数（満18歳以上の者）」の欄には，時間外労働又は休日労働をさせることができる労働者の数を記入すること。

3　「延長することができる時間数」の欄の記入に当たつては，次のとおりとすること。時間数は労働基準法第32条から第32条の5まで又は第40条の規定により労働させることができる最長の労働時間（以下「法定労働時間」という。）を超える時間数を記入すること。なお，本欄に記入する時間数にかかわらず，時間外労働及び休日労働を合算した時間数が1箇月について100時間以上となつた場合，及び2箇月から6箇月までを平均して80時間を超えた場合には労働基準法違反（同法第119条の規定により6箇月以下の懲役又は30万円以下の罰金）となることに留意すること。

　（1）「1日」の欄には，法定労働時間を超えて延長することができる時間数であつて，1日についての延長することができる限度となる時間数を記入すること。なお，所定労働時間を超える時間数についても協定する場合においては，所定労働時間を超える時間数を併せて記入することができる。

　（2）「1箇月」の欄には，法定労働時間を超えて延長することができる時間数であつて，「1年」の欄に記入する「起算日」において定める日から1箇月ごとについての延長することができる限度となる時間数を45時間（対象期間が3箇月を超える1年単位の変形労働時間制により労働する者については，42時間）の範囲内で記入すること。なお，所定労働時間を超える時間数についても協定する場合においては，所定労働時間を超える時間数を併せて記入することができる。

　（3）「1年」の欄には，法定労働時間を超えて延長することができる時間数であつて，「起算日」において定める日から1年についての延長することができる限度となる時間数を360時間（対象期間が3箇月を超える1年単位の変形労働時間制により労働する者については，320時間）の範囲内で記入すること。なお，所定労働時間を超える時間数についても協定する場合においては，所定労働時間を超える時間数を併せて記入することができる。

4　②の欄は，労働基準法第32条の4の規定による労働時間により労働する労働者（対象期間が3箇月を超える1年単位の変形労働時間制により労働する者に限る。）について記入すること。なお，延長することができる時間の上限は①の欄の労働者よりも短い（1箇月42時間，1年320時間）ことに留意すること。

5　「労働させることができる法定休日の日数」の欄には，労働基準法第35条の規定による休日（1週1休又は4週4休であることに留意すること。）に労働させることができる日数を記入すること。

6　「労働させることができる法定休日における始業及び終業の時刻」の欄には，労働基準法第35条の規定による休日であつて労働させることができる日の始業及び終業の時刻を記入すること。

7　チェックボックスは労働基準法第36条第6項第2号及び第3号の要件を遵守する趣旨のものであり，「2箇月から6箇月まで」とは，起算日をまたぐケースも含め，連続した2箇月から6箇月までの期間を指すことに留意すること。また，チェックボックスにチェックが無い場合には有効な協定とはならないことに留意すること。

8　協定については，労働者の過半数で組織する労働組合がある場合はその労働組合と，労働者の過半数で組織する労働組合が無い場合は労働者の過半数を代表する者と協定すること。なお，労働者の過半数を代表する者は，労働基準法施行規則第6条の2第1項の規定により，労働基準法第41条第2号に規定する監督又は管理の地位にある者でなく，かつ同法に規定する協定等をする者を選出することを明らかにして実施される投票，挙手等の方法による手続により選出された者であつて，使用者の意向に基づき選出されたものでないこと。これらの要件を満たさない場合に

は，有効な協定とはならないことに留意すること。
9　本様式で記入部分が足りない場合は同一様式を使用すること。この場合，必要のある事項のみ記入することで差し支えない。

（備考）
1　労働基準法施行規則第24条の２第４項の規定により，労働基準法第38条の２第２項の協定（事業場外で従事する業務の遂行に通常必要とされる時間を協定する場合の当該協定）の内容を本様式に付記して届け出る場合においては，事業場外労働の対象業務については他の業務とは区別し，事業場外労働の対象業務である旨を括弧書きした上で，「所定労働時間」の欄には当該業務の遂行に通常必要とされる時間を括弧書きすること。また，「協定の有効期間」の欄には事業場外労働に関する協定の有効期間を括弧書きすること。
2　労働基準法第38条の４第５項の規定により，労使委員会が設置されている事業場において，本様式を労使委員会の決議として届け出る場合においては，委員の５分の４以上の多数による議決により行われたものである旨，委員会の委員数，委員の氏名を記入した用紙を別途提出することとし，本様式中「協定」とあるのは「労使委員会の決議」と，「協定の当事者である労働組合の名称」とあるのは「委員会の委員の半数について任期を定めて指名した労働組合の名称」と，「協定の当事者（労働者の過半数を代表する者の場合）の選出方法」とあるのは「委員会の委員の半数について任期を定めて指名した者（労働者の過半数を代表する者の場合）の選出方法」と読み替えるものとする。なお，委員の氏名を記入するに当たつては，任期を定めて指名された委員とその他の委員とで区別することとし，任期を定めて指名された委員の氏名を記入するに当たつては，同条第２項第１号の規定により，労働者の過半数で組織する労働組合がある場合においてはその労働組合，労働者の過半数で組織する労働組合が無い場合においては労働者の過半数を代表する者に任期を定めて指名された委員の氏名を記入することに留意すること。
3　労働時間等の設定の改善に関する特別措置法第７条の規定により，労働時間等設定改善委員会が設置されている事業場において，本様式を労働時間等設定改善委員会の決議として届け出る場合においては，委員の５分の４以上の多数による議決により行われたものである旨，委員会の委員数，委員の氏名を記入した用紙を別途提出することとし，本様式中「協定」とあるのは「労働時間等設定改善委員会の決議」と，「協定の当事者である労働組合の名称」とあるのは「委員会の委員の半数の推薦者である労働組合の名称」と，「協定の当事者（労働者の過半数を代表する者の場合）の選出方法」とあるのは「委員会の委員の半数の推薦者（労働者の過半数を代表する者の場合）の選出方法」と読み替えるものとする。なお，委員の氏名を記入するに当たつては，推薦に基づき指名された委員とその他の委員とで区別することとし，推薦に基づき指名された委員の氏名を記入するに当たつては，同条第１号の規定により，労働者の過半数で組織する労働組合がある場合においてはその労働組合，労働者の過半数で組織する労働組合が無い場合においては労働者の過半数を代表する者の推薦に基づき指名された委員の氏名を記入することに留意すること。

◆臨時的に限度時間を超えて労働させる場合には様式第９号の２の協定届の届出が必要です。

◆様式第９号の２は、
・限度時間内の時間外労働についての届出書（１枚目）と、
・限度時間を超える時間外労働についての届出書（２枚目）
の２枚の記載が必要です。

◆３６協定で締結した内容を協定届（本
ください。
－３６協定（本様式）を用いて３６協定を
その場合には、労働者代表の署名又は記名
－必要事項の記載があれば、協定届様式以外

1枚目
（表面）

時間外労働 に関
休日労働

様式第９号の２（第16条第1項関係）

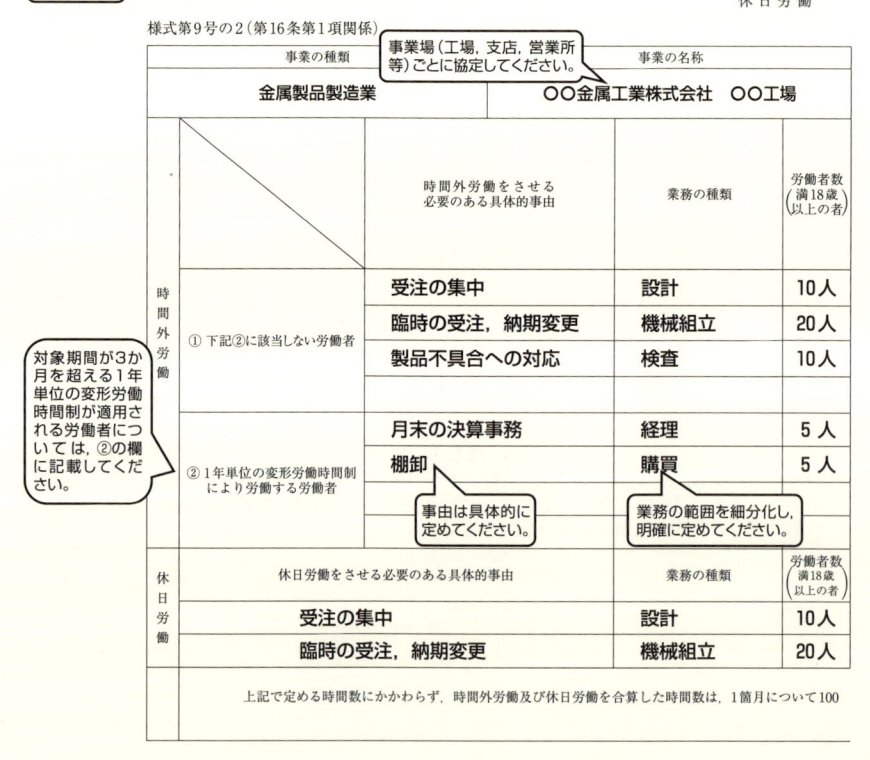

事業の種類	事業場（工場, 支店, 営業所等）ごとに協定してください。			事業の名称	
金属製品製造業				○○金属工業株式会社　○○工場	

			時間外労働をさせる必要のある具体的事由	業務の種類	労働者数（満18歳以上の者）
時間外労働	① 下記②に該当しない労働者		受注の集中	設計	10人
			臨時の受注, 納期変更	機械組立	20人
			製品不具合への対応	検査	10人
	② 1年単位の変形労働時間制により労働する労働者		月末の決算事務	経理	5人
			棚卸	購買	5人

対象期間が3か月を超える1年単位の変形労働時間制が適用される労働者については, ②の欄に記載してください。

事由は具体的に定めてください。

業務の範囲を細分化し, 明確に定めてください。

休日労働	休日労働をさせる必要のある具体的事由	業務の種類	労働者数満18歳以上の者
	受注の集中	設計	10人
	臨時の受注, 納期変更	機械組立	20人

上記で定める時間数にかかわらず, 時間外労働及び休日労働を合算した時間数は, 1箇月について100

（特別条項）

条第1項関係))

労働時間の延長及び休日の労働は必要最小限にとどめられるべきであり，労使当事者はこのことに十分留意した上で協定するようにしてください。なお，使用者は協定した時間数の範囲内で労働させた場合であっても，労働契約法第5条に基づく安全配慮義務を負います。

様式）に転記して届け出て

締結することもできます。
・押印が必要です。
の形式でも届出できます。

◆ 36協定の届出は電子申請でも行うことができます。
◆ （任意）の欄は，記載しなくても構いません。

	労働保険番号	□□□□□□□□□□□□□□			労働保険番号・法人番号を記載してください。
する協定届		都道府県 所掌 管轄 基幹番号 枝番号 被一括事業場番号			
	法人番号	□□□□□□□□□□□□□			

事業の所在地（電話番号）	協定の有効期間	
（〒○○○ - ○○○○） ○○市○○町1 - 2 - 3　　　（電話：○○○ - ○○○○ - ○○○○）	○○○○年4月1日から1年間	この協定が有効となる期間を定めてください。1年間とすることが望ましいです。

所定労働時間（1日）（任意）	延長することができる時間数						
	1日		1箇月（①については45時間まで，②については42時間まで）		1年（①については360時間まで，②については320時間まで）		
					起算日（年月日）	○○○○年4月1日	
	法定労働時間を超える時間数	所定労働時間を超える時間数（任意）	法定労働時間を超える時間数	所定労働時間を超える時間数（任意）	法定労働時間を超える時間数	所定労働時間を超える時間数（任意）	
7.5時間	3 時間	3.5時間	30時間	40時間	250時間	370時間	
7.5時間	2 時間	2.5時間	15時間	25時間	150時間	270時間	
7.5時間	2 時間	2.5時間	15時間	25時間	150時間	270時間	
7.5時間	3 時間	3.5時間	20時間	30時間	200時間	320時間	
7.5時間	3 時間	3.5時間	20時間	30時間	200時間	320時間	

1日の法定労働時間を超える時間数を定めてください。

1か月の法定労働時間を超える時間数を定めてください。①は45時間以内，②は42時間以内です。

1年の法定労働時間を超える時間数を定めてください。①は360時間以内，②は320時間以内です。

1年間の上限時間を計算する際の起算日を記載してください。その1年間においては協定の有効期間にかかわらず，起算日は同一の日である必要があります。

所定休日（任意）	労働させることができる法定休日の日数	労働させることができる法定休日における始業及び終業の時刻
土日祝日	1か月に1日	8:30～17:30
土日祝日	1か月に1日	8:30～17:30

時間未満でなければならず，かつ2箇月から6箇月までを平均して80時間を超過しないこと。☑
（チェックボックスに要チェック）

様式第9号の2（第16条第1項関係）（裏面）

（記載心得）

1　「業務の種類」の欄には，時間外労働又は休日労働をさせる必要のある業務を具体的に記入し，労働基準法第36条第6項第1号の健康上特に有害な業務について協定をした場合には，当該業務を他の業務と区別して記入すること。なお，業務の種類を記入するに当たつては，業務の区分を細分化することにより当該業務の範囲を明確にしなければならないことに留意すること。

2　「労働者数（満18歳以上の者）」の欄には，時間外労働又は休日労働をさせることができる労働者の数を記入すること。

3　「延長することができる時間数」の欄の記入に当たつては，次のとおりとすること。時間数は労働基準法第32条から第32条の5まで又は第40条の規定により労働させることができる最長の労働時間（以下「法定労働時間」という。）を超える時間数を記入すること。なお，本欄に記入する時間数にかかわらず，時間外労働及び休日労働を合算した時間数が1箇月について100時間以上となつた場合，及び2箇月から6箇月までを平均して80時間を超えた場合には労働基準法違反（同法第119条の規定により6箇月以下の懲役又は30万円以下の罰金）となることに留意すること。

（1）「1日」の欄には，法定労働時間を超えて延長することができる時間数であつて，1日についての延長することができる限度となる時間を記入すること。なお，所定労働時間を超える時間数についても協定する場合においては，所定労働時間を超える時間数を併せて記入することができる。

（2）「1箇月」の欄には，法定労働時間を超えて延長することができる時間数であつて，「1年」の欄に記入する「起算日」において定める日から1箇月ごとについての延長することができる限度となる時間を45時間（対象期間が3箇月を超える1年単位の変形労働時間制により労働する者については，42時間）の範囲内で記入すること。なお，所定労働時間を超える時間数についても協定する場合においては，所定労働時間を超える時間数を併せて記入することができる。

（3）「1年」の欄には，法定労働時間を超えて延長することができる時間数であつて，「起算日」において定める日から1年についての延長することができる限度となる時間を360時間（対象期間が3箇月を超える1年単位の変形労働時間制により労働する者については，320時間）の範囲内で記入すること。なお，所定労働時間を超える時間数についても協定する場合においては，所定労働時間を超える時間数を併せて記入することができる。

4 ②の欄は，労働基準法第32条の4の規定による労働時間により労働する労働者（対象期間が3箇月を超える1年単位の変形労働時間制により労働する者に限る。）について記入すること。なお，延長することができる時間の上限は①の欄の労働者よりも短い（1箇月42時間，1年320時間）ことに留意すること。

5 「労働させることができる法定休日の日数」の欄には，労働基準法第35条の規定による休日（1週1休又は4週4休であることに留意すること。）に労働させることができる日数を記入すること。

6 「労働させることができる法定休日における始業及び終業の時刻」の欄には，労働基準法第35条の規定による休日であつて労働させることができる日の始業及び終業の時刻を記入すること。

7 チェックボックスは労働基準法第36条第6項第2号及び第3号の要件を遵守する趣旨のものであり，「2箇月から6箇月まで」とは，起算日をまたぐケースも含め，連続した2箇月から6箇月までの期間を指すことに留意すること。また，チェックボックスにチェックが無い場合には有効な協定とはならないことに留意すること。

8 協定については，労働者の過半数で組織する労働組合がある場合はその労働組合と，労働者の過半数で組織する労働組合が無い場合は労働者の過半数を代表する者と協定すること。なお，労働者の過半数を代表する者は，労働基準法施行規則第6条の2第1項の規定により，労働基準法第41条第2号に規定する監督又は管理の地位にある者でなく，かつ同法に規定する協定等をする者を選出することを明らかにして実施される投票，挙手等の方法による手続により選出された者であつて，使用者の意向に基づき選出されたものでないこと。これらの要件を満たさない場合には，有効な協定とはならないことに留意すること。

9 本様式で記入部分が足りない場合は同一様式を使用すること。この場合，必要のある事項のみ記入することで差し支えない。

（備考）
　労働基準法施行規則第24条の2第4項の規定により，労働基準法第38条の2第2項の協定（事業場外で従事する業務の遂行に通常必要とされる時間を協定する場合の当該協定）の内容を本様式に付記して届け出る場合においては，事業場外労働の対象業務については他の業務とは区別し，事業場外労働の対象業務である旨を括弧書きした上で，「所定労働時間」の欄には当該業務の遂行に通常必要とされる時間を括弧書きすること。また，「協定の有効期間」の欄には事業場外労働に関する協定の有効期間を括弧書きすること。

時間外労働
休 日 労 働　に関する協定届

様式第9号の2（第16条第1項関係）

臨時的に限度時間を超えて労働させることができる場合	業務の種類	労働者数（満18歳以上の者）	1日（任意）　延長することができる時間数	
			法定労働時間を超える時間数	所定労働時間を超える時間数（任意）
突発的な仕様変更，新システムの導入	設計	10人	6 時間	6.5時間
製品トラブル・大規模なクレームへの対応	検査	20人	6 時間	6.5時間
機械トラブルへの対応	機械組立	10人	6 時間	6.5時間

> 事由は一時的又は突発的に時間外労働を行わせる必要のあるものに限り，できる限り具体的に定めなければなりません。「業務の都合上必要なとき」「業務上やむを得ないとき」など恒常的な長時間労働を招くおそれがあるものは認められません。

> 業務の範囲を細分化し，明確に定めてください。

> 月の時間外労働の限度時間（月45時間又は42時間）を超えて労働させる回数を定めてください。年6回以内に限ります。

> 限度時間を超えて労働させる場合にとる手続について定めてください。

限度時間を超えて労働させる場合における手続	労働者代表者に対する事前申し入れ
限度時間を超えて労働させる労働者に対する健康及び福祉を確保するための措置	（該当する番号）　（具体的内容） ①，③，⑩　　　対象労働者への医師による面

> 限度時間を超えた労働者に対し，裏面の記載心得1(9)①～⑩の健康確保措置のいずれかの措置を講ずることを定めてください。

　上記で定める時間数にかかわらず，時間外労働及び休日労働を合算した時間数は，1箇月について

協定の成立年月日　　〇〇〇〇年　　3　月　　12日

協定の当事者である労働組合の名称（事業場の労働者の過半数で組織する労働組合）又は労働者の過半数を代表する者の

協定の当事者（労働者の過半数を代表する者の場合）の選出方法（　　投票による選挙　　）

　　　　　　　〇〇〇〇年　　3　月　　15日　　　　　　　　　　　　使用者

　　　　　　　　〇〇　　労働基準監督署長殿

> 労働者の過半数で組織する労働組合が無い場合には，36協定の締結をする者を選ぶことを明確にした上で，投票・挙手等の方法で労働者の過半数代表者を選出し，選出方法を記載してください。使用者による指名や，使用者の意向に基づく選出は認められません。

臨時的な特別の事情がなければ，限度時間（月45時間又は42時間・年360時間又は320時間）を超えることはできません。限度時間を超えて労働させる必要がある場合でも，時間外労働は限度時間にできる限り近づけるように努めてください。

（特別条項）

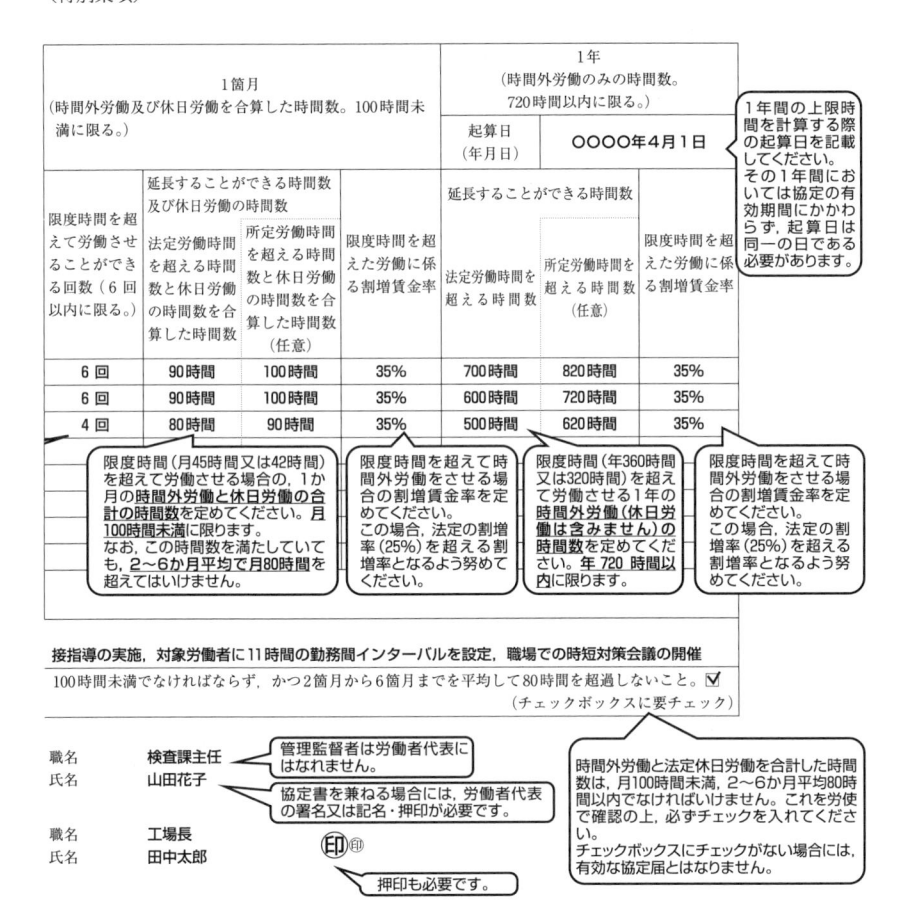

1箇月 （時間外労働及び休日労働を合算した時間数。100時間未満に限る。）				1年 （時間外労働のみの時間数。720時間以内に限る。） 起算日（年月日） ○○○○年4月1日			
限度時間を超えて労働させることができる回数（6回以内に限る。）	延長することができる時間数及び休日労働の時間数		限度時間を超えた労働に係る割増賃金率	延長することができる時間数			限度時間を超えた労働に係る割増賃金率
	法定労働時間を超える時間数と休日労働の時間数を合算した時間数	所定労働時間を超える時間数と休日労働の時間数を合算した時間数（任意）		法定労働時間を超える時間数	所定労働時間を超える時間数（任意）		
6 回	90時間	100時間	35%	700時間	820時間		35%
6 回	90時間	100時間	35%	600時間	720時間		35%
4 回	80時間	90時間	35%	500時間	620時間		35%

1年間の上限時間を計算する際の起算日を記載してください。その1年間においては協定の有効期間にかかわらず，起算日は同一の日である必要があります。

限度時間（月45時間又は42時間）を超えて労働させる場合の，1か月の時間外労働と休日労働の合計の時間数を定めてください。月100時間未満に限ります。
なお，この時間数を満たしていても，2〜6か月平均で月80時間を超えてはいけません。

限度時間を超えて時間外労働をさせる場合の割増賃金率を定めてください。この場合，法定の割増率（25%）を超える割増率となるよう努めてください。

限度時間（年360時間又は320時間）を超えて労働させる1年の時間外労働（休日労働は含みません）の時間数を定めてください。年720時間以内に限ります。

限度時間を超えて時間外労働をさせる場合の割増賃金率を定めてください。この場合，法定の割増率（25%）を超える割増率となるよう努めてください。

接指導の実施，対象労働者に11時間の勤務間インターバルを設定，職場での時短対策会議の開催

100時間未満でなければならず，かつ2箇月から6箇月までを平均して80時間を超過しないこと。☑
（チェックボックスに要チェック）

職名 **検査課主任**
氏名 山田花子

管理監督者は労働者代表にはなれません。

協定書を兼ねる場合には，労働者代表の署名又は記名・押印が必要です。

職名 **工場長**
氏名 田中太郎 印㊞

押印も必要です。

時間外労働と法定休日労働を合計した時間数は，月100時間未満，2〜6か月平均80時間以内でなければいけません。これを労使で確認の上，必ずチェックを入れてください。
チェックボックスにチェックがない場合には，有効な協定届とはなりません。

（記載心得）

1　労働基準法第36条第１項の協定において同条第５項に規定する事項に関する定めを締結した場合における本様式の記入に当たつては，次のとおりとすること。

（1）「臨時的に限度時間を超えて労働させることができる場合」の欄には，当該事業場における通常予見することのできない業務量の大幅な増加等に伴い臨時的に限度時間を超えて労働させる必要がある場合をできる限り具体的に記入すること。なお，業務の都合上必要な場合，業務上やむを得ない場合等恒常的な長時間労働を招くおそれがあるものを記入することは認められないことに留意すること。

（2）「業務の種類」の欄には，時間外労働又は休日労働をさせる必要のある業務を具体的に記入し，労働基準法第36条第６項第１号の健康上特に有害な業務について協定をした場合には，当該業務を他の業務と区別して記入すること。なお，業務の種類を記入するに当たつては，業務の区分を細分化することにより当該業務の範囲を明確にしなければならないことに留意すること。

（3）「労働者数（満18歳以上の者）」の欄には，時間外労働又は休日労働をさせることができる労働者の数を記入すること。

（4）「起算日」の欄には，本様式における「時間外労働・休日労働に関する協定届」の起算日と同じ年月日を記入すること。

（5）「延長することができる時間数及び休日労働の時間数」の欄には，労働基準法第32条から第32条の５まで又は第40条の規定により労働させることができる最長の労働時間（以下「法定労働時間」という。）を超える時間数と休日労働の時間数を合算した時間数であつて，「起算日」において定める日から１箇月ごとについての延長することができる限度となる時間を100時間未満の範囲内で記入すること。なお，所定労働時間を超える時間数についても協定する場合においては，所定労働時間を超える時間数と休日労働の時間数を合算した時間数を併せて記入することができる。

「延長することができる時間数」の欄には，法定労働時間を超えて延長することができる時間数を記入すること。「１年」にあつては，「起算日」において定める日から１年についての延長することができる限度となる時間を720時間の範囲内で記入すること。なお，所定労働時間を超える時間数についても協定する場合においては，所定労働時間を超える時間数を併せて記入することができる。

なお，これらの欄に記入する時間数にかかわらず，時間外労働及び休日労働を合算した時間数が１箇月について100時間以上となつた場合，及び２箇月から６箇月までを平均して80時間を超えた場合には労働基準法違反（同法第119条の規定により６箇月以下の懲役又は30万円以下の罰金）となることに留意すること。

（6）「限度時間を超えて労働させることができる回数」の欄には，限度時間（１箇月45時間（対象期間が３箇月を超える１年単位の変形労働時間制により労働する者については，42時間））を超えて労働させることができる回数を６回の範囲内で記入すること。

（7）「限度時間を超えた労働に係る割増賃金率」の欄には，限度時間を超える時間外労働に係る割増賃金の率を記入すること。なお，当該割増賃金の率は，法定割増賃金率を超える率とするよう努めること。

（8）「限度時間を超えて労働させる場合における手続」の欄には，協定の締結当事者間の手続として，「協議」，「通告」等具体的な内容を記入すること。

（9）「限度時間を超えて労働させる労働者に対する健康及び福祉を確保するための措置」の欄には，以下の番号を「（該当する番号）」に選択して記入した上で，その具体的内容を「（具体的内容）」に記入すること。

① 労働時間が一定時間を超えた労働者に医師による面接指導を実施すること。

② 労働基準法第37条第４項に規定する時刻の間において労働させる回数を１箇月について一定回数以内とすること。

③ 終業から始業までに一定時間以上の継続した休息時間を確保すること。

④ 労働者の勤務状況及びその健康状態に応じて，代償休日又は特別な休暇を付与すること。
⑤ 労働者の勤務状況及びその健康状態に応じて，健康診断を実施すること。
⑥ 年次有給休暇についてまとまつた日数連続して取得することを含めてその取得を促進すること。
⑦ 心とからだの健康問題についての相談窓口を設置すること。
⑧ 労働者の勤務状況及びその健康状態に配慮し，必要な場合には適切な部署に配置転換をすること。
⑨ 必要に応じて，産業医等による助言・指導を受け，又は労働者に産業医等による保健指導を受けさせること。
⑩ その他

2　チェックボックスは労働基準法第36条第6項第2号及び第3号の要件を遵守する趣旨のものであり，「2箇月から6箇月まで」とは，起算日をまたぐケースも含め，連続した2箇月から6箇月までの期間を指すことに留意すること。また，チェックボックスにチェックが無い場合には有効な協定とはならないことに留意すること。

3　協定については，労働者の過半数で組織する労働組合がある場合はその労働組合と，労働者の過半数で組織する労働組合が無い場合は労働者の過半数を代表する者と協定すること。なお，労働者の過半数を代表する者は，労働基準法施行規則第6条の2第1項の規定により，労働基準法第41条第2号に規定する監督又は管理の地位にある者でなく，かつ同法に規定する協定等をする者を選出することを明らかにして実施される投票，挙手等の方法による手続により選出された者であつて，使用者の意向に基づき選出されたものでないこと。これらの要件を満たさない場合には，有効な協定とはならないことに留意すること。

4　本様式で記入部分が足りない場合は同一様式を使用すること。この場合，必要のある事項のみ記入することで差し支えない。

（備考）
1　労働基準法第38条の4第5項の規定により，労使委員会が設置されている事業場において，本様式を労使委員会の決議として届け出る場合においては，委員の5分の4以上の多数による議決により行われたものである旨，委員会の委員数，委員の氏名を記入した用紙を別途提出することとし，本様式中「協定」とあるのは「労使委員会の決議」と，「協定の当事者である労働組合の名称」とあるのは「委員会の委員の半数について任期を定めて指名した労働組合の名称」と，「協定の当事者（労働者の過半数を代表する者の場合）の選出方法」とあるのは「委員会の委員の半数について任期を定めて指名した者（労働者の過半数を代表する者の場合）の選出方法」と読み替えるものとする。なお，委員の氏名を記入するに当たつては，任期を定めて指名された委員とその他の委員とで区別することとし，任期を定めて指名された委員の氏名を記入するに当たつては，同条第2項第1号の規定により，労働者の過半数で組織する労働組合がある場合においてはその労働組合，労働者の過半数で組織する労働組合が無い場合においては労働者の過半数を代表する者に任期を定めて指名された委員の氏名を記入することに留意すること。

2　労働時間等の設定の改善に関する特別措置法第7条の規定により，労働時間等設定改善委員会が設置されている事業場において，本様式を労働時間等設定改善委員会の決議として届け出る場合においては，委員の5分の4以上の多数による議決により行われたものである旨，委員会の委員数，委員の氏名を記入した用紙を別途提出することとし，本様式中「協定」とあるのは「労働時間等設定改善委員会の決議」と，「協定の当事者である労働組合の名称」とあるのは「委員会の委員の半数の推薦者である労働組合の名称」と，「協定の当事者（労働者の過半数を代表する者の場合）の選出方法」とあるのは「委員会の委員の半数の推薦者（労働者の過半数を代表する者の場合）の選出方法」と読み替えるものとする。なお，委員の氏名を記入するに当たつては，推薦に基づき指名された委員とその他の委員とで区別することとし，推薦に基づき指名された委員の氏名を記入するに当たつては，同条第1号の規定により，労働者の過半数で組織する労働組合がある場合においてはその労働組合，労働者の過半数で組織する労働組合が無い場合においては労働者の過半数を代表する者の推薦に基づき指名された委員の氏名を記入することに留意すること。

索　引

判例索引

中山慈夫（なかやま・しげお）

早稲田大学法学部卒業。1978年弁護士登録。第一東京弁護士会所属。最高裁判所司法研修所教官（2000〜03年）。東京大学法科大学院客員教授（04〜07年）。経営法曹会議事務局長（09〜13年），常任幹事。著書「労働時間・休日・休暇・休業」,「労働法実務ハンドブック 第3版」（共著）,「望ましい就業規則」（共著）,「解雇・退職トラブル対応の実務と書式」（共著）ほか。

就業規則モデル条文 第4版
上手なつくり方, 運用の仕方

著者◆
中山慈夫

発行◆
2007年12月20日　第1版第1刷
2010年8月10日　第2版第1刷
2013年7月30日　第3版第1刷
2019年7月30日　第4版第1刷
2020年7月10日　第4版第2刷

発行者◆
輪島　忍

発行所◆
経団連出版

〒100-8187 東京都千代田区大手町1-3-2
経団連事業サービス
電話◆[編集]03-6741-0045 ［販売]03-6741-0043

印刷所◆精文堂印刷